신화가 만든 문명
앙코르 와트
ANGKOR WAT

신화가 만든 문명
앙코르 와트
ANGKOR WAT

서규석 지음

리북

제2판 서문

앙코르의 유적은 환타지의 탄생을 환기시키는 고대 유적으로서 사람들을 끌어당기는 놀라운 자장이다. 인도 문화의 천재성, 뛰어난 시각예술, 무한한 신화적 상상력을 인도가 아닌 동방에서 이해할 수 있다면 그곳이 곧 앙코르이다.

2006년 1월에 앙코르 왕도를 다시 방문하였다. 그동안 앙코르에 대한 한국인들의 많은 관심에 놀랍기도 하고, 한편으로 동국대학교 전자불전연구소가 진행하는 앙코르와트 프로젝트의 자문교수 역을 담당하면서 당시의 일천한 지식으로 발행한 초판을 보완해야겠다는 생각을 해왔던 터였다. 또한 여느 여행안내서에 비해 다소 전문적인 역사 문화 가이드북이었으나 초판은 6쇄를 거듭하는 독자의 사랑을 받아 이에 대한 책임감이 개정판을 서두르게 하였다.

이번 방문에는 유적지보다 시엠렙에 위치한 프랑스극동학원과 앙코르유적보존소의 도서관에서 한 달여의 시간을 보냈다. 5년 전에 초등학생이었던 두 자녀들이 이제는 중고등학생으로 성장하여 여행길에 함께 하였다. 아리슬, 아리찬은 도서관의 각종 기록을 정리하고 사진작업을 도와 주었다.

또한 이번 여행에는 앙코르 와트 사원 건축의 습작이 된 벵 메알레아 사원과 권력찬탈자 자야바르만 4세(928~942년)의 왕도였던 코 케르를 방문하였다. 이 여행에는 앙코르 톰 호텔·서울가든의 최장길 사장께서 차량을 지원하고 안내를 맡아 주어 많은 도움을 받았다.

개정판에서는 초판에 있었던 잘못된 표기나 오탈자를 바로 잡았을 뿐만 아니라, 구성을 달리하며 내용을 보다 심화시켰다. 또한 사진 자료를 추가하였으며 전면 칼라로 보다 생동감있게 현장을 소개하였다.

가장 큰 변화는 앙코르왕조의 역사를 보다 자세히 서술한 것이다. 앙코르에 대한 여행 서적들이 제법 출판된 상황에서 독자들이 다소 딱딱할지라도 앙코르의 초기 역사부터 본격적으로 이해하는 것이 좋다는 판단에서다.

제2부 1장에 중국 사신들의 기록과 『양서』 등에 기록된 부남의 건국 신화에서부터 앙코르 이전기의 역사를 조르쥬 세데스와 실뱅 레비 등의 글을 인용하여 내용을 추가하였다.

아울러 802년의 앙코르왕조 건국에서부터 1431년 왕도를 포기할 때까지의 앙코르의 600년 역사 가운데 역사적 전환점을 이룬 왕들과 기념물을 중심으로 분석하였다. 그리고 앙코르 후기에 등장한 자야바르만 7세 통치기의 클라이맥스로 2부를 끝냈는데, 세데스의 연구와 중국의 『원사』와 『명사』를 제2차적인 자료로 활용하였다.

제3부 주달관의 견문록 『진랍풍토기』 또한 많은 수정이 있었다. 영문판에 의존하여 번역에 오류가 있었던 부분들을 수정하였으며, 폴 펠리오의 프랑스어판과 2001년의 영어판, 1988년 일본어 번역판 그리고 1981년 중국 고고학자 시아 나이의 진랍풍토기 교주본도 참고하였다. 동국대학교 전자불전연구소의 초벌 번역도 많은 도움이 되었다. 여러 사진 자료를 제공한 박진호 강사께 감사의 말을 전한다.

번역에 있어 어려운 용어들은 한글로 대치하고 각주를 달아 설명하였고, 일부 내용에는 직역直譯보다 의역意譯한 부분들이 군데군데 있다. 『진랍풍토기』의 원본이 유실되어 13종이 넘는 각종 판본마다 오탈자가 있어 의역이 불가피하기 때문이다.

한가지 첨언하자면 한 국내학자가 베트남·캄보디아 여행기에서 『진랍풍토기』를 인용하면서 폴 펠리오로부터 내려오는 해석 전체를 뒤집는 오류를 범하고 있는데, 독자들이 이에 현혹되지 않기를 바란다. 1902년과 1951년에 『진랍풍토기』를 프랑스어로 번역한 펠리오의 글은 부분적으로 문구상의 해석에 오류가 발견되나, 그것으로 전체의 해석이 손상되지는 않는다. 중국과 일본의 고고학자, 역사학자들은 그런 결점에도 불구하고 펠리오의 해석에 근거하여 중국어판과 일본어판을 번역하였다. 따라서 이들의 번역본에 근본적인 오류는 없다. 따라서 대중적 권위에 기대어『진랍풍토기』연구의 축적된 성과를 무시하고 문구의 해석상 오류를 침소봉대하는 것은 바람직한 자세가 아니라고 판단한다.

  제4부는 앙코르 문명의 상징, 앙코르와트를 본격적으로 분석하였다. 힌두의 우주론을 앙코르 와트 회랑 건축에 응용하여 신의 도시를 지상에 건설한 세계관과 건축원리를 조명하면서 크메르 건축사상 정점에서 뛰어난 시각성과 대칭미를 이루는 앙코르 와트의 폭넓은 이해를 돕고자 하였다. 특히 여신과 압사라의 미학을 분석하는 글을 추가하였다. 2006년의 방문에서 얻은 자료를 토대로 여신상의 변화를 통해서 예술양식의 발전과정을 조명한 글이다.

  초판의 제2부에 실려 있던『라마야나』와『마하바하타』초록은 보다 심플하게 줄여 제5부로 옮겨 실었다. 앙코르 문명의 이해를 위해 그리고 고대 인도 문명의 상상력을 만나기 위해 일독을 권한다.

  이번의 개정판은 독자들 수준이 높아져 프랑스 학자들이 닦은 기본 연구들을 본격적으로 소개해도 무리가 없겠다는 판단에서 꾸며진 것이다. 다소 지루하더라도 독자 여러분의 양해가 있기를 바란다. 개정판에서 지명의 표기는 가급적 현지어에 충실하려고 노력했으며 일부의 발음은 외국어 맞춤법에 따르지 않았다.

  위대한 빛 앙코르 문명은 이제 크메르인 스스로 계승·발전시켜 나가야 하는 과제가 놓여 있다. 아울러 우리도 세계적 문화유산이 가진 가치의 재발견에 기꺼이 동참하여 연구 성과를 집적할 필요가 있다고 믿는다. 연구 상의 오류는 재개정판에서 바로 잡을 것임을 약속드린다.

2006년 9월
서 규 석

초판 서문

2000년 5월 초 필자는 가족과 함께 동남아에서 우기가 시작되기 직전에 세계적인 불가사의로 알려진 캄보디아의 앙코르 문명 탐구에 나섰다. 한국에서는 캄보디아로 가는 직행 편이 없었기 때문에 먼저 베트남을 경유하였다.

베트남에는 직장의 일로 두 번이나 방문했고, 젓가락을 사용하는 한자문화권이라서 그런지 낯설지 않았다. 오토바이와 시클로로 붐비는 호치민 시내와 메콩강 하류에 있는 밀림지대 미토Mytho를 탐사한 후 베트남의 탄손나트 공항에서 캄보디아의 시엠렙으로 직행하는 비행기를 탔다.

약 1시간 20분 만에 도착한 시엠렙 공항은 평원 한가운데 자리하고 있었다. 공항에 도착하여 20달러를 내고 비자를 발급 받은 다음에 시엠렙 시내의 아담한 호텔에 숙소를 정하였다.

인구 7만의 도시 시엠렙은 외곽 7km에 대제국 앙코르왕조의 유적군이 분포하고 있으며, 남쪽 14km지점에 톤레삽 호수가 위치한 넓은 전원의 곡창지대로서 관광수입으로 영위되는 도시다.

앙코르 유적군은 일반적으로 시엠렙 외곽 7개 지역에 천여 개의 사원이 모여 있는데, 필자는 아내 정윤, 초등학생이었던 아리슬, 아리찬과 함께 35도가 넘는 더위 속에서 앙코르 와트, 앙코르 톰 안에 위치한 바푸온, 코끼리테라스, 피메아나카스 그리고 앙코르 톰 외곽에 있는 반테이 스레이, 토마논, 타프롬, 프레 룹, 스라 스랑, 프레아 칸 사원, 대 호수인 서바라이와 톤레삽 호수의 수상 마을 등 20여 곳을 둘러보았다.

[1] 캄보디아의 앙코르 유적을 대면할 때 이 장엄한 건축물들을 어떻게 이해해야 할 것인지 적잖이 당혹하게 된다. 불교도의 나라 그리고 쿠데타와 내전, 킬링필드의 참상으로 더 잘 알려진 사회주의 국가에서 힌두교의 찬란했던 문화를 꽃피웠다는 것도 놀라움이지만, '-바르만', 마하바라타, 라마야나와 같은 이름이 등장하고 여덟 개의 팔을 가진 힌두교의 신상, 아름다운 자태로 표현된 여신들을 보면서 인자한 부처의 모습에 익숙했던 우리는 매우 낯선 문화적 충격에 사로잡히기 때문이다.

그 뿐만이 아니다. 좌우 대칭미를 자랑하며 3중의 회랑이 감싸고 있는 앙코르 와트, 4면 관음보살을 196개나 조각하여 건립한 바욘 사원은 인간이 만들었다고 보기에는 너무나 거대한 건축물이다.

프랑스 학자들이 '돌의 예술rock arts'로 표현한 것처럼 재질이 거친 사암砂岩, 라테라이트라 불리는 홍토석紅土石에 마치 비단자수를 수놓은 듯한 섬세하고 우아하게 새겨진 부조, 힌두교의 대서사시를 사원의 내부에 부조로 표현한 지적 상상력에 적지 않은 충격을 받게 된다.

앙코르왕조가 세계에 알려지기 시작한 것은 프랑스의 식물학자 앙리 무오(Henri Mouhot, 1826~1862)가 1860년 앙코르 왕도를 방문하여 모은 사원의 스케치와 여행기를 서유럽에 소개한 이후이며, 그 이후 앙코르왕조에 대한 연구는 대략 두 갈래로 이루어졌다.

하나는 1866~68년 캄보디아 주재 프랑스 대표였던 두다르 드 라그레(Doudart de Lagrée, 1823~68)와 메콩탐험대 장교였던 루이 들라포르트(Louis Delaporte, 1842~1925), 프란시스 가르니에(Francis Garnier, 1839~73)는 크메르 일대를 조사하여 앙코르 유적의 도면을 작성하였고, 고대 그리스·이집트 예술과는 다른 "미美의 또 다른 양식"이 독립적으로 존재하고 있음을 인정하였다. 이러한 예술사적 연구는 파리 기메미술관의 필립 슈테른Philippe Stern박사, 프랑스극동학원의 앙리 파르망티에Henri Parmentier, 장 브아슬리에Jean Boisslier로 이어졌다.

또 다른 연구 흐름은 프랑스의 '꼴레쥬 드 프랑세스'의 앙코르왕조 연구와 유적복원의 노력이다. 동양학 1세대로서 꼴레쥬 드 프랑세스의 초대학장이었던 아벨 레뮈사(Abel Rémusat, 1788~1832)는 1296~97년 원元나라 사절단으로 앙코르 왕도를 방문하여 일년 간 체류하며 견문록을 펴낸 주달관의 『진랍풍토기眞臘風土記』를 발견하고 프랑스어로 번역하여 앙코르왕조 연구의 서막을 열었다.

뒤이어 1898년 하노이에 프랑스극동학원Ecole Français d'Extrême-Orient이 개설되어 초대 학원장으로 취임한 폴 펠리오(Paul Pelliot, 1878~1945), 후임 학원장이었던 조르쥬 세데스(Goerge Cœdès, 1886~1969)의 정열적인 비문해독 노력 등에 의하여 앙코르왕조의 역사가 베일을 벗고 드러나기 시작하였다.

프랑스극동학원은 원래 조사연구기관이었으나 1907년 앙코르 지역이 태국으로부터 반환되면서 유적보존과 복원사업까지 수행하게 되었다. 1908년에는 앙코르유적보존사무소Angkor Conservatory가 설립되어 초대 소장인 장 코마유(Jean Commaille, 1868~1916)와 2대 사무소장 앙리 마르샬(Henri Marchal, 1876~1970)의 주도로 앙코르 와트의 서쪽 참배길과 중앙신전, 반테이 스레이 사원 등 대부분의 앙코르 유적을 복원하였다.

2 여행에서 돌아와 앙코르왕조에 대한 궁금했던 주제를 따라 앙코르 문명에 대한 연구자들의 저서를 하나 둘씩 조사하면서 약 2년에 걸친 연구 끝에 어느 덧 많은 자료가 축적되었다. 그러나 필자 혼자 간직하기에는 아쉬움이 남아 앙코르를 이해하려는 독자들을 위해 감히 졸고를 내기로 마음먹었다.

이 책은 앙코르 와트를 소개하는 단순한 여행기는 아니다. 이 인문학 안내서는 앙코르 왕도로 여행하기 전에 또는 여행을 가지 못한다 하더라도 한때 동남아시아의 대제국이었던 앙코르왕조의 역사와 종교·문화에 대한 폭넓은 이해라는 지적 열망을 함께 풀고자 하는 바램에서 조금은 전문적인 내용을 담고 있다.

이런 의도에서 앙코르왕조의 탄생과 더불어 형성된 힌두 사상과 그 상징체제, 건축양식을 체계적으로 접근해 보려고 노력하였으며, 지난 1세기 동안 이 지역에 대한 학자들의 연구를 천착하면서 국내에서 볼 수 없는 희귀한 문헌을 소개하고 많은 주석을 달아 이해의 폭을 넓히고자 하였으나 자칫 지루하거나 난해한 의미를 가진 곳도 책의 곳곳에 남아 있다. 이런 점에서 독자 여러분의 인내와 이해를 바란다.

제1부에서는 802년 자야바르만 2세가 쿨렌산에서 앙코르왕조를 세운 이래 시암국(당시 아유타야왕국, 현재의 태국)으로부터 침략을 받아 찬란한 문명이 종말을 고할 때까지 역대 왕들에 의해 세워진 롤루, 앙코르 도성, 바라이의 축조과정을 간략히 소개하고, 1898년 하노이에 프랑스 극동학원이 설립되어 캄보디아의 역사연구와 사원의 복원이 이루어지는 과정을 간략히 소개하였다.

제2부에서는 앙코르왕조의 사상적 토대, 정치이념으로 채택된 힌두의 대서사시인 『라마야나』와 『마하바라타』를 간추려 소개하면서, 왕도의 여러 사원에서 등장하는 관련 장면의 부조를 삽입하였다. '라마왕자가 가야할 길'이란 의미를 가진 『라마야나』는 라마왕자를 통해서 모든 제왕이 가야 할 이상적인 군주 정법왕正法王의 모델을 제시하고 있다.

기원전 4세기경에 24,000송(1송은 16음절 2행으로 되어 있다)으로 쓰여진 이 서사문학은 희랍신화의 디오메데스와 판다로스에 비유되는 라마왕자와 악마의 왕 라바나의 전쟁을 통해 군주의 이상을 제시하고 있다. 라마왕자를 돕는 원숭이 장군 하누만에게서 우리는 서유기西遊記의 원형을 볼 수 있다.

한편 『마하바라타』는 기원전 5세기경에 쓰여진 10만송의 인류역사상 최장의 대서사시로 인도의 델리 북방에 있는 쿠루평야에서 사촌형제간인 카우라바 군대와 판다바 군대 18사단이 18일간 벌어지는 전쟁의 와중에서 주인공들의 번민과 갈등, 정의와 관련된 수많은 고담과 교훈 그리고 아르쥬나가 신적 존재인 크리슈나와 대화하는 내용을 담은 '바가바드 기타'가 실려 있는 서사시다.

여기에 등장하는 카우라바군의 맏형 두료다나와 판다바군의 맏형 유디스티라는 악과 정의의 화신으로, 카르나와 아르쥬나는 호머의 일리어드에 나오는 헥토로와 아킬레스에 비유된다.

『라마야나』와 『마하바라타』는 중세기 이전까지 인도네시아의 에를

랑가왕조, 발리, 태국 등 동남아시아에서 모든 국왕이 가고자 했던 역할모델을 제시하는 궁정문학의 주요 소재였으며, 앙코르왕조에서는 앙코르 와트, 바욘, 반테이 스레이 등 주요 사원 건축에 문학적 표현의 소재였다. 때문에 이들 대서사시에 대한 사전 지식 없이 앙코르왕조의 유적군을 이해하는 것은 불가능하다고해도 과언이 아니다. 원작의 풍부한 맛을 만끽하지는 못하지만 초록의 형태로나마 본 안내서에 실은 이유도 여기에 있다.

제3부 앙코르왕조 시대로의 시간여행은 앙코르왕조가 번성하던 당시 원나라 쿠빌라이 칸 3세의 사절단 일원으로 앙코르왕조를 방문하여 기록을 남긴 주달관의 『진랍풍토기』를 번안하여 현대적 감각으로 재해석하고 프랑스 학자들의 연구를 주석으로 달아 독자들이 쉽게 이해할 수 있도록 하였다.

1296년 2월 중국 절강성 온주溫州를 떠나 지금의 하이난섬海南島과 메콩강 하류지대인 베트남의 미토Mytho를 거쳐 시엠렙강으로 거슬러 올라 7월에 앙코르 왕도에 도착한 그는 1년간 앙코르 왕도에 머물면서 크메르 고대연구에 중요한 기록을 남겨 놓았다. 이 책에 소개되는 이 희귀한 견문록은 현대인의 감각으로 보아도 결코 어색하지 않다.

제4부는 앙코르 와트의 건축에 대한 비밀, 건축예술의 사조, 건축기술 세 부분으로 나누어 집중적으로 분석하였다.

첫째, 앙코르 와트는 크메르 건축의 르네상스를 연 대표적인 사원으로 평가될 만큼 크메르 예술의 정수라 할 수 있다. 앙코르왕조의 주요 유적군은 전국에 26개 소가 넘고 수많은 사원이 있지만 타케오, 벵 메알리아 사원 등에서 수많은 습작習作과 시행착오를 거친 끝에 앙코르 와트에서 비로소 건축의 꽃을 피웠다고 할 수 있다.

수 십리 밖에서도 보이는 약 60m의 중앙첨탑, 인공으로 만든 연못, 서-동을 축으로 좌우 대칭미를 살려 기하학적으로 배열된 사원의 공간, 우유바다 젓기와 새로운 우주 싸이클의 창조 등 힌두의 시간론과 우주론을 건축으로 표현한 산스크리트의 수학과 건축, 지식체계가 집합적으로 응축된 곳이 곧 앙코르 와트이다.

앙코르 와트는 '시각예술 효과 trompe l'œil'의 완성이다. 10㎞가 넘는 주벽과 회랑에 조각된 부조는 정밀하고 완벽에 가까우며, 부조를 근경, 중경, 원경으로 구분하고 『라마아냐』와 『마하바라타』에 등장하는 수많은 주인공을 동화상처럼 그려낸 그들의 창조성에 여행자는 압도당하고 만다.

앙코르 와트 벽면에 부조된 힌두신화의 천지창조, 천국과 지옥을 가리는 사법신 '야마'의 법정판결, 신과 아수라의 전투, 아름다운 자태를 뽐내며 천상으로 날아오르는 듯한 압사라의 교태, 이천여명에 달하는 여신들의 다양한 포즈는 노을이 질 무렵이 되면 회랑 부조에서 걸어나와 군무群舞를 펼치고 있다는 착각을 줄 정도로 리얼하게 표현되어 있다.

둘째, 크메르 건축기법은 박출식 공법으로 유사아치방식을 사용하였으며, 서양과 같이 완전한 아치형 건축기술은 알지 못하였다고 평가할 수 있다. 건축의 재료로는 부드러운 연와에서부터 조각하기에는 거친 사암砂巖, 철분을 다량 함유한 라테라이트의 세 가지가 사용되었다. 이들 재료는 조각하기에는 적합하지 않을 정도로 거칠지만 사원의 토대 또는 주벽으로 사용되었고, 여기에 마치 자수를 수놓듯이 록아트를 실현하는 경이를 보여 주었다.

앙코르 와트, 타 프롬, 프레 룹과 같은 사원은 푸른색 사암이 주로 이용되었고, 반테이 스레이는 붉은색 사암과 라테라이트가, 바욘의 주벽은 라테라이트가 주요 건축 재료로 사용되었다.

또한 사원의 박공은 부조의 캔버스로서 신화에서 발췌한 수많은 주제들이 조각되어 있다. 이 가운데 앙코르에서 북쪽 30㎞ 지점에 위치한 반테이 스레이는 크메르 건축의 보석으로 평가받는다. '여인의 성채'라는 이름에 걸맞게 우아하고 아름다움을 자아내는 이 사원은 붉은색 사암과 라테라이트로 건축되어 해질 무렵이 되면 사원 전체가 불타는 듯한 착각을 줄 정도로 아름답다. 프랑스의 소설가이자 문화부 장관을 지낸 앙드레 말로가 청년시절인 1923년 이 곳을 방문하여 여신상의 아름다움에 매료되어 밀반출을 시도하다 체포될 정도로 '동양의 모나리자'로 칭해지는 여신상을 필두로 섬세한 부조가 사원 전체에 조각되어 있다.

  셋째, 건축예술의 사조는 초기 왕도였던 롤루, 프레아 코, 바푸온, 앙코르 와트, 바욘 스타일 등으로 세분되고 있으나 이에 대한 체계적인 연구는 관심 있는 다른 연구자의 몫으로 남기고 이 책에서는 앙코르 와트 스타일과 바욘 스타일 두 가지만 소개하기로 하였다.

  앙코르 와트 건축이 크메르 건축문화의 르네상스를 연 대표적인 것이라 한다면 바욘 사원은 앙코르의 바로크 예술로 표현될 수 있다. 앙코르 와트 스타일은 화려함을 그 특징으로 하고 있는 반면, 바욘 스타일은 투박하고 거칠지만 관음보살의 미소처럼 '휴먼 모티브'가 조각과 부조의 여러 곳에서 흘러넘치며 여신들의 의상에서도 이러한 경향이 나타난다.

  ③ 앙코르 왕도의 사원은 종교적 세계관과 왕권사상이 결합한 상징물이며, 최고의 신과 그 화신으로 간주되는 국왕이 거주하는 성스러운 곳으로 간주되었다. 이에 따라서 사원의 정상은 힌두교에서 세계의 중심으로 생각하는 메루산須彌山을 상징하며 국왕 또한 신의 화신으로 세계의 중심에 있다는 것을 의미한다.

  사원은 대개 산 정상에 위치하고 있으나 평지에 세워지는 경우 피라미드 형태로 탑을 만들어 산 정상을 뜻하도록 설계되었다. 그리고 속세와 경계를 구분 짓기 위해 '바라이baray'로 불리는 인공의 저수지環濠와 주벽을 만들었다. 인공의 호수와 주벽, 피라미드의 탑은 사원을 구성하는 기본요소다. 당시 하나의 사원에는 바라문 승려와 신들의 무희인 압사라, 노예, 농민이 속해 있는 지역경제의 중심단위였다. 조르쥬 세데스의 『앙코르 입문』에 의하면 대표적 국가사원인 타 프롬에는 18명의 고승, 2,740명의 관료, 2,202명의 사무보조원, 3,140세대와 79,365명의 일반인, 615명의 압사라가 속해 있었다는 것으로 보아 사원은 그 지역의 종교문화 중심센터였을 뿐만 아니라 경제생활이 영위되는 중심지였다.

타프롬 사원의 재산규모를 보면 35개의 다이아몬드, 40,620개의 진주, 523개의 파라솔, 512개의 실크침대, 황금접시 500kg 등 사원의 경제력을 추측할 수 있다.

이처럼 사원은 모든 활동의 중심지였기 때문에 사람들이 경제적·종교적 활동을 영위하기 위해서 자연히 대규모 급수시설이 필요하였다. 이러한 이유로 국왕들은 대규모 인공호수인 바라이 건설에 많은 노력을 기울였다.

바라이는 일년 중 5월부터 10월까지의 우기雨期에는 홍수를 조절하고 비가 내리지 않는 건기乾期에는 저수기능을 담당하며 대규모 전원지대에 물을 공급하는 대수로망의 핵심이었고, 앙코르 왕도가 600년간 유지될 수 있는 경제적 번영의 한 요소였다.

877년에 즉위한 인드라바르만이 건설한 '인드라타타카'는 300ha에 이르며, 그의 아들 야소바르만 1세가 3년간 6천명을 동원하여 건설한 야소다라타타카東東바라이는 7×1.8km, 수리야바르만 1세(1002~1050년)에 시작되어 그의 아들대에 끝난 '서西바라이'는 8×2.2km, 자야바르만 7세에 의해 축조된 '닉폰 저수지'는 앙코르왕조의 체계적인 수리체계를 보여주는 것이며, 앙코르의 경제적 번영을 가져오는 바탕이 되었다. 당시 자료에 의하면 서바라이에는 톤레삽 호수에서 거슬러온 물고기로 가득하고 풍부한 쌀과 열대과일로 앙코르에는 모자라는 것이 없을 정도로 풍요로웠다는 기록을 보더라도 수리체계의 핵심인 바라이 건설은 노동력을 활용하여 경제활동인구를 늘리면서 농업생산성을 높여 국가의 경제성장을 촉진하는 데 커다란 기여를 한 것으로 보인다.

④ 캄보디아는 1431년 아유타야왕국(현 태국)으로부터 침입을 당하여 도성을 포기한 이후 계속적인 침략을 받아 15세기 후반에는 앙코르 지역을 빼앗기고 16세기 후반에는 수도였던 '로벡'마저 함락되어 17세기까지 태국이 종주권을 행사하게 된다. 이에 따라 캄보디아는 왕이 베트남의 구엔阮왕조의 왕녀와 결혼하는 혼인정책을 통하여 외세를 극복하려 하였으나 오히려 동서쪽의 양 국가로부터 내정간섭과 영토

를 잠식당하여 프레이 노코르(현재의 호치민시)는 베트남에, 시엠렙을 비롯한 3개주는 태국에 할양되는 결과를 초래하였다.

19세기가 되어서는 아시아로 진출하려는 영국과 프랑스의 경쟁 속에서 태국은 영국이, 베트남·캄보디아·라오스는 프랑스가 종주권을 행사하게 된다. 1859년 프랑스군은 사이공을 함락시키고 1863년에는 해군대장 두다르 라그레를 캄보디아로 파견하여 왕위계승에 실패한 '노르돔'과 교섭하여 왕위를 옹립해 주는 전제로 보호조약을 체결하고 프랑스 보호령에 편입시켰다.

2차대전 이후, 1954년 프랑스로부터 완전한 독립을 이룬 캄보디아는 시아누크 바르만 국왕이 이끄는 불교사회주의 국가로 출발하였으나, 1970년 쿠데타로 시아누크 국왕이 실각하고 론놀 장군이 권력을 장악하였다. 그러나 론놀 정권은 1960년부터 산악과 농촌지대에서 세력을 키워 온 크메르 루즈와 내전에 휘말리고, 모택동주의자였던 폴 포트가 이끄는 크메르 루즈군은 1975년 프놈펜에 입성하여 '민주 캄푸치아'라는 공산국가를 수립하게 된다. 이들은 지식인·관료의 해외 추방과 학살을 시작하여 1979년 정권이 무너질 때까지 170만 명을 살해하였다. 이 규모는 인구 일곱 명 당 1명꼴이었다.

더구나 폴포트 정권은 1977년 1월 베트남 국경을 침공하면서 나라를 전쟁으로 내몰았다. 그러나 그 해 12월 베트남군 14개 사단의 침략을 받아 프놈펜 50km지점까지 점령당하고 1978년 1월 7일에는 프놈펜이 함락되었다. 베트남군은 1979년 1월 프놈펜에 위성정권인 '헹 삼린 정부'를 앉히고 20만 명의 베트남 주둔군은 태국 국경에서 크메르 루즈를 토벌하면서 50만 명의 난민이 태국 등 인접국으로 도피하는 등 전 국토가 폐허가 되다시피 하였다.

그러나 소련과 동구권의 해체 이후 국제질서가 급변하면서 캄보디아의 각 파벌은 물론 베트남, 중국 등 주변국도 캄보디아에 평화를 정착시키라는 국제적 압력에 직면한다. 1989년 베트남군의 마지막 철군, 유엔의 평화안 중재로 1991년 파리에서는 19개국이 모여 '캄보디아 4대 군벌의 무장해제, 각 세력이 참여하는 최고국민회의 설치,

1993년 총선거 실시' 등을 내용으로 하는 평화계획을 조인함에 따라 '비극의 시대'가 끝나게 되었다. 그 결과 1992년 유엔의 '캄보디아 잠정통치기구'가 발족한데 이어 다음 해에 제헌의회가 구성되어 시아누크 전 국왕을 입헌군주제의 국왕으로 재선출하였다.

최근 캄보디아는 아시아개발은행으로부터 1천만 달러의 차관을 통한 톤레삽 호수와 120만 명의 수상족에 대한 생활개선 프로젝트, 세계인구보건기구로부터 의료시설 지원계획, 시엠렙 신공항 건설 등 탈사회주의화, 빈곤탈피, 문화적 아이덴티티의 확립, 전쟁의 상흔 회복과 같은 과제를 실천하면서 국제사회로 복귀하려는 노력을 추진하고 있다. 비극적 현대사의 상흔과 찬란한 역사적 전통을 동시에 간직한 캄보디아의 부흥을 기대하며, 앙코르 문명의 장엄한 깊이 속으로 지적 여행을 소망하는 독자들에게 이 졸고를 바친다.

2003년 1월
서 규 석

차 례

제2판 서문
초판 서문

제1부 앙코르 문명
    1장 왕도 앙코르 ………. 23
    2장 종교건축으로 꽃핀 문명 앙코르 ………. 49

제2부 앙코르왕조의 역사
    1장 앙코르왕조 이전기의 크메르 ………. 69
    2장 앙코르왕조의 시작과 롤루 시대 ………. 89
    3장 1차 앙코르 왕도 시대(889~900년) ………. 100
    4장 앙코르 중기 시대(1000년 이후) ………. 116
    5장 자야바르만 7세의 등장과 후기 앙코르 시대 ………. 127

제3부 13세기 앙코르 시대로의 시간여행
    1장 문명 복원의 거울, 진랍풍토기 ………. 147
    2장 『진랍풍토기』전문 ………. 158

제4부 앙코르 와트의 상징해독

- 1장 신의 코드로 지은 사원 ………… 221
    1. 앙코르 와트
    2. 건축에 담긴 신의 코드들
- 2장 신들이 춤추는 회랑과 부조 ………… 236
    1. 회랑과 부조
    2. 제3회랑의 상징
    3. 만다라산의 시작, 십자회랑과 제2회랑
    4. 우주의 중심, 제1회랑과 중앙신전
- 3장 신화를 재현한 건축과 조각 ………… 308
    1. 메루산의 상징, 사원
    2. 건축양식, 코벌아치
    3. 신화적 상상력의 극점, 조각예술
- 4장 데바타와 압사라, 그 관능과 미학 ………… 331
    1. 여신과 압사라
    2. 여신들의 예술 양식

제5부 힌두문명의 보고, 라마야나와 마하바라타

- 1장 『라마야나』 초록 ………… 357
- 2장 『마하바라타』 초록 ………… 391

부록

1. 캄부자왕국의 연대기
2. 용어 해설
3. 참고 문헌
4. 앙코르 유적지 지도

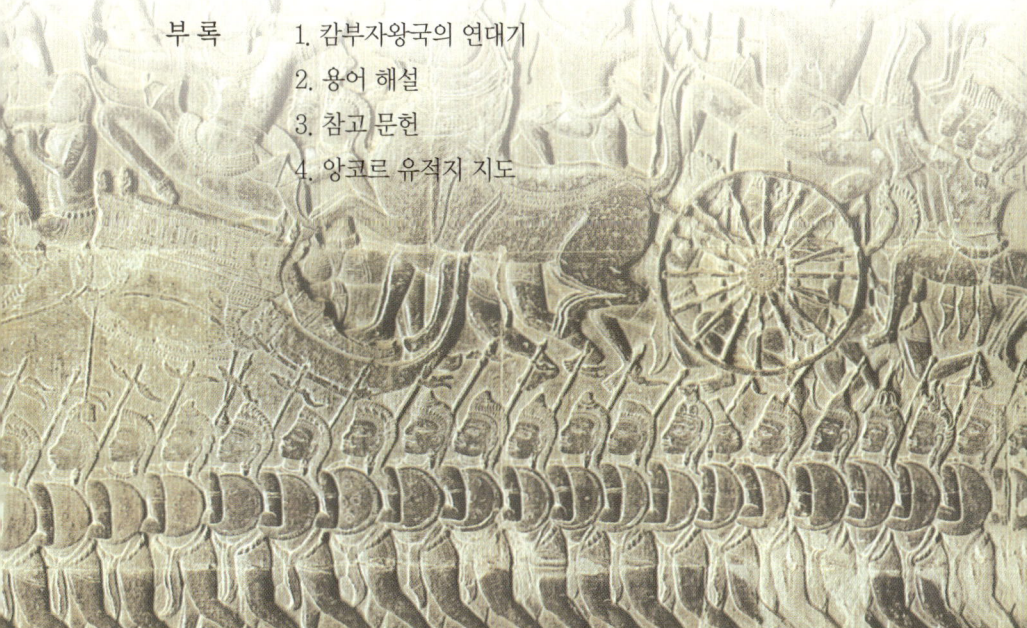

제1부
앙코르 문명

천지창조의 신화, 우유바다 젓기에서 좌우중앙의 쿠르마(거북) 위에 올라 중심을 잡고 있는 비슈누신. 맨위에서 만다라산을 누르는 인물은 인드라신(앙코르 와트).

1장 왕도 앙코르

신화의 도시, 왕도 앙코르

밀림에 버려진 신화의 도시, 전설 속의 앙코르 유적이 세상에 알려지게 된 것은 호기심을 간직한 꿈 많은 로망의 탐험가, 역사가들이 있었기 때문이다. 프랑스의 식물학자 앙리 무오는 1860년 1월 원주민들 사이에서 전설 속의 신이 지었다는 앙코르 왕도王都를 방문하였다.

앙코르 와트, 피메아나카스, 바욘, 프놈 바켕에서 3주일을 보낸 그는 "솔로몬왕의 신전에 버금가고, 미켈란젤로와 같이 뛰어난 조각가가 세운 앙코르 와트. 이것은 고대 그리스, 로마인이 세운 것보다도 더 장엄하다"고 일기에 기록하였다. 그는 귀국하여 밀림 속에 잠들어 있던 앙코르 와트를 유럽에 소개하면서 그 베일을 하나 둘씩 벗겨내기 시작하였다.

뒤이어서 19세기 말 프랑스의 극동학원 연구자들이 앙코르의 거대한 사원에서 산스크리트어와 고대 크메르어, 팔리pali어의 비문을 찾아내고 역사를 재구성함으로써 어둠에 묻혔던 앙코르왕조의 신비를 드러낼 수 있었다.

왕도 앙코르는 공식적으로 802년부터 1431년까지 '캄부자'왕조에 의해 예술혼을 꽃피운 종교도시의 중심지였고, 역대 왕들에 의해서 7개의 대도시와 약 1,200개의 사원이 들어서면서 힌두교와 불교의 문화가 융합되어 독특한 문명을 간직한 곳이다.

동남아시아의 역사는 북으로부터 남으로 진출한 민족이 번갈아 역사를 창조해 가는 발전형태를 지녀왔다. 즉 이 지역에서 활동했던 민족집단인 크메르인과 베트남족·미얀마족·타이족이 시대를 달리하여 대륙에서 남하하면서 역사를 세워 갔다. 그 선조는 크메르인들이다.

크메르 역사는 1세기경 인도의 승려에 의해서 건설된 '푸난Funan'에서 시작된다. 중국의 기록에 부남국扶南國으로 나오는 푸난은 캄보디아와 베트남 남부의 메콩 델타, 태국의 메남 계곡, 말레이 반도까지 포함하는 넓은 저지대에 위치하였으며 아랍과 유럽, 인도와 중국을 잇는 중개무역국가로 성장하였다. 로마 황제 마르쿠스 아우렐리우스(161~180년) 시대의 금화를 비롯하여 한나라 시대의 동제품 등이 출토된 것도 이러한 사실을 뒷받침한다.

중국의 『양서梁書』 부남국 편에는 해안에서 500리 떨어진 곳에 수도가 있었고, 최초의 왕은 인도의 승려 출신 혼전混塡이었으며 그 부인은 유엽柳葉으로 3세기부터 5세기까지 중국에 사신을 보냈다는 기록이 있다.

당시의 국가는 여러 지방 세력이 연합한 느슨한 연방국가로서 바라문 승려, 종교경전, 신, 우주관, 산스크리트어 등 인도의 문화적 요소를 받아들여 신정정치神政政治의 하부구조를 형성하면서 해상국가로 성장하였다.

그러나 부남은 대륙에서 남하한 진랍眞臘에 의해 550년 흡수되었고, 진랍은 단일 국가로 성장하다 자야바르만 1세가 죽은 후에 왕위 계승을 둘러싸고 투쟁이 시작되어 결국 707년에 다시 해양의 수水진랍과 내륙의 육陸진랍으로 분열되는 정치적 혼란기를 맞게 된다.

이 때 시암만灣으로부터 남지나해에 이르는 해상 루트를 장악한 '샤일렌드라Sailendra'왕조가 수진랍의 왕을 죽이고 종주권을 행사하게 된다. 수진랍의 왕자는 자바에 인질로 있다가 탈출하여 귀국한 후 802년에 앙코르왕조를 여는데 그가 자야바르만 2세다.

앙코르왕조의 출발무대는 앙코르 평야 북방 40km 부근에 위치한 '프놈쿨렌'의 낮은 산이다. 이 지역은 메콩강과 인접해 있으며 바깥으로는 톤레삽 호수와도 맞닿아 있어서 국가를 세우기에 아주 알맞은 지역이다. 쿨렌산은 역대 왕들이 신성시했던 구릉으로 앙코르왕조의 초기 유적이 흩어져 있으며, 톤레삽 호수는 건기에는 약 3,000km², 우기에는 약 3배 정도로 늘어나는 담수호로서 도시건설의 최적의 환경을 제공하였다.

인도의 지배층 문화를 이어받은 앙코르왕조는 12세기 무렵에 지금의 미얀마, 태국, 라오스, 베트남과 말레이시아 일부를 포함한 대제국으로 성장하여 도시계획의 우수성을 과시하고 건축과 조각, 미술과 회화에서 독특한 문화를 남겼다.

600년의 왕국 캄부자

앙코르왕조는 종주국인 자바로부터 주권을 회복한 자야바르만 2세에 의해 건국되었으며 공식 명칭은 '캄부자Kambuja'다. 그러나 일반인들에게는 앙코르왕조로 잘 알려져 있다. 802년부터 1431년까지 앙코르왕조의 왕명표에 등장하는 왕들은 모두 37명에 이르지만 28대 왕까지의 왕 중에서 단명에 그친 두 명을 제외한 26명을 공식적인 왕으로 본다.

앙코르왕조는 이전기 국가인 진랍의 경제적 번영 위에 세워진 것이다. 중국의 역사기록에 의하면 왕도와 지배층의 생활은 아주 화려했으며 상당한 경제적 번영을 이루었다고 평가하고 있다.

『수서隨書』에 의하면 "진랍의 수도 이사나성伊奢那城은 2만여 가구가 살았고, 국내에는 30여 개의 커다란 성이 있었으며 수천의 집이 건축되어 지사가 다스렸다. 왕은 3일에 한 번 알현을 받고 엄숙하게 정사를 보았으며, 오향칠보로 만든 침대에 앉았다. 침대 위에는 질 좋은 천을 늘어뜨리고 꽃가지와 상아로 벽을 장식하였다. 이사나선왕伊奢那先王을 호위하는 병사들은 천여 명이 되었다"고 기록하였다.

기록에 등장하는 이사나성은 이샤나푸라를 말하며, 이사나선왕은 이샤나바르만(611~635년경)이다. 그러나 화려한 생활과 경제적 번영을 누렸던 진랍은 '자야바르만 1세'(681~716년)의 말년에 2년간(705~707년)의 내전을 겪은 끝에 내륙의 육진랍과 해양의 수진랍으로 분열된다. 그리고 수진랍은 중부 자바섬과 말레이 반도를 지배한 해상왕국 샤일렌드라왕조의 침략을 받아 왕이 전사한다.

수진랍을 멸망시킨 자바 섬의 '산山의 왕국'이란 뜻을 가진 샤일렌드라왕국의 기원에 대해서는 학자들 간에 주장이 다르지만 인도네시아의 팔렘방 지역에 근거를 두고 775~778년 사이에 주변에 있던 왕국을 평정하여 자바섬을 무대로 성장한 강력한 해상왕국이다.

프랑스 학자인 루이 피노Louis Finot는 부남인들이 진랍에 의해 멸망한 후 인도네시아 지역으로 이주하여 세운 국가라고 하며, 남인도의 샬리아왕국 유민들이 말레이 반도로 들어가 세운 나라라는 인도 학자들의 견해도 있다.

자바와 말레이 반도를 둘러싼 국제정세는 샤일렌드라의 등장으로 회오리치게 되는데, 무엇보다도 시암만으로부터 베트남 앞바다에 자리잡은 곤륜양崑崙洋, 그리고 통킹만까지 해양루트를 장악하고 참파와 캄보디아도 그 지배 하에 두게 되었다.

　당시의 자바섬에 위치한 샤일렌드라는 아랍 상인들에게 자바그 Zabag로 불렸는데, 851년 이 지역을 무대로 상거래를 해 왔던 아랍상인 슐라이만Sulayman이 자바그와 크메르의 관계를 대화체로 기록한 여행서가 남아 있기도 하다.

　자바그왕국의 침입으로 사망한 캄부자의 왕은 누구인가? 프랑스 학자 에이모니에의 견해에 따르면 샤일렌드라왕국인 자바그는 767~787년 사이에 크메르를 정복했으며 머리가 잘린 왕은 라젠드라바르만 1세다. 그리고 자야바르만 2세는 그의 아들이다.

　자바에 머물던 왕자 자야바르만 2세는 800년경 샤일렌드라왕국에 종주국의 관계를 인정하고 귀국하여 삼보르에 남아 있던 정치적 기반을 토대로 802년에 앙코르왕조를 세우고 834년 롤루 지역에서 죽은 것으로 되어 있다.[1]

　자야바르만 2세는 연고지인 삼보르를 기반으로 인드라푸라, 아마렌드라푸라, 프놈 쿨렌, 롤루 지역으로 점차 넓혀가면서 통일국가의 틀을 확립하였다. 그러나 과거 육진랍 영역이었던 북부의 바바푸라 도시는 평정하지 못하였다.

　자야바르만 2세는 중부 자바섬에서 800년경에 귀환하여 먼저 '인드라푸라'(콤퐁참 동부지역)의 왕이 되었다. 그리고 동쪽지방에 가서 왕은 바라문 승려에게 토지를

---

[1] 에이모니에는 자야바르만 2세가 자바의 허락을 받아 귀국하여 대신회의에서 왕으로 선출되었다고 주장한다. 자야바르만 2세의 재위연대에 대해서도 논란이 많다. 1052년에 건립한 스톡 칵톰 비문에 802~1052년 사이에 역대 왕의 이름이 나오며, 자야바르만 2세는 802~850년까지 통치한 것으로 기록되어 있다. 조르쥬 세데스는 이를 근거로 802~850년 재위하다가 90세에 죽었다고 주장했으며 이후 통설로 받아들여졌다. 그러나 자야바르만 3세의 등위연대가 834년이라고 적힌 비문이 나타나면서 자야바르만 2세는 802~834년으로, 자야바르만 3세는 834~877년으로 보는 것이 일반적 경향이다.

부여하고 도시를 건설할 것을 명령했다. 다음에 하리하랄라야(hariharalaya: 롤루 지역)의 왕이 되었다.

그 다음에 왕은 아마렌드라푸라(amarendrapura: 악윰 지역)를 만들었다. 그 다음에 마헨드라파르바타(mahendraparvata: 위대한 인드라신의 산의 의미로 프놈 쿨렌 지역)의 왕으로

〈자야바르만 2세의 캄부자데사〉

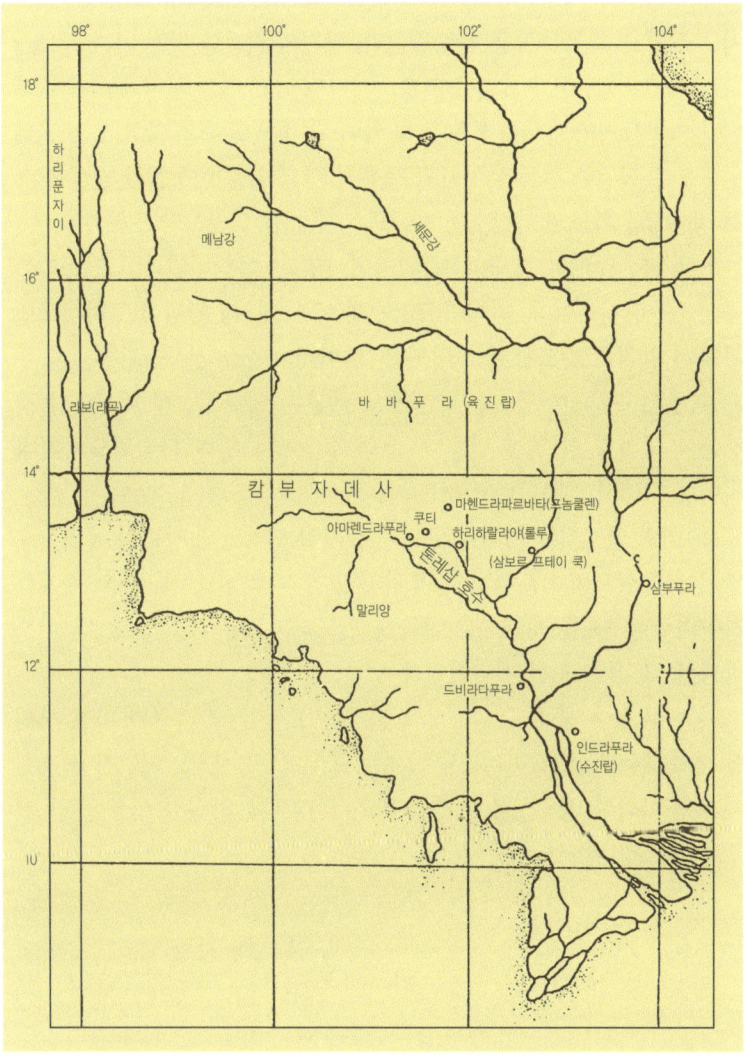

취임했다. 다음에 왕은 하리하랄라야에서 왕으로 재취임했다. 왕은 하리하랄라야에서 승천하였다. _ 조르쥬 세데스의 『앙코르 입문』 중에서.[2]

창업기의 왕도 롤루

앙코르왕조를 이어간 26명의 왕 가운데 8명만이 선왕先王의 아들 또는 형제가 왕위를 계승하였고, 나머지는 왕의 사촌 또는 과거의 왕족으로서 무력으로 왕위에 오른 사람들이다. 왕가의 혈통을 가진 자가 왕위를 상속받거나 국왕이 후계자를 지명하더라도 여러 명의 왕비 사이에서 태어난 왕자들끼리 권력투쟁을 통해 왕이 된 경우도 적지 않았다. 아울러 무력으로 집권한 왕들은 왕가의 혈통을 갖고 있는 여성들과 결혼을 통해 정통성을 확보해 나갔으며 자신의 가계家系를 조작하기도 하였다.

초창기의 왕도는 현재의 롤루 지역이었다. 하리하랄랴아로 불리는 곳이 곧 이 지역이다. 자야바르만 2세 이후 제5대 왕인 하르샤바르만까지는 왕권이 순조롭게 이어졌다. 자야바르만 2세는 국가통일을 위해 지방세력을 끌어들이는 수단으로 결혼을 활용했는데 비문에 등장하는 부인만도 열 명에 이른다. 그의 후계자는 왕비 '다라린드라데비' 사이에서 태어난 자야바르만 3세다.

자야바르만 3세는 어머니와 군대를 가진 인척들의 강력한 옹립으로 왕위에 올랐으며 877년까지 통치하였다. '다라닌드라데비'의 가계는 자야바르만 3세를 시작으로 아들인 '인드라바르만 1세'(877~889)와 '야소바르만 1세'(889~912)를 배출하였다.

이들 두 왕은 롤루 유적군으로 불리는 프레아 코 사원과 바콩 사원을 건축했는데, 인드라바르만 2세는 프레아 코 사원(879)을 지어 조상에게 헌사하여 정통성을 천명하였고, 롤레이에 자신의 이름을 딴 저수지 '인드라타타카' 개발에 착수하였다.

---

[2] Goerge Cœdès, Angkor : *An Introduction*, translated by Emily Floyd Gardiner, Oxford University Press, New York and Hong Kong, 1963 ; Goerge Cœdès, *The Indianized State of Southeast Asia*., edited by Walter F. Vella, translated by Sue Brown Cowing, University of Hawaii Press, Honolulu, 1964.

앙코르 왕도의 시작, 야소다라푸라

그의 뒤를 이어 야소바르만 1세가 889년에 제4대 왕으로 취임식을 가졌다. 그는 893년 인드라타타카 한 가운데에 로레이 사당을 짓고 그것으로 롤루 시대를 마감하였다. 그리고 오늘날 앙코르라 불리는 신도시를 개발하였다. 앙코르의 틀이 잡힌 것은 야소바르만 1세가 '야소다라푸라'를 건설한 때부터다.

그는 권력을 획득하는 과정에서 다른 왕자들과 전투를 벌이면서 왕도王都인 '하리하랄라야'를 훼손했기 때문에 도성에서 13㎞ 떨어진 거리에 자신의 이름을 딴 신도시 '야소다라푸라'를 건설하였다. 프놈 바켕을 중심으로 하는 신도시가 제1차 앙코르 도성으로 당초에는 16㎢에 이르는 대규모로 조성되었다. 또한 저수지 '야소다라타타카'를 건설하였다. 이 호수는 7×1.8㎞의 거대한 규모로 6,000명이 3년에 걸쳐 축조한 것인데, 현재 동東바라이로 불린다.

그리고 불교 승원인 '텝 프라남'을 비롯하여 '프레아 비헤아' 등 각지에 소사당小祠堂을 건립하였는데, 그 지배권이 라오스 남부로부터 동북 타이, 캄보디아 전역에 이르는 것으로 확인되고 있다.

야소바르만왕은 북인도 문자를 받아들여 캄부자 문자를 만들고 대규모 저수지를 만든 최초의 왕이다. 그리고 국토를 태국, 라오스까지 확대하였다. 그의 이러한 이상은 후기에 수리야바르만 2세나 자야바르만 7세의 국가발전 모델이 되었다.

야소바르만 1세가 죽자 그의 큰 아들 하르샤바르만 1세(912~922)와 둘째 아들 이샤나바르만 2세(925~928)가 연이어 왕위에 올랐으나 왕을 자처하는 세력이 각 지방에 등장하여 왕국의 영토를 관리하지 못하고 928년 이샤나바르만 2세를 끝으로 자야바르만 2세의 가계는 창건 이후 140여 년만에 '고 케르Koh Ker'에서 성장한 세력에게 그 자리를 내주게 된다.

이샤나바르만 2세는 자신의 여동생과 결혼한 처남에게 권력을 찬탈 당한다. 그의 처남은 왕도를 야소다라푸라에서 코 케르로 옮기고 자신을 '데바라자'로 칭했는데 그가 바로 제7대 왕인 자야바르만 4세(928~942)다. 자야바르만 4세의 왕궁 코 케르는 앙코르 도성으로부터 95㎞

떨어진 지점에 있다. 그는 자신의 출신지인 코 케르 지역 이외에는 이렇다 할 기념비적 건물을 만들지 못하였다. 그는 야소바르만 1세의 여동생과 결혼하여 태어난 아들 하르샤바르만 2세에게 왕위를 물려주었다. 그러나 이 왕은 재위 3년만인 944년에 죽음으로써 단명에 그쳤다.

  그 다음으로 왕의 사촌 라젠드라바르만 2세가 944년 제9대 왕에 올랐다. 그는 크메르왕국 초기부터 강성한 지방세력의 본거지였던 북부의 바바푸라 지역에 독자적인 세력을 가지고 있던 가문이며, 야소바르만 1세 여동생의 아들이다. 그의 집권과 더불어 수도는 다시 앙코르 지역으로 환도되었으며 과거 육진랍의 영역까지 포괄하여 실질적인 국토통일을 이룩하게 되었다.

> 라젠드라바르만 2세는 오랫동안 버려졌던 신성한 도시 야소다라푸라를 복원했다. 그리하여 인드라신의 궁전처럼 아름다운 돌과 황금으로 장식하여 빛나는 궁전, 훌륭한 집들을 지상에 건설하였다. 그는 취임 초기에 대신 카빈드라리마타나에게 왕궁을 짓도록 했다. 이 대신은 건축의 신 비슈와카르만처럼 예술에 능통했고, 야소다라에 매력적인 왕궁을 건축했다. _ 조르쥬 세데스의 〈밧 춤Bat Chum 비문〉, 1908년.

'천상의 궁전'으로 일컬어지는 피메아나카스Phimeanakas는 그의 재임 시에 만들어진 사원이다. 이 사원은 여인으로 변장한 토지신과 국왕이 매일 밤 탑의 꼭대기에 올라가 잠을 잤다는 전설을 간직하고 있다. 라젠드라바르만은 국가사원으로 프레 룹Pre Rup 사원을 건축하고 각 지방에 독자적인 정치세력을 제거하여 중앙의 통제를 받는 지방행정구역으로 편제하였다. 그는 자신이 구축한 군사력을 기반으로 왕위에 올랐기 때문에 쿠데타가 일어날 가능성을 미리 제거하고 중앙집권적 행정체제를 만드는 정치개혁을 단행했던 것이다.

  968년 라젠드라바르만이 죽은 후 아들 자야바르만 5세(968~1001)가 왕위에 올랐다. 그러나 즉위 당시 나이가 13세로 너무 어렸기 때문에 힌두교 스승이었던 '야즈나바라하Yajnavaraha'의 섭정을 받아 국가를 다스렸으며, 두 왕의 교체시기(967~968)에 건설된 '반테이 스레이' 사원은 힌두신화를 섬세하게 조각한 아름다운 사원으로 평가받는다.

1001년 자야바르만 5세의 시기까지는 비교적 정치가 안정된 시기로서 흔히 전기前期 앙코르로 구분한다. 이 시기는 캄부자의 독특한 문명을 창조하였고 그 문화가 베트남과 태국에까지 전파되었다. 캄부자가 문화적 에너지를 형성할 수 있었던 것은 당나라가 멸망하는 등 주변국의 정치가 불안정한 가운데서 상대적으로 국내 정치의 안정을 가질 수 있었던 것이 큰 도움이 되었다.

제2차 왕도, 앙코르 와트

앙코르왕조의 중기시대로 접어들면서 '수리야surya'라는 이름을 가진 두 명의 왕이 등장한다. 수리야는 태양을 토템으로 숭배하는 가문을 나타내는데, 하나는 제12대 왕인 수리야바르만 1세이며, 또 다른 왕은 100년 후에 앙코르 와트를 건설한 수리야바르만 2세다. 그러나 두 명의 왕은 직접적인 혈연관계가 없다.

수리야바르만 1세는 약 10년 간에 걸친 내전을 통해 왕권을 차지하였다. 원래 '우다야디티야바르만 1세'가 1001년에 왕위에 올랐으나 그 통치기간은 불과 1년에 지나지 않았으며 지방에서 왕을 자처하는 사람들이 등장하여 정치적 혼란기를 맞았다.

1001년이 지나면서 우다야디티야바르만 1세(1001~1002), 자야비라바르만(1002~1011), 수리야바르만 1세(1002~1050) 등 세 명의 왕이 동시에 등장하는 것으로 보아 내전상태에 있었던 것으로 보인다. '콤퐁 톰' 비문은 1002년에는 인드라바르만 왕가의 모계 혈통을 가진 수리야바르만이 전륜성왕轉輪聖王을 자처하며 등장했고, 자야비라바르만이 왕위를 놓고 쟁탈전에 돌입하였으나 말레이 북동부 출신으로 군사력에서 앞선 수리야바르만이 1011년에 전국을 평정하고 즉위식을 거행함으로써 왕권투쟁에 막을 내린 것으로 기록하였다.

그의 즉위식은 불교사원인 피메아나카스와 왕궁 앞의 고푸라gopura가 완성된 후 그 왕궁 광장에서 신하들의 장엄한 충성서약을 받으면서 이루어졌다. 그는 이전과 같이 데바라자 사상을 재확립하기 위하여 왕권 투쟁과정에서 파괴된 사원을 수리하도록 하였다. 자야바르만 5세에 시작된 타케우 사원도 이 때 완성되었다.

이 시기에 축조된 인공호수 서바라이는 8×2.2km 크기로 동바라이 보다도 크며, 그의 큰 아들 우다야디티야바르만 2세에 의해 완성되었다.

그 후 작은 아들 하르샤바르만 3세(1066~1080)가 왕위에 올랐으나 왕권에 도전하여 반기를 들었던 장군들이 인접국 참파로 망명하면서 결국 두 번에 걸친 참파의 공격을 받게 되고 왕권은 혈통이 다른 자야바르만 6세로 이어지게 되었다.

현재의 태국 영토인 코랏 고원의 호족 출신인 자야바르만 6세 이후 왕권은 그의 동생 다라닌드라바르만 1세, 그의 손자로 앙코르 와트를 건설한 수리야바르만 2세로 이어졌다.

기록에 의하면 수리야바르만 2세는 베트남 북부의 대월국大越國을 공격하였고, 참파왕국을 공격하여 마치 "가루다가 뱀을 잡듯이 코끼리에 올라탄 참파왕의 목을 벤 후" 1145년부터 1149년까지 장악했다고 한다. 그는 1150년에 참파를 재차 공격하였으나 우기에 많은 비가 내려 실패한 것으로 기록되어 있다.

> 수리야바르만 2세는 1128년 2만명의 군대를 동원하여 대월국을 공격하였다. 이 해 가을 700척의 배를 보내 탄 호아 해변을 공격한 데 이어 왕도를 공격하였다. 1145년에는 참파의 왕도인 비자야를 포위하고 왕국의 주인으로 행세했다. 전쟁이 일어난 동안 참파의 왕은 보이지 않았는데, 전쟁에서 죽었거나 잡혔던 것으로 보인다. _ 앙리 마르샬의 『참파왕국』, 1928.[3]

그는 앙코르 와트를 건설하였으며 정복욕이 강했던 만큼이나 사후에 천국에 가기 위한 욕망도 강하였다. 이 때문에 왕은 비슈누신과 일체화된 신이 되기 위해 앙코르 와트의 벽면에도 이를 반영하였다. 그 이외에도 길 하나를 두고 마주보고 서 있는 '톰마논'과 '차우 사이 테우

---

3) Henri Marchal, *Le Royaume de Champ*, Les Editions G. Van Œst. Paris, 1928.

다'를 비롯하여 '프레아 파릴라이', '프레아 피투', '반테이 삼레' 사원 등의 크고 작은 여러 사원을 건축하였다.

제3차 왕도, 앙코르 톰과 코끼리 테라스

자야바르만 7세가 등장하는 시점을 앙코르왕조의 말기로 본다. 12세기 후반부터는 궁정쿠데타가 빈번하게 일어났다. 수리야바르만 2세가 죽자 그의 사촌인 다라닌드라바르만 2세가 등극했으며, 그 다음 후계자는 자야바르만 6세의 손자인 야소바르만 2세(1160~1165)다. 그러나 야소바르만 2세는 1165년 스스로 왕을 자처하는 '트리부바니디티야바르만'에게 왕위를 빼앗겼다.

그러나 무력으로 왕위에 오른 트리부바니디티야바르만은 1177년 참파의 공격으로 죽게 된다. 참파의 왕 '자야 인드라바르만 4세'는 앙코르를 침략하기 위해 1년 전부터 대월국과 화친을 맺었다. 그리고 메콩강을 거슬러 톤레삽 호수까지 배를 타고 와서 야소다라푸라를 전격적으로 함락하고 왕을 살해하였다. 20년간 지속된 앙코르왕조의 정치적 혼란이 이러한 파국으로 나타난 것이다.

당시 앙코르왕조는 정치적 진공상태에 빠졌으나 참파에 가 있던 왕자(후에 자야바르만 7세가 된다)가 귀국하여 4년간 저항군을 이끌고 참파군과 일전을 벌인다. 왕자가 이끄는 저항군은 톤레삽 해전에서 참족과 일전을 벌여서 대승을 거두고 국토를 평정했다는 내용이 타프롬 비문에 기록되어 있으며, 톤레삽 호수의 해전 장면은 바욘 사원에 생생하게 묘사되어 있다.

자야바르만 7세(1181~1219)는 자야바르만 6세의 동생인 다라닌드라바르만 2세의 아들로서 젊은 나이에 결혼한 후 아버지의 명을 받아 참파국에서 청년시대를 보냈다. 그가 참파에 머물렀던 배경은 참파에 우호적인 앙코르 세력이 있었거나 파워 게임에 밀려 조카에게 왕위를 내주고 도피했던 것으로 보인다.

그는 참파군으로부터 국토를 완전히 회복한 1181년에 왕으로 등극하였다. 타 프롬 비문에 기록된 내용은 짤막한 것이기는 하지만 힌두

서사시에 묘사된 것처럼 자야바르만왕이 다르마의 화신으로 지상에 정의를 세우는 이미지를 풍긴다.

> 자야바르만왕은 참파의 왕을 죽이고 법을 세웠다. 수천만 개의 활로 적군의 장수를 죽이고 지상을 보호하였다. _ 조르쥬 세데스의 〈타 프롬 비문〉, 1906년.

1177년 이후 참파군이 도성을 함락시키면서 앙코르왕조는 종교적, 도덕적, 정치적 기반을 상실하였다. 왕들의 잦은 교체 그리고 참파군의 침입은 국왕의 신격화된 사상적 바탕을 허물기 시작하였고, 앙코르왕조에 쇄신을 요구하였다. 802년 앙코르왕조가 세워진 이래 도성은 전륜성왕이 다스리는 세계의 중심이었다. 그러나 참파군에 점령되면서 앙코르의 정치적, 도덕적 기반이던 문화적 상징이 완전히 무너졌다.

참파의 침입은 빈번한 궁정쿠데타, 바라문 승려들의 정치 영향력 행사, 비리와 부패로 마비된 관료 등 내적 요인에 초래된 것이었다. 이런 상황에서 1181년에 왕위에 오른 자야바르만 7세는 국가종교를 불교로 바꾸는 종교개혁을 단행하고 국가 쇄신책을 추진하였다.

마치 싯다르다 붓다가 부패한 힌두교 사제들의 권위를 끌어내리고 일종의 사회운동을 통해 단시일 내에 불교가 민중을 사로잡았듯이 자야바르만 7세 역시 불교를 통해 사회를 쇄신하려 하였다.

그는 불교신자였던 '자야

앙코르 톰의 중심에 위치한 바욘 사원의 중앙 회랑. 4면 관음보살상은 '바욘의 미소'로 표현될 만큼 웅장하면서도 은은한 휴먼 모티브가 특징이다. 필자 가족이 함께 하였다.

라자데비'와 '인드라데비' 등 두 왕비로부터 사상적 영향을 받아 대승불교의 이념을 토대로 사회사업에 많은 관심을 기울이고 전국에 병원을 건축하여 모든 계층에 개방하였다. 자야바르만 7세는 자신이 건축한 바욘 사원의 관세음보살상과 같이 자신의 이름을 듣는 모든 사람에게 평화와 건강을 제공하는 '자비로운 군주'상을 내세웠다. 즉 부처왕buddha·raja의 이름과 권위로 위로부터의 개혁을 추진하였다.

불교는 고전기 국가의 이념적 지주였던 힌두교와 나란히 유입되었으나 자야바르만 7세 때 비로소 국교가 된다. 앙코르왕조의 불교는 북방의 대승불교 즉 마하야나 불교였다.

붓다가 열반한 후 100~200년 후에 계율과 교리의 해석에 대한 차이로 불교가 분열하기 시작하여 부처님이 살아 있을 때처럼 대중에게 다가서자는 운동이 제기되었는데 중생의 구원을 적극적으로 실천하는 불교부파를 마하야나라고 한다.

마하야나mahayana, 摩訶衍那는 사람을 크게 태워 싣고 이상의 경지인 부처에 이르도록 한다는 의미로 대승大乘이라 하며, 인도북부에서 중국, 몽고, 티벳, 한국, 일본에 전해진 북방불교가 이 범주에 속한다. 반면 교단의 가르침이 지나치게 자신의 깨달음만 강조하는 근본불교는 대승에 비해 작게 태운다는 의미로 소승hinayana, 小乘불교로 불러지게 되었다.

마하야나 불교의 대표적인 불상은 관음보살觀音菩薩이다. 관음보살avalokiteshvara은 앙코르 톰 성벽의 출입문, 바욘 사원, 타 프롬 사원에 인자한 모습으로 조각된 사면불로 표현되어 있다.

인간미를 간직한 관음보살은 이름 그대로 언제나 세상의 소리를 관찰하고 듣기 때문에 그 이름을 부르면 33가지 화신으로 나타나 즉시 구원한다고 한다. 화엄경에서는 어려움에 처하여 관음보살의 이름을 부르면 닌을 피하고 복을 받을 수 있는 것으로 표현되어 있듯이 중생구제의 대승정신을 구현하는 자비의 화신이라 할 수 있다.

자야바르만 7세는 스스로를 살아있는 부처로 행세하였다. 1191년의 프레아 칸 사원 비문에 의하면 '자야붓다마하나타'로 기록해 놓았다. '자야'는 자야바르만 7세를 지칭하며, '마하나타'는 위대한 현자를 뜻한다. 그는 참파왕국의 침입에 대비하여 성벽도시와 바욘 사원, 코끼리 테라스를 건축하는 등 국가혁신을 꾀하면서 국가개조의 이념으로 대승불교를 선택하고 자신을 백성의 어려움을 헤아리는 신으로 내세우게 된 것이다.

한편 각 지방에 사원과 도로망을 정비하고 의료·숙박시설을 정비하여 정보 전달체계를 확립하고 군사 동원체제를 구축하였다. 당시 기록에 의하면 102개의 의료시설, 121개에 달하는 숙박소 등이 설치되었다.

당시 '동남아시아의 모든 길은 앙코르 와트로 통한다'고 표현될 정도로 제국의 고속도로를 정비하였다. 앙코르에서 225km에 달하는 태국의

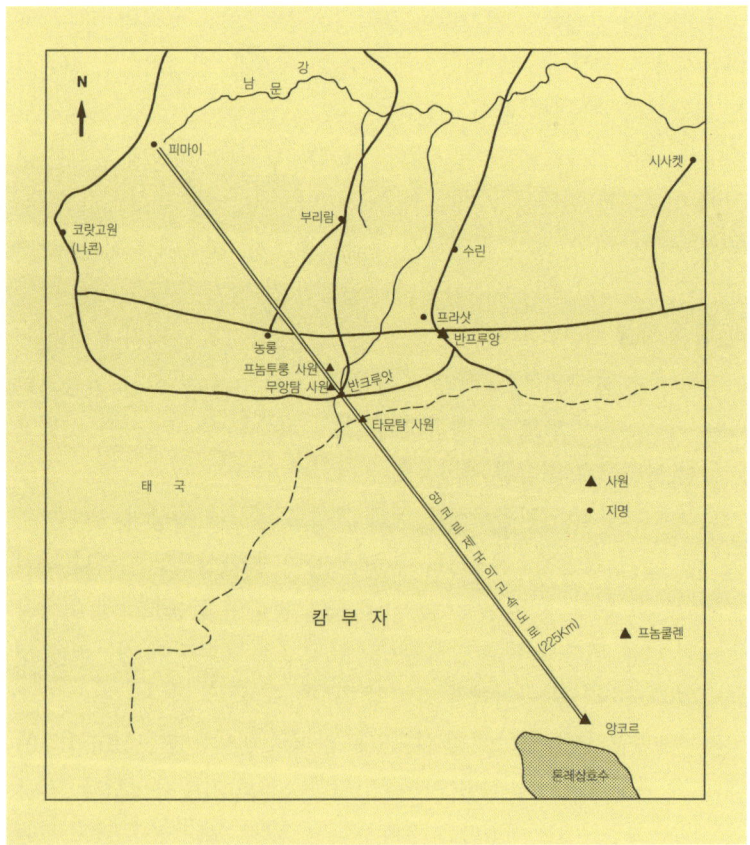

〈앙코르-피마이(태국)간 고속도로〉

피마이 지역까지 도로를 놓고, 이렇게 정비된 루트를 따라서 서쪽으로는 말레이 북부까지 진군하여 들어갔고 북으로는 라오스 일대를, 동쪽으로는 참파국의 일부를 제국에 편입시켜 최대의 영토를 확보하였다. 이 시기가 앙코르왕조의 마지막 번성기였다.

마치 고대 이집트의 람세스 2세가 장제전과 아브심벨과 같은 건축으로 그 영광을 역사에 기록했던 것처럼, 자야바르만 7세는 각 지역에 사원을 건립하고 도로망을 정비하여 제국의 영광을 실현했던 마지막 왕이다. 그의 정복욕은 800여 년이 지난 오늘날까지도 남아 있다. 현재의 도로망 일부는 그가 정비한 도로를 사용하고 있으며, 태국에 남아 있는 앙코르의 유적 또한 아주 잘 보존되어 있다.

자야바르만 7세는 국력이 회복되자 왕도 주변에 타 프롬, 프레아 칸, 앙코르 톰, 바욘 사원 등 대규모 불교사원을 계속하여 건축하였다.

타 프롬 사원은 1186년에 자신의 어머니에게 헌사한 사원으로, 프레아 칸 사원은 참파군대와의 전쟁에서 이긴 것을 기념하여 아버지에게 봉헌한 보리사菩提寺로서 1191년에 건립되었다. 이 사원은 인드라신이 크메르의 선조에게 주었다는 성스러운 보검을 보관했는데 사원의 이름도 '성스러운 칼'을 의미한다. 현재 그 보검은 프놈펜 왕궁에 보관되어 있다.

프레아 칸의 사원 배치는 가람의 동서축으로 대 저수지인 '자야타타카'와 일치하도록 설계되어 있어서 사원 건설과 더불어 수로 정비의 목적도 있었다.

참족과의 전투장면을 생생하게 기록한 '바욘'은 은은하고 미소를 머금은 관세음보살을 건축의 모티브로 삼은 사원으로 당시 일반인들의 생활상과 참족간의 전투장면, 통치자들의 이야기를 생생하게 부조해 놓아 다른 사원과는 건축의도가 다르다.

한 설화에 의하면 나가 뱀이 자야바르만 7세에게 위대한 바욘 사원의 건립을 요청했다고 하는데 관음보살의 은은한 미소를 신전의 지붕에서 건축물 구석구석에 이르기까지 볼 수 있다.

사원의 제1회랑에는 일반인들의 생활습속이 소소하게 묘사되어 있다. 개싸움과 닭싸움하는 장면, 식사풍경, 요리장면, 어시장과 투망을 던져 고기를 잡는 장면, 크고 작은 연회宴會모습, 앙코르 도성의 함락을 초래한 톤레삽 호수의 전투장면, 군대의 이동행렬, 전쟁승리 축하기념 등 당시의 생활상이 자세하게 부조되어 있다.

반면 제2회랑에 들어서면 일반인들의 생활상이 자취를 감추고 왕과 귀족들의 이야기와 같은 최고 통치자 이야기가 부조되어 있다. 이 가운데서 당시 캄보디아 문학과 문화에 가장 큰 영향을 미친『라마야나』는 왕의 등극을 정당화하고 그 도덕적 권위를 보여주려 했던 대표적인 부조다.

앙코르 톰은 1177년 참파군의 침략으로부터 얻은 교훈을 바탕으로 왕도를 요새화하기 위해 건축한 것이다. 앙코르 톰에 높은 성벽을 세우고 다섯 개의 성문을 만들어 출입을 통제하는 한편, 도성밖에 환호環濠를 만들어 이중의 견고한 방어벽을 만들었다. 그 이후 앙코르 톰은 1431년 태국의 세력이 침입하여 도성을 함락시킬 때까지 2세기 동안 영광의 빛을 간직하였다.

앙코르 톰은 한 변이 3km, 높이 8m의 라테라이트로 성벽을 쌓은 성곽도시로 한 가운데에 국가사원인 바욘이 위치해 있고 바푸온 사원을 비롯하여 왕궁, 코끼리 테라스와 나왕癩王의 테라스, 텝 프라남, 프레아 파릴라이, 프레아 피투, 크레앙과 같은 수많은 유적이 모여 있다.

앙코르angkor는 산스크리트어로 왕궁도시를 뜻하는 나가라nagara에서 파생된 단어로 '도시국가'를 지칭하는 말이며, 톰thom은 형용사의 '커다란' 뜻으로서 앙코르 톰은 곧 '대도시 국가'의 의미가 된다.

앙코르 톰의 성벽에는 다섯 개의 성문이 있다. 바욘 사원을 축으로 남대문, 동대문, 서대문, 북대문이 있으며 왕궁 앞 광장에서 동쪽을 향해 '승리의 문'이 하나 더 있다. 정문은 남대문이며, 동대문은 '사자死者의 문'으로 불리었고, 승리의 문은 700km 떨어진 참파로 향하는 출발점인데 자야바르만 7세의 영토확장과 과거 앙코르의 함락에 대한 복수의 의미가 깔려 있는 곳이다.

바욘 사원은 관음신앙을 모신 불교사원으로 원래는 49개 혹은 54개의 4면불이 세워졌다고 하나 현재는 37개가 있다. 왕이 죽은 후에는 불교 신전이 파괴되고 링가가 세워졌으며 국가 종교도 힌두교로 바뀌었다.

바욘 사원의 북쪽으로는 왕궁 앞에 왕궁 광장과 그 좌우로 코끼리 테라스, 나왕癩王의 테라스가 위치해 있다. 자야바르만 7세는 왕궁의 동쪽 출입문을 은폐하면서 내성內城의 기능을 갖도록 코끼리 테라스를 재건축하였다.

왕궁 광장에서 바푸온 사원 입구까지 300m 거리에 폭 14m로 만든 이 테라스는 출입구가 다섯 개나 되는데, 가운데는 피메아나카스 사원과 왕궁으로 올라가는 출입구이며 서쪽 계단은 바푸온 사원의 탑문과 연결되어 있다.

코끼리 테라스 중앙은 왕궁에서 나와서 곧바로 승리의 문을 향하도

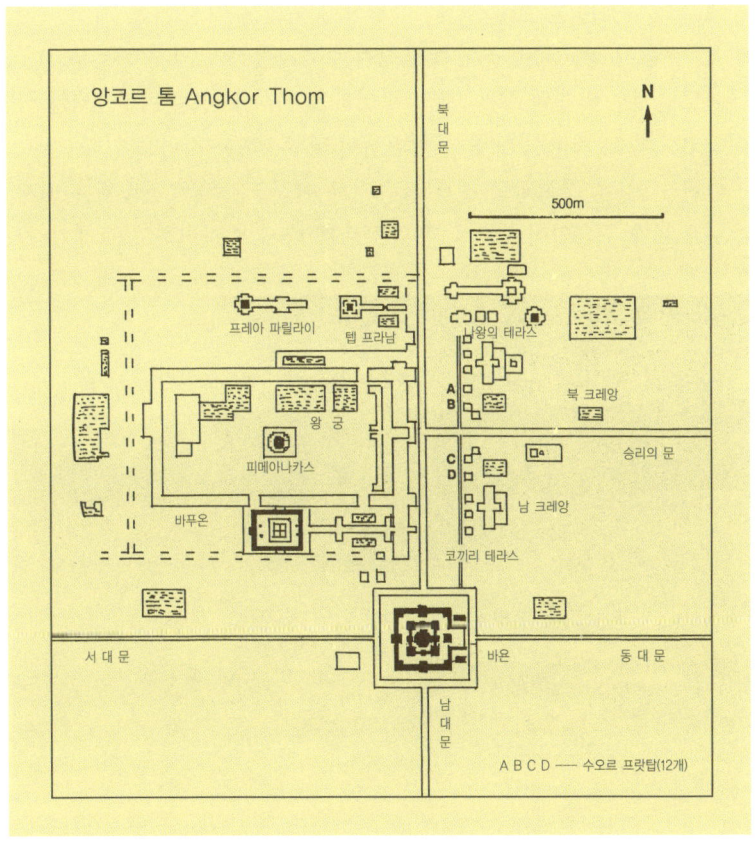

록 설계되어 있어서 군인들이 전쟁에서 돌아오거나 열병식을 하기 위해 집결하던 군사광장으로 활용되었고, 축제가 열리는 시기에는 왕과 대신들이 이 테라스에 앉아서 승리의 문 좌우에 있는 '수오르 프랏' 탑에서 줄타는 묘기 등 민속축제의 장면을 관람했던 곳이기도 하다.

코끼리 테라스에는 사암으로 만든 머리가 세 개인 코끼리상을 비롯하여 실물크기의 코끼리상이 조각되어 있으며, 지구를 떠받치는 아틀라스처럼 가루다가 왕궁을 감싸고 테라스를 떠받치는 모습을 조각해 놓았다.

한편, 코끼리 테라스의 북쪽에는 나왕의 테라스가 자리잡고 있다. 나왕의 테라스는 높이 6m, 길이 25m의 규모로 라테라이트와 사암을 쌓아 올려 만들어졌다.

테라스 위에는 약 1m 크기의 나왕상이 옷을 걸치지 않은 채 조각되어 있는데 이 상의 주인공이 누구인지는 학자들간에 의견이 분분하다. 에이모니에는 자야바르만 7세의 상이라고 하나, 야소바르만 1세의 상이라고도 하고 시바신 상 혹은 야마신이라 주장하는 사람도 있다.

한편, 1181년 참족과의 전쟁을 승리로 이끈 자야바르만 7세는 도시 주변으로 인구유입이 늘어나자 앙코르를 다시 디자인하고 모래가 침

실물 크기의 코끼리들이 부조되어 있는 코끼리 테라스.

적되어 치수기능이 약해진 '바라이'를 보완하기 위하여 '동바라이' 앞에 '닉폰' 저수지를 축조하고 저수지 중앙에 사원을 만들었다.

그러나 닉폰은 앙코르 톰의 건설기간 동안만 사용할 임시도시로 계획되었기 때문에 동바라이의 제방 둑을 높이면서 상대적으로 표고차가 낮은 닉폰의 저수지는 그 저장량의 1/3조차 저수할 수 없을 만큼 기능을 상실하였다. 닉폰의 저수기능이 약해지면서 시엠렙강 물이 인공의 댐을 피하여 북쪽과 남쪽 주변의 샛강과 원래의 앙코르 지역을 흘러 지나가기 시작하였다. 이를 계기로 왕들은 치수시스템을 재검토하기 시작하여 인공호수를 축조하는 정책을 버렸다. 댐을 축조하지 않고 그 대안으로서 원래의 시엠렙강 물줄기를 활용하여 기존에 지어진 댐으로 물을 다시 끌어들이는 방법을 사용하였다.

중세기 아시아 제국이 그렇듯이 앙코르 제국 또한 물 관리에 성공한 국가였다. 1998년에 앙코르의 수리체계를 연구하기 위하여 왕도 주변의 지형도를 측정한 작업 결과가 이를 말해 준다.

앙코르의 지형은 북쪽에서 남쪽으로 경사되어 있으며 그 경사도는 수평거리 1km당 표고標高 차이가 1m 정도였고, 이를 이용하여 물을 평야지대에 공급했는데 앙코르 지역에 건설된 4개의 저수지에서 농지

〈앙코르 지역의 저수지〉

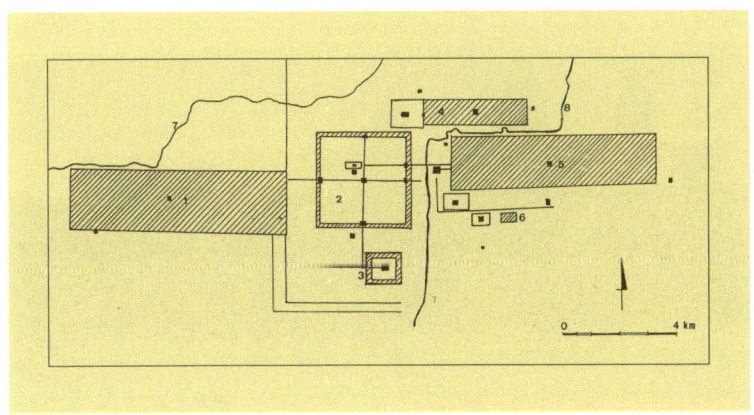

1. 서바라이 2. 앙코르 톰 3. 앙코르 와트 4. 닉폰(자야타타카) 5. 동바라이(야소다라타타카)
6. 스라스랑(왕의 목욕탕) 7. 푸옥강 8. 시엠렙강

에 물을 공급할 수 있는 면적이 9,000만 평이었다.

이처럼 효율적인 수리체계를 확보함으로써 경제적 부를 창출할 수 있었다. 11세기 초에 건설된 '서西바라이'에는 톤레샵 호수에서 거슬러 온 물고기로 가득했으며, 쌀과 풍부한 열대과일로 앙코르에는 모자라는 것이 없을 정도로 경제적으로 풍요로웠다.

세기말의 변화와 문명의 종말

동남아시아의 고전기 영화는 13세기 초반에 끝나게 되고 새로운 세력, 새로운 왕조가 부상하게 된다. 앙코르왕조는 자야바르만 7세 이후 급속한 쇠퇴경향을 보이고 다른 지역에서도 마찬가지 경향이 나타난다.

버마의 파간, 베트남의 참파, 도서부인 자바의 슈리비자야室利佛逝國, 싱가사리 등 고전기 국가가 쇠퇴한다. 그리고 이를 뒤이어 북베트남의 진陳왕조가 대월국大越國을 멸망시키고 등장했으며, 태국에서는 수코타이왕조와 치엥마이왕조가 들어섰다. 그리고 1350년에는 아유타야왕조가 신흥 강국으로 부상하게 된다.

앙코르왕조가 존립했던 시기는 세계사의 흐름에서 보면 중세기에

앙코르 와트 제3회랑으로 진입하기 전의 십자형 테라스.

위치하지만 크메르 건축상의 특징인 그 거대성, 종교중심의 건축, 종교사상에 얽매인 형식 등으로 볼 때 고대건축의 범주에 속한다.

13세기 이후부터 원나라의 동남아시아 원정, 해양에 물밀듯이 밀려든 이슬람의 유입, 내륙으로 밀려든 소승불교, 바다가스코마의 인도대륙 발견 등과 같이 새로운 역사의 흐름이 전개되어 중세기를 이끌어 나갈 새로운 왕조가 탄생하는 '역사적 선회'가 일어난다.

이런 가운데 앙코르왕조는 참파국과 아유타야왕국으로부터 협공을 받으면서 국력이 급속도로 약해지기 시작하여 결국 구질서 속에 갇혀서 역사적인 운명을 다하게 된다. 참파국의 참족은 베트남의 월족越族이 중국 대륙에서 남하하면서 설 자리를 잃어버리고 현재에는 베트남과 캄보디아에 흩어져 거주하는 10만 명의 소수민족으로 전락했으나 당시에는 메콩 델타 하류를 차지하기 위해 앙코르와 각축을 벌였던 경쟁 국가였다.

13세기 타이족의 성장에 비례하여 앙코르왕조의 국력은 후퇴하기 시작한다. 앙코르 와트 회랑에 '시암 쿡'(피부가 검은 부족)이라는 야만족으로 묘사되었던 타이족이 1238년 서쪽 변방인 챠오프라야 강변에서 독자적인 수코타이왕국을 세운다. 타이족의 독립은 점령지에서 충원되

앙코르 와트 회랑에 부조된 구슬로 몸을 장식한 시암의 용병(시암 쿡).

던 제국에 인적·재정적 손실을 가져왔다. 그리고 1351년경 그 뒤를 이어 들어선 아유타야왕국이 말레이 반도까지 영토를 확장하는 대국가로 성장한 후에 1431년 앙코르 왕도를 공격하여 찬란했던 앙코르 문명에 종말을 가져왔다.

아유타야의 왕 파라마라자는 앙코르왕조의 다르마쇼카Dharmasoka왕을 죽이고 자신의 아들(인드라파트)을 점령지의 통치자로 임명하였다. 그리고는 많은 문화재, 신들의 무희 압사라, 대신들과 백성들을 포로로 잡아갔다. 크메르 민속무용인 압사라 춤이 단절된 것도 이 때이다. 압사라는 이후 태국의 민속무용으로 거듭나게 된다.

앙코르는 왕자 폰헤아 야트Ponhea Yat가 대신, 장군, 병사들을 소집하여 식민 통치자인 인드라파트를 살해하고 왕위에 올랐다. 그러나 그는 수리시설이 파괴되어 도성을 유지할 수 없는 상태에서 외세 침략의 위험이 덜한 스레이 산토르 지역의 바산Basan에 임시 수도를 세운다. 그리고 1434년에는 톤레삽 호수와 메콩강이 만나는 프놈으로 왕도를 다시 이전하였다.

그러나 앙코르왕조는 도성을 포기하면서 인도에서 기원한 신왕사상의 영향력을 상실하였다. 남아 있는 지배층도 국민들로부터 유리되어 과거 대제국으로 복귀하려던 꿈은 실패하였다. 왕도의 포기는 결국 지배계층의 문화, 사원, 힌두 사상, 산스크리트어를 국민들의 의식 속에서 사라지게 만들었다. 그리고 앙코르 왕도는 살아남은 자들에게는 다시 돌아가야 할 과거의 이상적인 모델로서만 남게 되었다.

600년 이상을 대제국으로 군림하면서 경이로운 문화유산을 남긴 위대한 문명의 몰락을 보면서, 피노Finot가 평가한 말이 떠오른다.

> 왕조가 몰락한 외부적인 요인은 태국의 침입이었다. 아마도 이 단일민족의 진보를 묘사하는 데는 홍수라는 말이 어울릴 것이다. 강둑을 만들고 하늘에 있는 모든 색을 따서 모든 분야에서 독특한 문명과 언어를 간직하며 성장한 앙코르왕조는 중국 남부, 통킹만, 라오스, 시암, 심지어 버마와 아삼 지방에 이르기까지 무한한 식탁보처럼 강대한 지역을 뒤덮으며 동일한 힘으로 스며든 홍수 같았다.

한편, 예전에 어느 지역에서도 스스로 자율적인 원리를 형성하지 못했던 타이족은 시암에서만 위대한 국가를 형성했다. 12세기 앙코르 와트의 회랑부조에 용병으로 고용되었던 그 미개인들이 머지않아 독립했다. 그리고 해방된 그들은 정복자가 되었다. 그들은 라오스를 점령하고 말레이반도의 절반을 차지했다. 그들은 마지막으로 캄보디아를 공격하여 장엄한 문명을 갑작스런 종말로 이끌었다.

이 갑작스런 파국에서 우리는 놀라움을 갖지만 캄보디아 국가의 이질적인 구성을 보면 쉽게 이해할 수 있게 된다. 외국에서 유입된 사상에 가장 잘 교육된 귀족층은 번뜩임으로 뒤덮였지만 거친 크메르 민중으로부터는 유리되어 있었다.

침략은 인간을 죽음으로만 몰아넣는 것이 아니다. 그것은 무수한 침략자들의 공습으로 엘리트들의 몰락을 가져왔으며 결과적으로 그들에 의해 응축되었고, 그들에 의해 성취되었던 문명을 사라지게 했다.

사고와 사회의 산업부문이 사라지고 건축이 중단되고, 역사기록이 방해받고 산스크리트어를 잃어버렸다. 침략에 대항하여 강력하게 저항해야 한다는 의식도 사람들에게는 이미 없어졌다.

앙코르인들은 아마도 침략을 자신들의 해방으로 환영했을 것이다. 백성들은 오늘날까지도 우리를 놀라게 하는 거대한 사원건축에 필요한 노동력을 제공한 것은 물론이고 제국의 토양을 가꾸는 부역에 시달려 왔던 일들을 이제 그만 둘 수 있게 되었다고 생각했는지도 모른다.

정복자들은 피정복자에게 그 보상으로 부드러운 종교(소승불교)를 선물했다. 그것은 지친 자들에게 놀라운 전파력으로 흡수되었고 한 줌의 쌀, 짚으로 엮은 지붕에서 지낼 수밖에 없는 가난한 자들이 인내할 수 있는 경제적 종교였으며, 영혼의 안식과 사회 안정을 가르치는 도덕적 종교였다. 크메르인들은 어떤 저항감 없이 영광의 짐을 벗어 던지고 기꺼이 그들의 종교를 받아들였다.[4]

앙코르 문명의 복원

타이족의 아유타야왕국은 1430~1431년 앙코르를 점령하였다. 시암족의 앙코르 침략은 침략으로 끝난 것이 아니라 위대했던 600년 문

---

4) Finot, Louis. *Le Études Indochinoises*, Bulletin Économique de l'Indochine, Hanoi, 1908.

화의 종말로 이어졌다. 과거 수백 년간 앙코르왕국으로부터 지배받았던 터라 철저하게 유린하였다.

아유타야왕국은 앙코르 제국을 8개월이나 점령하여 주변의 수리시설을 파괴하고 많은 포로와 서적, 문화재를 약탈해 갔다. 앙코르왕조는 도성을 포기하고 바산basan, 로벡lovek을 거쳐 프놈펜에 왕도를 옮겨서 명맥을 유지해 갔다.

근대에 이르러서도 캄보디아는 프놈펜을 비롯한 남부는 베트남에, 시엠렙의 북부지역은 태국에 병합되어 속국으로 전락하였으며, 1887년 프랑스령 인도차이나연방이 수립될 때까지 앙코르 와트 또한 태국에 편입되어 소승불교도들의 도장으로 변하였다.

그러나 불행 중 다행이라 할까?

앙코르 문명이 세계에 알려지게 된 것은 프랑스가 인도차이나의 지배권을 확립하는 시기와 맞물려 있다. 19세기에 캄보디아가 프랑스의 식민지가 되면서 프랑스인들은 프랑소와 샹폴리옹이 이집트의 상형문자를 해독하여 이집트의 고대역사를 세운 것처럼 앙코르의 비문해독과 중국의 사료를 들춰내어 앙코르의 상실된 역사를 복원하였다.

1907년, 앙코르 지방은 프랑스 · 시암 조약에 의해 태국의 영토에서 프랑스령 인도차이나에 편입되면서 프랑스극동학원EFEO에 의한 본격적인 조사 · 수복이 개시되었다. 프랑스극동학원은 동아시아의 역사 · 문화 · 민족의 종합 연구기관으로서 1900년 하노이에 설치되었다.

프랑스의 앙코르 연구는 프랑스극동학원의 초대원장이었던 피노Finot, 파리의 '콜레쥬 드 프랑세스'의 동양학 창시자로서 돈황 막고굴에서 혜초의 왕오천축국전을 발견해낸 폴 펠리오Paul Pelliot, 크메르 이사관이었던 에이모니에Etienne Aymonier, 파리 기메미술관Musée Guimet의 큐레이터 슈테른Philippe Stern과 레네 그루세Réné Grousset 박사 그리고 후임 극동학원장이었던 조르쥬 세데스Goerge Cœdès, 파르망티에H. Parmentier나 그로스리에Groslier 등에 의해 비약적인 연구가 이루어졌다.

그들은 유적을 조사 · 보존 · 수복하면서 비문이나 미술 양식을 연구하고, 발견된 비문 해독을 통하여 각 유적의 건축과 왕의 재위 연대를 확인하여 갔다. 비문이 남아 있지 않은 유적에 대해서는 미술 양식의 변화에 근거하여 중국, 라오스, 베트남의 자료를 참고로 역사적인 공백을 메워 갔다.

방대한 연구성과는 「프랑스 극동학원 잡지BEFEO」에 발표되어 캄보디아의 역사·고고학·예술·종교 등에 관련된 양식을 정립할 수 있게 되었다. 이들은 비문연구를 통하여 같은 힌두 문화권의 자바, 참파, 슈리비자야 왕국의 존재를 밝혀내기도 하였다.

프랑스인의 앙코르 연구는 거대한 지적 시스템인 동양학을 조직하여 식민지의 역사·언어·문학·건축에 대한 세밀하고 방대한 연구성과를 겹쳐 쌓아올려 식민지의 과거를 스스로의 지적 영역 안에 객관화하고, 고대 문명에 대한 놀라움과 의문을 스스로 해소해 가는 방식이었다. 식민지의 과거를 파고들어 역사의 새로운 발견에 흥미를 갖고 '진정한 가치'를 찾아내 훌륭한 문명이라고 평가하는 자세는 오늘날 우리에게 주는 의미가 남다르다.

이러한 극동학원의 노력으로 오늘날 캄보디아사의 역사 재현이 가능하게 되었고, 우리가 앙코르의 역사나 미술 양식과 유적의 변천에 대한 연표를 이해할 수 있게 된 것이다.

이들의 앙코르 유적 연구는 앙코르왕조에 대한 기록이 많지 않기 때문에 중국의 역사서 연구를 통해서 앙코르왕조를 연구하는 우회적 방법을 활용하였다. 주달관의 『진랍풍토기眞臘風土記』, 『신당서新唐書』 등은 크메르 역사를 역조명하는데 기본 자료가 되었다. 이처럼 펠리오에 의해 시작된 앙코르 연구는 실증을 통해 명백해진 사실을 조합하고 다시 새로운 사실을 찾아 들어가는 방식이었다.

한편으로 극동학원은 앙코르 유적을 복원하는 일에 착수하였다. 1908년 앙코르에 유적보존사무소가 세워지고 초대 사무소장에 장 코마유J. Commaille가 취임하여 앙코르 와트의 서쪽 참배길이 복원되었고, 1916년 2대 사무소장 앙리 마르샬H. Marchal이 앙코르 와트 중앙신전, 반테이 스레이를 비롯한 대부분의 앙코르 유적을 복원하였다.

앙코르 와트 입구의 다리는 1952년 폭우로 붕괴된 후 1968년까지 반쪽 면이 복원되었으나 다른 반쪽 면은 내전으로 인하여 복원이 중단된 채, 침하현상이 현재에도 일어나고 있다. 특히 앙코르 건축의 보석으로 평가받는 반테이 스레이 사원의 해체 복원은 아나스틸로시스 anastylosis라는 방식으로 진행되어 붉은 사암과 라테라이트가 앙상블을 이룬 아름다운 사원으로 재탄생하였다.

기둥stylosis을 복원한다ana는 뜻의 아나시틸로시스 복원방식은 유적의 청소, 석재의 정리·보관, 기초부의 확인, 유적 전체의 측량, 유적을 해체한 후 각 부분의 세밀한 측량, 기초 다지기, 재조립과 보강, 석재의 복원, 공사 일정별로 도면작성과 사진기록 보존 등으로 진행된다.

이 때 원래의 건축물과 다른 석재를 새로 사용하거나 대체하는 것을 최소한으로 한정하고 시험적으로 조립을 해 본 후에 사용하며, 새로운 석재는 별도의 마크를 찍어 표시하고 조각은 하지 않는 방식을 썼다.

현재 앙코르의 유적은 프랑스극동학원, 인도와 유네스코 등에 의해서 수차례의 복원이 이루어진 것으로 보면 된다. 지금도 앙코르 와트, 크레앙, 프레 룹, 바푸온 사원에서 복원작업이 진행되고 있다.

캄보디아의 현대사는 비극의 드라마를 현실 역사로 보여 주었다. 1970년 3월 우파의 론놀 수상은 외유 중인 시아누크 원수元帥를 해임하는 쿠데타를 단행하고 대통령에 올랐다. 이 때부터 론놀의 정부군과 크메르 루즈(赤크메르) 사이에 내전이 시작되어 앙코르왕조의 무대였던 시엠렙이 1973년 크메르 루즈군에게 장악되고 전쟁터로 변하였다. 크메르 루즈는 1975년 론놀을 축출하고 이듬해에 민주캄푸치아를 세운 다음에 1977년에는 베트남을 침공하여 과거 앙코르왕조가 참파국·대월국을 상대로 벌인 전쟁처럼 구원舊怨의 역사를 재연하였다.

노르돔 시아누크 바르만 국왕은 1979년 크메르 루즈군으로부터 탈출하여 북경, 북한과 일본에서 망명생활을 하다 귀국하여 1993년 입헌군주제의 국왕으로 선출되었다. 그리고 그의 아들 노르돔 시하모니 왕이 자야바르만 7세가 대승불교를 통해 국가쇄신을 추진했던 것처럼 불교사회주의 이념을 택하면서 현대의 전륜성왕으로서 새로운 질서를 만들어 가고 있다.

2장 종교건축으로 꽃핀 문명 앙코르

힌두문화의 다섯 가지 요소와 앙코르 문명

고전기 동남아시아는 국가형성기부터 인도의 문화적 영향을 받았다. 프랑스 학자 조르쥬 세데스Goerge Cœdès가 "동남아시아의 인도화"로 표현한 것처럼 왕권사상, 힌두교와 불교 의식, 푸라나古譚 신화, 다르마dharma, 산스크리트어와 팔리어pali 등 다섯 가지 문화적 요소를 공통적으로 수용하였다. 적어도 해양국가에 이슬람이 도입되기 시작한 15세기 이전까지는 이러한 문화적 요소가 크메르를 비롯해 동남아시아를 강하게 지배하였다.

크메르의 문명은 현재 남아 있는 종교건축에서 그 정수를 찾아 볼 수 있다. 앙코르의 유적은 역대의 왕들이 재임기간 중에 적어도 하나 이상의 국가사원을 건설하여 힌두교의 지배이념을 건축에 반영하려고 노력했기 때문에 약 100만평이나 될 정도로 넓게 분포되어 있다.

성화聖火를 운반하는 앙코르의 병사들(바욘 사원).

크메르 문명은 종교건축에 대한 이해로부터 접근해 가야 한다. 크메르 문명은 다음과 같은 몇 가지 특징을 갖고 있다.

첫째, 힌두교의 사상이 모든 영역에 침투하면서 생활은 물론이고 건축에 그 세계관을 반영시키면서 사원의 구조는 신들이 거주하는 천상의 중심 산인 메루산(meru, 팔리어로는 sumeru)을 지상에 그대로 복사해 놓은 형태로 만들었다.

메루산은 성스러운 카일라사산('하얀 신의 자리'라는 뜻)을 신비화시킨 우주의 중심이다. 카일라사산은 실제로 티벳 고원의 6,656m에 불과한 산이지만 힌두교와 불교도들에게는 에베레스트보다도 높은 세계 제일의 산이다. 다시 말해서 우주의 중심축인 메루산이 현실세계에 투영된 것이 바로 카일라사산이다. 힌두교에서 메루산은 그 정상에 인드라신이 거주하는 궁전이 있으며, 불교에서 수미산(須彌山)으로 불리는 메루산은 인드라신 위에 야마신이 거주하고 그 위에 미륵의 수행장이 있다고 여겨지는 성스러운 곳이다.

이와 같이 메루산을 상징하는 사원은 신왕(神王)이 거주하는 곳이기도 하다. 세계질서의 창조자인 왕은 비슈누신이 거주하는 중앙신전에 위치한다. 그리고 왕이 있는 중앙신전을 중심으로 회랑, 주벽, 환호가 순서대로 배치되어 있으며, 그 바깥에는 신왕을 존경하는 백성의 순서로 정치적 만다라(曼茶羅)를 이루고 있다.

사원은 평면이나 피라미드형으로 만들어졌으며, 피라미드형 사원은 아래의 기층으로부터 나가의 세계, 가루다의 세계, 락샤사(나찰)의 세계, 약사의 세계, 최고신의 세계를 본 떠 5층 기단을 기본형으로 삼고 최상층부에는 하나, 세 개 혹은 다섯 개의 탑을 만들었다.

바콩 사원, 프놈 바켕이 이 범주에 속하는 사원이다. 그러나 3층으로 그 규모를 축소하기도 했는데 동(東)메본 사원, 프레 룹, 피메아나카스, 타 케우, 바푸온 사원이 이에 속한다.

둘째, 왕은 자신에게 부여된 신왕사상을 발전시키기 위해 재임 중에 '국가사원'을 건설하는데 몰두했고, 사원은 인도에서 그 정형(定型)으로 간주하는 직사각형 또는 정사각형으로 배치하는 것을 이상으로 삼았다. 물론 이러한 이상은 바켕, 앙코르 와트, 앙코르 톰의 건설을 계기로 실현되었지만 모든 도시가 그런 형태를 가진 것은 아니었다.

사원은 초기에는 하나의 사원에 하나의 탑을 가진 단순한 구조로 출발하였으나 후기에 들어서면서 복합적인 사원군이 생겨나고 당시 행정계층과는 별도의 기능을 갖는 독립적인 조직으로 유지되었다. 사원은 도시 중앙에 들어서서 정치경제의 센터로서의 역할을 한 것으로 볼 수 있다.

자야바르만 7세가 만든 프레아 칸 사원의 경우 97,840명의 승려와 무희가 속해 있었고, 이 사원 내에 10만 명의 농민과 노예들이 거주했으며, 왕도 부근에 60만 명이 살았다는 기록을 보더라도 사원은 도시 그 자체로서 기능을 했음을 알 수 있다.

도시는 그것을 건설한 왕이나 신의 이름을 따서 야소다라푸라(야소바르만1세가 만든 도시), 비샤나푸라(시바신을 위한 도시)와 같이 '-푸라pura'로 불렸는데, 이 단어는 독일어 부르크burg와 어원을 같이한다. 도시국가 싱가폴의 어원도 산스크리트어 싱하(simha : 사자) + 푸라(pura : 도시)에서 변화된 것처럼 인도 문화권에서의 도시와 사원은 아주 밀접한 관계에 있으며, 우리말 부락部落도 산스크리트어에서 기원하였다.

'푸라pura'라는 지명이 자야바르만 4세 때에 12개, 라젠드라바르만 때에 24개, 자야바르만 5세 때에 20개, 수리야바르만 1세 때에 47개가 등장할 정도로 사원도시의 개발이 역대 왕들에 의해 경쟁적으로 이루어졌음을 알 수 있다.

셋째, 왕의 정통성은 어머니, 누이, 숙모 등 모계의 혈통을 이어받는 데서 나온다. 인도의 승려 카운딘야가 달을 토템으로 숭배하는 '소마'라는 크메르 여인과 결혼을 통해서 나라를 세웠다는 건국신화, 피메아나카스의 탑에서 국왕이 뱀 왕의 딸과 매일 밤 만났다는 신화는 국왕이 되기 위해서는 모계 왕족의 혈통을 이어 받았음을 암시하는 한편 크메르의 주권과 토착신앙에 인도의 종교가 이식되었음을 뜻한다.

소마는 달을 토템으로 숭배했던 부족이며, 물과 유연성, 비옥한 자연, 다산多産을 상징하는데, 달을 토템으로 숭배하는 여인과 결혼해야만 왕으로서 자격을 획득할 수 있었다.

소마 숭배는 후에 가서 '시바신앙'과 연결되어 있다. 이마에 초승달을 달고 있는 시바신은 토착신앙과 결합하여 숭배되었고 왕들은 국가사원에 자신의 링가를 세워 스스로를 신의 화신으로 내세웠다.

또한 국왕이 뱀 왕의 딸과 매일 밤 함께 지냈다는 설화는 여성에 의해서 국가의 토지, 권력구조가 지탱되는 모계사회의 원리를 보여주는 하나의 상징이며, 앙코르 왕들이 집권 후에 모계 쪽의 혈통을 강조하고 사원을 지어 어머니에게 바친 것도 이런 사상과 관련되어 있음을 반증한다.

넷째, 건축은 거의 정사각형에 가깝지만 동서 방향으로는 약간 길게, 남북 방향으로는 그보다 약간 짧은 장방형을 이루도록 만들어졌으며 그 비율은 대략 1.1~1.3:1을 이루고 있다.

앙코르 톰과 앙코르 와트의 성벽, 바욘 사원이나 타프롬 사원과 같이 대다수 사원의 축조규모를 보면 이러한 경향이 잘 나타난다. 앙코르 톰은 한 변이 3km로 각각 1:1의 비율을 이루며, 바욘 제1회랑과 프레아 칸 사원은 1.1:1, 바푸온 제1회랑의 축적비율은 1.2:1의 비율을 이루고 있다.

다섯째, 크메르인들은 목조에서 석조건축으로 이동하면서 내구성이 강하고 넓은 공간을 가진 사원을 짓기 위해서 흙을 구워서 만든 연와, 사암 그리고 홍토석과 같은 재료를 사용하였다.

그러나 천정의 공간을 넓히기 위한 볼트, 아치형 건축양식이나 돔형식의 지붕을 만드는 석조기술은 알지 못하고 단지 코벌링corbeling이라는 '유사아치'를 사용하여 사원의 회랑 공간을 넓히는 수법을 사용하였다. 이 방식은 벽을 쌓은 다음 그 위에 지붕 혹은 공간을 만들기 위해 벽돌을 계단식으로 축소시켜 아치와 유사하게 건축하는 방식이나 하나의 벽돌이 이탈하게 되면 전체가 무너지는 결점이 있다.

석조건축과 아치형 건축기법은 마치 실과 바늘과 같은 관계로서 사원이나 궁전 내부에 넓은 공간을 만드는 데 기여한 건축양식인데, 이 기법은 고대 이집트에서 시작되어 로마를 거쳐 12세기 유럽에서는 고딕예술이라는 장르를 만들어 냈다. 이에 비해 동시대에 건축된 앙코르의 사원들은 유사아치방식을 사용함으로써 유적이 급속히 훼손되는 원인을 제공했다는 점에서 아쉬움이 많이 남는다.

여섯째, 앙코르의 유적은 웅대한 건축미를 과시하면서 각 부분의 구석구석까지 우아하고 섬세한 부조가 새겨져 있다. 장식의 모티브는 초기에는 꽃, 나뭇잎, 당초唐草무늬와 같은 형태였으나 점차 양식화되어 주로 탑문, 회랑에 『라마야나』, 『마하바라타』와 같은 대서사시로부터 발췌한 주제를 부조해 놓았다.

특히 앙코르 와트와 바욘 사원의 벽면에 장생불사의 영약 '암리타'를 얻기 위해 신과 악마들의 협력하여 천지를 창조하는 장면, 신과 악마들의 싸움, 왕과 군대의 행진, 신들의 무희인 압사라apsara가 하늘로 날아 올라가는 아름다운 자태, 여신 데바타 상像의 화려한 머리장식과 옷 모양이 하나의 파노라마를 보여주듯이 웅장한 스케일로 부조되어 있다.

정치와 힌두 세계관의 결합, '데바라자' 사상

국가를 세우면서 중요한 과제는 국민을 하나의 신념으로 결집시키는 것이었다. 통치자들이 국가를 이끌어 가기 위해서는 무엇보다도 새로운 이념을 필요로 했고, 초기에는 그 역할을 힌두교가 담당하였다. 크메르인들은 힌두교를 기초로 정치적·문화적 통합을 달성하였으며, 왕은 이를 통해서 통치의 정당성을 확립해 나갔다.

고승들은 왕의 통치철학을 완성하고 전파하는 역할을 하였다. 자야바르만 2세는 802년 '왕중의 왕', '세계의 군주 챠크라바르틴chakravartin'이라는 칭호를 갖고 왕위에 올랐다. 그리고는 바라문 승려에게 지시하여 종주국이었던 자바에 대한 부정否定의식을 거행하고 통치철학인 데바라자devaraja 사상을 완성하도록 하였다.

'챠크라'는 비슈누신의 무기인 수레바퀴輪를 가리킨다. 수레바퀴는 도덕, 다르마, 법, 질서를 지배하는 신의 상징이다. 무기로 사람들을 복종시키는 것이 아니라 법륜法輪, wheel of law으로 사람들을 통치하는 자가 곧 챠크라바르틴이다. 붓다의 상징 또한 법륜法輪이다. 마찬가지로 왕이 황금으로 된 수레바퀴를 동서남북으로 굴리면 제후들이 나와서 복종하며 왕은 자신의 의지대로 천하를 바르게 통치할 수 있다. 그러한 존재가 챠크라바르틴이다.

이 챠크라바르틴은 다른 말로 데바라자devaraja라고 하며, 한자문화권에서는 전륜성왕轉輪聖王이라 불린다. 데바는 '신'을, '라자'는 왕을 뜻하므로 데바라자는 곧 '신인 동시에 왕神王'이다. 국내적으로는 크메르전 국토를 수호하는 왕중의 왕으로서, 대외적으로 자바에 대해서는 독립을 선언하며 침략을 방어하는 신비적인 힘을 가진 신의 화신으로 내세웠다. 이를 산스크리트어로 '데바라자'라 한다.

데바라자는 인도의 사원에 안치된 800여 신 가운데 맨 위에 모셔진 최고의 신, 혹은 '신들의 왕'이란 의미로서 원래는 시바신을 지칭했던 데서 유래한다. 일부에서 프랑스의 동양학자들이 이 신앙을 너무 과장하여 평가했다는 비판이 있는 것도 사실이지만, 크메르의 왕은 인도의 왕 '라자'보다 중국의 황제에 더 가까웠다고 평가된다.

'신들의 왕'이면서 '인간을 지배하는 왕'으로서 존재한다는 것은 왕권을 종교적으로 상징화하고, 세습화해 나가는 통치철학으로서 유용한 것이었으며, '바 프놈'에서 발견된 〈와트 삼론 비문〉에 의하면 "왕은 정벌뿐만 아니라 위대한 창업자로서 외국의 침입을 극복할 수 있는 두려운 주술과 신비적인 힘을 가진 존재로서 후세에 전해졌다"는 기록도 있다.

> 파라메슈바라왕(자야바르만 2세)은 캄부자데샤가 자바에 대해서 독립적이며 굴복하지 않는다는 의식을 거행하고 유일한 대지의 왕, 전륜성왕cakravartin이 존재하고 있다는 제례의식을 거행하였다. 왕은 바라문 승려 시바카이바리야에게 우주의 주인이자 신왕神王으로서 제례의식을 행하도록 지시했다. _ 조르쥬 세데스의 〈스독 칵 톰 비문〉, 중에서.5)
>
> 파라메슈바라왕이 리드발(바 프놈)에 왔을 때, 바라문 승려 프라티비나렌드라에게 신성한 캄부자데샤가 자바로부터 점거되지 않도록 '유익한 제례의식'을 행하도록 지시했다. _ 바 프놈에서 발견된 10세기 〈와트 삼론vat samron 비문〉 중에서.6)

---

5) George Cœdès, Sdok Kak Thom(K-235), *Bulletin de l'École Française d'Extrême-Orient(B.E.F.E.O), XLIII.*
6) Damasis, L., Vat Samron(K-956) *B.E.F.E.O, XLVII.*

왕은 바라문 승려를 시켜 자바 부정의식, 신왕의식을 거행하고 통일국가의 왕으로서 위엄을 세우고자 하였다. 이처럼 왕이 '정의를 갖고 세계를 통치하는 성왕聖王'임을 내세우기 위해서 성스러운 언덕에 사원을 만들고 봉양의무도 충실히 이행하였다. 국가사원에서 발견된 비문에 의하면 이 시대부터 왕을 신과 동일시하는 신왕神王사상이 자리잡게 되었고, 역대 왕들은 형태를 달리하여 데바라자 사상을 발전시켜 나가게 된다.

물론 이 사상이 전혀 새로운 것은 아니었다. 앙코르 이전의 국가였던 부남에서는 '바 프놈'이란 성스런 언덕을 갖고 있었으며, 자야바르만 2세가 억류되었던 자바의 샤일렌드라왕조도 '산의 왕'이란 칭호를 사용했듯이 갑자기 등장한 것이 아니라 당시 동남아에 널리 유포된 지배사상을 자야바르만 2세가 자바에서 귀국하면서 재확립한 것으로 볼 수 있다.

또한 신왕사상의 매개자들인 바라문 성직자들은 데바라자 사상을 확고히 하기 위하여 힌두교에서 시바신을 상징하는 링가신앙을 접목시켰다. 사원에 건립된 링가는 외래 종교인 힌두교와 조상숭배, 왕을 존경하는 토착신앙을 서로 결합시킨 것이다. 앙코르왕조가 신왕의 링가를 안치하기 위해서 피라미드 사원을 건축하는데 주력한 것도 데바라자 사상에 의한 것이다.

야소바르만 1세에 이르면 신왕사상을 철저하게 강조하기에 이른다. 도시는 왕의 세계이자 신의 세계이며 그 상징이 곧 사원이다. 그가 세운 국가사원이 '프놈 바켕'이다.

프놈 바켕 사원은 신왕사상의 숭배 장소였으며, 109개의 탑을 세웠는데 힌두교의 3대 신인 브라흐마신, 비슈누신, 시바신을 모신 세 개의 탑과 본당을 갖추고 있다. 이후부터 왕은 우주의 중심인 신전을 건축하고 거기에 링가를 보존하는 것을 임무로 간주하여 역대 왕들에 의해 경쟁적으로 만들어지게 되었다.

이와 같이 국가 종교로서 신왕사상을 확립하여 국민들에게 전파할 수 있었던 사상적 뿌리는 크메르의 국가형성기부터 인도에서 유입된 라마야나와 마하바라타에 두고 있다.

고전기 앙코르왕조를 이해하는 데 필수불가결한 라마야나와 마하바라타를 간략하게 소개하면 다음과 같다.

힌두 서사시와 고전기 동남아시아

『라마야나Ramayana』와 『마하바라타Mahabharata』는 호머의 일이아드나 오딧세이보다 더 방대한 고전기 문학의 걸작으로 평가받는다. 라마왕자와 라바나의 싸움은 종종 그리스 시에 등장하는 판다로스와 디오메데스의 전투에 비유되며, 발미키Valmiki가 직유법을 사용한다면 호머는 은유를 사용하고, 발미키가 수많은 형용사를 구사한다면 호머는 냉정한 용어를 구사하였다.

라마왕자와 시타왕비는 완전한 인간의 모델이며 중세유럽의 시대정신을 단테가 『신곡』으로 표현한 것처럼 예나 지금이나 정의에 대한 힌두교적 정신을 담고 있다.

라마야나의 중심 무대인 코살라왕국은 아리안족이 세운 국가로 기원전 460년에 마가다왕국에 흡수되었으며, 6세기경에는 불교개혁운동이 거세게 일어났던 곳이다. 인근의 비데하왕국의 수도 미틸라 또한 석가모니 시대의 중심도시였다.

발미키가 쓴 라마야나는 24,000송頌의 산스크리트어로 쓰여진 일곱 편kandas의 책으로 되어 있으며 각 권마다 주제가 붙어 있다. 원본은 현재의 1/4정도였으며, 제1편과 제7편은 이야기꾼들에 의해 후대에 추가된 것이라 한다.

힌두신화에 의하면 세계가 악마들에 의해 파괴되고 인간이 타락해질 때 신들의 왕 비슈누신이 세상의 구원자로서 인간의 모습으로 지상에 내려온다. 탐욕과 부정, 타락과 집착으로 도덕률이 사라지고 투쟁과 죽음이 만연하는 우주의 마지막 주기에서 최고신의 화신으로 태어난 영웅들은 신들의 권위를 회복시키고 인간 세계의 도덕률을 재확립한다.

마하바라타, 라마야나는 바로 최고신의 화신인 라마왕자, 유디스티라라는 왕의 의무를 통해서 힌두신화의 세계관과 질서관을 보여주는 두 고전이다.

마찬가지로 앙코르의 신왕사상, 정치적 지배이념은 인도에서 유입된 두 대서사시 마하바라타, 라마야나 그리고 고담집이라 불리는 『푸라나Purana』에 그 뿌리를 두고 있다. 왕권을 인계받거나 권력투쟁에서 승리한 왕이 새로이 등극할 때마다 대관식을 거행하고 국왕으로서 갖추어야 할 전범典範, 그리고 집권의 정당성을 확보하는 사상적 뿌리는 모두 라마야나와 마하바라타에서 찾았으며, 그 단면을 보여주는 것이 앙코르 와트의 회랑 벽면에 장식된 부조다.

앙코르 와트 제3회랑 서쪽 남측과 북측 회랑에는 서사시 라마야나와 마하바라타 가운데 클라이맥스에 해당하는 부분을 발췌하여 부조해 놓았다. 좌측에서 진군해 들어가는 카우라바군과 우측에서 진군하는 판다바군 그리고 중앙무대에서 펼쳐지는 전차부대, 코끼리 부대, 보병들이 비 오듯 쏟아지는 화살을 뚫고 싸우는 장면은 조각예술의 극치를 보여준다.

북쪽 측면의 라마아냐 장면은 라마왕자와 아수라의 왕 라바나의 전투, 원숭이 왕 수그리바와 발리의 싸움, 가루다를 타고 있는 비슈누신의 모습 등 힌두신화가 고스란히 투영되어 있다.

정치뿐만 아니라 산문과 시, 회화와 가곡 등에서 풍부한 문화예술을 키워낸 대서사시 라마야나는 번영을 구가했던 코살라왕국의 라마왕자와 시타왕비가 고행을 통해 도덕률을 준수하는 과정을 그리고 있으며 제왕의 규범과 이상을 보여준다.

'바라타족의 위대한 전쟁이야기'라는 의미의 마하바라타는 왕국을 둘러싼 사촌 형제들간의 왕권다툼에 관한 내용이지만, 군주는 세계의 질서와 정의를 확립하고 진리와 도덕을 준수하는 정법왕正法王의 길을 따라야 한다는 종교철학적 규범을 제시하는 대서사시다.

마하바라타는 고전기 문학의 주요 소재였다. "마하바라타에 없는 것은 이 세상 어디에서도 찾을 수 없다"는 구절처럼 이들 두 서사시는 인도문학의 원류로서 크메르를 비롯하여 발리, 자바, 태국 등에 전파되고 번안되어 고전문학 황금기의 젖줄이었다.

자바에서는 '에를랑가'왕 시대인 1035년에 칸바Kanva가 쓴 고전문학의 걸작 『아르주나의 혼인Arjunavivaha』이 곧 마하바라타의 번안작으로서 에를랑가왕의 결혼을 표현한 궁정문학이다.

태국에서는 아유타야왕조(1350~1767)이래 국왕은 '라마' 이름을 따서 지을 정도로 라마야나가 왕실 깊숙이 침투해 있었다. 태국왕조의 라마 6세는 라마야나를 태국어로 번역하였고, 라마 9세는 신전에 부조된 라마야나를 촬영하여 책자로 발간할 정도였다. 1806년 캄보디아의 앙찬 2세가 라마 1세의 지원으로 크메르 왕에 취임하자 방콕의 라마야나 무극舞劇의 지도자를 초빙하여 압사라춤 등 전통문화를 부활하려한 예도 있다.

상좌부불교上座部佛敎를 신봉한 태국에서는 힌두교 이념이 반영된 신전이 흔하지 않지만 라마에 관해서 만큼은 국왕이 따라야 할 모범으로 간주되어 왔고 그와 관련된 문학작품이 많이 번안되어 있다.

한편, 크메르 판 라마야나는 『림커르Reamker』란 이름으로 번안되어 널리 애송되어 왔는데 그 스토리는 일부 변형되었다. 왕위를 물려받기로 한 왕자 '림'은 부인 시타 그리고 동생 '릭'을 데리고 숲 속으로 들어간다. 그러나 그의 부인 시타가 랑카를 지배하는 악마 '립'에게 납치되자 림 왕자는 같은 처지에 놓여 있는 원숭이 왕자 하누만의 도움을 받아 랑카를 공격하고 부인 시타를 구출한다.

여기서 왕자 림과 릭은 각각 라마와 그의 동생 락슈마나이며, 립은 마왕 라바나과 같은 역할이다. 이 스토리는 선과 악의 영원한 갈등 속에서 선을 캄보디아로, 악을 인근 참파왕국으로 대입시켜 국민들을 전쟁에 동원하거나 궁정쿠데타를 통한 집권의 모티브로 활용하면서 악은 선을 위해 복종하는 논리를 제공하였다.

두 서사시를 간략히 소개하면 다음과 같다.

라마야냐 제1편 발라칸다balakandas는 모든 신들이 악마를 물리칠 수 있는 운명을 가진 비슈누신의 화신, 라마의 탄생을 기다린다.

코살라왕국의 라마왕자는 열여섯 살이 되던 해 성자를 따라서 고행을 시작한다. 이 과정에서 라마는 마법과 신의 무기를 전수받고, 현재 인도와 네팔국경에 있던 비데하왕국의 시타공주와 결혼한다.

제2편 아요드야칸다ayodhyakandas는 아요드야왕국에 관한 이야기이다. 다사라타왕이 둘째 왕비 '카케이'의 간청으로 그의 아들 '바라타'에

게 국왕 자리를 물려주겠다는 약속을 하자, 라마왕자는 부친을 위해서 부인 시타, 동생 락슈마나와 함께 악마들이 득실거리는 숲으로 들어가 14년간의 고행을 시작한다.

제3편 아란야칸다aranyakandas는 숲 속에서 라마왕자가 겪는 시련의 이야기다. 평화롭게 살고 있던 어느 날, 악마의 왕 라바나가 숲 속으로 진격해 들어가 시타왕비를 납치하여 랑카에 유폐시킨다. 한편, 라마왕자는 숲 속을 수색하다가 은둔자 '사바리'를 만나서 한 때 원숭이 왕국의 왕이었으나 형에 의해 추방된 '수그리바'와 그의 충성스런 신하 하누만의 이야기를 듣게 된다.

제4편 키슈키다칸다kiskindakandas는 원숭이의 성채 '키슈킨다'를 무대로 전개된다. 라마왕자는 처지가 비슷한 원숭이 왕 수그리바를 만나 형 '발리'가 자신을 몰아 낸 왕권투쟁에 관한 내용을 듣고 두 인물의 협력관계가 이뤄진다. 라마는 원숭이 왕국의 찬탈자 '발리'를 쏘아 죽이고, 수그리바는 시타왕비를 구출하기 위하여 랑카섬으로 출발하면서 키슈킨다는 끝난다.

제5편 순다라칸다sundarakandas는 랑카섬에서 영웅 하누만의 모험이 파노라마처럼 묘사된다. 하누만은 라바나의 왕궁을 파괴하다가 라바나의 아들 인드라지트에게 잡혀 꼬리에 불을 붙이는 고문을 당한다. 그러나 하누만은 랑카섬을 날아다니며 꼬리에 붙은 불을 집집마다 옮겨놓아 모든 것을 태우고 키슈킨다로 귀환한다.

제6편 유다칸다yuddhakandas는 라마왕자와 원숭이 왕 수그리바가 이끄는 원숭이 군단이 랑카 섬에 상륙하여 3일간의 전투 끝에 라바나를 활로 쏘아 죽이고 시타 왕비를 구출해서 돌아오는 것으로 끝났다. 그러나 승리의 기쁨도 잠시, 시타의 정절을 의심하는 수군거림이 일고 라마도 시타를 차갑게 대한다. 그녀는 순결을 증명하려고 불에 뛰어들었으나 불의 신 아그니가 구출하여 정죄淨罪해 준다. 라마왕자는 정숙함을 인정받은 아내 시타와 귀국하여 그 동안 이루지 못했던 대관식을 갖게 된다.

마지막 제7편 우타라칸다uttarakandas는 라바나와 하누만에 관한 이력, 마하바라타와 중복된 영웅 이야기, 그리고 라마왕자가 세상에서 은퇴하는 이야기가 혼합되어 있다. 시타왕비는 두 아들을 낳고 대지의 어머니에게 돌아가고, 슬픔으로 뒤덮인 라마는 다르마의 길을 성실히 이행하다가 죽어서 비슈누신으로 환생하면서 이야기가 끝난다.

마하바라타는 기원전 10세기 '바라타족'과 '판두족' 간에 벌어진 전쟁 야사에 기초하고 있다는 것이 학자들의 주장이며, 오늘날과 같은 형태로 완성된 것은 대략 기원전 5세기경으로 보고 있다.

마하바라타는 바라타 족의 사촌간인 판다바 형제의 7사단과 카우라바 형제의 11사단 등 18사단이 쿠루평야에서 18일간 벌이는 전쟁 속에서 수많은 고담과 지혜가 전체 18권 10만 송(頌)에 고스란히 담겨 있다.

마하바라타에서 사촌간인 유디스티라와 두료다나가 정의와 악의 상징이라면, 아르쥬나와 카르나는 양대 세력의 중심인물이다. 이들은 일리아드의 아킬레스와 헥토르와 같은 라이벌로 시종일관 정의와 악을 위해 싸우는 영웅이다. 아울러 도덕과 정의를 추구하며 무한한 지혜와 용기를 가진 크리슈나는 서양의 율리시즈로 평가된다.

18일간의 대 전투가 일어나기 직전, 아르쥬나가 비슈누의 화신인 크리슈나에게 삶의 의미를 질문하고 자기실현의 길, 해탈, 헌신을 질문하는 내용이 나오는 데 이것이 제6권 '바가바드기타'다.

바라타족의 왕위는 큰 아들 드리타라슈트라가 장님이었기 때문에 동생 '판두'에게 넘어간다. 그러나 판두왕이 숲 속에서 저주를 받고 죽자 장님인 형이 임시로 왕위에 올랐다.

갈등의 씨앗은 이들의 자식이 장성하면서부터이다. 드리타라슈트라에게는 장남 두료다나, 차남 두샤샤나를 비롯하여

라마왕자

100명의 아들이 있었다. 이들을 통칭하여 '카우라바' 형제로 부른다. 반면, 판두왕에게는 두 명의 왕비로부터 유디스티라, 비마, 아르쥬나, 쌍둥이인 나쿨라와 사하데바 등 5형제를 두었다. 이들을 '판다바' 형제로 부른다.

장남 유디스티라는 야마신의 은혜로 태어났고, 차남 비마는 바람의 신 바유의 은혜로, 3남 아르쥬나는 인드라신의 은혜를 받아 태어나 학문과 무예, 도덕률에서 카우라바 형제들을 압도하였다.

카우라바의 장남 '두료다나'는 뛰어난 능력을 가진 판다바 형제 때문에 왕위 상속에 위협을 느끼자 주사위 게임을 벌인다. 게임에서 진 자는 13년간 숲 속으로 망명을 해야 한다는 것이다. 결국 승자가 된 두료다나는 사촌들에게 분할해 준 왕국을 몰수하고 추방한다.

13년간의 숲 속 망명을 마치고 돌아온 유디스티라에게 두료다나는 왕국을 돌려줄 생각이 없었다. 결국 유디스티라는 사촌과 왕권을 놓고 다투기 시작하여 비슈누신의 화신인 크리슈나의 도움을 받아 18일간의 전투 끝에 카우라바 형제와 그 추종자를 모조리 죽이고 다르마라자의 지위를 되찾는다.

그러나 가족과 친족을 잃은 승리는 패배 만도 못한 것이다. 그는 손자를 왕으로 앉히고 히말라야로 순례를 떠난다. 히말라야산의 천계에 오르면서 동생들과 왕비가 차례로 죽어가고 천계에 도착하나 뜻하지 않게 자신의 형제와 왕비가 지옥에서 고통 받는 것을 본 유디스티라는 형제들 곁에 남기로 결정한다.

물론 이것은 유디스티라를 시험한 것일 뿐, 그는 야마신의 도움으로 천계에서 육신을 벗고 신이 되었다. 그제서야 진실

하누만

과 평화를 얻을 수 있었다.

마하바라타의 전반부는 전쟁이 시작되기 전 카우라바군과 판다바군의 설전과 비난이 오가고, 심판관 신들이 지켜보는 가운데 18일간의 전쟁으로 카우라바군이 대학살되는 과정을 보여준다.

서사시에서의 전쟁은 하나의 스포츠 게임과 같은 인상을 준다. 전쟁이 시작되기 전, 설전과 비난 메시지가 교환되고 양측의 총사령관이 만나 전쟁의 룰을 정한다. 전투는 해가 떠서 질 때까지 하며, 전투가 중단된 저녁에는 술 마시고 양쪽을 오가기도 하는 등 하나의 유희와도 같다.

전투규칙은 마치 장기將棋처럼 4군象·馬·戰車·兵이 같은 조건으로 싸우는 것이다. 코끼리부대는 코끼리부대끼리, 보병은 보병끼리, 기마병은 기마병끼리, 전차부대는 전차부대끼리 같은 조건에서 싸우며 반칙은 허용되지 않는다. 1대 1 싸움에서 제3자가 공격할 수 없으며 군수품을 지원하는 비전투 요원은 공격할 수 없다.

샤쿠니와 유디스티라의 주사위 게임에서 알 수 있듯이 4군이 같은 조건으로 싸우는 상징물은 시바신의 상징인 링가 모형으로 만든 고대 인도의 장기다. 인도의 장기는 알렉산더대왕 이후 동서양으로 이식되어 서양의 체스, 동남아시아의 장기로 발전했듯이 신화가 만들어낸 고전사회의 시뮬레이션 게임이자 규칙이었다. 전쟁의 룰을 정하고 심판하는 것은 최고의 신이다.

그러나 그 신神, 그 이념을 공유하지 않은 집단간의 전투는 그야말로 대학살을 가져온다. 인도의 델리평원에서 전개된 18일간의 대전투 이후에 전쟁은 스포츠 정신을 상실하였다. 그것이 1975년 크메르의 내전으로 170만 명이 학살된 킬링필드에서 재현되었다면 지나친 비약일까? 현대에서도 신념을 공유하지 않은 집단간의 대학살은 800년 전의 앙코르 와트에서 예견된 일이 아니었을까?

크메르 루즈군이 양민을 손에 묶고 가쇄(枷鎖·수갑)을 채워 형벌을 가했던 킬링필드의 비극이 앙코르 와트 회랑에 부조된 지옥의 장면과 무엇이 다른가?

정법왕正法王, 다르마라자

두 서사시에 나타난 힌두신화의 세계관은 서열적이고 신비적인 개념으로 이루어져 있다. 왕궁은 우주의 복사본이며 왕은 신과 인간 사이를 매개하는 존재다. 우주의 중심에 메루산이 있듯이 지상의 정점에 왕이 위치하고 왕의 주위에는 수도首都, 수도의 주위에는 무력하고 머리를 숙이는 백성 그리고 왕국의 주변에는 복종을 나타내는 세계가 전 방위에 배치되어 있다.

이와 같이 힌두 서사시에 나타난 사회구조는 우주 전체의 구조를 반영하여 짜여져 있다. 이것을 '정치적 만다라曼茶羅'라고 표현할 수 있으며 이 같은 사고는 앙코르 와트를 비롯한 힌두사원에 그대로 반영되어 있다. 신의 도시를 지상에 표현한 앙코르 와트는 12, 54, 108, 365와 같은 특정의 숫자를 기하학적으로 표현한 것인데, 이 모든 숫자들은 새로운 창조, 새로운 질서, 새로운 세계의 중심인 다르마라자 dharma·raja와 연결되어 있다.

세계의 중심, 왕 중의 왕이 지켜야 하는 것이 '다르마'다. 다르마는 '지탱하다, 유지하다'는 뜻을 가진 $\sqrt{dhr}$에서 유래하며, 달마達磨, 다라니陀羅尼도 같은 어원을 갖고 있다. 다르마는 종교, 진리, 법칙, 생활규범, 윤리, 의무, 제도, 도덕률, 정의, 법 등 수많은 개념을 내포하고 있으며 야마신의 별명도 다르마다.

모든 다르마는 '왕의 다르마raja·dharma'에 의존하며, 모든 것은 왕을 중심으로 수렴되고 군주의 인격은 왕국의 인격과 결부되어 있다. 즉 "모든 사람은 라자다르마를 머리에 이고 있다"고 표현될 정도로 왕은 다르마를 달성하기 위하여 정의와 법의 기능을 수행하고 이를 통해서 타인의 다르마를 보호하며 우주의 균형을 유지하려고 한다. 이처럼 다르마에 충실한 왕이 공정한 왕이다. 다르마에 의한 통치는 왕의 도덕적인 의사를 정확히 반영하여 국가를 통치하기 때문에 다르마라자는 곧 정법왕正法王이다.

다르마라자는 비록 인간으로서 정의와 도덕을 갖는 왕이지만 비슈누신의 화신으로 지상에 태어났기 때문에 '왕=신'의 성격을 갖는다.

비슈누신은 세계질서를 유지하는 신으로 다르마가 위기에 처하면 10개의 화신avatar으로 지상에 내려온다. 물고기 마씨야, 거북이 쿠르마, 야생 멧돼지 바하라, 사자인간 나라싱하, 난장이 바마나, 도끼를 든 파라수라마, 라마왕자, 크리슈나, 붓다, 말馬 칼킨으로 변하여 인간 세상에 등장하여 지상에 도덕, 진리와 질서를 세우는 역할을 담당한다.

반면 신sura이 아닌 자asura는 항상 다르마라자와 대립하며, 우주의 질서를 위협하고 파괴시키는 악마적 존재다. 이 집단에는 통칭 아수라를 비롯하여 락샤사, 약사가 있다. 략샤사는 신과 인간에 적대적이고 경우에 따라서는 신을 능가하는 힘을 가진 나찰羅刹을 말한다. 약사藥叉는 원래 부富의 신 쿠베라를 보좌하는 신적 존재였고, 후에 불교에 유입되어 사천왕의 한 신으로 받들어지기도 하였다. 그러나 라마야나에서는 랑카에 사는 악마족으로 다르마라자와 대립하는 존재다.

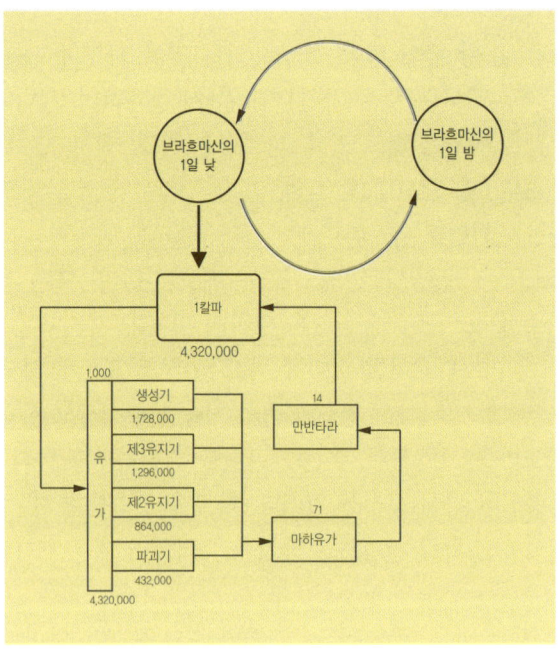

우주의 사이클은 앙코르 와트의 사원구조에 그대로 반영되어 설계되었다. 파괴기는 다리, 생성기는 십자회랑 끝 지점이다.

랴샤사와 약사는 기독교에서의 사탄, 파우스트에 등장하는 메피스토펠레스, 근대의 부정적 정신으로 대비할 수 있는데, 이들의 활동이 강해지면 우주는 완전한 정법의 시대(크리타 유가)에서 벗어나 다르마가 점차 상실되는 트레타 유가(다르마의 3/4만이 존재), 드바파라 유가(다르마의 2/4만이 존재)를 거쳐 파괴기(칼리 유가)로 접어들고, 다르마라자가 등장하여 다시 질서가 유지되는 우주의 생성기(크리타 혹은 사티야 유가)가 시작된다. 이러한 우주의 주기는 432년(1칼파: 劫簸)마다 한번씩 일어난다. 물론 지상의 이 사이클은 브라흐마신에게는 한낮 하루에 불과할 뿐이다(도표 참조).

서사시에 등장하는 악마들을 역사적인 실체로 환원하자면 인도의 경우에는 아리안족에 저항하는 드라비다족, 남인도와 실론의 부족 그리고 싱할리 불교도들이다. 또한 앙코르왕조의 경우에는 메콩 델타를 중심으로 크메르와 각축을 벌인 참족, 대월大越족, 그리고 태국의 시암족이 해당된다.

반면, 왕권 경쟁에서 승리한 왕들, 가령 앙코르 와트의 벽면에 등장하는 수리야바르만 2세, 라마왕자, 유디스티라왕 모두 다르마라자이며 비슈누신의 화신이다.

앙코르왕조에서 다르마라자의 사상은 신왕神王사상이라는 변형된 방식으로 재생산되어 왔다고 볼 수 있다.

첫째는 시바신, 또는 비슈누신과의 결합이다. 시바신은 대지의 영혼, 선조의 영혼으로서 간주되어 토착신앙과 결합하여 시바신의 상징인 링가숭배와 연결되어 있다. 링가는 다산과 비옥을 상징하며 조상을 보호하는 상징이었기 때문에 왕은 이를 설치하여 농업의 보호자로서 자신의 역할을 부각시켜 왔다. 앙코르 톰, 앙코르 와트, 타프롬 사원, 바콩 사원, 롤루 사원군 등 앙코르 지역에 산재한 국가사원은 왕을 신격화하기 위해 건축된 것이다.

둘째, 국왕은 고귀함과 우월성을 갖는 존재임을 부각시키는 방법이다. 전투, 시, 의례, 소유, 성욕 등에서 우월성을 지닌 존재로서 신격화되었다. 왕은 지상의 수호자인 동시에 신화 속의 영웅과 동일, 그리고 최고의 도덕자, 인드라신, 비슈누신, 라마의 화신 또는 동일인이다. 따라서 세계는 최고의 존재인 왕을 중심으로 군인, 자유인, 노예가 정치적 만다라를 이루며 동심원 형태로 배치되어 있다. 왕은 어떤 도움도 필요 없는 초인이며, 사회의 최정점에 있다.

셋째는 왕의 행동이 일상생활 속에서 나타나게 함으로써 왕이 기대하고 있는 것, 도덕을 베푸는 것을 국민들이 자각하게 하는 방법이다. 토지와 노예를 하사하고, 대관식 때 재물을 분배하여 책임감과 기대감을 지속적으로 만들어가기도 한다. 또 '바라이baray'로 불리는 농업용 대수로를 만들고 병원과 사원을 건설하는데 사람을 동원하고, 소송분쟁을 마지막으로 왕에게 호소하는 절차를 통해서 왕에게 모든 다르마를 집중시켜 왕은 곧 정치적 통찰력을 가진 존재로 상징화하였다.

제2부
앙코르왕조의 역사

앙코르 톰으로 들어가는 남문의 입구. 코벌 아치형의 탑 위에 조각된 4면관음보살이 인상적이다.

1장 앙코르왕조 이전기의 크메르

동남아시아 대륙부에는 캄보디아, 태국, 미얀마, 베트남, 라오스 민족이 있으나 이 가운데 가장 먼저 문명을 일으킨 국가는 캄보디아였다. 이들은 역사가 시작되면서부터 인도의 문명을 수용하여 고전기에 동남아시아 대륙을 리드하는 선두 주자였다. 건국신화에 의하면 인도출신의 카운디냐와 현지 여왕 유엽의 결합으로 최초의 국가인 부남扶南이 건국되었고, 인도출신의 도래는 곧 인도문명이 캄보디아에 유입되었다는 사실을 상징적으로 보여준다.

그 이후 캄보디아 부남의 역사에 등장하는 실제의 인물은 혼반황, 반반, 범사만, 범전왕(243년), 범심왕(245~287년), 천축 출신의 전단왕(357년), 지려타발마(자야바르만, 424~453년경), 교진여 사야발마(자야바르만, 480년경), 류다발마(루드라바르만, 514년), 질다사나왕(치트라세나, 600년)이 중국의 역사서에 등장한다.

그리고 중국의 정관시대(627~649년)에 부남이 진랍에 종속되었다고 기록되어, 이 시기부터 진랍시대가 열렸음을 알 수 있다.

그리고 이사나선왕(이샤나바르만, 635년경), 바바바르만, 자야바르만 1세(657~713년), 쟈야데비왕비가 등장하였고, 『수서』의 기록에 의하면 706년에 진랍은 육진랍과 수진랍으로 분열되었다.

육진랍은 중국 역사서에 문단文單 혹은 파루婆婁로 지칭되었는데, 753~54년, 771년, 779년에 중국으로 사신을 파견한 기록이 있고, 수진랍은 바라제발婆羅提拔이라 불렀다. 이 장에서는 앙코르 이전의 부남과 진랍의 건국신화, 역사를 간략하게 살펴보고자 한다.

부남의 건국신화와 카운디냐

캄보디아 최초의 국가는 중국인들이 부남扶南, Funan으로 부른 나라였다. 이 이름은 '산山'을 뜻하는 크메르 고어 브남bnam, 현대어 프놈phnom

의 발음을 옮긴 것이다. 부남의 왕들은 '산의 왕'이란 의미의 칭호를 갖고 있었으며, 산스크리트어로 파르바타부팔라 혹은 샤일라라자, 크메르어로 쿠룽 브남으로 불렸다.

부남의 중심은 메콩강 하류와 메콩 델타에 위치하였지만, 최성기의 영토는 베트남 남부, 메콩강 중류지역, 메남계곡 유역과 말레이 반도의 대부분을 포함하였다. 부남의 수도는 비야다푸라(사냥꾼의 도시)였고, 중국인들이 특목特牧이라 불렀는데, 이 도시는 바 프놈의 구릉지와 바남의 촌 부근에 위치하였다. 『양서梁書』에 의하면 이 도시는 해안으로부터 500리(200km)나 떨어져 있었다.

부남에 관한 초기의 정보는 중국의 사절단 강태康泰와 주응朱應 일행이 3세기 중반에 이 국가를 방문했던 기록에서 찾을 수 있다. 이들이 기록한 원본은 소실되었으나, 그 단편이 연대기와 다양한 역사서에 산재되어 실려 있다.

강태에 의하면 부남의 초대왕은 혼전混塡이란 인물이었다. 그는 인도 또는 말레이 반도에 위치한 반반국盤盤國으로부터 건너왔다. 이 왕은 꿈속에서 수호신이 나타나 신의 활을 주면서 대규모의 상인을 이끌고 출항하라는 명령을 받았다. 그 다음 날 그는 사원으로 가서 그 수호신의 나무 아래에서 활을 발견하였다. 그리고 배에 올라 항해를 시작하였는데 수호신이 그를 부남으로 인도하였다.

이 국가의 여왕 유엽柳葉, Lie-ye은 그 배를 습격하여 탈취하려고 생각하였으나 혼전이 신의 활을 쏘아 유엽이 탄 배를 관통하였다. 여왕은 두려운 나머지 굴복하였고, 혼전이 그녀를 아내로 삼았다. 그러나 그녀가 벌거벗은 채로 지내는 것이 부적절해 보여 그는 천에 구멍을 뚫고 머리 위에서부터 씌워 주었다. 그리고 그는 국가를 통치한 후에 권력을 그 자손들에게 물려 주었다. 이것이 중국판 부남왕조의 기원이다. 이것은 다분히 인도의 신화를 변형시킨 것인데, 참파의 산스크리트어 비문은 이 인도신화를 좀더 충실히 기록하였다. 참파의 번안에 의하면 바라문 카운디냐가 드로나의 아들 아슈밧타만으로부터 한 자루의 투창을 받아서 장차 수도가 될 지역을 표시하기 위하여 던졌다.

그리고 그는 나가족 왕의 딸인 소마와 결혼하였으며 그 딸이 일련의 왕을 출산하였다.

이 신비적인 결합은 13세기말에 앙코르의 궁정에서 기념식을 통해 여전히 전해지고 있었다. 이 건국신화는 남인도의 칸치를 근거지로 하는 팔라바왕조의 역대 왕들에게서도 발견되는데, 이들 역시 이와 같은 결합에 의하여 탄생하였다는 전설을 갖고 있다.

〈캄부자의 건국신화와 다양한 변형신화〉

결합 \ 버전	중국식 변형	10세기 비문	참파식 변형
인도인	카운디냐 (혼전)	캄부 스와얌부바	아슈밧타만 (드로나의 아들)
현지국왕의 딸 (여왕)	유엽	메라 (압사라)	소마 (나가 왕의 딸)

어쨌든 이 건국신화에 적합한 역사적 사건은 1세기 전후에 일어났다고 말할 수 있다. 왜냐하면 그 다음 세기부터 부남에서는 역사상의 실존인물을 발견할 수 있으며, 그 실재가 비문과 중국의 역사가들에 의하여 증명되었기 때문이다.

카운디냐 이후의 실존인물, 혼방황과 범사만왕

『양서』에 의하면 혼전 즉, 카운디냐의 자손으로서 중국어로 혼반황混盤況이란 인물이 90세 이후에 죽었다고 기록되어 있다. 그의 후계자는 둘째 아들 반반盤盤이었다. 그는 국가사무를 대장군 범만范蔓에게 위임하였다. 범만의 실제 이름은 범사만范師蔓이었다. 『양서』에는 다음과 같이 기록되었다.

> 반반은 치세 3년에 사망하였다. 왕국의 모든 사람들은 범사만을 국왕으로 선출하였다. 그는 용감하고 능력을 가지고 있었다. 강력한 군대와 함께 인근 국가를 공격하여 항복을 얻어냈다. 모두가 그의 봉신이 되었다. 그 자신은 부남대왕이라

고 칭하였다. 그리고 그는 대규모 선박을 건조하여 무한한 대양을 건너 지금의 말레이반도 등 10여국을 토벌하였는데, 그가 확보한 영토는 5, 6천리나 되었다.

범사만이 어디까지 영토를 확장했는지는 정확히 파악하기는 어렵다. 그의 이름은 지금의 베트남 나짱(나트랑 지방)에 있는 산스크리트어 비문에 언급된 슈리마라왕의 음역으로 간주할만한 근거가 있다. 이 비문은 참파의 비문으로 간주되었으나, 1927년 루이 피노는 이 지역을 부남의 속국으로 인정하였다. 만일 슈리 마라와 범사만이 동일인이 분명하다면 문자의 외관으로 판단해 볼 때, 3세기에 통치한 슈미 마라

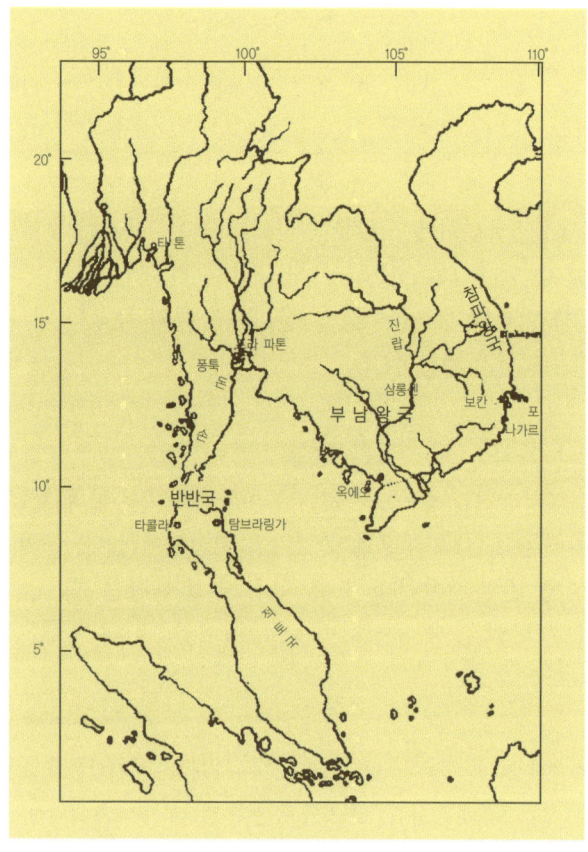

범사만왕 당시의 부남 영토. 그의 정복은 금벽으로 간주되는 반반과 타콜라에까지 걸쳐 있었다.

의 자손에 의해 만들어진 이 비문은 부남 역사의 한 자료로 간주될 수 있다. 이 비문으로 볼 때 비문이 조각될 당시에 또는 비문이 건립된 지역에 산스크리트어가 왕실의 공식 언어로 사용되었다는 사실이다.

2~3세기의 부남

중국의 『양서』는 위대한 정복자 범사만이 금린錦驎 또는 '금의 국경金璧'을 원정하던 중에 사망하였다고 기록하였다. 이 금린은 팔리어 경전에서 금지(金地·수반나부미) 또는 산스크리트어 경전에서 금벽(金璧·수바르나쿠디야)에 해당한다고 믿을만한 근거가 있다.

이 지역들은 하下버마 또는 말레이 반도를 지칭한다. 범사만의 사위인 범전范旃은 처남이자 적자인 금생金生을 살해하고 권력을 찬탈하였다. 그러나 20년 후에 범전은 장長이란 이름을 가진 범사만의 아들에 의해 살해되었다. 끝없는 복수였다. 이번에는 장長이 왕을 자처하는 장군 범심范尋에 의하여 살해되었다.

이 일련의 사건은 225년과 250년 사이에 발생하였는데, 부남이 인도의 무룬다 왕조와 외교관계를 맺고 중국에 사절을 파견한 시기는 범전이 통치했던 이 두 기간 사이의 중간쯤에 해당한다.

조르쥬 세데스는 부남이 적극적인 외교관계를 펼친 사건을 중시하며, 다음과 같이 강조하였다.

> 상업적 의미가 더 큰 이 (외교)정책은 그의 치세기에서 중요성을 갖고 있다. 이 시기는 3국이 대립하던 때로 중국의 화남지방을 지배한 오吳왕조는 육로에 의한 교류가 위魏에 의해 막혀 불가능하자 해상을 통하여 필요한 사치품을 공급받으려고 하였다. 이에 따라서 부남은 해상교역로에서 특권적인 지위를 점유하게 되었고, 말라카 해협을 이용하려는 선원들이나 말레이반도의 해협을 횡단하려는 선원들에게 불가결한 중계지로서 등장하였다. ··· 부남은 지중해 동부 연안으로부터 출발하여 항해한 선단의 최종 목적지가 되었는지도 모른다. _ 조르쥬 세데스 『힌두화된 동남아의 제국가』.

범전왕은 권력을 찬탈하였으나 인도의 왕후들과 공식적 · 직접적인 관계에 들어갔다. 5세기경의 한 자료에는 인도의 서쪽에 위치한 것으로 보이는 단양국丹陽國 출신의 가상리迦祥里가 인도에 도착하였고, 거기서 부남으로 되돌아갔다고 기록되어 있다. 그는 이 먼 나라가 얼마나 불가사의한 국가인지 방문하는 것이 좋다고 범전왕에게 가르쳤다.
　범전왕은 가상리에게 마음을 빼앗겼을까?
　자료에 의하면 그는 친척인 소물蘇物을 인도에 사절로 파견하였다. 이 인물은 타콜라로 생각되는 투구리投拘利에서 승선하였는데, 이 사실로 미루어 당시의 부남의 영향력이 인도양에까지 미쳤다는 것을 알 수 있다. 사절단은 갠지즈강 하구天竺江口에 도착하여 강을 거슬러서 제후의 도시까지 갔다. 이 인도 제후는 부남의 사절단에게 자국 영토를 순회하도록 허용하고, 귀국 시에 범전왕에 대한 선물로서 인도 월지마月支馬 네 필을 선물하고 아울러 인도인 진陳, 송宋 2인을 파견하여 함께 가도록 하였다.
　『삼국지』에 의하면 243년에 범전왕은 중국의 오나라에 악사와 국가의 특산물을 선물로 보내기 위하여 사절단을 파견하였다.
　범전왕의 뒤를 이어 범심이 왕이 되었다. 그는 245~250년경에 중국 오나라 사절단 강태康泰와 주응朱應을 맞이하였다. 이 두 사신은 부남왕의 궁정에서 무룬다 왕국의 사절단과 만났다. 이 사신들이 보고들은 여행기록은 『진서晉書』에도 기록되어 있다.
　범심왕은 마지막으로 285~287년에 사신을 파견하였는데, 이 때는 진이 중국을 통일(280년) 한 이후로서 해상교역이 다시 부활한 결과로 이해된다. 진의 통일은 남방으로부터의 호화 사치품의 생산과 수요를 자극하였다. 부남국에 관한 강태의 기록을 보면 부남의 현실을 이해할 수 있다.

　　그곳은 성벽으로 둘러싸인 마을, 궁전, 거주지가 있다. 사람들은 모두 추하고 검은 피부에 곱슬머리이다. 그들은 벌거벗고 맨발로 걸어 다닌다. 성질은 온순하고 도적은 결코 없다. 그들은 농업에 열중하고 일년에 세 번씩 수확한다. 그들은 장식을 만들고 조각하기를 좋아한다. 그들이 식사에 사용하는 도구는 대다수가 은 제품이다. 세금은 금, 은, 진주, 향료로 지불한다. 서고와 고문서, 기타 물건을 저장하는 창고를 갖고 있다. 그들의 문자는 호족(胡族·중앙아시아인)문자와 비슷하다.

4~6세기 부남의 제2의 인도화

357년 부남에서는 자세한 배경은 알 수 없으나 인도인 출신의 한 왕이 지배하고 있었다. 『진서』와 『양서』는 이 왕의 이름을 거명하며 "그 해 제1월에 '부남 왕 천축전단天竺旃檀'은 공물로서 훈련된 코끼리를 바쳤다."고 기록하였다.

천축이란 인도를 가리키는 중국 이름이며 천축전단이란 인도 출신의 전단을 의미한다. 프랑스 학자인 실뱅 레비는 전단이 찬단Chandan의 음역이며, 월지月氏 즉, 인도- 스키타이족에서 사용하는 왕의 칭호인데, 이 칭호는 특히 쿠샨족이 사용하였다고 주장하였다. 레비의 글을 인용하면 다음과 같다.

> 천축전단 또는 축전단은 원래 인도 출신의 왕가 인물이다. 전단이란 칭호를 통하여 자신을 카니시카와 동일한 조상으로 관련지었다. 이 비교가 결코 놀라운 일은 아니다. 펠리오의 계산에 의하면 축 전단 보다 1세기나 앞서 오吳의 시대(220~264)인 240년과 245년 경, 부남 왕은 그 친족 가운데 한 사람을 인도의 무룬다 왕국에 파견하였다.

무룬다 왕조와 사신을 교환한 이후에 등장한 이방인의 지배는 한편으로는 부남과 고대 캄보디아, 그리고 또 한편으로 부남과 이란 세계와의 관련성이 있었음을 시사한다.

가령, 5세기말 구주라求周羅라는 이름을 가진 부남 왕의 신하는 쿠샨 왕국에서 사용된 직책 쿠줄라Kujula와 동일한 것일 수도 있다. 그리고 그 후 7세기에 데칸 지방에서 온 스키티아 족(석가족) 바라문이 국왕 이샤나바르만 1세의 딸과 결혼하였다. 앙코르 이전기의 태양신의 도상圖像은 짧은 옷소매와 짧은 부츠, 허리띠는 조로아스터의 그것과 유사하며 명백히 이란인적인 영감이 표현되어 있다.

프놈펜박물관에 보관된 비슈누신앙의 원통형 머리장식은 이란의 영향을 보여준다. 이 인물의 머리모양과 관련하여 직접적인 모델은 팔라바왕조의 조각에서 발견된다. 팔라바왕조는 팔라바족, 즉 이란 북동부의 파르티아Parthian인의 자손으로서, 그 기원이 북방이라고 주장한 학자들도 있다.

그러나 어쨌든 인도 또는 인도·스키타이인 전단의 통치는 세데스의 표현대로 부남 역사에서 일종의 '막간 촌극'에 해당한다. 357년이라는 연도는 그의 치세에 관하여 알려진 유일한 사실이며, 4세기말 이전이나 5세기 초반의 부남에 관하여 구체적으로 알려진 것은 없다.

5세기의 부남과 교진여, 그리고 자야바르만왕

인도에서 사무드라굽타(335~375년경)가 남인도를 정복하면서 남부 귀족사회는 동남아시아로 집단 이주하는 정치적 격변을 맞이하였다. 이 사건은 인도의 물결이 동남아에 다시 확대되는 하나의 전주곡이었으며 인도차이나 반도에 인도의 바라문, 학자들의 재유입을 가져왔다. 이들 인도인은 먼저 참파에, 그 다음으로 보르네오와 자바에, 그리고 같은 시기의 부남에 산스크리트어 비문을 소개하는 역할을 하였다.

조르쥬 세데스는 『양서』를 인용하면서 천축출신 전단栴檀의 한 후예가 교진여憍陳如라며, 그에 대해서 이렇게 기록하였다.

> 그는 원래 천축의 바라문이었다. 그는 신이 말하는 소리를 들었다. '너는 부남을 통치하기 위해 그 곳으로 가야한다.' 교진여는 마음속으로 기뻐하며 남쪽의 반반 盤盤에 도착하였다. 부남인도 이를 알고 그의 앞에 나아가 환영하고 왕으로 추대하였다. 그는 천축의 법을 따라 제도를 만들었다. 교진여가 죽고 그 후의 왕인 지려타발마(持黎陀跋摩·슈리 인드라바르만 또는 슈레슈타바르만)가 송의 문제(文帝, 424~453)에 청원서를 제출하고 이 국가의 산품을 바쳤다. _ 조르쥬 세데스, 『힌두화된 동남아의 제국가』.

사절단의 특산품의 헌납시기는 『송서』에 기록된 대로 434년, 435년, 그리고 438년이다. 그리고 사절을 파견한 왕은 지려타발마(持黎陀拔摩)였다.
480년경 『남제서(南齊書)』는 부남 왕 사야발마(闍耶跋摩·자야바르만)의 이름을 처음으로 거론하였다. 이 왕의 성은 교진여로서 카운디냐의 자손이었다. 이에 대해서 펠리오는 이렇게 기술하였다.

> 이 군주는 광동에 상인들을 파견하였다. 그들은 귀국 도중에 임읍(참파)연안에서 좌초되었다. 이 배에 함께 타고 있던 인도의 승려 나가세나(天竺道人 那伽仙)는 육로로 걸어서 귀환하였다. 484년, 자야바르만왕은 이 인도의 승려를 파견하여 중국의 황제에게 공물을 전하였으며, 동시에 임읍을 정복하는데 도움을 요청하였다.

자야바르만왕에 대한 기록을 통해서 부남에서 시바신의 숭배가 우세하였다는 점, 그러나 동시에 불교도 신봉되었다는 사실을 알 수 있다. 더욱이 부남 출신의 승려 2인이 중국에 거주한 것도 자야바르만왕의 통치기였다. 이 승려들은 산스크리트어에 능통하였고, 중국 조정에서 역경(譯經)을 위하여 중용되었다.

자야바르만의 치세가 부남에서 위대한 시대였음을 알 수 있는 것은 중국의 황제가 존경을 보내는 대목에서 잘 엿볼 수 있다. 503년경 중국에 사절단을 파견하였을 때, 황제는 이렇게 지시하였다.

> 부남 왕 교진여 사야발마(僑眞如 闍耶跋摩)는 바다의 끝에 거주하고 있다. 대대로 그의 자손들은 남방의 국가를 지배하였고, 그들의 진실성이 멀리까지 퍼져있다. 많은 통역인들을 통해서 존경심과 헌상물을 보냈다. 이에 상호 호의를 표시하고 영광의 칭호로서 그에게 '안남장군 부남 왕'의 칭호를 내린다.

그 후의 상황은 알 수 없으나, 부남 대왕 자야바르만은 514년에 사망하였다. 그리고 그 이후의 일은 그의 첫째 왕비 쿨라프라바바티와 아들인 구나바르만이 각각 하나씩의 산스크리트어 비문을 남긴 내용으로부터 확인할 수 있다.

자야바르만의 아들인 구나라바르만은 514년 부친이 사망하자 첩의 자식인 류다발마(留陀跋摩 · 루드라바르만)에 의해서 왕위에서 추방되고 암살당하였다. 그리고 루드라바르만은 517~539년 사이에 여러 차례의 공헌사신을 중국으로 파견했던 부남국 최후의 왕이다.

이 시기에는 불교가 융성했는데, 그 근거로서 중국의 사신이 535~545년 사이에 부남에 파견되어 부남 왕에게 불교경전 수집을 요청하였고 또한 승려를 중국에 파견해 줄 것을 요청한 사실을 들 수 있다. 부남의 사신은 535년에 중국을 방문했으며, 그 사신이 539년 귀국할 때 중국의 사문 석운보(釋雲寶)를 수행하게 하여 1장 2척이나 되는 불발(佛發)을 모셔오도록 하였다.

이 때 부남 왕은 국내에서 포교하던 인도의 승려 파르마르타 혹은 웃자이니(烏闍伅國 · 붓다시대의 열여섯 영역국가의 하나) 출신의 구나라트나를 파견하였다. 그는 경서 240권을 가지고 546년 중국에 도착하였다. 부남은 5백 년 동안 인도차이나 반도를 지배했으며, 당시의 종교는 불교 이외에 시바신앙이 우세하였다. 시바신의 의식은 특히 5세기에 매우 발전하였다. 중국의 『남제서』에 의하면 자야바르만의 통치기간에 부남에서는 마하슈바라신앙, 즉 힌두교의 시바신앙이 정착되었다고 기록하였다.

이 국가의 관습은 마혜수라천신(摩醯首羅天神 · 시바신)을 숭배한다. 이 신은 마탐산(摩眈山)에서 강림한다.

이 기록은 의심할 여지없이 왕과 국가가 그 산에 신의 이름을 붙여 성산(聖山)으로 간주했다는 사실을 의미한다. 왕도의 중심을 가상징하는 성스러운 산은 지상과 천계 사이의 의사소통이 이루어지는 장소이며 이곳에 '신이 끊임없이 강림'한다. 이 때 신은 시바신의 링가형태로 '산에

링가에 인간의 모습을 조각한 무카링가.

강림'하는 것이다. 부남의 건축물은 많은 것이 소실되어 현존하지 않는다. 다만 일련의 사원 층계에 조각된 벽감壁龕이 남아 있고, 이 조각들은 부남 시대 건축의 핵심적인 특징인 무카링가mukalinga 즉, 인간의 얼굴이 조각된 링가가 그 특징임을 보여준다.

진랍의 등장과 캄부-메라신화(550년 이후)

부남의 루드라바르만왕이 중국에 최후의 사신을 파견한 때는 539년이었다. 『신당서』는 7세기 초반까지 부남의 사신을 기록하였으나, 이 시기는 부남에서 대 변화가 일어난 때였다.

신당서의 의하면 "국왕은 특목特牧이란 도시에 왕도를 갖고 있었으나, 갑자기 진랍眞臘에 의해 병합되었다"고 기록되었다. 또한 진랍의 지리적 위치와 부남국의 소멸과정은 『수서』에도 언급되어 있다.

> 진랍국은 임읍의 서남쪽에 있다. 국왕의 성은 찰리(刹利·크샤트리아)였고, 왕의 개인 이름은 질다사나(質多斯那·치트라세나)였다. 왕의 선조는 점차 이 국가의 국력을 신장시켰고, 치트라세나는 부남을 탈취하여 복종시켰다.

중국인은 캄보디아를 일관되게 진랍이라 불렀다. 진랍의 중심은 메콩강 중류의 바삭 지방이다. 그곳은 5세기 말에 참파의 지배를 받았던 지역이다.

10세기의 한 비문(박세이 참크롱 비문)에 보존된 왕조의 전설에 의하면, 역대 캄부자 왕들의 기원은 캄부자국의 시조인 '캄부 스와얌부바'와 시바신이 그에게 선물했다는 천상의 압사라인 '메라'의 결혼으로 거슬러 올라간다. 그녀의 전설은 용왕의 딸 나기 신화와는 전혀 다른 것으로, 세데스에 의하면 인도의 칸치(콘지버람)에 자리 잡은 팔라바왕조의 가계 신화와 일종의 친근성을 갖고 있다고 하였다.

진랍 왕가의 혈통은 이 캄부-메라 부부로부터 탄생하였다. 진랍의 초대왕은 슈르타바르만과 그의 아들 슈레슈타바르만이었다. 슈레슈타바르만은 자신의 이름을 따서 도시를 슈레슈타푸라로 명명하였고,

이 곳은 바삭 지방을 지칭하며 앙코르왕조까지 존속하였다. 이 도시는 5세기 말이나 6세기 초에 건설된 것으로 보인다.

10세기의 한 비문에 의하면 슈루타바르만왕과 슈레슈타바르만왕은 주민들을 "조공의 속박으로부터 해방시켰다"고 적혀 있다. 즉, 부남으

부남과 육진랍, 수진랍의 영토(7~8세기)

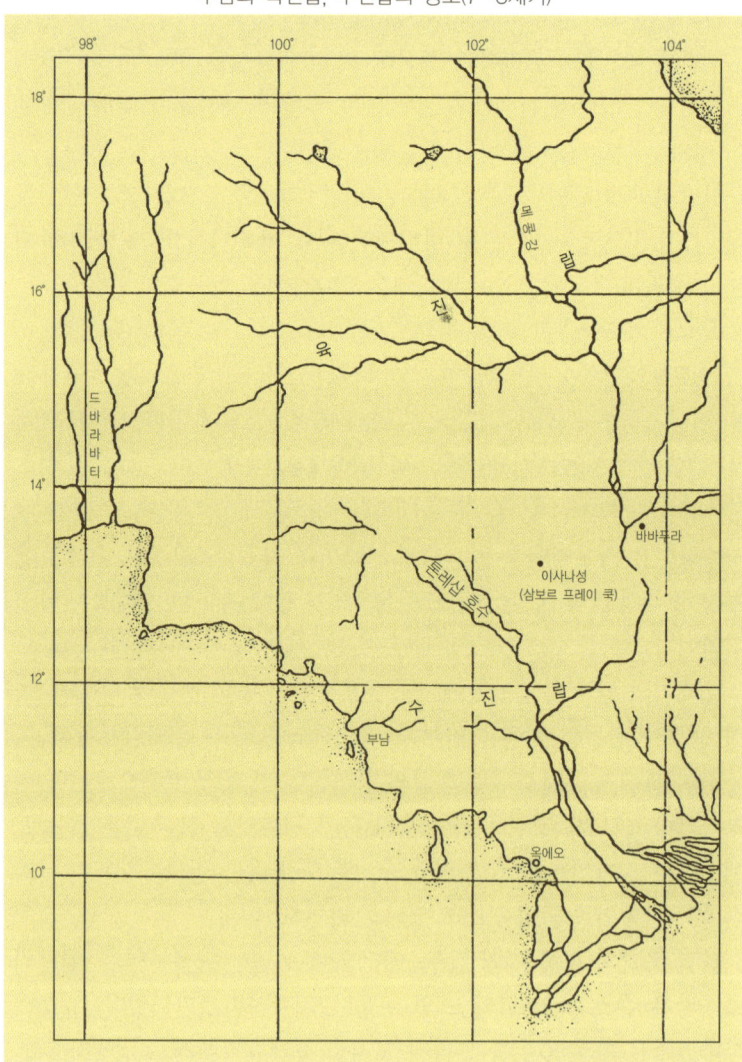

로부터 독립을 달성하였다는 말이다. 그리고 중국의 사서가 언급한 것처럼 점차 국력을 증대시켰다. 6세기 후반에는 남방의 제국을 공격할 정도로 성장하였다.

이 당시의 진랍 왕은 바바바르만이었다. 그는 부남 왕이었던 '우주의 군주(사르바바우마)'의 손자였고, 톤레삽 호수의 북쪽인 바바푸라에 거주한 것이 틀림 없으며, 부남의 왕가에 속하고 이 왕국의 공주와 결혼을 통하여 진랍의 왕이 되었다.

이 같은 사실을 통해서 우리는 진랍의 왕들이 부남의 왕가 전통을 계승하여 카운디냐와 용왕의 딸이 결합한 왕조 탄생의 신화를 채택한 이유를 이해할 수 있다. 사실, 바바바르만 자신이 부남의 왕자였기 때문에 그는 자신의 유산을 보존하려고 하였다.

이런 사실이 부남으로부터 진랍으로 통치권이 자연스럽게 이동하는데 성공할 수 있었던 이유가 아닐까?

바바바르만과 그 후계자들이 스스로 위대한 부남과 관련시킴으로써 부남을 자연스럽게 흡수한 것이다. 바바바르만은 시바신앙을 신봉하였다. 이런 사실은 7세기말 중국의 승려 의정義淨의 기록을 통해 조명할 수 있다. 의정은 "불법이 번영하고 확산되었으나 오늘날에는 사악한 왕이 이를 완전히 파괴하여 승려들이 없다." 라고 적었다.

승려 의정이 말한 사악한 왕은 바바바르만왕과 동일인물로 보인다. 바바바르만의 왕도는 '바바푸라'로서 진랍의 옛 영토 특히 8세기의 육진랍을 지칭한다. 여기서 '-푸라'는 도시를 지칭하며 이 말은 중국을 거쳐 우리나라에 들어오면서 마을을 뜻하는 부락部落으로 그 의미가 축소되었는데, 이 역시 산스크리트어에서 파생된 말이다.

바바바르만이 얼마동안 통치했는지에 대해서는 알지 못한다. 다만 그가 598년(수, 개황 20년)에 왕으로 있었다는 사실만 알 수 있을 뿐이다.

그리고 그의 사촌인 치트라세나가 600년에 즉위하면서 마헨드라바르만이라는 이름을 사용하였다. 마헨드라바르만의 후계자는 그의 아들인 이샤나바르만이었다. 그는 부남의 옛 영토를 병합하였다. 『신당서』는 그가 부남을 사실상 정복하였다고 기록하였다. 이샤나바르만은 왕이 된 후 얼마 지나지 않은 616~617년에 처음으로 중국에 사신을 파견하였다. 『구당서』는 623년과 628년, 두 번에 걸쳐 사신을 중국에 파견한 사실을 언급하였으며, 이 기록을 토대로 그가 이 시기까지 통치했다고 볼 수 있다.

『신당서』는 정관시대(627~649년)에 진랍이 부남을 정복하였다고 처음으로 기록함으로써, 그는 635년까지 통치한 것으로 가정할 수 있다.

이샤나바르만의 수도는 이샤나푸라로 불렸다. 7세기 중엽의 위대한 순례자였던 현장玄奘은 이 수도 이름인 이샤나보라伊賞那補羅를 캄보디아로 지칭하였다. 이 도시는 콤퐁 톰 북쪽의 삼보르 프레이 쿡 유적군일 가능성이 많은 것으로 여겨져 왔다.

진랍의 예술

크메르 역사에서 앙코르 이전기에는 신전, 조각, 비문 등 수많은 고고학적 유물이 남아있다. 앙리 파르망티에는 자신의 저서 『원시 크메르예술』에서 앙코르 이전기의 건축을 철저하게 분석하였는데, 석조로 출입문의 틀을 만들고, 거의 대부분이 벽돌을 사용하여 일탑형 또는 복합적인 탑을 쌓은 특징을 갖고 있다고 지적하였다.

사원은 인도의 특징을 어느 정도 가지고 있으나 인도 이외의 다른 동남아시아 국가의 미술에 비하여 크메르 예술의 특징인 견고함과 정면성正面性의 경향을 이미 보여준다. 장식적 조각은 앙코르 시대를 예견하듯 이미 풍요로움을 보여주고 있다.

출입문 석주에 조각된 비문은 매우 정확한 산스크리트어로, 그리고 항상 시적인 언어로 기록되었다. 이들 비문은 고도로 조직화된 행정체계와 관리들의 전체적인 계급제도를 언급하고 있다.

이 비문들은 종교생활에 대하여 가장 많은 정보를 담고 있다. 서두에 기록된 구절은 건축물의 건립을 기념하여 신에 대한 기도문을 담고 있는데, 내용이 매우 교훈적이다. 힌두교의 주요 종파는 인도 본토와 마찬가지로 캄부자에서도 공존하였던 것이 분명하다. 특히 링가 형태의 시바신을 숭배하는 사상이 왕실에 의해 조장되었고, 이미 국가종교의 형태로 발전하였다.

반면, 불교의 흔적은 거의 찾을 수 없다. 부남과 관련하여 언급했던 굽타 양식의 불상 이외에 두 사람의 비구승 이름이 각인된 독특한 비문이 있을 뿐이다. 불교는 5, 6세기에 번성하였으나 그 이후에 쇠퇴한 것으로 보인다. 7세기 말의 중국인 순례자 의정은 부남(그는 발남·跋南으로 불렀다)에 대하여 언급하였으나 그가 말한 것은 진랍이었다.

산스크리트어 문화를 받아들인 부남은 문학적 소재를 힌두교의 대서사시인 『라마야나』, 『마하바라타』 그리고 『푸라나』에서 찾았으며, 이 서사시는 자바를 비롯한 동남아시아 국가와 마찬가지로 궁정의 시인들에게 풍부한 신화적 재료를 제공하였다.

사회구조와 관련하여 어떤 비문은 모계 중심의 가계가 중요하다는 것을 보여준다. 앙코르시대에 많은 대사제 가문의 공직이 모계를 통해 대물림 되는 것을 확인할 수 있다. 고대 크메르의 모계제도는 인도로부터 유입된 것이 확실하다.

7세기 캄부자에서 물질문명의 수준은 중국의 『수서』에 기록된 구절을 통해서 확인할 수 있다. 그 내용은 이샤나바르만의 통치기를 설명한 것으로 13세기에 편찬된 마단림의 『문헌통고文獻通考』에도 수록되었다.

이 군주(이샤나바르만)는 주거를 이사나성伊奢那城에 만들었다. 이 성에는 2만 이상의 가구가 거주하였다. 도시 중앙에는 대회당이 있어서 이곳에서 국왕은 알현을 허용하고 판결을 내렸다. 왕국에는 약 30개의 도시가 있으며, 각 도시마다 수천의 가족이 거주하고 한 사람의 지사가 다스렸다.

국왕은 3일마다 알현을 받고 엄숙하게 정무를 집행하며 5향香 향목으로 만들고 칠보로 장식한 침대에 앉는다. 침대 위에는 우수한 품질의 천으로 휘장이 내려져 있고, 기둥은 문목紋木으로 만들었으며, 황금으로 만든 꽃을 수놓은 상아로 벽을 장식하였다. 이 홀은 작은 궁정이며, 홀 뒤에는 적토국에 있는 것과 마찬가지로 불꽃 형태의 황금빛을 발산하는 원반이 걸려있다. 2인의 남자가 황금의 향로를 앞에서 지키고 있다. 왕은 길패吉貝로 불리는 면제품의 띠를 허리에 두르고 있는데 그 띠는 엷은 적색이며, 양 발에까지 내려트린다. 머리는 황금과 보석으로 장식하고 진주가 달린 모자를 쓰고 있다. 발에는 가죽신을 신고, 때로는 코끼리 가죽으로 만든 샌들을 신기도 한다. 귀에는 황금의 귀고리를 하고 있다. 국왕의 의복은 항상 백첩白疊이라 불리는 섬세한 흰 면직물로 만든다. 국왕이 머리에 아무 것도 쓰지 않고 나타날 때에는 보석장식을 찾아볼 수는 없다. 고위관리의 의상 또한 국왕과 매우 유사하다. 고위관리는 모두 5인이다. 그 첫째는 고락지孤落支라 한다. 나머지 4인을 그 서열에 따라서 상고빙相高憑, 파하다릉婆何多陵, 사마릉舍摩陵, 염다루髥多婁로 불린다. 하급관리의 수는 매우 많다.(중략)

주민의 풍습도 항상 갑옷으로 무장하고 다니기 때문에 사소한 싸움도 유혈이 낭자한 수준으로 발전한다. 왕의 정실태생 왕자들만이 왕위를 승계할 자격이 있다. 새로운 왕이 선언되는 날에 왕의 형제들은 불구가 된다. 어떤 형제들은 손가락이 절단되고, 어떤 형제들은 코가 잘린다. 그리고 나서 그들에게 생활도구를 제공하고 각기 떨어진 별도의 장소에서 기거하게 하며, 결코 공직에 임명되는 일은 없다.

남자들은 신장이 작고 피부색이 검다. 그러나 대다수의 여자들은 외모가 훌륭하다. 이들 모두는 머리를 말아 올리고 귀고리로 장식한다. 이들의 기질은 활발하고 생기가 넘친다. 이들의 집과 이들이 사용하는 가구는 적토국의 그것과 유사하다. 이들은 오른손은 청정하고, 왼손은 부정한 것으로 인식한다. _ 조르쥬 세데스 『힌두화된 동남아의 제국가』에서 재인용.

요약하자면 앙코르 이전의 캄부자 문명은 특히 농업의 관개, 그리고 종교·예술에서 부남의 그것을 상속하였으며, 또한 7세기 경 건축기술에서 참파의 영향을 받았다. 물론 참파는 그 다음 시기에 쇠퇴의 기미를 보이기는 하였지만, 이 당시에는 오랫동안 인도차이나 반도의 남부와 중부를 지배할 만큼 발전을 이룩한 상태였다.

진랍의 분열, 육진랍과 수진랍

635년경에 통치가 끝난 이샤나바르만 1세 이후의 왕은 바바바르만으로 알려져 있다. 이 왕과 그 선대 왕들의 가문은 잘 알려져 있지 않지만, 그의 아들은 자야바르만 1세로 알려져 있다.

자야바르만 1세의 집권 시기는 657년이지만 그보다 약간 이른 시기에 왕위에 올랐던 것으로 보인다. 그의 치세기간 중에 부조된 비문은 북쪽의 와트푸에서 남쪽의 시암만에 이르기까지 넓게 걸쳐있다. 그는 비야다푸라 지방에, 그리고 와트 푸에 사원을 새롭게 건축하였다. 자야바르만 1세의 치세기는 평화스러웠으며, 30년간이나 지속된 끝에 690년 이후에 마감되었다. 713년의 한 비문에서 사후에 '시바푸라로 올라간 국왕'이란 이름을 부여받은 한 왕이 바로 자야바르만 1세이다. 그는 후계자를 남겨놓지 않았다. 그 때문에 왕국은 자야데비왕비가 통치하였다.

앙코르 초기의 군주들은 자야바르만 1세 왕가와 연결시키는 작업을 시도하지 않았다. 이 때문에 조르쥬 세데스는 그의 몰락이 8세기에 캄부자가 분할되는 결정적인 원인으로 작용했고, 후대에 평가를 받지 못했기 때문이라고 주장하였다.

『신당서』는 "산과 계곡의 땅인 북부의 절반은 육진랍陸眞臘으로 부르고, 바다와 호수로 덮인 남부의 절반은 수진랍水眞臘으로 불린다."라고 적어 706년 이후에 캄부자가 둘로 분열되고, 부남의 왕들과 진랍의 초대왕에 의하여 통일 이전의 무정부상태로 되돌아갔다고 기록하였다.

캄부자의 분열은 남자 후계자 없이 사망한 자야바르만 1세의 통치가 끝난 후에 무정부상태가 초래된데 그 원인이 있었다.

그리고 거의 비슷한 시기에 푸슈카라, 혹은 푸슈카락샤란 이름을 가진 아닌디타푸라 지방의 왕자가 삼부푸라 지방의 왕이 되었다. 이 지역은 메콩강 연안의 크라티에강 상류에 있는 삼보르의 고고학적 유적지로 잘 알려져 있다. 그는 왕권의 공백에 따라서 무력으로 권력을 획득하였다.

먼저 육진랍의 경우를 보자. 8세기 초반의 육진랍에 대해서는 알려진 사실은 717년에 중국으로 사절을 파견하였고, 베트남의 한 수장이 중국에 대항하여 반란을 일으켰을 때 이를 지원하기 위하여 722년에 베트남에 파병한 기록 등이다.

육진랍은 중국 기록에는 문단文單이나 파루婆婁로 호칭되었는데, 이 명칭은 바바푸라를 지칭한다. 육진랍은 753년에 왕자가 인솔하는 사절단을 중국에 파견하였다. 754년에는 남조국을 정벌하는 중국군의 지원부대로서 파견되었다. 당시 남조국의 왕이었던 각라봉閣羅鳳은 원정대를 파견하여 톤레삽 호수까지 도달했었을 가능성이 있다. 771년에 파미婆彌라는 제2왕자가 사절단을 이끌고 중국에 파견되었다. 그리고 799년에 새로운 사절이 파견되었다. 8세기 말에 중국에서 내륙을 통하여 인도로 간 재상 가탐賈耽의 여정기록(황화사달기·皇華四達記)에 등장하는 육진랍의 수도는 처음에는 메콩강 중류지역의 '팍 힌 분' 지방이었으나 실제로는 그보다 더 남쪽인 진랍의 중심지에 위치하였다.

수진랍의 경우도 여러 공국으로 분리되었다. 남쪽의 수진랍인 아닌디타푸라는 발라디티야가 공국의 수장이 되었다. 중국인은 이 지역을 수진랍의 왕도로서 바라제발婆羅提拔이라 불렀다. 발라디티야는 자신이 바라문 카운디냐와 용왕의 딸 소마의 후예라고 주장하였으며, 후에 앙코르의 왕들은 그를 선조로 간주하였고, 이에 따라서 자신들을 신화 속에서 등장하는 부부와 연관시켰다.

8각형으로 건축된 S그룹 사원의 단면도.

삼보르 프레이 쿡 S그룹 사원의 장식.

서西바라이에서 발견된 비문에는 713년에 자야데비가 세운 비문이 발견되었었는데, 그녀는 자야바르만(657~681?) 왕의 미망인이며, 그 이후에 진랍은 급속히 분열되기 시작하였다. 또한 770년의 비문에도 자야바르만왕이 언급되었는데, 조르쥬 세데스는 이 왕을 '쟈아바르만 1세 bis', 즉 '모某 자야바르만 1세'로 잠정적인 이름을 붙였다.

삼보르의 비문에서도 자야바르만왕과 '모 자야바르만 1세'가 언급되었다. 그 이후의 수진랍의 정치상황은 비문 자료의 부족으로 구체적으로 알 수 없다.

자바의 샤일렌드라 왕국의 진랍 지배

한편, 진랍이 분열된 8세기에 자바에 위치한 샤일렌드라 왕국이 진랍에 대해 종주권을 행사한 것으로 추정된다. 이렇게 보는 이유는 다음 장에서 논하겠지만 자야바르만 2세가 자바에서 귀국하여 독립의식을 거행한 점, 그리고 10세기 초반의 한 아랍인이 소설 풍으로 묘사한 저서를 그 근거로 들 수 있다. 8세기의 크메르에 관한 아랍인의 저서는 다음과 같이 정리할 수 있다.

크메르의 어느 국왕이 자바그(자바카) 대왕의 머리를 접시에 담아 자신의 면전에서 보기를 희망한다고 표현하였고, 이 발언이 어느 새 자바그의 대왕에게 보고되었다. 대왕은 자국 영토를 유람한다

하늘을 나는 전차 푸슈파카를 타고 있는 장면으로 아래에 거인들이 전차를 떠받치고 있다. 라마야나에서 라마왕자가 숲속의 고행과 라바나와의 전투를 승리로 이끌고, 사랑하는 왕비 시타를 찾아서 푸슈파카를 타고 왕궁 아요드야로 귀환한 스토리에서 영감을 받은 것으로 보인다(삼보르 프레이 쿡의 남쪽 사원).

는 구실로 함대를 무장시키고 캄부자에 대한 군사원정을 준비하였다. 그는 왕도로 향하는 호수를 거슬러 항해하여 크메르의 왕을 사로잡아 목을 베었다. 그리고 크메르의 대신들에게 그 후계자를 선출하도록 명령하였다.

본국에 도착한 즉시, 대왕은 참수한 왕의 머리를 방부 처리하여 병에 넣고 머리가 잘린 왕의 뒤를 이어 왕이 된 자에게 보내는 한편, 이 사건으로부터 교훈이 될만한 편지도 썼다.

이 사건에 관한 소식이 인도 왕과 중국의 왕에게 전달되었을 때, 대왕은 그들의 눈을 휘둥그렇게 만들 것이다. 이 순간부터 크메르의 왕은 매일 아침 일어날 때마다 자바그국을 향하여 머리를 조아리고 대왕에 충성을 서약하며 겸손해야 한다.

이 일화를 역사의 한 사실로 받아들이는 것은 현명하지 못하지만, 이 일화는 자바의 샤일렌드라 왕들이 캄부자의 분열을 이용하여 종주권을 행사하였다는 것을 암시한다.

어쨌든 자바의 샤일렌드라왕조는 캄부자의 왕들을 본국으로 끌고 갔고, 자야바르만 2세는 자바의 힘이 약화된 800년경에 캄부자로 귀국할 수 있었다. 이 시기에 캄부자에서는 느리펜드라데비의 손녀딸이며 인드라로카 왕의 증손녀인 '나이든' 여왕 제슈타리야가 삼보르의 자야바르만 2세에게 권한을 넘겨주었다. 이 때가 803년으로 앙코르 왕조가 세워진 지 1년 만의 일이었다.

2장 앙코르왕조의 시작과 롤루 시대

802년에 자야바르만 2세는 자바에서 건너 와 독립을 천명하며 캄부자데사를 건국하였다. 그 이후부터 동남아시아 대륙을 지배하며 아유타야 왕국의 침입을 받아서 1431년에 앙코르 왕도를 포기할 때까지 약 600년간 찬란한 문명을 꽃 피웠다.

앙코르 왕도는 제4대 왕인 야소바르만 1세가 프놈 바켕을 건설한 시기를 초기로, 앙코르 와트를 건설한 수리야바르만 2세(1113~50년) 시기를 중기로, 그리고 앙코르 톰을 건설한 자야바르만 7세(1181~1219년)를 후기로 구분하는데 수리야바르만 2세부터 자야바르만 7세의 시기가 앙코르왕조의 최대 번영을 구가하며 대제국을 구축한 시기였다.

쟈야바르반 7세 시대는 1177~1181년 톤레삽 호수를 거슬러 온 참파군의 공격을 격퇴한 후에 본격적으로 개막되었다. 약 5년간의 전쟁 속에서 저항군을 지휘한 자야바르만왕자는 곧 자야바르만 7세가 되어 도성을 새로 쌓아 앙코르 톰을 만들고 바욘, 프레아 칸, 타프롬 사원을 건립하는 등 국가사원 건설에 집중하고 동남아시아에서 대제국을 만들었다.

그러나 앙코르왕조도 쟈야바르만 7세가 죽은 이후에 쇠퇴하기 시작하였다. 신흥 세력의 대두 때문이었다. 이러한 신흥 세력은 서쪽의 버마와 타이, 동쪽의 베트남으로서 이들 국가는 중국 원나라의 압력을 피해 서서히 남하하여 앙코르를 위협하게 된다.

미얀마가 원나라의 침입으로 멸망하자 그 공백을 틈타서 타이족의 치앙마이왕조, 수코타이왕조가 들어섰고 이로 인하여 앙코르는 점령지에서 들어오던 재정이 단절되고 이들과의 전투로 국력이 쇠퇴하기 시작하였다. 그리고 마침내 아유타야의 침략을 받게 되어 1432년에는 600년 역사를 간직한 앙코르 왕도를 버리게 되었다. 그리고 아유타야는 캄보디아의 문화, 문화재, 압사라를 본국으로 이송해 갔고, 1474년에는 캄보디아를 종속국으로 만들었다.

베트남 또한 중국 북부에서 남진하기 시작하여 리Ly, 李왕조가 1471년에 참파의 수도(비자야)를 함락시키고 메콩 델타를 차지하게 된다. 그리고 원에 의해 멸망한 버마인은 다시 세력을 모아서 아유타야왕조와 오랜 싸움을 반복하게 된다.

앙코르왕조의 몰락 이후 동남아시아 대륙부에서는 힌두문화가 사라졌다. 그리고 그 자리에는 상좌부 불교(버마, 타이, 캄보디아)와 중국 문화(베트남)가 지배하는 세계로 바뀌어 오늘날의 동남아시아 대륙부의 원형이 형성되었다. 이처럼 동남아시아 대륙부의 전환기는 앙코르왕조의 쇠퇴와 정확히 일치한다.

앙코르왕조의 시작(802년)

앙코르 왕국을 건립한 자는 자야바르만 2세이다. 그는 캄부자에서 앙코르 이전기의 고대 왕조와 먼 혈연관계를 갖고 있다. 그는 삼부푸라(삼보르)에서 왕이 된 아닌디티푸라의 왕자(푸슈카락샤)의 증조카였다. 자야바르만 2세는 단 하나의 비문도 남겨놓지 않은 독특한 인물인데, 다행스럽게도 그의 치세에 관한 주요 일화는 11세기(1053년)에 건립된 스독 칵 톰 비문[1]을 통해서 어느 정도 파악이 가능하다. 비문에는 이런 내용이 있다.

> 국민의 번영을 위하여, 완전히 순결한 왕들의 이 가계에서 줄기를 갖지 못했던 위대한 연꽃인 그는 새롭게 개화되어 나타났다.
> 자바에서 귀국한 국왕 폐하는 인드라푸라의 도시를 통치하였다.

자야바르만 2세의 가계는 8세기의 옛 왕조와 연결되어 있으며, 왕위상속의 혼란기에 자바로 망명하였거나, 아니면 자바의 해상침략 이

---

1) 스독 칵 톰Sdok Kak Thom 비문은 태국의 프라찬부리 동단, 캄보디아로부터 3km 떨어진 곳에서 발견되었으며, 비문의 명칭은 '대大 갈대숲'을 뜻한다. 이 비문은 사원이 있던 곳에 사카력 974년(1052년)에 건립되었으며 1.51미터 길이의 회색사암으로 만들어졌으며 1884년에 처음으로 에이모니에에 의하여 보고되었다. 비문은 4면에 산스크리트어 190행, 크메르어 146행 등 모두 340행의 글이 기록되어 있고 비문내용에 등장하는 인물만 379명에 이른다.

후 강제로 자바에 끌려간 것이다.

자야바르만 2세가 자바에서 귀국한 것은 아마도 샤일렌드라의 힘이 약화된 데 따른 것이며, 그 시기는 800년경이다. 790년설도 있다.

당시의 캄부자는 국왕이 존재하지 않는 극심한 무정부 상태에 있었거나, 주요 대립세력에 의하여 분열되어 있었다. 그리고 캄부자의 왕위에 관한 권리 혹은 자격을 요구하기 이전에 적어도 이 젊은 왕자는 왕국의 일정한 지역을 정복했을 것이다.

자야바르만 2세는 인드라푸라의 도시에서 기반을 확립하였다. 이 도시는 아마도 그의 가문과 연결된 곳이며, 구체적으로는 '반테이 프레이 노코르'일 가능성이 많다. 이 지명의 의미는 '왕도의 성채'이다. 따라서 고대의 왕도가 있었다는 것을 시사한다. 이 곳의 사원들은 특히 앙코르 이전기 예술인 9세기의 양식을 보여주고 있다.

아마도 이 젊은 국왕은 인드라푸라에서 바라문 학자인 시바카이발리야를 왕실의 스승으로 임명하여 보좌를 받은 것으로 보인다. 시바카이발리야는 데바라자 즉, '신들의 왕'이라는 새로운 사상을 전파하는 제1사제가 되었고, 국왕을 따라서 이곳에 거주하였다.

인드라푸라에서 상당한 시간을 보낸 후, 자야바르만 2세는 시바카이발리야와 그 가족을 동반한 채 이 지역을 떠나서 관개가 잘 이루어지고 물고기가 풍부한 톤레삽 호수의 북쪽으로 이동하였다. 톤레삽 호수의 북쪽은 100년 후에 앙코르의 제1도시가 형성되는데, 앞에서 설명하였

스독 칵 톰 비문 C면의 일부. 출처는 조르쥬 세데스의 『캄보디아 비문집』.

듯이 바바푸라의 세습영지였다. 비문은 또한 "동쪽에 도착한 후, 왕은 왕실 사제에 토지를 하사하고 왕실 사제의 가족을 뜻하는 이 촌락에 '쿠티'라는 이름을 붙였다."라고 적고 있다. 여기서 "동쪽"은 앙코르의 동쪽을 의미한다. 쿠티라는 명칭은 반테이 크데이란 명칭 속에 살아 있는데, 이것은 초기의 기념물 인근에 새로운 기념물을 건축했던 지역이다. 비문은 계속하여 왕은 다시 하리하랄라야 도시를 통치하였다고 기록하였다. 하리하랄라야는 시엠렙의 남동쪽으로부터 약 15km 떨어진 '롤루 유적군'을 가리킨다. 롤루 유적군은 하리하랄라야의 옛 이름을 다소 희미하게나마 연상시키는 롤레이 사원을 포함하고 있다.

스독 칵 톰 비문에는 계속하여 이렇게 기록되어 있다.

> 그 후 왕은 아마렌드라푸라 도시를 건설하였으며, 왕의 사제 또한 왕을 보좌하며 이 도시에 거주하였다. 그리고 나서 왕은 마헨드라파르바타를 통치하였다. 왕실 사제 시바카이발리야도 왕을 따라서 왕도에 왔고, 예전처럼 왕을 보좌하였다. 그리고 불가사의한 학문을 배운 히란야다마라는 바라문이 자나파다에서 초빙되었다.

데바라자(신왕) 사상의 확립

자야바르만 2세가 사제를 초청한 목적은 캄부자가 자바에 더 이상 종속되지 않고, 또한 세계의 왕 전륜성왕(차크라바르틴)은 오직 한 사람뿐이라는 의식을 거행하기 위한 것이었다.

이 바라문은 성자인 비나시카에 의해 정립된 의식을 거행하고, 국왕을 우주의 군주인 데바라자(신들의 왕)임을 선포하였다. 이 바라문은 비나시카가 저술한 『나요타라』, 『삼모하』 그리고 시라체다가 쓴 책을 가르쳤다. 그는 이 경전을 필기시키고 시바카이발리야에게 가르치기 위해 처음부터 끝까지 낭송하였다. 그리고 데바라자 의식을 거행하도록 시바카이발리야에게 명령하였다. 국왕과 히란야다마는 신왕숭배를 거행하기 위하여 시바카이발리야 가족을 존중하고 타인을 등용하지 않겠다는 맹세를 하였다. 사제인 시바카이발리야는 신왕숭배에 자신의 모든 친척을 동원할 수 있는 대사제 '푸로히타'로 임명되었다.

마헨드라파르바타 즉, 마헨드라산은 예전부터 프놈 쿨렌산으로 인식되었다. 쿨렌산은 앙코르 평원의 북방을 내려다보는 사암질(砂岩質)의 대지이다. 최근에 드러난 유적지는 자야바르만 2세가 만든 종교 건축물의 흔적임을 보여주었다. 그의 시대에 만들어졌다고 보는 이유는 쿨렌 양식이 앙코르 이전기의 마지막 시기와 앙코르 예술의 최초 건축물의 중간 형태를 보여주기 때문이다. 프놈 쿨렌에서 일어난 변화의 시기는 주목할 만한 가치가 있다. 마헨드라산은 원래 인도에서 인드라신은 물론이고 국가의 통치자를 포함하여 모든 신들의 왕(데바라자)인 시바신이 거주하는 장소로 간주되어 왔다.

따라서 자야바르만 2세가 자바에서 귀국하였을 때, 권위를 확립하기 위하여 한 바라문으로부터 산상에서 왕권을 상징하는 링가를 받고 자신이 '산의 왕'이 되는 '데바라자' 의식을 가졌다고 볼 수 있다.

이 때문에 수도를 마헨드라산(프놈 쿨렌)으로 정하고, 바라문 성직자를 초빙하여 신왕사상의 의식을 제정하고, 사제를 가르치도록 하였던 것이다. 이에 따라서 캄부자 국가는 자바로부터 독립하였으며, 이 왕국에는 전륜성왕이 될 유일한 군주가 있음을 선포하였다.

당시 동남아시아에서 힌두신앙은 인도에서 나타난 신권 경향을 더욱 발전시켜 결과적으로는 왕의 숭배사상으로 나타났다. 이 사상은

마헨드라산(프놈 쿨렌)으로 들어가는 입구의 전경. 쿨렌산은 단순한 산이라기보다 그 길이가 35km에 달하는 하나의 산맥에 가까운 드넓은 산마루이다.

특히 시바신 숭배와 결합되어 있다. 왕권을 상징하는 것은 왕도의 중심인 산상사원에 세워진 시바신의 상징인 링가에 깃든 것으로 인식되었다. 그리고 이 왕도는 우주의 중심축인 메루산으로서 간주되었다.

이 기적과도 같은 링가는 일종의 왕국의 수호신이며, 시바신으로부터 획득한 것이고, 바라문 사제의 중개에 의하여 왕조의 건국자인 왕에게 전달해야 하는 것으로 규정되었다. 사제의 중개에 의하여 왕과 신 사이의 감응感應은 자연적으로 만들어진 것이든, 인위적으로 형성된 것이든 성스러운 쿨렌산에서 이루어졌다.

프놈 쿨렌에 있는 기념물로 '크루스 프레아 아람 롱 첸'이 있는데, 이것은 의심할 여지없이 데바라자의 최초 사원으로 간주된다. 자야바르만 2세와 그 후계자들이 장소가 협소한 마헨드라파르바타 위에 거주하는 것을 포기하고 평야지대에 왕도를 이전했을 때, 그들은 수도 중심에 성산聖山을 대치할 수 있는 인공의 산상 사원을 건축하였다.

바라문 히란야다마가 정립한 데바라자 의식은 조르쥬 세데스에 의하면 다음과 같이 네 개의 시바교 경전을 기본으로 하였다. 네 개의 경전은 『비시니카』, 『나요타라』, 『삼모하』 그리고 『시라체다』였는데, 산스크리트어 비문에 의하면 이 경전들은 '툼부르의 4면面'(툼부르는 네 가지 형상의 시바신을 상징하는 caturmurti에서 파생되었다)이라 불렀다.

그런데 자야바르만 2세는 어떠한 이유로 치세의 초기에 이러한 신

프놈 쿨렌의 계곡 바닥에 조각된 링가. 링가는 풍요와 다산을 상징하기 때문에 이 곳의 물이 시엠렘과 전국으로 퍼져 풍요가 깃들기를 염원하는 바램으로 링가를 조각하였다.

왕 사상의 의례를 집행하지 않고 독립을 선포하기 전에 세 곳의 왕도에 거주할 시점까지 기다린 것인가?

그 이유는 먼저 왕국을 통일시켜야 했기 때문일 것이다. 왕을 자처하는 많은 수장들을 정복하고 분할된 국가를 통합해야만 했을 것이다. 또한 자신의 세력을 공고히 하고, 통치의 원천인 기적의 링가를 하늘로부터 성스러운 산으로 하강시키는 일을 고려하기 전에 질서를 재확립할 필요가 있었고, 왕도를 옮길 때마다 군사행동을 동반하였다.

자야바르만 2세가 프놈 쿨렌에 토대를 확립한 것은 그 후 수세기에 걸쳐 새로운 앙코르 시대의 개막을 알리는 역사적 사건이었다. 즉, 후대 왕들은 자신의 뿌리를 마헨드라산 정상에 거주한 자야바르만 2세로부터 소급하여 말해 왔고, 토지소유권한도 그의 통치로부터 연유하는 것으로 보았다. 우리는 자야바르만 2세가 프놈 쿨렌산에 얼마나 머물렀는지는 알지 못한다. 스독 칵 톰 비문은 이렇게 기록하였다.

> 그로부터 왕은 하리하랄라야 도시를 지배하기 위하여 되돌아왔다. 데바라자도 함께 되돌아왔다. 사제와 그의 친족도 예전과 같이 의식을 집전하였다. 사제는 왕의 치세기간 중에 사망하였다. 왕은 데바라자가 거주하는 하리하랄라야 도시에서 사망하였다.

롤루 유적군의 대다수 기념물은 자야바르만 2세가 하리하랄라야에서 두 번째로 거주하던 시기에 건축된 것이다. 자야바르만 2세가 살았던 왕궁의 부지가 어디인지에 관해서는 두 가지 가능성을 가정할 수 있다.

첫째는 프레이 몬티라

앙코르 지역에서 왕도 후보지로 고려된 프놈 복, 프놈 크롬 사원.

불리는 커다란 사변형四邊形 부지가 그곳일 가능성이 있다. 이 명칭은 산스크리트어의 '만다라'로부터 파생된 것이며, 그 의미는 정확히 '왕궁'을 뜻한다.

둘째는 프레아 코 사원의 탑이 있는 동쪽지방의 사변형 부지가 왕궁 부지였을 가능성이다. 프레아 코 사원은 자야바르만 2세와 그의 두 번째 계승자인 인드라바르만왕의 선조가 모셔져 있는 능묘사원이다. 이 사원은 다른 사례에서 볼 수 있듯이 관습에 따라서 그 용도를 변경하여 왕의 거주지로서 건설되었을 가능성이 많다.

자야바르만 2세는 사후에

자야바르만 7세가 만든 바욘 사원의 4면 불(위). 자비로움을 머금은 표정의 4면 관음보살 상은 중생의 고뇌와 애환을 보살피는 왕 자신의 자화상이다. 궁정에서 대신들에게 지시하는 수리야바르만 2세(아래).

파라메슈바라의 칭호를 받았다. 이 칭호는 캄부자의 군주를 신으로서 기리는 최초의 사례였다. 자야바르만 2세의 통치는 이 국가에 깊은 인상을 각인시켰지만, 실질적인 권위가 톤레삽 지방 외부까지 확대되지는 못하였다. 그러나 그는 혼란스런 국가를 평정하고 통일의 서막을 열었다. 그는 톤레삽이라는 무한정의 어류 서식지 인근 지방에 장래의 수도 후보지를 물색하였다. 이곳은 매년 홍수로 인하여 범람하는 지역이었고, 사암지대인 프놈 쿨렌의 채석장으로부터 30km였으며 코랏 고원과 메남강 분지로 접근하기에 매우 가까운 거리였다.

그러나 오늘날의 앙코르 지역인 '야소다라푸라' 건설은 그의 증조카이며, 제3대 왕인 야소바르만의 몫이었다. 그가 만든 도시 앙코르는 그 후 600년간 크메르 제국의 수도로 기능하게 되었다.

자야바르만 2세는 자바에서 출생하였지만, 통치기에 민족적 전통을 결합시켜 앙코르 예술을 새롭게 창조하려했음이 분명하다. 그의 통치기에 나타나는 예술은 앙코르 이전기의 예술과 새로운 형식의 일부를 그 자신이 창조한 앙코르 예술과의 과도기를 보여준다. 이 시기는 특히, 참파와 자바예술의 영향을 받았다.

자야바르만 2세의 후계자는 아들인 자야바르만 3세이다. 그는 뛰어난 코끼리 사냥꾼이며, 하리하랄라야에서 거주하였다. 이 왕은 자야바르만 3세의 이름으로 834년부터 877년까지 통치하였고, 사후에 비슈누로카란 칭호를 부여받았다.

인드라바르만왕과 프레아 코 사원 건립(877~889년)

자야바르만 2세와 자야바르만 3세 이후, 인드라바르만왕이 877년에 권력을 획득하였고, 선대왕들이 소홀히했던 비문 기록을 시작하였다. 이 디행스린 기록은 국왕의 정신적 스승인 시바소마의 영향으로 돌려야 할 것이다. 인드라바르만은 앞선 두 명의 왕과 직접적인 혈연관계가 없다. 후대 왕들의 계보학자들이 그를 자야바르만 2세 왕비의 부모의 손자 또는 외손자로 연결지으려는 시도를 하였으나, 비문 어디에도 근거는 찾아볼 수 없다. 그는 프리티빈드라바르만왕의 아들이다. 그리고 모계 상으로 느리파틴드라바르만왕의 증손자이다. 그는 푸슈카락샤의 후손이었던 그의 왕비 인드라데비를 통해서 삼부푸라에 대한 권리를 획득하였다. 이 지방은 이전의 두 왕들이 통치권을 효과적으로 행사하지 못했던 것 같다.

그는 롤루 지역에 거주하였고, 통치 첫해인 877년에 수도의 북쪽에 거대한 인공호수인 인드라타타카를 건설하기 시작하였다. 이곳은 현재 물이 말라 기능이 상실되었으나 그 중심지는 후에 건설된 롤레이 사원이 위치해 있다. 인공호수는 의례적인 목적뿐만 아니라 건기에는 관개가 가능한 실질적인 저수 기능을 갖고 있었다. 이처럼 인드라바르만은 후대의 왕들을 위하여 하나의 관례를 만들었다.

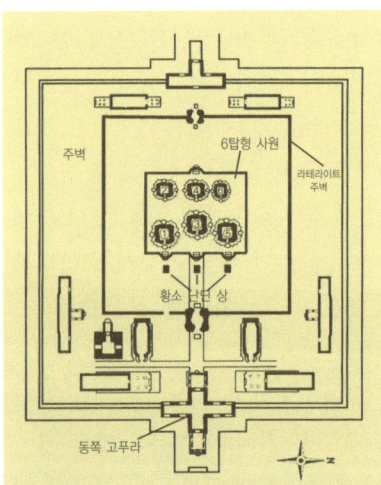

| ② | ④ | ⑥ |
| ① | ③ | ⑤ |

① 인드라바르만의 아버지 ② 인드라바르만의 어머니
③ 자야바르만 2세   ④ 자야바르만 2세의 왕비
⑤ 인드라바르만의 외조부 ⑥ 인드라바르만의 외조모

프레아 코 사원과 평면도.
여섯 개의 탑을 2열로 배치하였다.

879년에 그는 부모, 외부모, 자야바르만 2세 및 그의 왕비를 위하여 프레아 코 사원에 연와와 석회로 장식된 여섯 개의 탑을 지어 헌사하였다. 6인의 상(像)은 시바신과 데비의 형상으로 신격화되었다.

프레아 코 사원은 여섯 개의 탑을 2열로 배열하였으며, 앞 열에 배치된 세 개의 탑은 남성 수호상(드바라팔라)상이 장식되어 있으며, 뒷 열의 세 탑은 여신상(데바타)과 남신상이 함께 장식되어 있다.

탑 앞 열의 중앙과 뒷 열의 중앙은 자야바르만 2세 및 그의 왕비(다라닌드라데비)에게 헌사하였고, 앞 열과 뒷 열의 왼쪽 탑은 아버지와 어머니에게 헌사하였다. 그리고 오른쪽의 앞 열의 탑은 인드라바르만의 외조부에게, 뒷 열의 오른쪽 탑은 외조모에게 헌사하였다.

인드라바르만은 881년에 최초의 석조 기념물인 왕의 링가 '인드라슈바라'를 건립하였다. 이 링가는 관습에 따라서 건설자인 왕의 이름인 '인드라에 이슈바라신(시바신)'의 이름을 따서 '인드라슈바라'로 불렸다. 이 링가는 피라미드형으로 건축된 바콩 사원에 안치되었다. 그의 짧은 통치 기간은 평화로웠으며, 889년에 사망한 '인드라바르만'은 이슈바라로카의 칭호를 받았다.

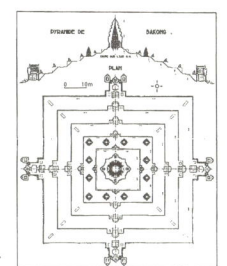

881년에 피라미드 형태로 건축된 바콩 사원과 단면도(프랑스극동학원 자료).

3장 1차 앙코르 왕도 시대(889~900년)

인드라바르만의 권력획득과 롤루 시대의 마감

인드라바르만왕의 후계자는 아들인 야소바르다나였다. 그의 어머니 인드라데비는 비야다푸라(옛 부남), 삼부푸라, 아닌디타푸라에서 기반을 가진 고대 왕족의 후손이었다. 이 왕은 야소바르만으로 이름을 바꾸고 부남의 정통성을 복원하였다.

그는 왕위를 차지하는 과정에서 다른 왕자들과 권력투쟁을 벌였고, 따라서 롤루 지역에서 전투를 벌였던 것으로 보인다. 이 때문에 그는 훼손된 왕도를 버리고 새로운 변화를 추구하며 왕도 후보지를 물색했던 것으로 보인다. 그는 왕의 스승으로 바라문 바마시바를 임명하였다. 바마시바는 자야바르만 2세로부터 신왕숭배 사상을 위임받은 유력한 성직자 가문이며, 그의 스승인 시바소마에 의하여 위대한 힌두철학자인 샹카라차리야와 관계를 맺게 되었다.

야소바르만 1세의 통치과제는 2인의 선조와 약속한 일을 완성하는 것이었다. 그가 실현한 건설계획은 후임자들에게는 하나의 모델이 되었다. 그는 즉위하던 해인 889년에 왕국의 각 지방에 약 100여 개의 암자(아슈라마)2)를 건설하였는데, 주로 옛 사원 인근과 참배자가 많은 순례지 부근이었다. 각각의 아슈라마는 국왕이 여행하는 기간에 거주할 수 있는 왕의 정자(라자쿠티)를 갖추고 있었다.

가벼운 재료로 건축된 이 아슈라마 가운데 약 12개의 장소에서 각각의 비문이 확인되었다. 이 비문의 한 면은 산스크리트어 비문이며, 다른 한 면은 북인도 문자(나가리 이전문자)로 같은 내용을 기록하였다. 북인도 문

---

2) 끌로드 자크Claude Jacques에 의하면 야소바르만 1세가 만든 아슈라마는 전국에 100여 개가 건설되었다 한다. 아슈라마는 현재 '아슈람ashram'으로 불리는데 '수행자들의 종교공동체'로 이해할 수 있다. 현재 발견된 아슈라마의 건립지역은 라오스 영토 와트 푸, 태국의 찬타부리까지 광범위하다.

자는 한 세기 이전에 자바에 전해진 문자와 유사하다. 왕은 그 후 칙령을 내려 아슈라마의 규칙을 정하고, 모든 아슈라마를 야소다라슈라마로 이름 지었다.

893년, 야소바르만왕은 수도 북쪽에 부친이 개발을 시작한 거대한 인공호수인 인드라타타카의 한 가운데에 사원을 건립

아슈라마의 비문(왼쪽)에는 ① 흰옷을 입을 것 ② 몸 장식을 하지 말 것 ③ 일산日傘을 사용하지 말 것 ④ 이 규칙을 위반한 자는 황금으로 20팔라pala를 지불할 것 등 여러 조항이 기록되어 있다. 롤레이 사원(아래)와 부조된 여신상(위).

앙코르왕조의 역사 101

하였다. 야소바르만은 부모와 조부모 상을 보호하기 위하여 4탑형의 석조 사원을 세웠는데, 롤레이 사원이 그것이다.

야소바르만은 초창기의 왕도에서 오랫동안 거주하지는 않았다. 즉위 이래 그는 데바라자를 모시는 사원과 정치권력의 본거지를 롤루 지역에서 이전하려는 계획을 수립하였고, 이를 실천에 옮겨 오늘날 앙코르 유적군이 밀집한 지역에 새로운 왕도를 만들어 장차 600년의 문명이 개화되도록 터를 닦은 왕이다.

스독 칵 톰 비문은 이렇게 기록하였다.

> 그 때 왕은 도시 야소다라푸라를 건설하고, 데바라자를 하리하랄라야로 옮겨서 신 왕도에 안치하였다. 그 때, 왕은 중심 산을 만들었다. 그리고 시바슈라마(왕사인 비마시바의 별명)는 그 중앙에 신성한 링가를 세웠다.

제1차 왕도 프놈 바켕 시대의 개막

야소바르만이 건설한 도시는 방대한 사변형 도시로 서쪽과 남쪽 측면은 흙으로 쌓은 이중의 주벽으로 둘러싸여 있다고 하였으며, 지금도 그 형태를 볼 수 있다. 그러나 인공호수는 현재 논으로 변하였다. 동쪽 측면은 원래의 흐름으로부터 방향이 굴절된 시엠렙강을 끼고 있다. 사변형 도시의 중심은 프놈 바켕산이며, 산 정상에는 피라미드형 프놈 바켕 사원이 있고, 그 건축양식은 처음 등장한 것이다.

수도 이전의 배경, 그리고 이곳을 수도 이전지로 선택한 이유는 무엇일까?

롤루 유적이 있는 하리하랄라야 지방은 선대왕들의 통치기에 건립한 기념물들이 많다. 그러나 이 젊은 왕의 야심찬 도시계획을 실현하는데 롤루 지역은 적합한 곳이 아니었다. 게다가 왕의 링가를 모신 사원이 그 건설자가 사망할 때마다 장제전이 된다면 왕이 바뀔 때마다 사원을 새로 건축하고 링가의 이름을 교체하지 않으면 안 되는 문제도 있었다.

야소바르만은 하리하랄라야에서 새로운 왕도로서 구릉지의 세 후보지 가운데 하나를 선택해야만 하였다. 그 가운데 후보지인 프놈 복은 너무 높고 도시의 중앙을 상징하는 장소가 분명치 않았다.

두 번째 후보지인 프놈 크롬은 톤레삽 입구에 위치하여 호수와는 너무 가까웠다. 따라서 그가 선택한 최종적인 왕도 이전 후보지는 프놈 바켕이었다. 프놈 바켕의 높이와 면적은 왕의 의도를 충족시켰고, 그가 이곳을 새로운 왕도로 선택한 이유였다. 그리고 나머지 두 곳의 언

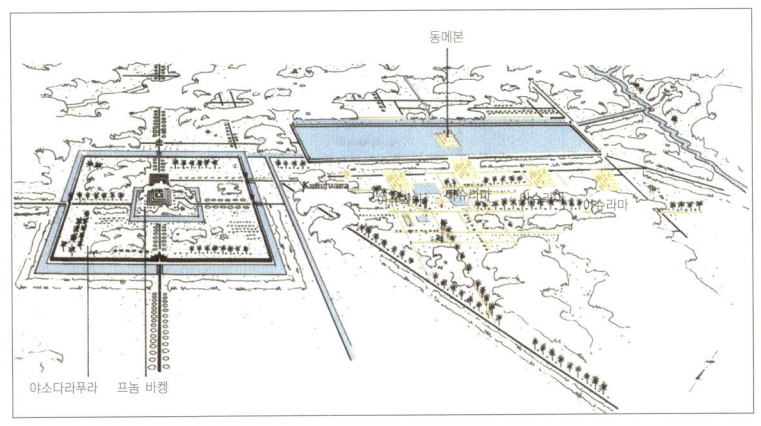

야소바르만에 의해 프놈 바켕, 동바라이가 건설되면서 오늘날 앙코르 왕도의 모습이 마련되었다.

제1차 앙코르 왕도의 중심산 프놈 바켕.

앙코르왕조의 역사 103

덕에 각각의 3신(트리무르티)에게 헌납하는 3탑형의 사원을 건립하는 것으로 만족하였다.

동시에 야소바르만은 16km에 달하는 규모로 수도를 설계하고 도로를 통하여 구 왕도와 연결되도록 하였다. 이 도로는 동쪽의 입구에서부터 그의 부왕이 만든 인드라타타카의 동쪽 끝까지 건설되었다. 그는 또 다른 인공호수(동바라이)를 새로운 왕도의 동북쪽에 길이 7km, 폭 1.8km의 거대한 크기로 건설하였다.

야소다라타타카로 불리는 이 저수지는 조르쥬 그로슬리에의 계산에 의하면 기술자를 포함하여 건장한 젊은이들이 휴일 없이, 그리고 날씨와 무관하게 600명이 1,000일동안 일해야 건설할 수 있었다고 추산하였다. 따라서 889년에 인공호수 건설이라는 대 프로젝트가 시작되었다면, 892년 이후에나 완성되었을 것이다.

이 저수지는 현재 물이 없이 말라 있으며 '동(東)바라이'로 더 잘 알려져 있다. 그는 이 저수지의 서쪽에 다양한 종파를 위하여 시바파, 비슈누파, 불교도를 위한 아슈라마를 건립하였다.

15세기까지 캄부자의 왕도로 존속한 야소다라푸라를 건설한 것만으로도 그의 능력은 충분하게 입증되었지만, 정치사적 내용은 잘 알려져 있지 않다. 라젠드라바르만왕의 한 비문에 따르면 그가 지배했던 왕국의 경계는 미얀마 연안, 참파 그리고 남조국이었다. 야소바르만의 통치는 900년에 끝났으며, 사후에 파라마시

프놈 바켕 정상의 링가.

바로카의 칭호를 받았다.

그를 계승한 장남은 하르샤바르만 1세이며 912년에 부남의 옛 수도에 증여를 하였고, 프놈 바켕의 산기슭에 조그만 산상 사원인 '박세이 참크롱'을 건립하였으나 완공하지는 못했다. 그는 922년까지 통치하였고, 얼마 지나지 않아서 갑자기 사망한 후 루드라로카의 칭호를 부여받았다.

그의 차남인 이샤나바르만 2세에 관해서는 사후의 칭호가 파라마루드라로카란 사실 외에 거의 알 수가 없다. 그는 925년에 통치하고 있었으나, 한 외숙부가 921년 이후 "야소다라푸라의 도시를 떠나 코 케르를 통치하였고, 동시에 데바라자도 가지고 갔다"는 기록이 있다.

이 언급으로 보아 처남에 의한 왕위 찬탈이 있었으며, 그가 곧 자야바르만 4세이다. 후세의 기록은 자야바르만 4세의 왕위 계승 시기를 928년으로 규정하였다. 이 시기는 이샤나바르만 2세의 사망연도이며, 그가 죽음으로써 이 왕은 마침내 정통성을 가진 통치자로서의 역할을 할 수 있게 되었다.

프놈 바켕의 정상에 링가를 안치한 탑. 중앙탑 좌우로 링가를 안치하고 소사당을 지어 보호하였다. 소사당 좌우에는 여신상이 부조되어 있다.

끌로드 자크는 하르샤바르만 1세가 완공하지 못한 사원을 보완하여 라젠드라바르만이 948년 2월 23일에 봉헌식을 가졌다고 주장하였다. 박세이 참크롱 중앙탑에는 캄부–메라의 신화를 기록한 비문이 있다.

자야바르만 4세와 코케르 왕도

자야바르만 4세는 자신이 계획한 대로 오늘날의 코 케르 지방에 새로운 왕도, 저수지를 건설하고 거대한 기념물로 장식하였다. 그가 계획한 저수지는 1,200×500m로 앙코르의 저수지보다는 작은 것이었으나 수문을 조절하는 라테라이트 유물들이 발견되었다. 그는 지방세력도 앙코르에 버금가는 경영능력이 있음을 보여주려고 하였다.

특히, 가장 눈에 띄는 건축물은 7층의 피라미드 사원이며 그 정상에 왕의 링가 '트리부바네슈바라'가 건립되었던 기단을 지금도 볼 수 있다. 비문은 이 링가를 '캄라텡 자가트 타 라자(왕권을 가진 신)'으로 지칭하였으며, 불가사의하게도 35m의 높이에 링가를 세웠다고 기록하였다. 이 장엄한 건축 이후 약 20년간은 앙코르 왕도가 버려지고 과거처럼 분열된 시대로 회귀하였다.

자야바르만 4세는 사후에 파라마시바파다의 칭호를 받았다. 그는 야소바르만왕의 여동생 자야데비와 결혼하여 외아들을 낳았는데, 그가 곧 941년에 왕위를 승계한 하르샤바르만 2세이다. 하르샤바르만 2

코케르의 프라삿 톰 사원. 기단과 정상의 탑을 포함하면 7층으로 건설되었다.

코케르의 프라삿 톰은 하단을 재질이 단단한 라테라이트로 건축하고 그 위에 사암으로 장식하였다.

세는 3년간 통치하였고 왕위에 오를 때, "동료와 두 명의 장군으로부터 도움을 받았다"는 기록으로 보아 권력투쟁을 겪었으며, 3년 뒤에는 갑작스럽게 사라졌는데 이 역시 내분 때문으로 보인다. 그는 사후에 브라흐마로카의 칭호를 부여받았다.

라젠드라바르만왕의 앙코르 환도

하르샤바르만 2세가 사망한 후 권력은 라젠드라바르만에게 넘어갔다. 하르샤바르만과 4촌간이었던 이 왕 역시 나이가 어렸으나 그의 상속권이 숙부나 사촌보다 우위에 있었던 것으로 보인다. 왜냐하면 그는 앙코르왕조가 세워진 지 100년이 넘도록 바바푸라에 기반을 가지고 있었고, 부친을 통해서 바바푸라의 권한을 상속받아 왕위를 상속할 수 있었기 때문이다. 그는 야소다라푸라로 왕도를 다시 이전하고 데바라자도 같이 옮겨와 앙코르의 전통을 즉시 재현하는데 전념하였다. 어머니 마헨드라데비는 야소바르만 1세의 여동생이었기 때문에 외숙의 업적을 존경하였고, 그에 따라 왕도를 앙코르로 다시 이전하였다.

비문에는 "마치 라마왕자가 시타 공주와 더불어 아요드야(인도 코살라 왕국의 수도)에 축복 속에 귀환한 것처럼, 신성한 도시 야소다라푸라로 돌아와 오랫동안 버려진 도시를 복원하여 마헨드라 궁전처럼 휘황찬란한 황금의 사원이 있는 왕궁을 건립하여 지상의 왕도를 화려하고 매력 있게 만들었다"고 기록되었다.

라젠드라바르만은 그의 외숙부 야소바르만이 건설한 야소다라타타

프레 룹 사원은 야소바르만 1세가 만든 아슈라마 위에 지었고, 회랑이 없는 것이 특징이다. 프레 룹은 '신체를 변화시킨다'는 의미를 갖고 있어, 왕족의 다비식이 거행된 사원으로 보인다.

카 한 가운데에 '동東 메본'으로 알려진 사원을 952년에 건립하였다. 5탑형으로 배열된 다섯 기의 석탑에 그는 비슈누신과 브라흐마신 그리고 시바신과 우마신의 형상으로 부모상을 안치하고 그 중앙에 링가를 세웠다. 아마도 복원된 도시 가운데에 특정한 사원을 지어 이 링가에 헌사하려고 한 것이 왕의 의도였던 것 같다.

이 복합 사원은 바콩 사원과 마찬가지로 8개의 시바신의 링가를 보호하기 위하여 8기의 부속사당을 배치하였다. 9년 후인 961년, 이번에는 인드라타타카의 남쪽에 건설된 프레아 코를 본떠서 야소다라타타카의 남쪽에 프레 룹 사원을 건립하였다. 프레 룹 사원은 중앙으로부터 다음의 순서로 배치되었다.

(1) 중앙에 링가 라젠드라바드레슈바라를 배치하였다. 이 명칭은 캄부자 족의 발상지인 와트 푸의 고대 사원에서 숭배되는 일종의 민속신인 바드레슈바라의 이름과 왕의 이름을 동시에 상기시킨다.

(2) 상층부 토대의 네 모서리에 있는 4기의 탑에 '라젠드라바르메슈바라'란 이름의 또 다른 링가를 "왕의 번영을 위하여, 그리고 이를 마치 왕 자신의 실체로 간주하여 건립하였다." 그리고 그의 조상을 추모하기 위하여 비슈누 라젠드라비슈바루파 상像, 선왕인 하르샤바르만 2세를 추모하기 위하여 시바 라젠드라바르마데베슈바라 상, 그의 이모이며 하르샤바르만 2세의 모친인 자야데비를 위하여 우마 여신상을 세웠다.

(3) 그리고 여덟 개의 시바신상(무르티)을 세웠다.

라젠드라바르만의 이름과 결부되어 있는 기념물 또는 그의 치세기에 이루어진 기념물은 상당히 많다. 기념물을 건축한 사람들은 고위관리 또는 신분이 높은 바라문이 대부분이며 이들은 궁정에서 특권적 지위를 확보하기 위하여 군주의 나이가 어린 측면을 활용한 것이 분명하다. 이와 같은 방식으로 뛰어난 고위관리가 왕의 후견인 역할을 한 것은 그 다음 치세에서도 계속되었으며 그 이유는 역시 동일한 목적 때문이었다.

라젠드라바르만의 치세기에 가장 두드러졌던 인물 가운데 "왕실의 위대한 고문관" 라자쿠라마하만트리를 꼽을 수 있다. 그는 섭정 또는 수상의 역할을 했던 것으로 보인다. 바라문 시바차리야는 이샤나바르만 2세 이래 왕사(호타르, 勸誦僧으로도 불린다)로서 역대 왕을 자문해 왔다.

그리고 밀사(치라)인 카빈드라리마타나가 있다. 그는 왕이 궁정과 동메본 사원건축의 책임을 맡겼던 측근이었다. 카빈드라리마타나는 불교도였다. 불상, 금강승 그리고 반야보살(프라즈냐)을 안치하기 위하여 그의 감독 하에 밧츰 기념물의 탑 3기에 산스크리트어 비문을 조각하였다.

라젠드라바르만의 치세기에 캄부자의 정치사에 대하여 비문이 전하는 내용은 "그의 찬란한 빛이 참파를 시작으로 적국을 불태웠다"는 것이다. 이 문구는 아마도 950년, 그가 참파에 원정대를 파병한 일을 시사한다.

라젠드라바르만의 통치기는 968년에 끝났으며, 사후에 시바로카의 칭호를 부여받았다. 그의 통치 말인 967년에 이슈바라푸라에 트리부바나마헤슈바라(반테이 스레이) 사원이 하르샤바르만 1세의 손자인 야즈나

끌로드 자크에 의하면 반테이 스레이 사원은 967년 4월 22일에 기공식을 가졌고, 968년에 이 사원에 특권을 부여하는 칙령이 발표되었다 한다.

바라하에 의하여 건립되기 시작하였다.

이 인물은 반테이 스레이 사원의 비문에서 크메르 문자로 '성스러운 스승'이란 의미의 '브라 구루'로 호칭되었다. 다음 왕의 통치기에 이 바라문 학자는 '(캄라텡 안) 브라 그루'라는 고위직으로 승진되었을 가능성이 많다. 어쨌든 이 칭호를 가진 고위관리는 자야바르만 5세의 여러 비문에 등장하며 통치기의 초반부터 지도자적 역할을 하였다.

라젠드라바르만의 아들인 자야바르만 5세가 968년에 왕위에 올랐을 때, 매우 어린 나이였다. 그가 성스러운 스승의 지도 아래 왕의 교육을 끝냈을 때는 6년 후인 974년이었다. 이 왕의 치세는 약 30년간 계속되었으나 정치사적으로는 잘 알려져 있지 않다.

주목할 만한 일은 자옌드라나가리라는 새로운 주거지를 건설하여 978년 당시에 그 작업이 진행 중이었고, 그 중심은 '황금의 산' 혹은 '황금뿔의 산'(헤마기리: 힌두문화에서 우주의 중심산으로 간주되는 메루산의 고전적인 명칭을 의미한다)에 의하여 구분되었다. 이 '황금의 산'은 미완성의 사원 타케우로 알려져 있다. 그가 타케우 사원을 짓고 왕궁을 건설한 이유는 무엇일까?

타케우 사원. 사원 규모는 크나 완성된 사원은 아니다.

아버지 또는 야소바르만 1세가 살던 왕궁보다 방어하기가 쉽고 더 안전한 곳을 원했던 것 같다. 물론 타케우 사원은 주벽(47×47m)과 회랑, 중앙의 5탑형 사원과 도서관을 갖추었으나 결코 완성된 사원은 아니었다. 자크 뒤마세는 후에 중앙의 5탑형 사원은 앙코르 와트에서 재등장하는 원형이 되었다고 주장하였다.

자야바르만 5세는 자신의 누이인 인드라락슈미를 인도의 야무나 강변에서 출생한 바라문 디바카라바타와 결혼시켰다. 자야바르만 5세는 1001년에 사망하였으며 파라마비라로카의 칭호를 받았다. 그의 후임은 처남인 우다야디티야바르만 1세였으며 수개월을 통치하는데 그쳤다.

앙코르 초기 시대의 문명

인드라바르만으로부터 자야바르만 5세까지의 치세는 1세기 이상되었으며 위대한 제국시대를 누렸다. 이 시기는 부분적으로 중국사에서 무정부시대 즉, 당말오대(唐末五代)시대에 해당한다. 앙코르의 역사에서 이처럼 안정된 시기에 앙코르 문명은 인도차이나 반도 중앙부의 문화발전에 중요한 역할을 수행하였다. 그리고 그 찬란한 빛은 메콩강과 메남강 주변의 왕국들에게 커다란 영향을 미쳤다.

9세기부터 비문을 통해서 알 수 있는 사실은 궁정의 세계와 고위 성직자의 공식적인 활동이 종교적 기념물을 건립하는데 집중되어 있다는 점이다. 가죽이나 야자나뭇잎에 기록한 자료 혹은 문서는 남아 있지 않다. 그리고 몇 개의 다리를 제외하면 크메르의 모든 기념물은 종교 건축물이며, 이 기념물에 조각된 비문은 무엇보다도 종교적 성격을 갖고 있다. 따라서 우리는 비문이라는 반사경을 통해서 앙코르의 문명을 연구하지 않을 수 없다.

왕은 '위에서부터 아래에 이르기까지 모든 것의 주인'이며, 국가의 모든 정치조직의 중심축이고 모든 권력의 원천이며 종합이다. 그러나 이 같은 사실에도 불구하고 앙코르를 지배했던 군주들을 마치 자신의 의지대로 무엇이든 할 수 있는 절대 권력자로 묘사해서는 안 된다. 오히려 그 반대였다.

왕은 왕족의 기준, 정치 및 왕실의 규범에 제약을 받았다. 왕은 법과 제정된 질서의 수호자이며 소송 당사자들이 그의 결정에 위임하기를 희망하는 최종적인 재판관이었다. 왕은 종교의 보호자로서, 그리고 기념물을 건립하고 기증한 자들이 기대하는 건축물의 보존자로서 묘사되었다. 왕은 희생제와 모든 의식을 수행한다. 이 의식들은 국가에 신의 은총을 가져올 수 있다고 기대되는 행위이다. 왕은 외부의 적들에 대항하여 국가를 지키고, 안으로는 모든 구성원에게 사회적 질서를 존중하도록 다양한 카스트 또는 계급들에게 의무를 할당하여 평화를 확보한다. 지방의 영주는 자신의 관할 주를 집어삼킬 수 있으나 국왕은 왕국을 손아귀에 넣으면서도 동시에 지상의 신으로 부각되어야만 하는 신비적인 존재였다.

주벽과 환호環濠를 구비한 왕도는 산맥과 대양으로 둘러싸인 우주의 축소판이었다. 그리고 그 중심에는 우주의 중심산인 메루산을 상징하는 산상 사원이 위치한다. 그리고 사원 정상에 신왕(크메르어로는 '캄라텡 자가트 타 라자'로 부른다)이 모셔져 있다. 이 신왕은 바라문 승려의 매개를 통하여 시바신으로부터 받은 왕의 링가를 말한다. 이 링가가 '왕위의 본질', 국왕의 '섬세한 자아'로서 역대 왕들에게 그대로 전수된 것인지, 아니면 역대 왕들이 등극할 때마다 각각 자신의 이름을 새겨 봉납한 다양한 링가(예를 들면 인드레슈바라, 야소다레슈바라, 라젠드레슈바라 등 역대 왕들의 링가)가 데바라자에 해당하는 것인지 구분할 수는 없다.

국가의 행정은 귀족들의 과두정치에 의하여 장악되었으며, 주요 공직은 왕족이 독점하였다. 왕의 사제, 신왕의식을 집전하는 바라문, 어린 왕자를 교육시키는 스승들의 종무직은 위대한 사제 가문에게 맡겨졌다. 바라문 가계는 종종 왕실가족과 혼인으로 연결되었는데, 바라문과 크샤트리아 간 결혼은 빈번하게 일어났다. 이들 두 계급은 지적 요소와 인도문화를 대표하며, 일반대중들과는 유리된 별도의 계급이며 대중들보다 우위에 있었다.

농민과 촌락민의 생활에 관해서는 거의 알 수 없다. 다만 분명한 사실은 이들 대다수가 사원, 승방, 암자에 봉사하는 노예로 징발되었다는 것이다. 이 종교적 기념물은 지배계급의 신앙심에 의하여 끊임없이 국가 전체를 뒤덮었다. 비문에는 노예의 이름이 기록된 무수한 일람표가 적혀있다. 이들의 이름은 구체적으로 알 수는 없지만 불분명한 별칭들, 가령 '개', '고양이', '비열한 자' 등으로 기록하여 경멸적으로 불렀다.

지배계급의 종교는 결코 통일되어 있지 않았다. 9세기와 10세기에는 시바신앙이 우세하였다. 12세기에는 당시의 인도에서 일어난 것과 대등할 정도로 비슈누신앙이 강력히 대두되었고, 앙코르 와트의 중요성을 확립하는데 크게 기여하였다. 불교는 약간의 신봉자를 가지고 있었고, 수리야바르만 1세 이후 몇몇의 왕(특히 자야바르만 7세)이 불교를 공식적으로 보호하였다. 이와 같이 여러 종교에 대한 상호적인 관용은 시간이 지나면서 진정한 절충주의로 발전하였으며, 조각과 비문에 잘 반영되었다.

이 같은 현상은 단지 캄부자에만 국한되지 않았으며, 인도 이외의 동남아시아의 사회구조를 통해서도 설명될 수 있다. 이에 관해서는 실뱅 레비가 정확하게 관찰하였다.

> 인도차이나 반도 그리고 인도네시아에서 바라문종교가 존재하였더라도 불교가 존속하는데 아무런 위협이 되지 않았다. 이곳에서는 시바교나 비슈누교가 불교와 마찬가지로 수입된 종교였으며, 이 국가에서는 이국적인 것이었다. 왕들, 궁정사회, 귀족들은 이들 종교를 우아하고 세련된 문화로서 수용할 수 있었고, 대중들에게까지 깊게 파고드는 문명은 되지 못하였다. 이곳의 사회생활은 마누법전, 그리고 기타 바라문 법전에 근거하지 않고 이루어졌다. _『라마야나의 역사를 위하여』.[3]

그러나 인도에서는 그렇지 않았다. 여기에서 인도와 크메르의 힌두문명에 대한 차이를 엿볼 수 있다.

9세기부터 관찰할 수 있는 사실은 바라문교와 불교사원에 안치된

---

[3] Levi, Sylvain. "Pour l'histoire du Ramayana," *Journal Asiatique*, Feb. 1918.

위대한 신상에 대한 숭배현상이다. 그러나 이 신상의 이름은 이미 고인이 되었거나 살아있는 인물의 칭호 및 이미지를 연상시킨다.

고대 캄부자인이 유산으로 물려준 비슈누, 시바, 하리하라, 락슈미, 파르바티, 보살 등 등 무수한 신상들 가운데 힌두사원의 주요 조각상을 '비인격적'으로 표현한 것들은 소수에 지나지 않는다. 이들 조각상 대다수는 왕들, 왕자들 또는 고위 관리의 상이며 자신들의 존재가 지상에서 끝날 때, 신과 합일하거나 합일될 예정임을 나타내는 신의 특징을 띈 형태로 묘사되어 있다. 이 조각상들이 지니고 있는 이름은 일반적으로 인간의 이름과 신의 이름을 결합시켜 만든 것이며, 개인적 신앙이 얼마나 강렬했는가를 나타낸다.

크메르의 위대한 기념물 대부분은 이와 같이 귀족들에 국한된 숭배의 대상이었다. 이 기념물은 통속적인 신앙으로부터 유래된 것이 아니었다. 기념물은 왕, 왕자, 관리들을 위한 능묘로서 기능하였고 그런 가운데 고인이 된 부모와 조상을 위한 숭배가 이루어졌다. 이 능묘는 자신이 살아있는 동안에 건설되었거나 그곳에서 존경받기를 염원하는 개인의 지시로 건설되었다. 이 기념물의 목적이 건축의 상징성을 나타낸다.

인도의 신들은 산 정상에 거주하며 하늘을 나는 궁전에서 공중으로 이동한다. 건축법상 피라미드 형태의 기념물을 건립하는 배경에는 명백하게 산을 연상시키기 위한 데 있다. 높은 피라미드를 원할 경우, 5점點형으로 배열된 5탑형 사원을 건립하여 메루산 정상을 연상시킬 수 있다. 나는 궁전을 지향한다면, 이 개념을 직접적으로 암시하는 가루다 또는 남상주(男像柱: 건축물을 떠받치는 남성모양의 기둥)형태의 새를 기단에 장식하는 것만으로도 충분하다.

이와 같은 방식들이 앙코르 문명의 핵심적인 특징이며, 9세기와 10세기에 건립된 프놈 쿨렌 · 롤루 사원군(롤레이, 프레아 코, 바콩 사원) · 프놈 바켕의 사원들, 코 케르, 동 메본 · 프레 룹 · 반테이 스레이 및 클레앙의 뛰어난 종교적 기념물은 예술적 관점에서 그 정점을 보여준다. 그리고 이를 능가한 기념물은 앙코르 와트 사원뿐이다.

4장 앙코르 중기 시대(1000년 이후)

수리야바르만 1세(1010~1050년)

크메르 비문이나 중국의 기록에서 수리야바르만 1세의 즉위과정을 설명하는 부분을 찾아보기는 어렵다. 11세기 초의 크메르 비문은 3명의 왕이 동시에 존재하였음을 보여준다. 이 왕들 간의 관계는 명확하지는 않으나 적대적이었다.

자야바르만 5세의 처남인 우다야디티야바르만 1세는 1001년에 즉위하였으며, 이 왕의 비문은 코 케르에서 출토된 것과 물루 프레이에서 출토된 것 등 두 개가 있다. 코 케르에서 출토된 비문에는 1002년 2월 13일에 칙령을 발표했다고 기록했으며, 그 이후에는 사망했는데 제거된 것이 분명하다. 같은 해인 1002년에 수리야바르만이라는 이름과 왕족을 뜻하는 '캄트반'이라는 칭호를 가진 한 왕자가 삼보르의 한 비문과 콤퐁 톰에서 출토된 비문에 언급되었다.

또한 1003년부터 1006년에는 자야비라바르만왕이 출현하였다. 비문에 의하면, 그는 1002년 이래 앙코르의 왕위에 올라 있었다. 그리고 그의 마지막 칙령은 1006년 5월 25일 발표된 것으로 기록되었다. 그는 현재의 코끼리 테라스 맞은편에 북쪽 경장經藏·north khleang을 건축하였다. 이 비문들로부터 얻어진 사실을 정리하면 다음과 같다.

1001년에 우다야디티야바르만 1세가 즉위하였고, 자야비라바르만이 등장하여 그를 제거하였으며, 자야비라바르만과 수리야바르만이 왕권을 놓고 투쟁하였다. 자야비라바르만은 앙코르 지역을 적어도 1003년부터 1006년까지 통치하였고, 수리야바르만은 동부지방에 기반을 가지고 있었다. 그리고 비문에 기록한 대로 수리야바르만은 1005년과 1007년 사이에 대규모 군사원정을 실시하여 "어떤 왕으로부터 왕국을 접수하였다."

그 후 수리야바르만이 마지막으로 승리한 군주가 되었고, 1011년에는 관리들로부터 충성서약을 받고 왕궁의 고푸라 석주에 서명 형태로 관리들의 긴 이름들(약 4,000명에 달한다)을 조각하였다. 약 9년간의 내전 끝에 왕위를 차지한 것이다. 그러나 후에 출토된 비문(타케우 A 비문)은 그의 취임을 1002년으로 소급하여 기록하였는데, 그 시기는 우다야디티야바르만 1세가 사망했거나 실종된 때이다.

수리야바르만은 자신이 인드라바르만의 모계쪽 후손이며, 또한 왕비 비라락슈미를 통하여 야소바르만의 아들과 혈연관계가 있다고 주장하였다. 전자의 주장은 검증할 수 없다. 후자의 주장과 관련하여 비라락슈미라는 이름의 이 공주는 자야비라바르만과 어떤 식으로든 혈연관계가 있다는 것을 시사하며 전임자의 부인 혹은 딸과 혼인을 통하여 그 권력의 정통성을 확보한 하나의 사례이다.

불교를 옹호했던 수리야바르만은 사후에 니르바냐파다의 칭호를 받았다. 그러나 그가 불교를 옹호했다하여 데바라자 숭배가 방해받지는 않았다.

수리야바르만 1세가 앙코르에서 취임식을 거행하였을 때, 앞서 언급하였듯이 특정한 관리들의 충성서약이 뒤따랐다. 이 충성서약은 왕궁입구의 석주에 조각되었다.4)

그가 건립한 것 가운데 중요한 기념물은 다음과 같다. 우선, 통치 후반기에 세워진 것으로 프놈 치소 사원이 있다. 이 사원 명칭은 그것이 세워진 구릉지의 옛 지명인 수리야파르바타(태양의 산, 혹은 수리야바르만의 산)를 연상시킨다. 그리고 프레아 비헤아(야소바르만 1세에 의하여 건축이 시작되었다)와 콤퐁 스바이의 프레아 칸 사원(앙리 모제는 수리야바르만 1세가 왕위에 오르기 전에 이 곳에서 거주했으며, 조르쥬 세데스 역시 그가 초반기에 활동했던 근거지였다고 주장하였다)의 증축이 있었다.

수리야바르만 1세의 통치권 혹은 종주권은 북방을 향하여 어느 지점까지 확대되었을까?

---

4) 충성서약은 1011년 9월 9일에 이루어졌으며, 조르쥬 세데스가 번역한 글에 의하면 국왕에 대한 서약을 배반한 경우 "내세에서 군주에게 왕실의 온갖 고문방법으로 고통을 받도록 청원할 것이다." "32개의 지옥에서 다시 태어나게 될 것이다." 등의 서약 내용이 들어 있다.

시암의 지방연대기에 의하면 크메르가 메남강 전 유역, 그리고 치앙센 또는 그 이상의 메콩강 유역이 포함된 지역을 점유했다고 전한다. 그러나 크메르의 영향권으로 간주할 수 있는 고고학적 유적은, 특히 11세기 이후의 유적으로 볼 수 있는 지역들은 메콩강 유역의 루앙 프라방, 메남강 유역의 수코타이-사완칼록 지방 그 이상을 넘어서지는 못하였다.

1050년 초에 수리야바르만 1세가 사망하였다. 그는 니르바냐파다의 칭호를 받았다. 사후 칭호처럼 그는 말년에 불교에 헌신하였는데, 일부 학자들은 그가 '프레아 비헤아' 사원에 은거하였다고 주장하기도 한다.

그의 후계자는 아들인 우다야디티야바르만 2세였다. 이 새로운 왕은 데바라자 의식을 집전하는 대사제 사다시바-자옌드라판디타에게 왕족의 칭호에 버금가는 '브라 캄라텡 안 슈리 자옌드라바르만'이란 칭호를 수여하였다. 그는 왕비 비라락슈미의 여동생과 결혼하였고, 왕의 정신적 스승이 되었다.

우다야디티야바르만 2세가 왕의 링가를 위하여 그의 선왕들보다 더 훌륭한 신상사원을 건립하기로 한 결정은 데바라자를 집전하는 훌륭한 가문의 이 고관으로부터 영감을 받아 이루어진 것이 틀림없다. 빅트로 글로베Victor Goloubew는 『앙코르왕조의 도시·농촌에서 수리시스템』5)에서 이렇게 표현하였다.

> 신들이 거주하는 잠부드위파(贍部洲, 원래는 수미산의 남쪽에 있는 남섬부주를 가리키나 일반적으로 염부 나무가 많은 인도를 지칭한다: 역자 주)의 중앙에 황금의 산, 수미산이 솟아있는 것을 보면서, 그 수미산과 우열을 다투듯이 자신의 왕도 중앙에 황금의 산을 건립하였다. 이 황금의 산 정상에서 천상의 빛을 발하는 황금사원 중앙에 황금의 시바 링가를 세웠다.

황금사원으로 표현되는 이 건축물은 다름 아닌 바푸온 사원이다. 바

---

5) Goloubew, Victor. "L'hydraulique urbaine et agricole à l'époque des rois d'Angkor," Bulletin Economique de l'Indochine, 1941.

푸온 사원은 왕도의 중앙을 나타낸다. 그 당시의 도시설계는 현재의 앙코르 톰 설계와 대략적으로 일치한다. 당시의 왕도는 자야바르만 7세가 건축한 성벽처럼 라테라이트로 만든 견고한 성벽은 아니었으나 무수한 수로가 망상網狀구조로 나 있는 것이 발견되었다.

동시에 우다야디티야바르만 2세는 인공호수 '서西바라이'를 왕도 서쪽에 조성하였다. 이 호수는 8×2.2km의 크기로 야소바르만이 조성한 동東바라이보다도 크다. 물론 동바라이는 현재 흔적만 남아있다. 이 서바라이의 중앙에 작은 섬을 만들고 하나의 사원을 건립하였다. 그리고 그 사원 옆에 우주의 시간에 맞춰 잠에 빠진 채 대양의 물 위에서 휴식을 취하는 비슈누신의 청동상을 건립하였다.

우다이디티야바르만 2세는 치세 16년 동안 일련의 반란에 직면하였다. 이 반란은 상라마 장군이 진압하였는데 바푸온 사원의 기단에 놓여진 비문은 이를 서사시적 문체로 전한다. 바푸온 사원은 왕의 링가가 모셔진 사원이며, 정복자인 장군이 전리품을 바친 곳이기도 하다.

하르샤바르만 3세

1066년, 왕위에 오른 하르샤바르만 3세는 이전 통치자들의 전쟁으

왕궁의 남쪽에 위치한 바푸온 사원은 참배길이 약 200m에 달한다.

로 폐허가 된 기념물을 복원하는데 전념하였다. 1074~80년 사이에 그 자신도 참파와 전쟁을 해야만 하였다. 참파의 왕 하리바르만 4세는 "소메슈바라에서 캄부자의 군대를 격파하고 장군의 자격(세나파티)으로 파견되어 전쟁을 지휘한 왕자 슈리 난다바르마데바를 포로로 잡았다" 고 전해진다. 그 후에도 참파는 삼보르를 점령하였으며 그곳의 사원을 파괴하고 사람들을 공격하였다.

하르샤바르만 3세의 통치는 크게 성공적이지는 못했던 것 같다. 그는 사후에 사다쉬바파다의 칭호를 받았다. 1080년에 그의 뒤를 이은 후임자는 자야바르만 6세였다.

자야바르만 6세의 가계는 그의 손자인 수리야바르만 2세의 비문에 기록된 것처럼 수리야바르만 1세왕이나 그 이전의 어떤 왕과도 혈연관계가 없다. 그는 크쉬틴드그라마 출신의 히란야바르만과 히란야락슈미 사이에서 태어났다. 부친의 출신지는 현재의 태국지방이었다.

후기에 제작된 자야바르만 7세의 비문에 의하면 그가 마히다푸라 지방의 귀족에 속한다고 기록되어 있으며, 그 정확한 장소는 확인되지 않으나 태국의 한 지방으로서 이 왕조를 조르쥬 세데스는 '마히다

현재의 태국에 위치한 피마이 사원. 프랑스의 도움으로 복원되었다.

라왕조'로 불렀다. 따라서 자야바르만 6세 이후에는 전혀 다른 가문에서 왕이 배출되었다.

자야바르만 6세는 아마도 지방을 다스리는 고위 관리였으며, 우다야디티야바르만 2세의 통치기에 발생한 정치적 혼란으로 중앙권력이 약화된 틈을 타서 북부지역에서 독립한 것으로 추정된다.

그는 자신의 계획을 실현하기 위하여 사제 디바카라판디타로부터 도움을 받았다. 이 사제는 한 때 바로 직전의 왕이었던 하르샤바르만 3세를 보좌하였으며, 그 이후에는 새로운 권력자에게 자신의 운명을 걸었다. 그는 자야바르만 6세와 두 명의 후대왕 대관식을 집전하였고, 왕들로부터 왕에 버금가는 칭호를 받았다. 자야바르만 6세가 앙코르를 지배한 시기는 1180~1107년 사이이다.

자야바르만 6세의 치세에 관해서는 거의 알려져 있지 않다. 그의 후임자가 건립한 비문과 바라문 디바카라가 만든 비문은 그의 이름을 다음의 기념물과 결부시켰다. 즉, 프놈 산닥, 프레아 비헤아, 그리고 와트 푸의 시바 파 기념물, 피마이의 불교사원이 그것이다. 그는 사후에 파라마카이발리야파다 칭호를 받았다.

그에게는 두 형제가 있었는데, 동생은 유바라자(왕세자)였으나 요절하였다. 그리고 형은 다라닌드라바르만 1세였으며, 이미 기술했듯이 1107년에 그의 뒤를 이어 디바카라로부터 왕관을 수여받았다. 비문에는 이렇게 기록되었다.

> 다라닌드리바르만은 왕위를 희망하지 않았으나 동생인 왕이 천계로 돌아갈 때, 그는 보호자를 잃은 인민대중을 애도하고 또 이들의 기원을 받아들여 현명하게 대지를 다스렸다.

그는 전임자가 계획했던 건축과 건조를 지속하였으며, 전통주의를 유지하고 비자엔드라락슈미 여왕을 아내로 맞이하였다. 이 부인은 원래 치세 전에 사망한 왕세자와 결혼한 바 있으며 그 후 자야바르만 6세와 결혼하였다. 다라닌드라바르만 1세는 사후에 파라마니슈칼라파

앙코르왕조의 역사 121

다의 칭호를 받았다.

수리야바르만 2세의 즉위

수리야바르만 2세의 즉위는 인접국가에서 강력했던 군주가 사망한 시기였다. 참파에서 자야 인드라바르만 2세의 사망, 그리고 미얀마 파간왕국의 짠짓타의 사망과 그의 즉위 시기가 정확히 일치한다. 주변국의 왕이 사망하자 야심만만한 그는 정복을 적극적으로 전개하기 시작하였다.

그는 동쪽은 물론 서쪽을 향해서도 진군하였다. 비문에 등장하는 수리야바르만 2세가 "두 왕국을 통일하여 왕위를 획득하였다"는 기록에서의 두 왕국이란 전임자인 다라닌드라바르만 1세가 지배했던 왕국이다. 따라서 그는 내전을 겪고 나서야 권력을 잡을 수 있었다. 어느 날 마지막 전투가 끝난 후에 국왕 슈리 다라닌드라바르만은 방어능력을 상실하고, 수리야바르만에 의하여 제거되었던 것이다. 두 권력자간의 전투가 치열했던 것은 분명하다. 비문에는 이렇게 기록되어 있다.

> 전장에 대양과도 같은 대군을 파견한 수리야바르만 2세는 가공할만한 공격을 퍼부었다. 그는 적의 왕이 탄 코끼리의 머리 위에 뛰어올라 왕을 살해하였다. 마치 가루다가 산 정상에서 아래에 있는 뱀을 기습하여 살해하는 것과 같았다.

무력으로 왕위를 획득한 수리야바르만 2세는 크메르의 군대를 이끌고 그 어느 때보다도 멀리 진군한 위대한 정복자였다. 그는 참파와 대월국에 원정을 몇 차례 시도하였다.

조르쥬 마스페로Georges Maspero는 저서 『참파왕국』에서 대월과 참파를 상대로 한 수리야바르만 2세의 전쟁에 관하여 상세하게 언급하였다.

1128년, 수리야바르만 2세는 2만명을 이끌고 대월을 공격하였다. 이공평李公平에 의하여 응에안 전투에서 격퇴당한 후, 이 해 가을에 7백척 이상의 함대를 이끌고 탄호아 연안을 약탈하였다. 그리고 그 이후에도 이 왕국을 끊임없이 공격하였다. 때로는 참파와 연합하여 공격하였는데 이때의 참파인은 자의나 강압에 의한 참전이었다. 여기서 우리는 참파국이 1113년에 처음으로 이신종李神宗 황제에게 공물을 보내고, 그 다음 해에는 크메르와 연합하여 응에안을 침략한 사실을 확인할 수 있다. 그러나 이들은 곧 '두옹 안 네'가 지휘하는 응에안 및 탄호아의 연합수비대에 의하여 격퇴되었다. 참파의 자야 인드라바르만 3세는 이 약탈을 더 이상 계속할 의사가 없었으며, 1136년에 그는 대월의 이신종에게 신하의 의무를 이행하였다. 그는 수리야바르만이 대월을 상대로 하는 1138년의 새로운 전쟁에 참가하지 않았다. 이 크메르 군주는 공격에서 성공을 거두지 못하였다. 이 군주는 정복의 야망을 참파로 돌리게 되었다. 1145년, 그는 참파를 침공하여 수도인 비자야를 함락시키고 이 왕국의 주인이 되었다. 자야 인드라바르만 3세는 전쟁 중에 실종되었는데, 승리자의 포로가 되었거나 전투 중에 사망하였다.

크메르군의 참파 왕도 비자야의 점령은 1149년까지 계속되었다. 새로운 참파의 왕 자야 하리바르만 1세는 남부의 판두랑가에서 즉위하였으나 수리야바르만 2세로부터 공격을 받았다. 크메르인과 참인의 합동으로 편성된 수리야바르만의 군대는 장군 샹카라의 지휘하에 1148년 라자푸라 평원에서 전투를 벌였으나 패배하였다.
"천배나 강한 대군"이 비라푸라 전투에서도 같은 운명을 맞이하였다. 이 때, 수리야바르만 2세는 이복동생의 처남인 크샤트리아인 하리데바 왕자를 비자야에서 참파의 왕으로 선포하였다.
자야 하리바르만 1세는 비자야를 향해 진격하여 마히샤 평원에서 하리데바를 살해하였다. 이 왕과 더불어 참파를 점령했던 캄부자의 모든 장수들과 병사들은 궤멸된 것으로 알려졌다. 참파의 왕은 비자야로 입성하여 1149년에 대관식을 거행하였다. 이것으로 크메르군의 점령은 끝났다.
수리야바르만 2세는 군사행동이 실패로 끝난 이후에도 대월에 대한 적대행위를 재개하여 1150년에 새로운 원정대를 파견하였다. 그러나 그 결과는 이전보다 더 나쁘게 나타났다. 계절을 무시하고 원정대를 보낸 시기가 가을이었다. 9월과 10월의 폭우를 만난 수리야바르만의

크메르군의 규율 있는 행진(앙코르 와트 회랑).

군대는 안남산맥을 통과하던 중에 열병에 전염되었고, 군사행동을 개시하기도 전에 스스로 퇴각할 수밖에 없었다.

그럼에도 불구하고 당시 캄부자의 영토는 북쪽으로는 점성(참파왕국)의 남쪽 국경, 동쪽으로는 바다, 서쪽으로는 포감(蒲甘·파간왕국), 남쪽으로는 가라희(加羅希·말레이반도의 동쪽연안에 위치한 차이야 및 반둥만 지방의 그라히)와 국경이 맞닿아 있었다.

국내문제와 관련하여 수리야바르만 2세는 프놈 치소르, 프놈 산닥, 와트 푸, 프레아 비헤아 사원의 건립 그리고 앙코르 톰내의 프레아 피투 사원의 중심부분, 차우 사이 테보다, 도시의 동쪽에 위치한 톰마논 그리고 마지막으로 크메르 예술의 걸작 앙코르 와트를 건립하였다. 앙코르 와트는 왕의 재임기에 건립되었고 사후에는 능묘로서 기능하였다. 앙코르 와트는 수리야바르만 2세 자신이 비슈누신의 모습으로서 사후에는 파라마비슈누로카의 칭호를 받아 신격화된 장소이다.

파라마비슈누로카의 칭호는 비슈누신앙이 우위에 있었음을 나타낸다. 이 신앙이 건축물로 표출된 곳이 앙코르 와트 사원이다. 이 사원은 우주적 시간의 주기(비슈누신이 432만년마다 우주를 창조한다는 순환론적 시간개념을 앙코르 와트의 회랑 벽면에 표현했고, 우주의 시간을 사원구조의 배치와도 연결시켰다)에 의하여 크게 영감을 받았다.

수리야바르만 2세의 통치 말기는 불분명하며, 그의 이름이 조각된 마지막 비문은 1145년이다. 그러나 1150년에 베트남의 통킹에 대한 군사원정을 그가 시도하였고, 따라서 적어도 이때까지는 생존하였다고 볼 수 있다.

수리야바르만 2세의 후임자는 다라닌드라바르만 2세로서 선왕의 직계가 아니라 사촌이었다. 그는 궁정 혁명을 통하여 왕이 되었다. 이것이 사실이라면 수리야바르만 2세의 말년에 대한 역사적 기록이 적은 이유를 어느 정도는 이해할 수 있다.

이 새로운 군주는 불교도였다. 비록 힌두교를 신봉한 역대 왕들이 불교에 관용을 베풀어왔다 해도 힌두교 정통파가 오랜 전통이었다. 그러나 다라닌드라바르만 2세 이후 이런 전통이 단절되었다.

다라닌드라바르만 2세에 관하여 알려진 사실은 그가 하르샤바르만 3세의 딸인 추다마니 공주와 결혼하였다는 것뿐이다. 그는 1125년에 공주와의 사이에 아들을 낳았고, 이 어린 왕자가 장차 자야바르만 7세의 이름으로 통치하게 되는 인물이다.

다라닌드라바르만 2세의 왕위는 야소바르만 2세가 이어받았다. 그의 가계도는 알려져 있지 않다. 그의 통치기에는 드라마틱한 사건이 발생하였고, 1165년경 야소바르만 2세는 어느 고위관리에 의해 전복되었다. 이 관리는 트리부바나디티야바르만이라는 이름으로 스스로 국왕임을 선포하였다. 이 혼란기에 참파에 가 있던 미래의 자야바르만 7세가 야소바르만 왕을 보호하기 위하여 황급히 귀국하였다. 그는 야소바르만 왕과 친척관계에 있거나 단순한 동맹자였던 것 같다. 그러나 그의 귀국은 모든 일이 끝난 이후가 되었다.

캄부자에서 반란으로 왕위를 찬탈한 사건이 발생한 비슷한 시기인 1166~67년에 참파에서도 한 인물이 왕위를 찬탈하여 자야 인드라바르만 4세로 칭하였다. 그는 그 여세를 몰아서 1170년에 대월국과 협력을 맺고 캄부자를 공격하였다. 한 비문에 의하면 참파의 침입을 이렇게 묘사하였다.

앙코르 와트의 제3회랑 전경.

참파의 왕 '자야 인드라바르만'은 마치 득의양양한 라바나(라마야나에 등장하는 아수라의 왕)처럼 자신의 군대를 전차로 이동시키며 천국과도 같은 캄부의 나라를 토벌하기 위해 침입하였다.

그러나 자야 인드라바르만은 비문 내용처럼 전차로 침략한 것이 아니라 해상으로부터 캄부자를 공격하려는 작전을 사용하였고, 1177년에 군사원정대를 출발시켰다. 참파의 군대는 연안을 따라 항진하면서 중국인 안내자의 유도에 따라 메콩강 하구에 도달하였고, 메콩강을 거슬러 올라 톤레삽 호수까지 항진하였다. 그리고 앙코르를 기습하였다. 이 기습으로 인하여 권력 찬탈자인 캄부자의 왕 트리부바나디티야바르만은 살해되고 왕도는 약탈당하였다. 참파의 침입은 20년간의 내란 후에 찾아온 피할 수 없는 결과로 나타났고, 왕국은 매우 참기 힘든 어려운 과정을 통해서만 복구될 수 있을 정도로 그 피해상이 참담하였다.

5장 자야바르만 7세의 등장과 후기 앙코르 시대

'불운의 바다' 한가운데서 캄부자를 건진 자야바르만 7세

1177년, 참파는 앙코르 왕도를 침입하여 한 비문의 표현처럼 캄부자를 "불운의 바다 한가운데로 빠트렸다." 그리고 이 폭풍 치는 바다에서 캄부자를 구출하는 어려운 과업이 자야바르만 7세의 어깨에 맡겨졌다.

그는 수리야바르만 2세의 이종 조카였고, 어머니 추다마니는 하르샤바르만 3세의 딸이었다. 모친의 부왕은 11세기 전반에 걸쳐 이 국가를 지배한 왕의 후손이었으며, 모계의 가계도는 앙코르 이전기의 캄부자를 통치한 고대 왕들과 혈연관계가 있다. 그는 적어도 수리야바르만 2세의 통치기인 1125년에 출생하였으며, 어린 나이에 자야라자 공주와 결혼하였다.

시기는 알 수 없으나 자야바르만은 캄부자를 떠나 참파의 비자야(빈덴)에서 군사원정을 수행 중이었다. 그곳에서 그는 부친의 사망, 야소바르만 2세의 즉위, 그리고 마지막으로 트리부바나디티야의 권력찬탈 소식을 들었다.

이에 따라 그는 "국왕 야소바르만을 지원하기 위하여 황급히 귀국하였다"고 피메아나카스의 비문이 전한다. 이 때, 그는 왕위 상속의 권리를 주장했다고 가정할 수 있다. 비문은 다음과 같이 계속된다.

> 그러나 야소바르만은 찬탈자에게 왕위와 생명까지 빼앗겼고, 자야바르만은 죄악으로 신음하는 국가를 구하기 위하여 캄부자에 남아서 기회를 기다렸다.

그는 15년간이나 기다리지 않으면 안 되었다. 참파의 침입으로 왕위 찬탈자가 제거되었을 때, 자야바르만은 드디어 때가 왔음을 인식하였다. 그러나 자신을 왕으로 선언하기에 앞서 침략자들로부터 나라를 구해야만 했고, 참파군에 대항하여 운명을 건 일련의 전투를 수행하였다.

특히 바욘 사원과 반테이 츠마르 사원의 주벽에 거의 유사한 모습으로 표현된 톤레삽 수상전을 전개하였다. 그리고 최종적으로 참파군을 몰아내고 국가를 불운의 바다에서 건져냈다.

1177년의 침입으로부터 4년이 지난 1181년, 캄부자는 평온을 되찾았고 자야바르만은 왕위에 올랐다. 그때부터 그는 왕도의 복원을 시도하여 왕도 주변에 환호와 주벽을 건설하였다. 이 구조가 오늘날 앙코르 톰의 주벽을 이룬다.

기록을 인용하면, 참파의 침입 당시에 자야바르만은 스스로 다짐하였다.

> 그의 적들에게 가공할만한 복수를 하겠다고 서약하였다. 18년간이나 인내하며 굴욕을 참은 끝에 그는 수미일관하게 그 일을 완수하였다.

그러나 그 서약을 지키고 참파와 전쟁을 치르기 전에 그는 현재의 바탐방 남쪽 지방인 말리양에서 발생한 내부 반란과 싸워야만했다. 그는 반란을 진압하기 위하여 망명중인 참파의 어린 왕자의 협력을 구하였다. 이에 관해서는 현재 베트남 지역인 미손의 한 비문에 다음과 같이 기록되어 있다.

> 왕자 비디야난다나는 유년시절인 샤카력 1104년(서기 1182년)에 캄부자로 왔다. 그가 '신으로부터 운명지워진 인간의' 서른 세 가지 상(相)을 지닌 것을 본 캄부자의 왕은 그에게 호의를 느끼고 그를 마치 왕자처럼 교육하여 모든 학문과 무예를 가르쳤다. 그가 캄부자에 거주하고 있을 때에 말리양이란 이 왕국의 한 도시가 있었다. 이곳에는 모두 사악한 자들이 거주하였다. 캄부자 인은 그들을 보살폈으나 이 악인들은 캄부자 왕에게 반란을 일으켰다. 캄부자의 왕은 참의 왕자가 모든 무예에 정통한 것을 보고 말리양의 도시를 점령하기 위한 캄부자군의 지휘를 맡겼다. 그는 캄부자 왕의 뜻에 따라 완전하게 평정하였다. 그의 용맹을 확인한 이 왕은 그에게 유바라자(부왕)라는 고위직을 수여하고 캄부자 왕국에서 찾아

볼 수 있는 모든 것을 향유하도록 하였고, 또한 모든 것을 그에게 주었다.

이 어린 왕자가는 자야바르만이 참파에 복수하기 위한 도구로 이용되었다. 이 복수는 오랜 기간 '굴욕적인 인내'의 결과였다. 자야바르만은 1190년에 대월황제 이고종李高宗·Ly Cao-tong의 중립을 확보하고 복수를 준비하였다. 그리고 기회만을 기다렸다. 그런데 참파의 왕인 '자야 인드라바르만 옹 바투브'는 또 다시 공격을 개시하여 캄부자에게 반격을 빌미의 제공하는 실수를 하였다.

자야바르만 7세는 이 때, 대對 참파 전쟁에 직접 참여하였을까?

베트남 나짱에 위치한 포 나가르 사원의 비문은 "자야바르만은 참파의 수도를 점령하고 모든 링가를 탈취하였다."라고 기록하고 있지만, 이 기록만으로 그가 전쟁을 직접 수행했는지는 확실하게 말할 수는 없다. 어쨌든 자야바르만은 군대의 지휘를 참파의 어린 왕자인 비디야난다나에게 위임하였다. 이 왕자는 참파의 수도인 비자야를 함락하고 왕 자야 인드라바르만을 포로로 잡아서 캄부자로 압송하였다.

그리고 자야바르만 7세는 자신의 이복형제인 왕자 '인'을 자야 인드라바르만을 대신하여 참파 왕으로 임명하였다. 이 왕자는 수리야자야바르마데바의 이름으로 통치하였다. 비디야난다왕자에게는 참파왕국을 분할하여 남쪽인 판두랑가에 왕국을 세워 통치하도록 하였다. 그의 통치명은 수리야바마데바였다.

참파왕국은 자야바르만 7세가 내세운 두 명의 왕에 의하여 분할되어 하나는 캄부자 왕의 형제가 지배하고, 다른 하나는 캄부자 왕의 영지가 되었다. 물론 이러한 점령지 지배정책은 오래가지 못하였다.

비자야에서 반란이 일어나 캄부자 왕의 동생이 추방되었고, 이를 대신하여 참의 왕자 라슈파티(자야 인드라바르만 5세)가 왕위를 차지하였다. 이 반란에 편승하여 판두랑가의 비디야난다 즉, 슈리야바르마데바는 캄부자 왕의 영주라는 멍에를 벗어던지고 자신의 의지대로 국내를 통일하였다.

1193년과 1194년, 자야바르만 7세는 그를 굴복시키려고 시도하였으나 성공하지 못하였다. 그러나 캄부자를 방문했던 그의 백부 '유바자라 옹 다나파티그라마'가 드디어 1203년에 그를 추방하는데 성공하였다. 1203년부터 1220년까지 참파는 유바자라 옹 다나파티그라마가 관리하는 형식으로 크메르의 한 지방이 되었다.

그는 1226년에 자야 파라메슈바라바르만 2세의 이름으로 참파의 왕이 되었다. 이 통치기에 크메르 예술이 참파 예술에 일정한 영향을 미친 것으로 보인다.

자야바르만 7세는 동쪽의 인근국가와 분쟁을 겪었지만 그로 인하여 제국의 경계를 북쪽과 서쪽으로 확대하는데 장애를 받지는 않았다. 현 라오스 지역의 란창을 가로질러 메콩강 연안에 위치한 사이 풍의 한 비문은 캄부자의 비문 가운데 가장 북쪽에 위치한 것으로서 그의 치세 중인 1186년에 건립되었다.

1225년에 조여괄(趙汝适)이 제시한 진랍의 속국 일람표는 내용의 일부를 1178년의 『영외대답(嶺外代答)』으로부터 인용한 것이긴 하나 당시의 캄부자가 말레이 반도의 일부와 심지어 미얀마까지도 명목적인 종주권을 행사한 사실을 보여준다. 자야바르만 7세의 1191년 비문은 동일한 사고를 표현한 내용이다.

이 비문에 의하면 자야바르만왕이 일상적으로 씻는 물은 "바라문 수리야밧타를 위시하여 자바의 왕에 의해, 야바나(대월)인의 왕에 의해, 그리고 참파의 두 왕에 의해 제공되었다"고 전한다.

야바나의 왕은 1175년에 이고종이란 이름으로 등극한 대월 황제이며, 자바의 왕은 카메슈바라가 틀림없다. 참파의 두 왕은 앞서 언급한 것처럼 자야바르만 7세의 동생으로 비자야를 통치한 수리야자야바르마데바왕이고, 또 한 명은 자야바르만 7세의 인질로서 비디야난다나 왕자였던 수리야바르마데바왕을 지칭한다.

왕비 자야라자데비가 사망한 후, 자야바르만 7세는 왕비의 언니 인드라데비를 아내로 맞이하고 제1왕후의 칭호를 내렸다. 그녀의 지식은 "철학자의 지식을 능가하였다"고 비문에 기록되었다. 그는 이 왕비를 불교사원의 주임교수로 임명하였고, 왕비는 여성들을 교육하였다.

피메아나카스의 비문을 하나도 틀림없이 기록한 것도 그녀였다. 그 내용은 그녀의 동생에 대한 찬사이며, 자야바르만 7세에 관한 전기傳記의 대부분은 이 비문으로부터 인용한 것이다.

자야바르만 7세의 사망 일자는 정확하지 않다. 아마도 그는 1218년(세데스 주장) 혹은 1219년까지 통치한 것으로 추정되며, 사후에 마하파라마사우가타의 칭호가 부여되었다.

그는 약간 비만체질이었고, 완고한 성격이었다. 머리는 두정부까지 깎았고, 뒷머리를 땋아 조그만 쪽을 지었다. 자세한 그의 모습은 앙코르 톰과 바욘 사원의 부조로 표현되었으나 여기서 발견되는 4면조각의 형태는 명백히 동일 인물임을 나타낸다. 이 조각상은 조르쥬 세데스에 의하면 거의 대부분이 자야바르만 7세의 자화상이라고 주장하였다. 이례적으로 풍부한 자야바르만 7세의 연대기적 자료를 통해서 정력적이고 야심 있는 인물의 모습을 상상할 수 있다. 오랜 기다림과 시련 이후에 국가를 파멸로부터 구해내고 국력의 정점을 실현했던 모습이다.

대다수의 비문은 자야바르만 7세가 부친인 다라닌드라바르만 2세의 영향을 받아서 열렬한 불교도가 되었다고 전한다. 여러 비문은 이렇게 기록하였다.

바욘 사원에 부조된 왕비. 교육을 시키는 장면으로 보아 자야바르만 7세의 왕비인 인드라데비로 보인다.

부친은 선조들의 힌두교적 전통과 단절하고 불교가 가진 감로(甘露)에서 희열을 발견하였다.

물론 이들 부자의 종교는 대승불교였다. 관음보살에 대한 귀의가 대승적 신앙이 핵심이 되었다. 이 숭배의례는 살아있는 사람이나 죽은 사람에 대한 신앙과 관음신앙이 결합된 것이다.

그러나 자야바르만 7세가 개인적으로 불교도였지만, 궁정에서는 바라문이 소홀히 취급되기보다 여전히 중요한 역할을 수행하였다는 사실도 관찰할 수 있다. 앙코르 톰의 비문이나 바욘 사원의 부조는 바라문이 여전히 일정한 역할을 담당하고 있는 장면을 보여 준다.

자야바르만 7세의 퍼스낼리티는 비문 외에 그가 구상한 건축에서 완전히 표출되었다. 그의 건축작품인 앙코르 톰과 그 성벽, 환호, 다섯 개의 성문, 그리고 그 중심에 위치한 바욘 사원, 왕도 주변에 위치한 반테이 크데이, 타프롬(어머니에게 헌사한 불교사원), 타솜(아버지에게 헌사한 불교사원)·프레아 칸의 사원, 닉폰 저수지 겸 사원(기능이 마비된 동바라이를 대체하기 위해 조성되었다), 그리고 서북쪽에 위치한 반테이 츠마르, 콤퐁

프놈펜국립박물관의 자야바르만 7세상과 그의 뒤에 보이는 정복지도. 옆은 바욘 사원의 4면불. 4면불은 그의 자화상이라 보아도 무방하다.

참 지방의 와트 노코르, 바티 지방의 타프롬 사원들이 있다.

　이들 사원의 대부분은 커다란 인간의 얼굴을 탑, 탑문에 장식한 것이 특징이다. 또한 숙박소를 전국의 고속도로 주변에 설치하고, 자신이 직접 설계하였다. 그리고 왕국 전체에 자선병원을 세웠다. 이처럼 광범위한 기념물을 보면서 이 모든 것이 자야바르만 7세 시대에 시작해서 그의 재임 중에 완성되었을까? 아니면 선대왕들에 의해 시작된 건축을 그가 완성시키고 자신이 만든 것으로 간주한 것은 아닐까? 아니면 그에 의해서 시작된 기념물이 후대의 왕들에 의하여 완성된 것일까?

　이에 대해서 조르쥬 세데스는 다음과 같이 몇 가지 측면에서 의문점을 해소시켜 준다.

　첫째, 앙코르 와트의 창시자인 수리야바르만 2세의 치세가 끝날 무렵부터 자야바르만 7세의 초반까지 국토는 일련의 혁명에 휩싸였고 대규모 건축군을 조성할 만큼 우호적이지 않은 상황이었다. 따라서 그 이전에 많은 사원 건축은 불가능했던 것으로 보인다.

　둘째, 자야바르만 7세의 기념물은 그의 재임기 혹은 부분적으로 그의 두 번째 후대왕인 자야바르만 8세의 통치 이전에 완성되었을 가능성이 크다. 이 기념물 가운데 가장 초기의 작품은 왕도의 동쪽인 옛 쿠티 지역에 건립된 반테이 크데이 사원이다. 그 동쪽으로는 커다란 호수가 있어 모든 계절에도 물이 가득 보존되어 있는데 오늘

똬리를 튼 뱀이란 뜻의 닉폰 사원. 중앙사당에 부조된 관음보살상. 그 앞에 말馬 발라하 Balaha는 관음보살의 화신으로 난파한 어부들을 구해줬다는 팔리어로 기록된 『본생담』의 한 내용을 담고 있다.

앙코르왕조의 역사　133

프레아 칸 사원의 벽에 부조된 압사라의 춤추는 장면.

프레아 칸 사원 입구의 우유바다젓기 장면. 이곳에 주달관이 말하는 성검(프레아 칸)이 보관되어 있었고, 사원 이름도 여기에서 파생되었다.

날의 스라스랑 또는 "왕의 목욕지"로 불리는 사원이 있다.

반테이 크데이 사원은 프레아 칸 비문 상에서 언급된 푸르바타타카가, 또는 "동쪽의 여래"에 해당한다고 가정할 수 있다.

오늘날 타프롬으로 불리는 라자비하라는 1186년에 어머니인 자야

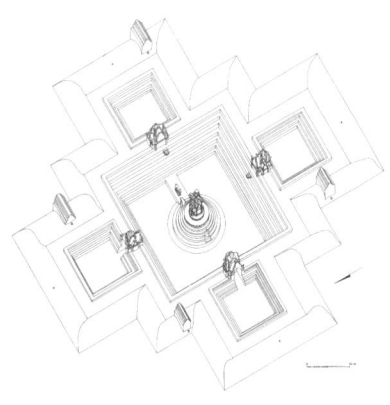

닉폰 사원의 평면도. 닉폰은 자야타타카(북바라이) 한 가운데 서 있는 불교사원이며, 백성들을 구제하기 위해 온천장으로도 사용되었다. 중앙사당의 기단은 나가상이 감싸고 있으며, 사람과 말, 코끼리상의 급수구를 통해 물이 사방으로 흘러가도록 설계하였다. 동서남북 네 곳의 연못은 히말라야의 4대강을 뜻한다.

라자추다마니 상을 안치하기 위하여 건립하였다. 이 어머니 상은 반야바라밀다 보살상의 특징을 가지고 있는데, 반야바라밀은 여러 불의 신비적인 어머니, '지혜의 완성자'이다.

타프롬 사원을 건립한 5년 후인 1191년에 왕은 왕도 북쪽에 자야슈리 사원을 헌사하였다. 오늘날 프레아 칸이라 불리는 사원이다. 이 사원은 부친인 다라닌드라바르만 2세의 상을 안치하기 위한 용도로 설계되었으며, 그 상은 관음보살의 형태를 띠었으며 자야바르메슈바라의 이름을 부여하였다.

프레아 칸 사원에 부속된 건축물 가운데 사원의 기초석 비문에 소규모의 라즈야슈리 사당이 언급되어 있다. 이 사당은 프레아 칸 사원 동쪽에 거대한 인공호수를 조성하고 그 한 가운데 건립되었다. 이 사원이 오늘날의 닉폰 사원인데, "이 섬의 매력은 연못에서 유래하며 이곳을 방문하는 사람들은 정죄淨罪된다"고 기록되어 있다. 이 사원은 인도의 전통에 따라서 히말라야산맥에 자리 잡은 호수 아나바탑타(無熱惱池: 달고 아름다운 과일이 열리는 섬부나무가 심어져 있는 남섬부주의 중앙)를 건축으로 표현한 것이며, 그 물은 네 가지 동물(코끼리, 말, 사자, 소) 머리형태의 급수구를 통해서 흐르도록 하였다.

건축사적인 혁명, 앙코르 톰과 바욘 사원

1190년을 전후하여 건축사적으로 가장 혁명적인 변형, 특히 탑에 인간의 얼굴을 조각하고 주벽에 새로운 회랑을 건설하는 방식이 기존의 건축물에 시도되었다.

반테이 츠마르 사원이 건축되고, 복원된 도시의 기하학적 중심에 위치한 앙코르 톰의 중심 사원 바욘이 건축된 때는 왕의 통치 종반이었다. 중요한 사실은 바욘 사원과 12km의 주벽이 왕도 주위에 새롭게 건축된 점이다.

바욘 사원 건축의 상징성은 건축과정에서 설계도가 2회 혹은 3회에 걸쳐 수정되면서 건축구조가 복잡해지기는 하였으나, 그 중앙의 배치는 고대 왕도의 중심 산에 해당된다고 말할 수 있다. 황금의 링가로 표현되는 이전 통치기의 데바라자 신앙을 대신하여 중심 사원에 수많은 석조의 붓다라자(부처왕)상을 안치하였다. 이 석상은 시바신앙의 신왕을 대신하는 불교신앙에서의 부처일 뿐만 아니라 건립자인 왕의 신상이었다.

주달관이 불두(佛頭)로 표현한 4면불은 '모든 방향에서도 볼 수 있는 얼굴'(사만타무카)을 지닌 관음보살의 자세로 탑의 상단에도 조각되어 있다. 바욘 사원의 내부 및 외부의 회랑은 많은 부조로 뒤덮여 있으며 12세기 크메르인의 일상생활을 이해하는데 매우 값진, 쉽게 없어지지 않는 기록물이다.

바욘 사원 중앙사당 입구에 조각된 비문은 이곳이 일종의 팔백만의 신들이 모인 신전이었음을 입증한다. 왕의 가족숭배와 각 지방의 신앙이 모여 있었다. 왕도가 그 주벽과 중심 산을 갖고 있는 소(小)우주이었듯이 바욘 사원은 왕국의 소우주를 상징하였다.

주달관이 『진랍풍토기』에서 "5월에는 영불수(迎佛水)를 개최하여 국가

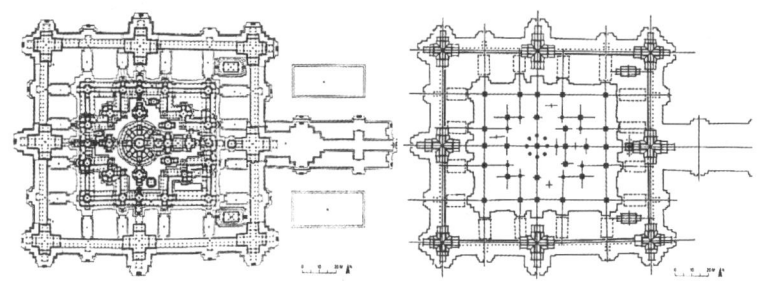

〈바욘 사원의 평면도〉

많은 인파가 모이면 야외에 식당을 마련하고 음식을 장만하는데, 남자들이 돼지를 삶기 위해 끓는 물에 넣고 있다(바욘 사원 부조).

안의 멀고 가까운 곳에 있는 모든 불상을 모으고, 물을 떠오게 하여 국왕과 함께 불상을 씻는다"고 기록했는데, 그 장소가 바로 바욘 사원의 중앙 회랑에 위치한 16개의 소(小)사당에서 이루어졌다.

바욘 사원으로부터 네 방향으로 사각의 축을 따라서 도로가 뻗어 있다. 이 도로에는 이전의 통치자들이 남긴 옛 왕궁의 입구에서부터 출발하여 동쪽을 향해서 제5의 도로가 추가로 건설되었다. 이 도로가 끝나는 지점에 기념비적인 다섯 번째 성문이 위치한다. 이 승리의 문은 동서남북의 사방에 중심 사원의 기본 모티브인 인간의 얼굴을 조각한 탑으로 표현되어 있다. 성문 밖은 '나가' 형태의 난간이 참배길의 양옆으로 연결되어 있다. 이 참배길은 무지개를 뜻하는데 인도의 전통에 의하면 나가는 인간세계와 신의 세계를 연결하는 선이며, 신의 세계는 시상에서 왕도로 표현된다.

전국을 네트웍으로 연결한 '불의 집'

프레아 칸의 비문은 121개의 '불의 집' 또는 휴식소를 언급하였다. 이 휴식소는 자야바르만 7세가 약 15km 간격으로 왕국 내부를 횡단하는 도로에 인접하여 건설된 숙박시설 '삼낙'이다. 앙코르로부터 참파의 수도(판랑 또는 빈딘의 비자야)에 이르는 도로에 57개소, 앙코르에서 코랏 고원의 피마이에 이르는 도로에 17개소(이 가운데 현재 8개소가 발견되었다), 그리고 그 위치는 알 수 없으나 각각의 도시에 있는 우회도로에 44개소가 설치되었다. 그리고 프놈 치소에 1개소가 있고, 나머지 2개소는 확인되지 않았다. 1세기가 지난 뒤에도 이 시스템은 여전히 유지되었다.

휴식소의 건립은 전 국토에 분산 배치된 102개의 자선병원 건축과 병행하여 이루어졌다. 102개의 병원 가운데 15개의 위치는 산스크리트어가 기록된 토대석이 발견됨으로써 확인되었고, 비문의 내용은 거의 대동소이하다. 같은 시대에 건립된 것으로 보이는 비문을 통해 건축 상의 배치가 유사한 것으로 판단되는 17개의 건축물을 여기에 추가한다면 적어도 자야바르만 7세의 병원 가운데 30개소 혹은 1/3 정도는 그 위치가 확인되었다.

병원의 기초석은 흥미로운 정보를 전해 준다. 이를 인용하면 다음과 같다.

이 병원은 병자를 치유하는 부처인 약사유리광의여래(藥師瑠璃光醫如來 · bhashajyaaguru vaiduryaprabha)의 가호 아래 있다.

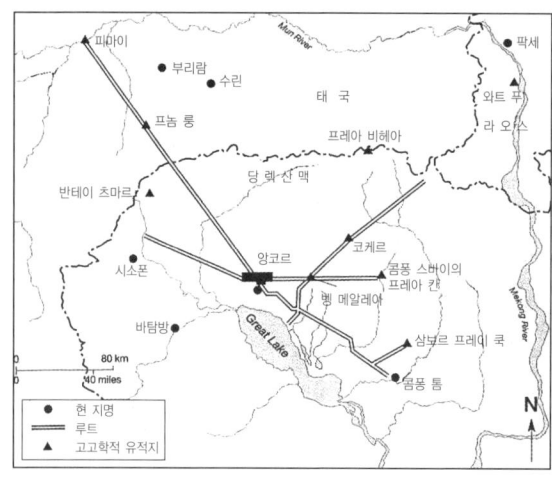

휴게소인 '불의 집(삼낙)'의 전국 루트, 태국, 라오스 등 세 방향으로 설계되었다.

프레아 칸 사원 입구에 건립된 삼낙. 이 곳이 태국의 피마이, 코 케르 그리고 참파로 출발하는 0번지 삼낙이다.

 약사유리광의여래불은 오늘날 중국과 티벳에서 매우 대중적인 부처의 하나이다. 그가 이처럼 민중의 병을 치유하는데 힘썼지만 아이러니하게도 자야바르만 7세는 몇 번의 전쟁과 수리야바르만 2세의 건축에 의하여 이미 피폐해진 민중, 그것도 인접국의 공격에 맞서 스스로 활력을 상실한 민중에게 매우 과중한 사업 프로젝트를 진행한 것이다.

앙코르왕조의 최대 번영기

 크메르 제국에서 최성기는 12세기 후반의 자야바르만 7세의 제4차 야소다라푸라 시대였다. 프랑스의 유명한 고고학자 그로슬리에Groslier의 추산에 의하면 당시 앙코르 평야의 농업 생산성은 놀라울 정도였고, 인구가 고도로 집중되어 있었다.

 그로슬리에는 왕도에서 12만 6천 톤의 쌀이 생산되고 1km² 당 526명의 인구밀도를 기록하며 약 60만 명이 거주했다고 보았다. 톤레삽 호수 지대에서는 8만 9천 톤의 쌀 생산이 가능하였고, 1km² 당 428명의 인구밀도로 42만 9천명이 거주하였다. 주변부 평야지대에서는 18만

톤의 쌀 생산이 가능했으며, 1㎢ 당 101인의 인구밀도와 87만 명의 인구가 살았다.

따라서 앙코르 왕도와 인근 호수 및 평야지대의 인구밀도는 1㎢ 당 178인이었으며 전체 인구가 190만 명에 달한다고 추정하였다. 지금의 프놈펜 인구 100만 명, 1992년 유엔이 조사한 시엠렙 인구 60만 명을 합한 것보다도 많았으며, 자야바르만 7세 당시의 인구가 오늘날의 시엠렙 인구와 거의 비슷하다.

모든 대제국이 그렇듯이 앙코르 제국은 물 관리에 성공한 국가였고, 그것이 농업생산성과 경제력을 향상시켰다. 1998년에 앙코르의 수리체계를 연구하기 위하여 왕도 주변의 지형도를 측정한 작업 결과가 이를 말해 준다.

앙코르의 지형은 북쪽에서 남쪽으로 경사되어 있으며 그 경사도는 수평거리 1㎞당 표고(標高) 차이가 1m 정도였고, 이를 이용하여 물을 평야지대에 공급했는데 앙코르 지역에 건설된 4개의 대 저수지에서 농지에 물을 공급할 수 있는 면적이 9,000만 평이었다.

이처럼 효율적인 수리체계를 확보함으로써 경제적 부를 창출할 수 있었다. 11세기 초에 건설된 서바라이에는 톤레삽 호수에서 거슬러 온 물고기로 가득했으며, 쌀과 풍부한 열대 과일로 경제적으로 풍요로웠다.

아시아개발은행이 톤레삽 호수의 수상족 생활을 개선하기 위해 조사한 보고서에 의하면 호수에서 잡히는 고기는 연간 23만 톤이며, 국가전체 소비량의 50%를 차지한다. 이곳의 물고기는 200종, 파충류는 42종, 조류는 225종, 포유동물 46종으로 다양한 생물종이 서식하는 곳이다.

그러나 이 곳의 쌀 생산량은 나라 전체의

자야바르만 7세가 건립한 병원 기초석의 비문.

12%에 불과하며, ha당 쌀 생산량이 2톤으로 주변국의 3톤에도 미치지 못한다. 따라서 자야바르만 7세 이후에 외부의 정복지로부터 재정과 쌀, 생활품이 유입되지 않는 상황이 되었다면, 왕도의 수많은 인구가 과거의 영화로운 생활을 유지하기는 어려웠을 것이다.

자야바르만 7세의 사망과 더불어 국력은 서서히 기울기 시작하였다. 그 이후에 왕위 계승이 어떻게 진행되었는지는 매우 불투명하다.

그에게는 많은 아들이 있었으며, 알려진 이름만도 4명이나 된다. 타 프롬 비문의 제작자인 수리야쿠라마, 프레아 칸 비문의 제작자인 비라쿠라마, 왕비 라젠드라데비의 아들이며 루보의 지사인 모媒인드라바르만, 왕비 자야라자데비의 아들, 그리고 마지막으로 슈린드라쿠마라가 있었다. 슈린드라쿠마라는 4명의 동료가 호위하는 조각상이 반테이 츠마르 사원의 신전에 안치되어 있다.

인드라바르만 2세라는 이름으로 부친을 계승한 아들이 마지막 인물인 슈린드라쿠마라였을까? 이에 대해서는 관련 비문이 출토되지 않아 정확히 알 수 없다.

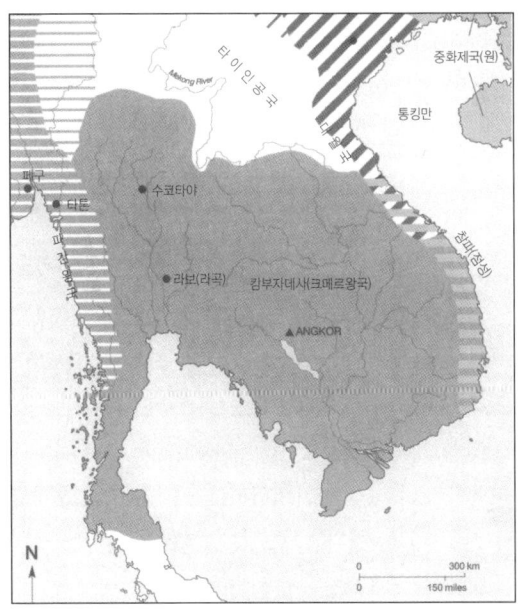

자야바르만 7세 시대의 제국. 지금의 베트남, 라오스, 태국, 말레이 반도가 캄부자의 영토로 편입된 시기였다. 그러나 그의 사망 이후 내분과 주변국의 성장으로 역사의 무대에서 물러서야만 하였다.

캄부자의 군대는 자야바르만 7세가 사망하면서 참파는 물론, 타이 공국에서도 동시에 군대철수가 이루어졌고, 그 이후 캄부자는 대제국의 위상을 서서히 상실하고 내분으로 서서히 지는 태양이 되고 만다.

자야바르만 7세의 사망, 태국과 베트남에서의 철수와 주변국의 성장, 캄부자 내에서 세력 갈등을 조르쥬 마스페로Georges Maspero는 다음과 같이 언급하였다.

> 참파와 크메르사이의 백년 전쟁은 이렇게 끝났다. 그 이후로 크메르는 새로운 적 시암 인과의 문제에 몰입되어 참파의 정복은 더 이상 꿈꾸지 못하였다. 그들은 수 세기 동안 스스로를 제한하고, 단지 이 왕국 내에서 일어나는 사건에만 매달리게 되었다. 전리품과 명예를 탐하는 모험가들은 비조직적인 도당을 이끌고 이곳저곳으로 왕위 지원자에 자신들의 군대를 제공하고 모든 내전에 커다란 역할을 하였다.

캄부자와 1282년 몽골 침입의 실패

캄부자에서 인드라바르만 2세의 후임자는 자야바르만 8세(1243~1295)였다. 이 왕의 재위 기간에 몽골인이 캄부자에 출현하였으나 그들의 침입은 관대한 방식으로 전개되었다.

1282년 캄부자의 영토는 원나라의 사도嗖都장군이 출병한 몽골군의 침략을 받았다. 이 장군은 1283년에 참파의 북부와 중부를 침략한 바 있다. 그는 아마도 쾅치廣治로부터 사반나케트에 이르는 루트를 통하여 속로만速魯蠻·술라이만이란 이름의 지휘관과 병사들을 보냈다. 그러나 이들은 포로가 되어 다시 돌아오지 못하였다. 그럼에도 불구하고 캄부자는 1285년에 쿠빌라이 칸에게 공물을 바치는 것이 현명하다고 판단하였다.

뒤에 설명하겠지만 이 시기에 중국의 사절단을 수행한 주달관은 캄부자를 방문하기 전에 수코타이의 타이인과 비참한 전쟁을 치러 이 국가가 황폐화되었다고 기록하였다. 이 사건이 발생했던 시기의 자야바르만 8세는 노령이었다. 한 비문은 "노왕老王에 의해 유지된 이 국가는 가시 돋친 '적들'이 많아서 곤경을 겪었다."고 기록하고 있다.

비문에 의하면 그는 1295년에 퇴위하고 그의 장녀인 슈린드라부페슈바라추다와 결혼한 슈린드라바르만왕자에게 왕위를 물려주었다. 그러나 다음 해에 통치권에 극적인 변화가 발생하였다.

새로운 군주는 주달관의 말대로 선왕의 사위였고, 장군 출신이었다. 왕이 죽자 그의 딸은 국가의 성스러운 보검을 훔쳐 남편에게 주었고, 남동생은 누이의 배반으로 왕위 상속권을 박탈당하고 밀실에 유폐되었다.

사실 슈린드라바르만(인드라바르만 3세)왕의 비문은 자신의 즉위를 통해서 백성들이 이전보다 편안한 삶을 살게 되었다는 자기정당화로서 이렇게 표현하였다.

> 대지는 한 때, 그리고 동시에 왕들이 사용하는 '수많은' 흰 일산 아래 보호되었으나, 태양의 화상에 고통 받고 있다. 이제 '새로운 왕'이 사용하는 단일의 흰 일산 아래 드리워지는 그림자에서 대지는 더 이상 화상火傷을 느끼지 못한다.

1350년 이후 앙코르 왕도의 점령과 왕도 포기

14세기의 앙코르는 역대 왕들이 거주하는 곳이었지만, 주변국의 성장과 더불어 안전하지 못한 도시가 되었다. 1325년 이래 아유타야의 창건자이며 초대 왕인 라마티파티가 이 왕도를 공격하기 위해 침입하였을 때, 당시 이 곳에서는 니르바나파다(1346~51년)의 아들인 람퐁왕자가 지배하였다.

태국의 역사서인 『아유타야 연대기』를 믿는다면 앙코르 왕도는 그 다음해에 점령되고 시암의 왕이 아들 한 명을 앙코르의 왕으로 임명하였다. 그러나 이 아들은 곧 사망하였다. 그리고 다른 두 명의 시암국 왕자가 1357년까지 차례로 통치하였다.

그러나 이 해에 라오스로 망명하였던 람퐁 라자의 한 형제가 왕도를 재탈환하고 수리야밤샤 라자디라자란 이름으로 왕관을 썼다. 수리야밤샤 라자디라자는 시암의 재공격으로부터 국가를 방어하고 북쪽으로는 코랏 고원과 서쪽으로는 프라친까지 국경을 유지하였다.

1370년에 명나라 태조부터 복종하라는 명령을 받고 조공을 바친

인물도 그였다. 『명사明史』는 그를 홀이나忽爾那로 기록하였다. 홀이나는 20년간 통치하였으며, 그의 조카이자 파라마라마란 이름을 가진 람퐁 라자의 한 아들이 왕위를 이어받았다.

1379년에 『명사』는 새로운 왕을 '삼답감무자지달지三答甘武者持達志'로 칭하였는데, 그가 곧 삼탁 캄부자디라자왕이다. 이 왕은 파라마라마 임이 틀림없으나 그에 관하여 구체적인 정보는 알 수 없다.

1380년경, 파라마라마왕은 그의 동생인 담마소카라자디라자에게 왕위를 이양하였으며, 『명사』는 1387년에 이 왕을 '삼열실비사감보자參烈實毘邪甘菩蔗'로 언급하였다. 이 왕이 곧 삼탁 차오 폰헤아 캄부자이다.

1393년, 시암 왕 라메수안(라메슈바라)이 캄부자에 침입하여 왕도를 공격하였다. 시암의 연대기에 의하면 그 이듬해인 1394년에 앙코르 왕도는 점령되었다. 국왕 담마소카는 살해되었으며, 시암국 왕의 아들인 인디라자를 왕으로 봉하였다. 그러나 인디라자는 곧 암살되었다.

『명사』에는 의하면 1404년에 '삼열파비아參烈婆毘牙'란 왕이 등장하는데, 그가 삼탁 차오 폰헤아왕이다. 그러나 이 왕에 관한 구체적인 정보는 없다. 단지 그의 사망이 1405년에 아들에 의하여 중국조정에까지 보고되었다. 그의 후임은 그의 아들인 '삼열소평아參烈昭平牙'가 이어받았으며 캄부자의 자료에 의하면 그가 삼탁 차오 파야Samtac Chao Phaya임을 알 수 있다.

그러나 『캄보디아의 연대기』에 의하면 시암의 아유타야국이 침입했을 때인 1430~31년, 앙코르의 왕 다르마쇼카는 살해되고, 그의 아들 폰헤아 야트는 1431년 앙코르 왕도를 포기하기로 결정하였다. 왕도가 외적에게 너무 노출되었고, 방어하기가 매우 어려웠기 때문이다. 중국의 『명사』에는 삼열소평아가 1405년부터 1431년 이후까지 통치하였다고 기록되어 있으며, 조르쥬 세데스도 이 주장을 따르고 있다.

왕도는 잠시 바산(스레이 산토르)에 위치하였으나 홍수로 매몰되었고, 차오 폰 헤아 야트는 4거리 즉, 오늘날의 도시인 프놈펜에 왕도를 정하였다. 그리고 600년의 앙코르 왕도는 급격히 그 존재를 감추고 말았다.

제3부
13세기 앙코르 시대로의 시간여행

1889년 프랑스의 건축가 루시엥 푸르느로가 미술 전시회에 선보인 앙코르 왕도의 드로잉.

1장 문명 복원의 거울, 진랍풍토기

흙 속에서 잠자던 여행기

'동양의 신비, 동양의 수수께끼'로 불리는 앙코르 와트를 보면서 느낀 것은 한 순간에 영화를 누리다 사라진 문화적 실체에 우리가 다가서기까지는 침묵하는 역사로부터 흔적을 찾아내고 여기저기에 흩어진 자료를 퍼즐게임 하듯이 짜 맞추는데 노력한 사람들이 있었기에 가능했다는 점이다.

앙코르 시대의 역사적 자료는 산스크리트어나 고대 크메르어, 팔리pali어로 비문에 새겨져 있으나 발굴된 자료가 많지 않고 기록된 내용 또한 부분적이고 단편적인 것들인 데다왕과 바라문 계급에 관한 것이 대부분이었다.

이러한 자료적 한계 속에서 숲 속에 잠자던 앙코르 와트를 세계 속에 알린 것은 18세기 이후 동양문화를 탐험하려는 프랑스의 동양학자들에 의해 이루어졌다.

프랑스의 동양학자 1세대의 선구자가 바로 '아벨 레뮈사A Rèmusat'다. 1814년 파리의 '꼴레쥬 드 프랑스'에서 중국학 강좌를 개설하고 초대 학장으로 취임했던 그는 1819년에 크메르의 고대사 연구에 중요한 단서를 찾아냈다. 그것이 1296년에 앙코르 왕도를 방문했던 주달관周達觀의 견문록『진랍풍토기眞臘風土記』였다.

주달관은 앙코르왕조 시대의 궁정사회, 종교, 문자, 질병, 무역거래, 동식물과 그릇, 지방행정제도와 관료제도 등 국왕에서부터 일반 서민의 생활에 이르기까지 광범위하게 관찰한 것을『진랍풍토기』라는 견문록에 담았는데, 아벨 레뮈사는 역사 속에 잠자던 이 기록을 흙 속에서 찾아내고 프랑스어로 번역하였다.

앙코르의 문명이 전 세계에 제대로 알려지기 전인 1819년『신여행연보』에「13세기말 중국인 여행가의 캄부자왕국 견문록Description du royaume de Camboge, par un voyageur Chiniois qui a visité contrée à la fin du XIIIe siècle』은 잔잔한 반향을 일으켰다.

프랑스의 선교사인 부유보 신부와 박물학자 앙리 무오가 앙코르 왕도를 방문했던 1858년, 1864년보다도 약 40년 이상 앞선 때였다. 이 번역서는 본격적인 연구를 알리는 초기였기 때문에 불완전한 것이었지만, 문헌이 부족한 현실에서 크메르인의 역사를 해석하는데 귀중한 자료적 가치를 제공했고 연구를 촉진하는 계기가 되었다. 물론 레뮈사가 프랑스판 번역본으로 사용했던 주달관의 『진랍풍토기』는 『고금도서집성古今圖書集成』본에 수록된 것을 바탕으로 한 것이긴 하다.

그리고 『진랍풍토기』에 대한 본격적인 연구를 폴 펠리오가 이어받았다. 프랑스가 인도차이나를 점령하고 1898년 하노이에 프랑스극동학원EFEO을 개설하면서 당시 극동학원의 교수였던 폴 펠리오는 극동학원에서 발간되는 잡지에 『진랍풍토기』를 『주달관의 캄보디아 견문록에 대한 비망록Mèmoires sur les Coutumes du Cambodge par Tcheou Ta-Kouan』이란 제목으로 발표하였다.

펠리오가 번역본으로 사용했던 원본은 『고금설해古今說海』본이며, 고금도서집성본도 참고하였다. 그의 연구는 문헌학자의 입장에서 진행되었고 캄보디아 고대사연구자였던 에이모니에, 피노 등의 연구 성과도 함께 인용하여 현재까지도 참고가 되고 있다.

그는 자신의 주석에 만족하지 않고 1920년 전후부터 해석상의 오류를 바로잡고 보완하려 하였으나 세상에 빛을 보기도 전에 세상을 떠났다. 그의 유작은 프랑스극동학원장을 맡은 조르쥬 세데스에 의해서 유고집으로 1951년에 발간되었다. 펠리오의 연구를 보완하고 수정을 가한 학자가 극동학원장이었던 조르쥬 세데스다. 세데스는 두 편의 연구논문을 진행하여 새로운 해석을 시도하고 펠리오의 주석을 종합하여 『주달관의 캄보디아 비망록』을 파리에서 출간하였다.

주달관이 기록한 『진랍풍토기』의 원본은 현재 존재하지 않는다. 그의 글은 원나라 말기에서 명나라 초기에 여러 사서에 인용되어 실려 있으나 소실되었고, 처음으로 인용된 것이 명대인 1368년에 도종의陶宗儀

가 편집한 『설부說郛』 100권본이다. 그 이후 주달관의 기록을 담은 사서들은 약 13여종 이상이나 된다. 명明대 실려 있는 사서로는 『설부說郛』, 『역대소사歷代小史』, 『고금일사古今逸史』, 『고금설해』, 『백천학해百川學海』 등이다.

그리고 청淸대에는 『고금도서집성』, 『사고전서四庫全書』에 총서의 하나로 실려 있다. 비교적 근대에 기록된 허씨본(1829년)은 온주시 도서관에 소장되어 있고, 마본馮本은 1957년 마승균馮承鈞이 번역한 글이다. 이처럼 진랍풍토기는 명나라 초기에 그 원본이 유실되면서 현재에 이르기까지 13종의 다양한 판본이 있고, 여러 판본들은 다음의 두 가지 특징을 갖고 있다.

명대의 『설부』 100권본은 마지막 장(국왕의 외출)에서 약 30여자가 탈락되었고, 1544년에 출간한 『고금설해』본도 200여자의 탈락이 있다. 청대의 건륭황제 시대(1781년)에 완성된 『사고전서』본이나 『고금도서집

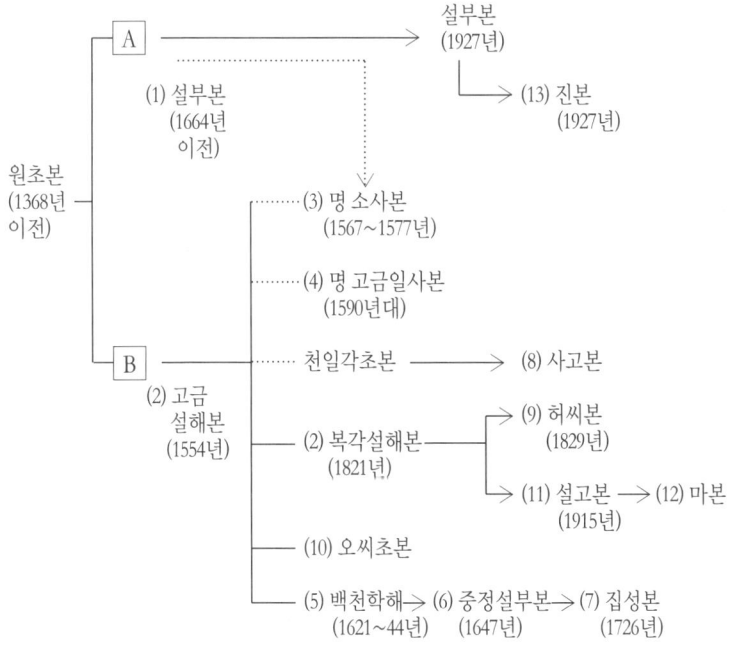

〈진랍풍토기의 다양한 판본의 시대적 연표〉

성』본도 240여자의 오탈자가 있다. 이런 이유로 역사적 사실에 비추어 수정한 교열본이 불가피하게 등장할 수밖에 없는 실정이다.

프랑스 학자들의 번역본이 출간된 이후『진랍풍토기』는 많은 학자들의 관심을 유발하여 각국에서 번역되었다 영어 번역서로는 몇 가지가 출간되었다. 하나는 머스키Mirsky가 시카고에서 1964년에 편찬한 것이며 또 하나는 길먼 다시 폴Gilman d'Arcy Paul이 1987년에 방콕에서 출간하였고, 1993년에 3판까지 출간되었다. 길먼의 번역은 폴 펠리오의 프랑스 번역을 영어로 재번역하여 일반인에게 친숙하나 지명과 인명을 이해하기가 쉽지 않다.

이에 따라서 2001년 '시암 소사이어티'는 태국 왕실의 후원 아래 새로운 번역본을 출간하였다. 새로운 번역본은 루이 피노가 1929년에 EFEO에 발표했던 "앙코르 와트"를 포함시켰으며, 중국 학자들이 문제점을 제시한 내용까지 각주로 달아서 비교적 완벽한 연구라 할 수 있다.

또 일본에서는 다모츠 다카하시高橋保가『동남아시아: 역사와 문화』(1972년 No. 2)에「진랍풍토기에 언급된 캄보디아어에 관하여」란 논문을 발표했고, 1980년에는 미야케 이치로 · 나카무라 데스오三宅一朗 · 中村哲夫에 의한 번역본이 나왔다. 그리고 1988년 와다 히사노리和田久德가 진랍풍토기를 일어판으로 번역하였다.

중국학자로서는 1981년 고고학자인 시아 나이夏鼐가『진랍풍토기교주校註』를 출간했으며, 1994년에는 북경대학 교수인 양바오윤楊保筠이 세 편의 글을 발표하였다. 반도Péninsule라는 잡지 제28호, 29권에「캄보디아와 관련된 중국의 자료Les sources chinoise relatives au Cambodge」, 29호 30권에「금변金邊왕국에 관한 기록Notes du Royaume Jinbian」을 발표하였다. 금변金邊은 앙코르 시대 이후의 프놈펜 왕도를 말한다. 그리고 EFEO에「캄보디아에 관한 새로운 연구Nouvelles étude du l'ouvrage de Zhou Daguan」을 발표하였다. 시아 나이의 교주본과 양바오윤의 글은 시암 소사이어티siam society가 2001년에 개정판을 발간한『진랍풍토기』의 영문판에 참고로 활용되었다.

필자는 2006년 1월에 앙코르를 다시 방문하여 관련 자료를 모으고 새로운 연구 성과를 포함하여 기존의 영어판에 의존했던 주달관의 『진랍풍토기』를 수정하기로 하였다. 이번에 번역한 기본 판본은 『고금도서집성』본과 『사고전서』본을 기본 자료로 하고, 이해와 각주를 위해서 1902년에 펠리오의 프랑스어판, 2001년에 출간된 마이클 스미디스Michael smithies의 영어판과 와다和田久德의 일본어 판, 1981년 시아나이의 교주본을 보조 자료로 활용하였다. 그리고 앙코르 와트 프로젝트의 일환으로 동국역경원의 박상준 역경위원이 『사고전서』본을 초벌 번역한 자료도 참고하였다.

주달관

앙코르의 장엄했던 시대의 대한 유일한 기록은 주달관의 붓 끝에서 시작된 『진랍풍토기』뿐이다. 초정일민草庭逸民이란 호를 가진 주달관은 절강성 영가永嘉출신이다. 그는 1296~97년에 중국 사신의 수행원으로 동행하여 크메르에서 거의 일년을 체류한 후, 귀국하여 적어도 견문록의 집필을 1312년 이전에 끝낸 것으로 보이며 1346년까지 생존하였다.

주달관이 1346년까지는 생존했다는 근거는 임곤林坤의 『성재잡기誠齋雜記』 서문에 "병술년 가평 망일에 영가 주달관이 지었다丙戌嘉平望日 永嘉周達觀選"라고 썼는데 병술년은 1286년이거나 1346년이 된다. 1286년은 주달관의 나이가 20대 초반으로 보이기 때문에 사망연대로 볼 수는 없고, 따라서 후자가 사망연대로 볼 수 있다.

또한 오구연吾丘衍이 주달관에게 헌사한 시가 있는데, 그가 쓴 『죽소산방시집竹素山房詩集』 제2권 가운데, "주달가周達可가 진랍국을 다녀와 풍속을 기록하였다. 먼 곳을 다녀와 풍속을 듣고 진귀한 풍속을 기록한 것은 장년이다. 따라서 시 3수普를 바친다"고 기록했는데, 여기서 언급된 주달가가 주달관이 틀림없다면 그의 장년은 진랍국을 방문했던 1296~97년에 해당한다. 따라서 그는 1260년대 전후에 출생하여 1312년 이전에 견문록을 집필했고, 1346년경에 사망한 것으로 추정된다. 또한 오구연의 시를 보면 진랍풍토기를 읽고 나서 쓴 것을 알 수 있는데, 오구연의 묘지에는 1312년 2월에 사망한 것으로 기록되었다. 따라서 진랍풍토기는 적어도 1312년 이전에 쓰인 것임을 알 수 있다.

그는 온주 출신으로 해상무역을 관장하는 지역에서 성장하였기 때문에 외국의 문물에 어느 정도 능통했던 상인이었다. 그가 『제번지』를 읽은 것도 동남아시아 문물에 해박한 지식을 갖고 있었기 때문에 진랍의 사절단에 수행하게 되었을 것이다.

진랍풍토기의 역사적 가치

그가 진랍을 방문한 이후 진랍과 원나라는 훈련된 코끼리를 매매하

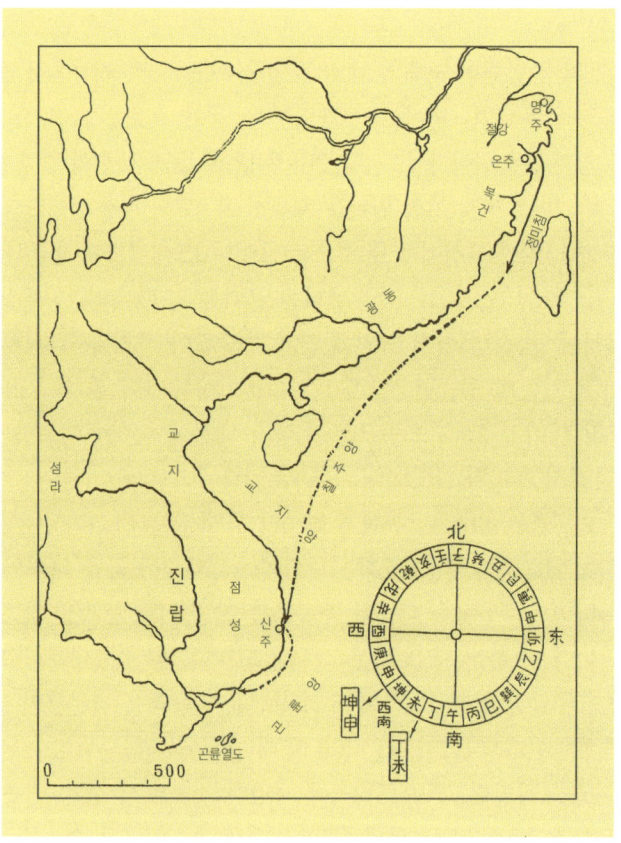

온주를 출발하여 나침판이 가리키는 정미침을 따라서 칠주양과 신주(비자야), 미토를 거쳐 불촌과 담수양, 왕도에 이르는 주달관의 항해도.

였고, 향목을 거래하는 등 그 이후 양국의 교류에 어느 정도 영향을 미친 것으로 평가된다.

그러나 그가 양국의 무역과 외교에 끼친 영향보다도 당시의 앙코르 제국의 시대상과 생활상을 한편의 파노라마처럼 다시 읽을 수 있게 해준 유일한 기록이란 점이 역사적으로 더욱 가치 있는 것이다. 진랍풍토기를 서구에 소개한 폴 펠리오의 1902년의 프랑스어판을 잠시 인용한다.

1368년 몽골제국이 붕괴된 직후에 『진랍풍토기』는 도종의陶宗儀가 편집한 총서叢書인 『설부』 100권본에 한권으로 편입되었다. (그러나 그 후에 유실되었다 : 역자). 그리고 1646~47년에 설부총서를 추가하여 보완한 120권의 『중교설부重較說郛』가 편집되었으나 저본底本으로서는 부적당하다. 여기에 수록된 진랍풍토기는 한 면이 누락되었다. 이 총서는 1544년에 간행된 『고금설해古今說海』본에 의거하여 편집된 것이다. 그리고 최근까지 직접적이든 간접적이든 이 총서에 근거한 진랍풍토기가 활용되었다.

그러나 최초의 자료인 『설부』 100권본을 잘못 편집한 사본이 수십 종류에 이를 만큼 다양한데, 그 가운데 하나가 상하이의 상무인서관에서 (1930년)에 출간되었다. 이 판본은 고금설해본과 거의 유사하며 설부 100권본을 근거로 하고 있다. 따라서 1544년 판본에 기초한 것이 아니라는 사실이 무엇보다도 중요하다.

『설부』본이 완전한 저서는 아니다. 따라서 우리가 참고하는 저서가 비록 완전한 틀을 갖고는 있지만, 혹시 오탈자가 없지는 않을까 생각할 것이다. 17세기 중엽에 사서편찬을 시도했던 전증(錢曾, 1629~1701년)은 (『독서민구기讀書敏求記』 제2권에 실린 진랍풍토기를 해설하면서: 역자 주) 『고금설해』본은 열 곳 중에서 예닐곱 군데는 오자와 탈락이 발생하여 책을 읽으면 잘못된 생각을 갖게 될 것이라고 평가했다. 불행히게도 진랍풍토기의 원본이 없기 때문에 나는 가능한 한 정확한 판본을 수집하려고 노력하였다. 그럼에도 불구하고 주달관의 저서를 초기부터 인용한 문헌은 찾지 못했다.

그나마 임곤林坤의 『성재잡기誠齋雜記』에는 주달관이 서문을 썼다고 언급했으며, 이 저서에 진랍풍토기의 일부 내용이 인용되었으나 그 인용 원문은 유실되고 없는 상태이다. 3세기 후에 전증이 완벽한 원문을 추적하기 위해 노력한 이유도 이 때문이었다.

이같이 원본은 유실되었으나 여러 사서 속에 묻혀 있는 가치를 알아낸 아벨 레뮈사는 『진랍풍토기』를 1819년에 프랑스어로 번역하였다고, 펠리오가 다시 1902년에 프랑스극동학원잡지BEFEO에 번역하여 게재하였다.

비록 우리가 가진 진랍풍토기의 원본이 완전하지는 않더라도 예외적인 관심을 끌고 있는 것이 현실이다. 역사 초기에 불교 순례를 했던 현장玄奘의 기록도 그 정확성으로 정평이 나 있듯이, 주달관 또한 캄부자왕국이 가장 번영했던 시기에 방문했으며, 이 국가의 생생하고 정확한 설명을 제공한다. 주달관은 견문록에서 최근에 시암暹의 침입이 있었고, 이로 인해 국토가 파괴당했다고 말하였다. 이 때문에 캄보디아의 왕도는 앙코르에서 로벡을 거쳐 마침내 프놈펜으로 이동했고, 세계인의 관심에서 사라졌다. 앙코르가 빛을 보기 위해서는 그로부터 4세기를 더 기다려야만 하였다.

주달관이 방문하던 시기에는 이미 신자와 승려들이 활동하고 있는 상황이었다. 주달관은 중국이 캄부자로부터 공물을 받기 위해 1295년에 중국 조정에서 파견키로 한 사신단의 수행원이었다. 사신단은 1296년(元貞 2년) 2월 20일 온주溫洲를 출발하여 1297년(大德 원년) 8월 12일에 귀국하였다. 그에 의하면 "사절단은 충분한 성공을 거두었고, (상대방국)은 경의를 표하였다. 그러나 그는 사건들에 매우 큰 관심을 갖고 있었기 때문에 우리는 그가 언급한 내용을 신뢰하지 않을 수 없다. 사실 1296년의 사신단 파견에 대한 후속조치로 정상적인 외교관계가 수립되었다는 흔적은 추적할 수 없다."

공물을 획득하려는 자보다 역사가로서 더 중요한 인물인 주달관이 캄부자 방문에서 얻은 주요한 성과는 『진랍풍토기』의 편집이었다.

진랍 또는 점랍占臘 그리고 감패지甘孛智 또는 감포지澉浦只로 불리는 이 국가의 지리적 위치를 설명한 후에 주달관은 자신의 여정을 간략히 기술하였다. 즉 중국으로부터 메콩강 하구까지, 그리고 그 강을 거슬러 올라가 톤레삽 호수에 접어들어 사남(查南·콤퐁 츠낭), 불촌(佛村·푸르삿), 간방(干傍·콤퐁)을 경유하여 왕도의 선착장, 그리고 왕도에 도달하였다. 그가 설명한 도시는 정확히 자야바르만 7세의 왕도, 즉 현재의 앙코르 톰과 정확히 일치한다.

주벽과 환호, 다섯 개의 성문과 그 앞에 '나가'를 장식한 난간이 있는 다리, 도시의 중심에 있는 황금탑(바욘 사원), 북쪽으로 1리里에 위치한 동탑(銅塔·바푸온 사원), 그리고 다시 북쪽 1리에 있는 왕궁을 설명하였다. 성 외부에 관하여 주달관은 남으로는 약 반리半理에 노반魯班이 하룻밤에 건설했다는 높은 탑(프놈 바켕 사원)과 1리에 노반의 묘(앙코르 와트 사원)가 있다. 동으로는 동쪽 호수(東池·동바라이), 북으로는 북쪽 호수(北池·베알 레아치탁, 즉 프레아 칸의 호수)와 그 한가운데 위치한 닉폰 사원이 있다고 기술하였다.

그 다음으로 주달관은 왕궁을 시작으로 여러 종류의 주거형태에 관하여 기술하였다. 먼저 "왕궁 내에 하나의 금탑(피메아나카스)이 있으며, 그 정상에 왕이 잠을 잔다. 토착인들은 이 탑의 꼭대기에 머리가 아홉 개인 정령(수호신)이 살고 있으며, 왕국 전 토지의 주인이라 믿는다. 이 정령은 매일 밤 여인의 형태로 나타난다. 국왕은 먼저 이 정령과 동침하여 관계를 갖는다"고 소개하였다. 의상과 관련하여 그는 서양(남인도) 직물인 순하포를 언급했고, 쟈스민 향수(茉莉·말리향)를 머리카락 사이에 바르고 손목과 발목, 손가락에 금반지와 팔찌를 하고 그 위에 보석인 묘안석猫兒眼睛石을 박아 장식했다고 기록했고 당시의 매니큐어인 염료 홍약紅藥도 소개하였다.

관료제도와 관련하여 승상, 장군, 사천(司天: 천문과 지리를 관장하는 관료직)과 속관屬官에 이르기까지 캄부자국 행정부의 귀족주의적 과두정치의 성격을 정확히 관찰하였다.

황금 또는 은으로 장식된 가마 및 일산을 가질 수 있는 고위직의 휘장에 대해서도 기록하였다. "금으로 장식된 가마를 사용하는 관리는 파정巴丁 또는 암정喑丁이라 하고, 은으로 장식된 가마를 사용하는 관리는 시랄적(㕚辣的, 슈레스틴)이라 불렀다.

이 중국인 방문자는 세 개의 종교가 존재하는 것으로 인식하였다. 이 가운데 반힐(班詰·판디타)로 불리는 브라만교도들은 "타인과 같은 의복을 입었으나 예외적으로 머리에 하얀 실을 꽂고 있어 그것으로 학자임을 식별할 수 있다"고 하였고, 저고(苧姑·승려)는 "머리를 삭발하고 누런 옷을 입었는데 오른쪽 어깨는 드러내고 다닌다"고 하였다.

괴석(怪石·링가)의 숭배도 언급했으며, 그것이 마치 중국의 사직단(社稷壇)에 있는 석주와 그 모양이 비슷하다고 하였다.

주달관은 검게 그을린 원주민의 풍속에 경멸적인 태도를 보였으나 귀족층의 여성들에 대해서는 "백옥과도 같은 피부색"을 가졌다고 기록하였다. 국왕은 다섯 명의 부인 외에 수천 명의 첩들이 별도로 있다고 기록하였다.

중국인에게는 보는 것이 허용되지 않아 정확한 사실을 알 수 없으나 진담(陣毯)이라는 모호한 명사로 꽃다운 소녀의 처녀성을 제거하는 의식을 설명하였다.

주달관은 중국어와 대비하여 크메르어의 정확한 특징을 어순에 의해 구분하고 중국어와는 반대로 한정어가 피한정어의 다음에 위치한다고 언급하였다. 그는 숫자와 친족의 용어를 인용하여 이해하기 쉽도록 하였다. 주달관이 언급한 가죽을 검게 염색하고 그 바탕에 하얀 흙을 나뭇가지에 묻혀 기록하는 방법은 오늘날 전해 내려오지 않으나 현재 검은 종이인 '크랑'이 이를 대신하는 것이 틀림없다.

다음으로 크메르의 연중축제에 관한 장은 흥미로운 내용을 담고 있으나 중국의 달력이 크메르의 그것과 달라서 약간의 혼란을 일으킨 것으로 보인다. 여러 축제 가운데 주달관이 언급한 연등제는 사자(死者)의 제와 관련되어 있는 것이 분명하고, 신년에 남녀가 교대로 노래하고 이와 더불어 "공을 치는 포구(抛毬)놀이," 신년이 되면 전국에서 불상을 모아 깨끗한 물로 "불상을 닦는 축제," 시암에서도 행해진 일종의 인구센서스인 주민의 검열, 수확이 끝났음을 알리는 농민축제인 벼이삭을 태우는 행사 등을 열거하였다.

사법제도와 관련하여 주달관은 "소송사건은 사소한 것일지라도 반드시 국왕 앞에서 다루어진다"고 하였다. 아울러 고문과 신판神判으로 잘못을 가리는 관습에 관해서도 기술하였다.

질병과 관련하여 그는 나병을 언급하며, "이 땅의 풍토에서 나병이 발생한다. 이전의 국왕도 나병을 앓은 적이 있기 때문에 이 병을 크게 혐오하지는 않는다"고 하였다.

장례식과 관련하여 그는 사체를 야생동물에게 주는 관습도 언급하였다. 그 다음에 그는 물어 떠 있는 벼를 포함하여 경작에 관하여 언급하였다. 그리고 이 국가의 자연지형, 특산품, 그리고 무역, 수요가 있는 중국의 수입상품, 초목과 동물도 기록하였다. 그는 또한 캄부자인의 가구와 용기그릇을 언급하였다. 이것들은 여전히 현재에도 원초적인 수준이다. 그리고 교통수단, 가마, 배(정크선과 카누)에 관해 기록하였다.

90개의 행정구역 가운데 그는 진포眞浦, 사남査南, 파간巴澗, 모량莫良, 팔설八薛, 포매蒲買, 치곤雉棍, 목진파木津波, 뢰감갱賴敢坑, 팔시리八廝里에 관하여 언급하였다.

프랑스보호령이 설치된 때에도 여전히 행해지고 있던 인간의 쓸개 채집과 목욕에 대하여, 그리고 군인들의 무기에 대하여 상세히 언급한 후에 주달관은 왕의 외출에 관한 기술로 견문록을 끝냈다.

2장 『진랍풍토기』 전문

1. 서문

진랍眞臘은 점랍占臘이라고도 하는 데, 이 나라는 스스로 감패지甘孛智로 부른다.[1] 이번의 원나라 조정에서 서번경西瀋經[2]을 조사해 보니 이 이름 역시 감포지澉浦只로 기록되어 있는데, 감패지와 비슷한 음역이라고 생각된다.

온주에서 배를 띄워 나침반이 가리키는 남남서丁未針방향으로 진행하여 복건성과 광동성, 해남도의 여러 항구를 거쳐 칠주양七州洋을 통과하고 교지양交趾洋[3]을 경유하여 점성占城[4]에 도달하였다.

또한 점성에서는 순풍을 받아서 보름 만에 진포眞浦에 도달하였다.[5] 이곳이 캄보디아 국경이다. 진포에서 또 다시 서남서坤申[6] 방향으로 항해하여 곤륜양昆崙洋[7]을 지나 메콩 델타의 항구에 들어섰다. 항구는 수십 개에 이르지만 네 번째 항구에 우리 일행이 들어섰다. 그 이외에는 모두 모래톱[8] 때문에 커다란 배가 드나들 수 없었다.

그러나 어디를 바라보든지 높은 등나무 고목, 황색 모래밭에 하얀 갈대뿐이어서 방향을 가늠하기가 용이하지 않았다. 이 때문에 처음에

---

[1] 진랍은 크메르인이 세운 chenla를 중국식으로 발음한데서 유래하며, 이 명칭은 『수서隨書』에서 처음 등장하여 명나라 때까지 일관되게 사용되었다. 점랍은 『송사宋史』의 진랍전眞臘傳에 나오는데 진眞과 점占의 한자음이 비슷하기 때문에 발생한 것으로 보인다. 한편, 감패지는 캄부자Kambuja의 음이며, 현재는 간포채柬埔寨로 불린다.
[2] 티벳(서번)의 경전을 말한다.
[3] 교지양交趾洋은 해남도 서부로부터 북부베트남 연안을 가리키는 말로 일반적으로 중국인이 베트남을 지칭하는 용어로 사용하였다.
[4] 중국식 표현으로 점성(참파)의 수도 신주新州, 즉 키농quinon지방이다.
[5] 진포眞浦는 여행과정의 기술로 보아 캄부자 왕국의 동쪽 국경부근으로서 참파와 맞닿은 지역으로 폴 펠리오는 바리아baria로 주장하였다.
[6] 서쪽에서의 남서쪽. 2001년 영어판은 'south-west by a quarter west'로 표현하였다.
[7] 곤륜양은 Paulo-Condor섬의 condor를 중국식으로 발음한 것이다.
[8] 원문에는 사천沙淺으로 표기되었다. 모래가 쌓여있기 때문에 큰 배가 드나들 수 없다는 것으로 이해할 수 있는데, 영어판은 '사천'을 모래톱sandbar으로 번역하였다.

는 우리의 길을 찾는 것이 쉽지 않았으며, 뱃사람이 항구를 찾는데 어려움을 겪었다. 항구에서 서북쪽9)으로 나아가 순풍을 받아 보름을 가서 사남查南10)이라는 곳에 이르렀다.

이 곳이 크메르 왕국이 다스리는 군郡이다. 또 사남에서 작은 배로 갈아타고 물결이 흘러가는 방향으로 10여 일을 가서 도중에 불촌佛村11)을 통과하고, 거기서 다시 담양淡洋을 건너 간방干傍12)이라는 곳에 도달하였다. 여기서부터 도성은 5십리13) 거리에 있다.

『제번지諸藩志』14)에는 이 땅의 넓이가 7천리에 이른다고 기록되어 있다. 이 국가는 북으로 보름을 가면 점성에 닿고, 서남으로 보름을 가면 섬暹(逞: 수코타이왕국)에 이르며, 남으로 10일을 걸어가면 번우(광동성)에 이른다. 또 동쪽으로는 바다와 맞닿아 있다. 이 국가는 옛날부터 중국과 통상을 하며 왕래해 왔다. 원나라는 하늘의 명을 받아 사해四海를 점령하였다. 점성에는 사도원수唆都元帥가 파견되어 행정기관行省을 설치하고, 일찍이 한 사람의 호부만호虎符萬戶15)와 금패천호金牌千戶를 파견하여 다스리게 하였다. 그러나 이들 장수들은 그 나라에 함께 도착하였으나

---

9) 폴 펠리오는 '북쪽으로gane au nord'로 번역하였다.
10) 사남은 현재의 콤퐁 츠낭kompong chnang을 가리킨다.
11) 원문은 「過半路村佛村」으로 기록되어 있다. 이와 관련하여 두 가지 해석이 있다. 첫째, 폴 펠리오는 半路村le village de la mi-route, 佛村village du Bouddha을 각각의 지명으로 보았다. 불촌은 오늘날의 Pursat 지방이다. 둘째, 반로촌은 간방으로 향하는 중간에 있는 마을이며, 따라서 불촌을 수식하는 것으로 보아야 한다는 견해다. 이 주장에 의하면 '중간에 불佛이라는 마을'을 통과하고 담양을 지나갔다는 것으로 볼 수 있다. 2001년 영어판은 각각의 지명으로 보았으나 반로촌이 어디인지 구체적으로 설명하지는 않았다.
12) 담양淡洋은 톤레삽 호수를 가리키며 담수양이라고도 한다. 한편 간방干傍은 항구, 선착장을 뜻하는 콤퐁kompong의 중국식 발음이다.
13) 1리里는 1,800척, 원나라 시대에 1척을 미터로 환산하면 0.327미터. 따라서 1리는 589미터나. 스미디스의 번역본에는 1리를 576미터로 소개하였다.
14) 송나라 조여괄趙汝适이 1225년에 지은 책. 조여괄은 해외무역을 담당했던 관리로서 부임지였던 천주泉州에서 듣고 본 해외정보를 토대로 13세기의 동남아시아·아프리카의 지리·풍속·산물에 관한 역사서를 편찬하였다.
15) 사고전서의 원문은 '호부백호虎符百戶'로 표기되었으나 백호百戶는 만호萬戶의 잘못된 표기이다. 만호는 병력 7천명, 5천명, 3천명 이상을 지휘하는 장수를 가리키며, 호랑이 머리모양을 한 금패를 차고 다녔기 때문에 호부만호라 불렀다. 천호千戶는 병력 1천명

모두 잡혀서 돌아오지 못했다.
이에 따라서 성천자(원의 成宗)는 원정을미(元貞乙未: 1295년) 6월에 사신을 파견하여 이들을 초론(招諭: 외국을 외교적으로 굴복시킴)하고자 나를 수행하도록 하였다. 그 이듬해 (1926년) 2월에 명주(현 절강성 영파시)를 떠나 2월 20일에 온주(溫州)항을 출발하였고, 3월 15일에 베

앙코르 톰의 석장군. 양쪽에 54명씩 모두 108명의 신과 아수라가 감로주 암리타를 얻기 위해 우유바다를 젓고 있는 장면이다.

을 통솔하는 장수로서 금패를 차고 다녔다. 사도를 파견한 배경을 살펴보면, 당시 쿠빌라이 칸은 1278년, 1280년 북경의 조정에 참석하도록 참파의 왕에게 소환장을 보냈고, 1281년에 우승사도를 파견하여 몽골의 총관부 설치를 요구하였다. 그러나 참파의 왕자 하리지트에 의해 거부당했고, 1283~85년에 쿠빌라이의 아들 토환(Toghon)이 사도장군과 함께 점성에 침입하였으나 사도장군은 살해되고, 토환은 도피하였다. 이에 따라서 다시 사절을 파견했고, 주달관이 수행한 것이다.

트남 중부에 도달하였다. 도중에 역풍을 만나는 불행을 겪은 끝에 가을이 시작되는 7월16)에 캄보디아에 들어선 다음 중국에 복속시켰다. 대덕 정유(1297년) 6월에 다시 배를 돌려 8월 12일 사명(현 영파시 지방)연안에 정박하였다. 이 국가의 풍토와 국사에 대해서는 비록 상세히 기술할 수는 없다하더라도 주요 특징을 개괄적으로 정리해 볼 수는 있을 것이다.

2. 성곽도시

주성(州城: 앙코르 톰을 가리킨다)은 주위가 2십리(약 11.78km)나 된다. 성에는 다섯 개의 성문이 있고 문은 각각 이중으로 되어 있다. 또 동쪽에는 두 개의 문('승리의 문'과 '사자의 문'을 말한다)을 열어놓고 그 외에 측면으로 하나의 문이 더 있다. 성곽 바깥 측에는 커다란 호수巨濠가 있고, 그 호수의 위에는 성으로 통하는 커다란 다리가 놓여 있다. 다리 양쪽에는 각각 54개의 석신石神이 석장군石將軍 모습을 하고 있는데 매우 크고 사납게 생겼으며 다섯 개의 성문은 모두 비슷하다. 다리 난간은 모두 돌로 건축되었으며, 뱀 형상이 조각되어 있는데 양쪽 모두 일곱 개17)의 머리를 갖고 있다.

54개의 석신은 손에 뱀을 잡고 있으며, 마치 뱀이 달아나지 못하도록 하는 자세로 서 있다.18) 성문 위에는 돌로 조각된 커다란 불상石佛頭 다섯 개19)가 있는데, 불상의 각 면面은 동서남북을 바라보고 있으며 중앙에 위치한 면은 금으로 장식되어 있다. 문 양쪽에는 돌을 깎아서 만든 코끼리 상20)이 있다.

---

16) 중국에서는 사계절을 춘春정월, 하夏사월, 추秋칠월, 동冬시월로 구분하였다.
17) 『사고전서』에는 나가의 머리가 9개로 되었으나 폴 펠리오는 7개라고 지적하였다.
18) '마하바라타'에 등장하는 창조신화 '우유바다 젓기'에서 선과 악의 신들이 두 편으로 나누어 커다란 뱀을 서로 잡아당기는 장면을 표현한 것이다. 일본의 와다씨는 양쪽의 석신 모두 54신이라 번역했고, 필자도 초기에는 이 견해를 따랐으나, 앙코르 톰 서쪽 성년의 석신은 현지 확인결과 모두 108명이다.
19) 펠리오가 인용한 『고금설해본』은, '城門之上有大石佛頭五面向西方中置其一佛之以金'으로 표기되었는데, 성문 위에 있는 불상은 4면불이기 때문에 후대의 오기이거나, 4면불 이외에 조그만 불두를 포함시킨 것으로 보인다. 또한 펠리오는 1902년의 번역판에서는 서방西方을 그대로 번역하였으나, 1951년에 서방西方을 동서남북을 뜻하는 사방四方으로 바로잡았다.
20) 인드라신이 타고 다니는 코끼리 아이라바타 상을 말하며, 모두 12개가 조각되어 있다.

성벽은 돌을 차곡차곡 겹쳐서 쌓아올렸으며 그 높이는 2장丈[21]에 이른다. 돌은 잡초가 자라날 틈이 없을 정도로 견고하게 쌓아져 있으나 여장(女牆: 총을 쏠 수 있도록 마련된 시설)은 없다. 성벽 위에는 여기저기에 광낭목(桄榔木: 야자 나무의 일종)이 심어져 있다. 그리고 어디에나 빈 방[22] 뿐이다. 성벽의 내측은 망루가 설치되어 있고, 그 두께는 10여장(약 33m)나 된다. 망루 위에는 커다란 문이 있으며 저녁에 닫았다가 아침에 연다.

또 성문을 감시하는 파수꾼이 있으며 개[23]들은 유일하게 성문을 출입할 수 없다. 성벽은 정방향으로 정확하게 만들어져 있고 사방에 각각 석탑 1좌씩 위치해 있다(앙코르 톰 성벽에 만든 망루를 지칭하는 것 같다). 발가락을 자른 형刑을 당한 죄수들은 성문 출입이 허용되지 않는다.

앙코르 도성의 중앙에는 금탑金塔 1좌[24]가 있으며, 그 주위에 석탑 20여 좌가 있는데 석실(石室 : 회랑)[25]이 백여 칸이나 된다. 동측에는 금교金橋 1개소가 있고 금사자 두 마리가 다리 좌우에 서 있으며, 금불상 8신金佛八身이 석실 아래 있다. 금탑에서 북쪽으로 1리를 가면 동탑(銅塔 : 바푸온 사원)이 있다. 금탑보다 더 높은 곳에서 바라보면 울창한 숲으로 둘러 쌓여 있으며, 그 밑에도 석실이 십수 칸이 된다.

또 그 곳에서 북쪽으로 1리를 가면 거기가 국왕이 사는 왕궁이다. 왕궁의 정전庭前에도 별도의 금탑 1좌[26]가 있다. 해상무역상인들이 왕래하면서 이들 사이에는 '부귀한 진랍'이라고 부르는 것도 이와 같은 금탑들이 있기 때문이다.

---

21) 2장은 20척이며, 성벽의 높이는 약 6.5미터다. 그러나 현재의 높이는 7~8미터다.
22) 원문은 "比比皆空屋"으로 기록되었는데, 펠리오는 이 문장을 "어디에나 집이 비어있다de distance en distance, il y a des maisonnettes vides"는 의미로 번역하였는데, 주달관이 본 빈집의 위치가 문제이다. 아마도 앙코르 톰 내에 목조로 만든 방을 지칭한다면 현재는 소실되고 없다. 이 기록은 주달관의 원문을 옮기는 과정에서 오탈자가 있었던 것으로 보이며, 2001년도 영문번역판은 이 부분을 생략하였다.
23) 레뮈사는 개狗의 실질적 의미는 '노예'로 보아야 한다고 주장하였다.
24) 금탑이란 바욘 사원의 주탑主塔을 이루는 중앙사당을 말하며 당시에는 금가루로 장식했으며 그 높이는 약 45미터였다.
25) 현재의 석탑은 50여기가 있으며, 석실은 이중으로 만든 회랑을 지칭한 것 같다.
26) 왕궁 사원으로 수리야바르만 1세가 건립한 피메아나카스를 말한다.

162

또 석탑산(프놈 바켕)27)은 남문 밖으로 반리半里에 있는데, 풍문俗傳에 의하면 노반魯般28)이 하룻밤에 쌓았다고 전해진다. '노반의 묘'29)는 남문 밖 1리쯤에 위치해 있고, 주위는 약 10리나 되며 석실이 수백 칸이다.

'동쪽 연못'30)은 도성 동쪽 10리 거리에 있고 주위는 백리(약 59km)나 되며, 연못 가운데에 석탑과 석실이 있다. 석탑 가운데에는 와불상臥佛像 1체가 있고, 와불상의 배꼽臍에서 항상 물이 흘러나온다.31) 북쪽의 연못32)은 성 북쪽 5리에 있다. 연못 가운데에 금탑 1좌(닉폰 사원)가 있고, 석실이 수십 개나 되며 입 가운데로 물을 뿜어대는 금사자, 금불상, 청동상, 청동우銅牛, 청동마銅馬상33)이 있다.

---

27) 야소바르만 1세가 건설한 프놈 바켕을 말한다. 제1차 앙코르 도성의 중심사원으로서 65미터의 언덕 위 건립되었으며 109기의 탑이 있다. 그러나 레뮈사는 앙코르 톰 바로 앞에 있는 박세이 참크롱 사원이 석탑산이라고 주장하였다.
28) 노반은 춘추전국시대에 유명했던 중국의 장인이다. 중국의 고고학자 시아 나이에 의하면 주달관의 원문은 "石塔山在南門外半理餘, 俗傳魯般一夜造成. 魯般墓在南門外一里許, 周圍可十里, 石室數百間"인데, 사고전서, 고금도서집성본은 '석탑산재石塔山在'에서 '산재山在'가 탈락되었다고 보았다. 따라서 문구는 노반이 하룻밤에 쌓았다고 전해지는 건축물은 남문(앙코르 도성) 밖의 반리에 있는 석탑산(프놈 바켕)이며, 노반의 묘(앙코르 와트)는 남문 밖 1리에 있고 주위가 10리이며 석실이 수백칸에 이른다는 것으로 해석해야 한다. 여기서 김용옥은 노반이 하룻밤에 조성한 것을 노반의 묘인 앙코르 와트로 해석했는데, 이는 기존의 학자들 다수의견 전체를 뒤엎는 극단적 오류에 불과하며 논리적으로도 맞지 않는다. 펠리오의 1902년 프랑스어 판과 1951년의 유고집, 그리고 2001년 영어판도 노반이 하룻밤에 조성한 사원을 프놈 바켕으로 해석하였다. 2004년도에 중국의 장훈蔣勳이 쓴 『Angkor』에서도 펠리오의 의견을 따르고 있다.
29) '노반의 묘'란 앙코르 와트를 지칭한다. 주위가 약 5.6km 달하는 앙코르 와트는 수리야바르만 2세(재위 1113~50년)에 의해 건축된 비슈누 신전이다. 크메르에서는 건축신인 비슈와카르만을 앙코르의 건축자로 일컫는다. 따라서 노반은 힌두교의 건축신을 중국식으로 해석한 것으로 보인다.
30) 동東바라이. 야소바르만 1세가 건설하여 그의 이름을 따서 '야소다라타타카'로 불리기도 한다. 주달관이 하나의 석탑으로 기술한 것은 '동바라이' 가운데에 있는 '동東 메본 사원'이다. 그러나 조르쥬 세데스는 바라이 다음에 기술한 사원이 서西 메본 사원에 대한 언급이기 때문에 동지東池는 서바라이西池를 잘못 인식한 것이라고 보았다.
31) 폴리오는 성재잡기誠齋雜記에 기록된 "眞臘有石塔中 一銅臥佛臍中 常有水流咪如 中國酒易醉人"이란 구절을 인용하며, 주달관의 표현과 유사하다고 지적하였다.
32) '프레아 레악 다크'를 말하며, 자야바르만 7세(재위 1181~1218년)가 만든 것으로 '자야타타카'로 칭한다.
33) 중앙사당에 있는 인공 연못으로부터 코끼리, 사람, 사자, 말의 조각 속에 난 유출로

3. 주거생활

왕궁과 관사, 그리고 부제(府第: 지방행정기관 및 귀족의 건물)는 동쪽을 향해 있다.34) 왕궁은 금탑(바욘 사원)·금교의 북쪽에 있어 북문과 가깝고 주위는 5, 6리나 된다. 정실正室의 기와는 연판鉛으로 만들어졌으며, 그 나머지는 흙을 구워서 만든 연와煉瓦가 사용되었는데 황색을 띠고 있다. 교각 기둥은 거대하며, 모두 부처를 조각해 놓았다. 건축물은 장관을 이루고 있으며,35) 길게 늘어선 회랑回廊과 통로複道는 쭉 뻗어있으며, 조화를 이루지는 않으나 상당한 규모를 갖고 있다

국왕이 정사를 보는 곳에는 금으로 장식된 창문이 있고, 격자창格子窓의 좌우에 거울이 달린 4각기둥이 서 있다. 거울은 약 4, 50개 면面을 이루고 있으며, 창문의 아래는 코끼리 형상으로 장식되었다.36) 궁전에는 기이한 장소가 많다고 들었으나 엄격하게 금지하여 실제로 볼 수는 없었다. 그 궁전 안의 금탑(피메아나카스)에는 국왕이 밤만 되면 탑 아래37)에 드러눕는다. 이 나라 사람들은 다음과 같이 말하여 왔다.

탑 가운데는 머리가 아홉 달린 뱀의 정령精靈이 있는데, 이 정령이 왕국 토지의 주인이며 여인의 모습으로 변하여 매일 밤 나타난다. 국왕은 여기서 먼저 그녀와 동침하는데, 그 시간에는 국왕의 부인이라 하더라도 결코 들어올 수 없다. 이

를 통해서 물이 사방으로 공급되도록 설계되었다. 세데스에 의하면 닉폰 호수는 달고 아름다운 과일이 열리는 히말라야산맥의 호수인 아나바답파Anavatapha, 無熱惱池를 건축학적으로 표현한 것이며 이 곳을 방문하면 병이 치유되고 정죄淨罪된다고 하였다.
34) 동쪽은 '위上', 정면을 뜻하고 신성시하였다. 사원의 건립 역시 서쪽을 향해 설계된 앙코르 와트를 제외하면 대부분이 동쪽을 향해 건축되었다.
35) 중국의 양보균은 설부본과 고금도서집성본의 문구인 "옥두장관屋頭壯觀"에 의거하여 '지붕'이 장관이 아니라 건축물 전체의 장관으로 해석해야 한다고 주장하였다. 2001년 영어판도 이 견해를 따랐다. 사고전서본에는 이 문구를 "옥파장관屋頗壯觀"으로 기록했는데, 이 기록이 정확한 것이다.
36) 이 번역은 필자의 초판에서와 같이 오해의 소지가 있다. 창문 아래쪽은 코끼리 형상이 장식되어 있다는 해석이지만, 창문 자체가 코끼리 테라스의 장식처럼 여상주女像柱, caryatid로서 코끼리상이 조각된 것으로 이해하는 것이 타당해 보인다.
37) 펠리오는 원문의 "內中金塔 ··· 其上"을 "탑 정상"으로 번역했으나, 설부본에 의하면 '탑 아래其下로 수정해야 한다.

닉폰 사원

⟨주달관의 기록으로 표기한 앙코르 도성⟩

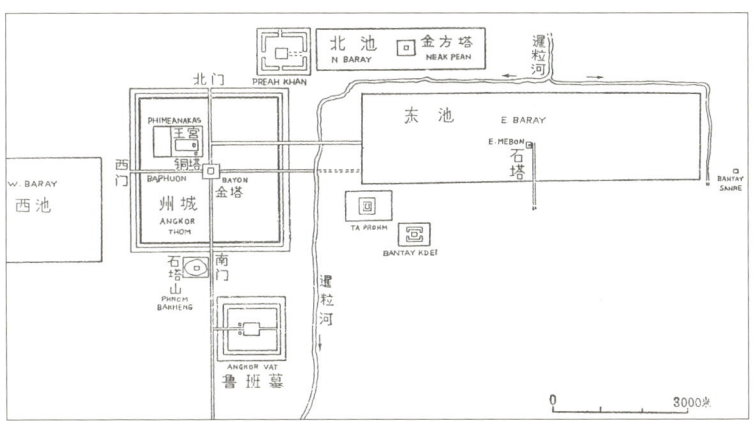

『진랍풍토기』에 언급된 노반의 묘(앙코르 와트), 도성州城 중앙의 금탑(바욘 사원), 동탑(바푸온), 침실庭前의 금탑(피메아나카스), 남문 밖 반리의 석탑산(프놈 바켕), 서지(서바라이), 동지(동바라이), 북지(닉폰 사원), 북지 한 가운데의 와불상 등을 주달관의 눈으로 다시 기록해 보았다.

고二鼓38)가 지나면, 국왕은 이 탑에서 나와서 비로소 처첩과 함께 잠을 잔다. 정령이 하룻밤이라도 나타나지 않으면, 그 때는 크메르 국왕이 죽음에 이르게 된

---

38) 저녁 9~11시를 지칭하는데, 중국식으로 계산하면 약 4시간이다.

피메아나카스 사원. 정상에 조그만 탑이 있으나 허물어져 있으며, 뱀왕의 딸에 대한 신화를 간직한 곳이다.

다. 국왕이 하룻밤이라도 탑에 가지 않으면, 그 때마다 반드시 재앙이 내렸다.[39)]

왕 다음으로 왕족과 대신들이 기거하는 가옥은 매우 넓어서 일반인의 집과는 비교가 되지 않는다. 주위(의 건물)는 풀로 엮어서 지붕을 만들었지만, 조묘祖廟와 왕이 기거하는 정침正寢의 두 처소만큼은 연와를 사용하도록 허용하였는데, 이는 각각의 관직 등급에 따라서 지붕과 방의 크기가 결정되는 규칙廣狹之制에 따른 것이다. 그 아래로 일반 백성의 집은 풀로 엮은 지붕이며 지붕에 기와는 쓰지 못한다. 지붕의 크기가 부귀의 정도를 가늠해 주는 것이긴 하지만, 결코 지방관아와 왕족府第의 규칙을 흉내 낼 수는 없다.

---

39) 건국신화에 의하면 국왕은 사람과 뱀의 여인nagi과 사이에서 태어난 후손이며 뱀왕 nagaraja은 토지의 주인이자 왕과 국가의 수호신이다.

주달관이 묘사한 여인들의 머리장식과 팔찌, 귀고리는 여신상을 통해서 간접적으로 파악할 수 있으며(위), 왕족들의 머리장식, 목걸이, 팔지 등의 모습(아래)이 앙코르 와트의 회랑 부조에 잘 나타난다.

4. 옷과 장식

국왕으로부터 남녀에 이르기까지 모두가 머리에 상투를 하고, 웃옷은 벗은 채 살을 드러내 놓고 다니는데, 단지 면포綿布로 허리 주위만을 가릴 뿐이다. 외출할 때에는 거기에다 커다란 천 하나를 더 얹는다. 천을 사용하는 데는 엄격한 등급이 있어서, 국왕이 허리에 매는 천은 금 3, 4냥 정도이며 매우 '화려하고 정교하며 아름답다華麗精美'. 이 나라에서는 스스로 천을 짜기도 하고, 섬暹: 당시의 수코타이 왕국과 점성占城으로부터 수입해서 사용하기도 한다. 그러나 종종 서양西洋: 남인도에서 수입된 것

나왕의 테라스에 부조된 왕실의 한 장면. 국왕과 그의 부인과 첩이 앉아 있고, 칼춤을 추는 장면(아래 오른쪽)이 묘사되어 있다.

이 상품으로 인정받는다. 남인도 천은 정교한데다 섬세하기 때문이다.

오직 국왕만이 순화포純花布40)를 입을 수 있으며, 머리에 금관자41)를 쓰는데 금강역사金剛力士의 머리에 있는 그것과 같다. 간혹 쓰지 않을 때도 있으며, 향기 나는 꽃을 실로 엮은 것이나 쟈스민 향茉莉42)과 비슷한 향류를 머리카락 사이에 바른다. 머리의 정수리에는 세근斤43)이나 되는 진주를 얹고 다니며, 손목과 발목 및 손가락에는 팔찌와 금가락지44)를 하고 거기에 모두 묘안석猫眼石45)을 박아 장식하였다. 국왕도

---

40) 정교하게 짠 사라사 천. 인물이나 새, 꽃 또는 기하학적 무늬를 날염한 천이다.
41) 金冠子. 금관 뒤에 오는 자子는 접미어이다.
42) 펠리오는 말리茉莉가 산스크리트어 말리카mallika, 크메르어 말리maly에 해당하며 쟈스민 향香 종류에 속한다고 하였다. 아랍에서는 이스민ismin, 耶悉莟으로 불렸다.
43) 1근은 600g. 국왕은 많은 진주 악세서리를 하고 다녔으며 3근이라 함은 악세사리를 포함한 무게로 보인다.
44) 펠리오에 의하면 주달관은 금가락지를 나타내는 말로 지환指環 대신에 다소 생소한 지전指展을 사용했다고 지적하였다.
45) 원문은 '묘아안정석猫兒眼睛石'으로 표현되었는데 이를 줄여서 묘안석cat's eyes이라 한다. 『명일통지明─統志』에 의하면 이 보석은 세란細蘭, 지금의 스리랑카에서 산출된다고 기록하였다.

궁정생활. 2층으로 된 왕궁에 시종이 부채를 들고 있고, 그 아래는 여성들이 화장하고 있다(바욘 사원).

맨발로 다녔으나, 발과 손에는 홍약紅藥[46]으로 붉게 염색하였다. 국왕이 외출할 때는 손에 금으로 만든 칼[47]을 들고 다녔다.

백성들 가운데서는 부녀자들만이 손과 발을 염색하였으며, 남자들에게는 허용되지 않았다. 대신과 왕족들은 소화포疎花布를 두르고 다녔으며, 관리들은 양두화포兩頭花布를 두르고 다녔다.[48] 서민들 가운데서는 부인들만이 천을 두를 수 있었다. 현지의 중국인들도 천(양두화포)을 둘렀으나 이들에게 죄를 묻지는 않았는데, 이는 (중국인들이) '암정팔살暗丁八殺'[49]이기 때문이었다. 암정팔살은 이 곳의 규칙을 알지 못한다는 뜻이다.

5. 관속官屬들

(중국과 마찬가지로) 이 나라에서도 승상丞相, 장군, 사천(司天: 천문 · 지리

---

46) 작약芍藥 혹은 홍색 염료를 말한다. 영어판은 헤너henna로 표현하였다.
47) 1미터 길이의 이 검은 왕권을 상징하는 '성스러운 보검preah khan'이며, 이 이름을 간직한 사원이 '프레아 칸 사원'이다. 성검聖劍은 프놈펜의 왕궁에 있었으며, 내전 중에 사라졌지만 제석천 인드라가 캄보디아 왕의 선조에게 주었다고 전해진다.
48) 펠리오는 중국인들 천의 종류를 순화포, 소화포, 양두화포로 구분한 차이에 대해서는 알 수 없다고 언급했는데, 비단을 짠 실의 섬세함에 따라서 등급을 매겼던 것으로 보인다.
49) 暗丁八殺an-ting-pa-cha은 펠리오의 견해에 따르면 암정an-ting은 '알지 못한다'는 크메르어 잇뎅it deng, 팔살pa-cha은 '언어, 말'을 뜻하는 페아사phea-sa, 크메르 고어는 bhasa의 중국식으로 음역으로 '언어를 알지 못하는 사람'이란 뜻이다.

중앙에 모셔진 비슈누신에 대한 국왕의 예배 장면. 엎드려 있는 인물이 국왕이며, 그 옆에는 왕비들. 압사라들이 하늘에서 내려와서 축복하고, 모든 신하들이 예배를 하고 있으며, 비슈누신의 아래에는 연꽃이 장식되어 있다(바욘 사원의 내부 회랑).

를 관장하는 기관) 등의 관료제도가 시행되고 있으며, 그 밑에는 각 관리에 예속된 속관屬官들이 있는데, 다만 그 명칭이 중국과 다를 뿐이다. 일반적으로 관리는 왕족이 맡으며, 관리가 되지 못하면 딸을 바쳐 왕의 빈嬪이 되게 한다.

관리들이 출입할 때의 의전은 각각의 등급이 따른다. 금으로 장식된 가마와 손잡이가 네 개인 금으로 장식된 일산日傘을 사용하는 자는 상급 관리이다. 금으로 장식된 가마와 손잡이가 두 개인 금으로 장식된 일산을 사용하는 관리는 그 다음 서열이며, 금으로 장식된 가마와 금으로 장식된 하나의 일산을 사용하는 자는 그 다음 서열이다. 단지 금으로 장식된 일산을 사용하는 자는 그 다음 서열이다. 그 아래의 관리는 은으로 장식된 일산을 사용하며, 은으로 장식된 가마를 사용하는 자도 있다.

금으로 장식된 일산을 사용하는 관료는 파정巴丁 또는 암정暗丁[50]이라

---

[50] 파정pia ting은 고대관리의 호칭인 카마라텐kamaraten 가운데 므라텐mraten의 음가音價이며, 암정an ting은 캄라텐((k)am(ra)ten)의 음가다.

하고, 은으로 장식된 일산을 사용하는 관리는 시랄적廝辣的51)으로 불렀다. 일산은 모두 중국의 붉은 천을 사용해 만들었으며, 그 테두리는 땅에 끌릴 정도로 길게 늘어져 있다. 유산(油傘: 우산)은 녹색천52)을 사용하여 만들었으며, 가장자리가 짧다.

6. 세 가지 종교

유학자는 반힐班詰로 부르고, 승려는 저고苧姑, 도학자는 팔사유八思惟53)라 한다. 반힐은 (누구를) 시조로 하는지 알 수 없으며, 학교나 강습하는 곳도 없고 읽는 경전이 어떤 것인지도 분간하기가 어렵다. 그러나 그들은 일반인과 같은 옷을 입고 있으며, 목項에 하얀 실 한가닥을 두르고 있어 그것으로 유학자임을 식별할 수 있다. 반힐은 궁정에 들어와서 고위직에 오를 수는 있으나, 목에 두른 실은 죽을 때까지 해야 한다.

승려인 저고는 삭발을 하고 황색 옷을 입는데. 오른 쪽 어깨는 드러내고 다닌다. 하반신은 황색 천黃布으로 둘러 몸을 가리고, 맨발로 다닌다.

사원은 연와煉瓦를 사용하여 지붕을 얹는 것이 허용되었다. 사원 가운데는 하나의 불상이 있으며, 석가불釋迦佛의 모습과 똑같은 데, 이를 패뢰孛賴54)라 한다. 붉은 옷을 입은 이 불상은 점토로 만들어졌으며, 단청으로 장식되어 있다. 그 이외에 다른 불상은 없다. 탑 가운데 있는 불상은 서로 다른 모습을 하고 있다. 모두 동銅으로 만들어졌으며, 종·북·요발(鐃鈸: 바라보다 작은 악기)은 없고, 또한 당번(幢幡: 부처와 보살의 행정을

---

51) 펠리오는 廝辣的sseu-la-ti이 '예술(기술)'을 아는 자'란 뜻이며, 크메르어 고어는 슈레스틴 sresthin이라 하였다.
52) 원문의 '녹견綠絹'를 영문판에서는 녹색 태피터taffeta로 번역하였다.
53) 반힐은 바라문 승려를 뜻하는 크메르어 판디타pandita의 음가인데, 주달관은 바라문을 유학자로 오해했던 것 같다. '위대한 사람, 최고의 문장을 기록하는 시람' 등의 의미를 갖고 있다. 저고는 세데스의 견해에 의하면 고대 태국어로 승려를 뜻하는 차오쿠chao ku, 현대 태국어는 chao khun의 발음이다. 루이 피노는 태국어 차오+스승을 뜻하는 구루kuru=guru의 합성어로 보았다. 현대 캄보디아어로 승려는 프라 송 prăh song로 부른다. 펠리오와 세데스는 중국의 도가에 비유된 팔사유의 어원이 고행자를 의미하는 타파스빈tapasasvin의 발음이라 하였고, 루이 피노는 시바파 종교를 뜻하는 파슈파타 paẋupata로 보았다.
54) 패뢰는 '성스러운 것'을 뜻하는 프라prăh, 프레아preah의 음역이다.

신왕사상의 상징인 링가를 왕궁 안에 모신 장면(바욘 사원).

그린 깃발)과 보개寶蓋와 같은 것들도 없다.

  승려는 모두 어육을 먹으나, 술만큼은 마시지 않는다. 부처에 공양하는 음식도 어육을 사용하고, 하루에 한 번씩 재齋를 올리며, 음식은 모두 재주齋主의 집에서 가져오고, 사원 한가운데 주조(廚竈: 주방)는 설치되어 있지 않다.

  독송하는 경전들은 매우 많으며, 패엽(貝葉: 패다라·貝多羅 잎)55)을 층층이 쌓아올려 만든 것인데, 아주 질서정연하게 정리되어 있다. 이 위에 검은 글씨를 썼는데, 필묵을 사용하지는 않았으나 어떤 도구를 사용하여 글을 썼는지는 알 수 없다.

  승려 가운데서도 금과 은으로 장식된 가마, 일산을 사용하는 자가 있다. 국왕은 정치의 대사를 승려들과 상담한다. 그러나 여승은 없다. 팔사유는 보통 사람과 같이 옷을 입고 있으나, 머리 위에 하나의 홍포紅布나 백포白布를 두르고 있다. 그것은 몽골 여성의 고고罟姑56)모양과

---

55) 야자 나뭇잎. 인도문화권에서 야자나무 잎에 기록한 경전들은 수없이 많다. 마하바라타, 라마야나의 번안집이나, 불전도 여기에 기록하였다.
56) 몽골어로 진주나 비취를 뜻하는 '쿠쿨kukul'의 발음.

같으나, 그 높이는 약간 낮다. 도교 사원(道觀)도 있으나 불교사원에 비해서 조금 협소하다. 도교의 세력이 승교(僧敎: 불교)와 같이 흥성하지는 못하였다.57)

제사를 지내는 장소에 특별한 상(像)은 없으며, 단지 하나의 괴석(怪石: 링가)이 있는데, 이것은 중국의 종교제단인 사직단(社稷壇)에 있는 석주와 그 모양이 비슷하나, 그 종교를 누가 열었는지는 알 수 없다. 여자 도사도 있다. 도교 사원은 연와를 사용하여 만들었다.

팔사유는 남이 만든 음식을 먹지 않고, 또 먹는 모습을 타인에게 보이지 않으며, 술도 먹지 않는다. 이들이 경전을 독송하는 것과 사람들에게 베푼 선행도 찾아볼 수 없었다. 일반인 가운데 어려서 입학한 자는 승려로 교육을 받고, 성장하면 환속하는데 자세한 것은 조사할 수 없었다.

7. 주민

(크메르) 사람들은 야만스런 습속만을 알뿐이다. 인물은 거칠고 추하며, 피부색은 매우 검다. 해안가나 벽촌에 사는 사람들은 전혀 알 수 없으나, 일반적으로 마을에 거주하는 자들은 확실히 그렇다. 왕궁에서 생활하는 궁인과 남붕(南棚)58)에 사는 부인은 대부분 옥(玉)과 같은 하얀 피부59)를 가졌다. 아마 햇빛을 받지 않아서 그렇게 된 것 같다. 일반적으로 하나의 천으로 허리를 감싸는 이외에 남녀의 구별은 없으며, 젖가슴은 노출시키고 상투를 틀고 맨발로 다녔다. 국왕의 왕비도 마찬가지였다.

국왕은 다섯 명의 부인을 두고 있다. 정실(正室)에 한 명, 왕궁의 동서남북 끝에 있는 거처에 네 명의 부인이 기거한다. 그리고 그 밑에 첩과 궁녀들이 3천명에서 5천명이 있는데, 이들은 여러 등급으로 나뉘

---

57) 주달관의 기록으로 판단할 때, 1296~97년 당시에는 불교가 오랜 전통을 지닌 힌두의 시바파 신앙보다 우세했다고 판단된다.
58) 남붕(南棚), nam pung은 관리, 관원을 뜻한다. 프란시스 가르니에는 데이비스의 스리랑카 역사서를 인용하며, 1161년에 페구의 왕 라마야나가 스리랑카의 왕을 통해서 캄부자 왕에게 하렘(왕실)의 여자를 보냈다고 지적하였다.
59) 『수서』의 '진랍전'에 의하면 '사람의 모습은 작고 그 피부는 검다. 부인들은 또한 흰 피부를 가진 자가 있다'고 하여, 외국계의 궁녀가 있었을 가능성을 암시한다.

어져 있다고 들었다. 이들은 왕궁의 성문 밖으로 결코 가벼운 외출하지 않는다. 내가 궁정에 들어가 번왕番王60)을 뵐 때마다 항상 왕비와 함께 모습을 드러냈고, 왕궁 정실의 금으로 만든 창 가운데에 앉아 있었다. 궁인들諸宮人61)은 '서열에 따라서 창문 아래 베란다 양측에 늘어섰으며',62) 위치를 바꿔서 우리 일행이 잘 볼 수 있도록 해주었다. 나는 그들을 분명하게 볼 수 있었다.

모든 사람들의 집에 미모의 딸이 있으면 반드시 왕궁으로 불러들인다.63) 그 아래로 궁중에 출입하며 심부름을 하는 여자들이 있는데, 이들을 진가란陳家蘭64)이라 한다. 이들은 그 수가 약 1, 2천 명이나 된다. 이들은 모두 결혼하여 남편이 있는 몸이고 왕궁이 아닌 민가에 흩어져서 거주한다. 단지 앞이마의 머리를 삭발하여 북인(北人: 몽고, 요, 여진족이 기거했던 화북 지역 주민)이 물 흘러가는 도랑을 파 놓은 것과 같은 모습이며, 여기에 은주銀鼇65)를 바르고 양쪽의 귀밑머리까지 칠했는데, 이것으로 진가란의 특징을 구분한다.

단지 이 여인들만이 궁중에 출입할 수 있으며 그 아래의 사람들은 궁중 출입이 금지되어 있다. 이 여인들은 내궁의 앞뒷길을 줄지어 끊임없이 오간다.

일반적으로 부녀자들은 머리에 매듭을 맨 것 이외에, 별도로 머리핀이나 빗과 같은 머리 장식은 하지 않는다. 다만 금반지와 금팔찌를 하였는데, 진가란과 내궁의 모든 궁녀가 이런 치장을 하였다. 남녀는 신체에 향약을 바르고 다녔는데, 이것은 단향檀香, 사향麝香 등의 향을 합성한 것이다.

---

60) 캄부자의 왕을 지칭한다. 사고전서본은 번주番主로 표기했는데 번왕이 맞는 것이다.
61) 영어판은 궁녀들palace ladies로, 펠리오는 궁인들les gens du palias로 번역하였다.
62) 사고전서본은 "列於兩廊窗下"로 기록했고, 고금도서집성본은 "列于兩廊窓下"로 기록했는데, 펠리오가 각주에서 지적한대로 사고전서본의 표현이 정확한 것이다.
63) '미모의 여식을 가진 집은 궁의 부름 기회를 결코 놓치지 않는다'는 의미이기도 하다.
64) 진가란chen-jia-lan은 카본에 의하면 '하렘의 여인'을 뜻하는 srngara에서 파생되었다고 하며, 미녀를 뜻하는 산스크리트어 sendarei, sundari 혹은 크메르어 srenkia에서 유래한 것이란 주장도 있다.
65) 수은 또는 나트륨을 태워서 만든 주황 물감. 펠리오는 베르미용vermillion으로 번역하였는데, 이 물감은 천연안료에서 얻는 방법과 인공으로 만드는 방법 두 가지가 있다.

여인의 출산 장면. 산파들이 돕고 있다(바욘 사원).

집집마다 부처를 모신다.66) 나라 안에는 동성연애자가 많아 매일 십수 인이 떼를 지어 시장 한가운데를 활보하며, 중국인의 환심을 사려들거나 오히려 후의를 베푸는데, 매우 추하고 악하다.

8. 임산부

번부(番婦: 캄부자의 여성)는 출산 후에 곧바로 쌀밥을 짓고, 여기에 소금을 섞어 넣은 다음에 음호(陰戶: 그늘진 곳)에 하룻밤을 두었다가 꺼낸다. 이런 요법을 통해서 산후의 병을 없애고, 자궁수축을 통해 처녀처럼 젊어지려고 한다. 이러한 얘기는 내가 처음 들어서 그런 것인지 의심스러웠다. 그러나 곧이어 묶고 있던 집에서 여자가 갓 태어난 애를 돌보는 여인이 있어서, 빠짐없이 이 사실을 알게 되었다.

부인들은 출산한 다음 날 어린애를 팔로 안고 나와 강에서 몸을 씻는 것을 알았는데, 아주 이상한 행동이다. 또 만나는 사람마다 이 나라의 여인들은 성욕이 강하여 출산 후 하루 이틀이 지나면 벌써 남편

---

66) 원문은 "家家皆修佛事." 영문판은 '모든 가정이 불교를 신봉한다'고 번역하였다.

과 함께 한다고 하였다.

만약 남편이 이를 원하지 않을 경우에는 (중국인) 매신買臣[67])처럼 (처로부터) 버림받는 (고사와 같은) 일이 있게 된다. 또 남편이 이따금 부역賦役에 나가거나 수일 동안 돌아오지 않는 경우에는 여인이 이를 참고 지내지만, 십 수일 밤이 넘도록 출장을 가게 되면 그 부인은 반드시 "나는 귀신이 아니다. 나는 어떻게 홀로 잘 수 있겠는가"라는 말이 되뇌며, 음탕한 마음도 깊어만 간다. 그러나 지조를 지키는 여인도 있다고 들었다.

부녀자는 빨리 늙는데, 아마도 결혼과 출산, 육아를 어린 나이에 시작하기 때문에 2, 30세의 여인은 중국의 4, 50세 여인처럼 (늙어) 보인다.

9. 소녀

집에서 딸을 키울 때에 그 부모들은 반드시 이런 말로 축복한다. "너는 장차 천 명, 백 명의 남자에게 시집가거라."

부잣집의 여자는 일곱 살부터 아홉 살, 가난한 집의 여자는 열한 살이 되면 반드시 승려와 도사에게 맡기고 동신(童身: 처녀성)을 없애는 절차를 밟는데 이를 진담陣毯[68])이라 한다.

매년 관리가 중국의 4월(크메르에서는 정월에 해당한다) 중 하루를 선택하여 날짜를 잡는데 이를 '진담일'이라 하며, 국가는 포고령을 내린다.

'여자를 기르는 집 가운데 진담에 해당하는 집이 있으면, 미리 관리에게 보고하라'

그리고 나서 관리는 커다란 초燭 하나를 지급하는데, 초 한 곳에 금이 새겨져 있다. 그날 저녁이 되면 촛불을 켜고, 표시한 곳까지 촛불이 타들어 가면 그 때가 진담 시각이다.

---

67) 중국인 주매신朱買臣은 서기 116경에 사망한 전한시대의 사람으로, 젊어서 가난 때문에 부인이 그를 버렸는데, 『한서漢書』의 주매신전에 등장한다.
68) 진담zhentan은 크메르어로 소녀를 의미하는 촘통chomton의 중국식 음가. 촘통은 11세부터 14세까지의 여자 아이를 지칭하며, 결혼적령기의 여자는 크로몸kromom이라 한다. 진담은 승려에 의해서 처녀성을 제거하는 일종의 통과의례다.

피마이 사원에 묘사된 진담 장면. 부모가 옆에 있고, 도사로 보이는 자가 처녀의 치마 속으로 손을 넣고 있다.

    진담일에 앞서 1개월, 보름 또는 10일 전에 부모가 반드시 한 사람의 승려나 도사를 선택한다. 이 절차는 어느 곳에 있는 불교, 도교 사원에 의하여 종종 단골로 이루어지기도 한다. 평판이 있는 승려들은 관직에 있는 집이나 부잣집으로부터 진담을 위한 예약이 되어 있어서, 가난한 집을 승려를 선택할 처지가 못 된다.
    관리나 부잣집은 진담에 대한 사례비로 술, 쌀, 포와 면, 야자, 은으로 만든 그릇 등을 보내는데, 그 무게가 1백담(1擔: 100근)이나 되는 물건이며 그 값어치를 중국 돈으로 환산하면 은 2, 3백 냥에 해당한다. 적은 자는 3, 40담 혹은 1, 20담 정도로 집안 형편에 따라서 다르다. 가난한 집은 여아가 열한 살이 지나야 겨우 진담을 하는데, 그것은 선물을 준비할 형편이 안 되기 때문이다. 부잣집은 또 돈을 베풀어 가난한 집 여자의 진담을 해주는 데 이것은 좋은 일이다.
    1년 중에서 일인의 승려는 한 여자를 담당하기 때문에, 승려가 이미 한 여자를 받아들이면 또 다른 여자를 받아들이지 않는다. 진담이 이루어지는 날 밤에 그 집은 음식을 장만하고 고악(鼓樂: 북을 두드려서 연주하는 음악)을 할 수 있도록 설치하고, 친척과 이웃집 사람들을 불러 모은다.

문밖에는 하나의 선반을 높게 세우고 흙으로 빚은 인형, 흙으로 빚은 동물을 그 위에 올려 놓는다. 그 수가 혹은 10여 개 또는 3~4개나 되는데, 가난한 집에서는 아예 만들지도 못한다. 인형은 옛 고사를 따서 만든 것이며 7일이 지나면 철거한다.

해가 지면 수레, 양산을 들고 북을 연주하면서 사원에서 승려를 맞이하여 집으로 들어온다. (그 후) 채색된 견직물을 두개의 정자나무에 묶고, 한쪽 나무에는 여자아이를 앉히고 다른 쪽 나무에는 승려를 앉게 한다. 이 때 승려가 여자아이에게 무슨 말을 하는지는 알 수 없다.

떠들썩한 음악이 사방에 울려 퍼지고 진담을 위해서 통행금지도 해제된다. 시간이 지나면 승려는 여자와 함께 방으로 들어가 자신의 손으로 여자의 처녀성을 제거한 다음 그것을 술에 넣는다고 들었다.

혹은 어떤 집에서는 이것을 가지고 부모·친척·이웃 사람들의 이마額에 묻히기도 하고, 어떤 집에서는 입으로 맛을 보기도 한다는 것이다. 어떤 사람은 승려가 여자와 성교를 한다고 말하기도 하며, 어떤 사람은 그렇지 않다고도 하는데, 다만 중국인은 이러한 의식을 보는 것이 허용되지 않기 때문에 정확히 알 수는 없다.

새벽 무렵이면 다시 가마에 양산을 들고 북소리로 승려를 환송한다. 그 후에는 당연히 사례비로 포와 면 등의 옷감을 승려에게 주어 여자아이의 몸을 돌보아 준 것에 보답하며, 그렇게 하지 않으면 그 여자아이는 일생동안 승려의 소유가 되고, 다른 곳에 결혼할 수 없게 된다.

내가 본 것은 대덕大德 정유년(1297년) 4월 6일 밤이었다. 이 행사에 앞서 부모는 반드시 딸아이와 함께 잠을 자지만, 의식이 끝난 후에는 아이에게 맡겨서 구속하거나 감시하는 않는다.

결혼을 하게 되면 '납폐의 의례'69)가 있으나, 매우 간소하게 처리한다. 먼저 여자를 범한 후에 자신의 아내로 삼는 자도 많지만, 그 풍습

---

69) 크메르의 결혼풍습에 대해서는 『수서隋書』제82권의 진랍전에 "처를 취한 자는 누구든지 옷 한 벌을 보낸다"라는 기록이 있다.

을 수치스럽게 여기거나 또 괴이하다고 생각지는 않는다.

진담이 거행되는 밤에는 이 행사를 치르는 가구가 한 거리마다 10여호에 이르는데, 성안에는 승려와 도사를 맞이하려는 자가 도로에 널려 있고 고악鼓樂 소리가 닿지 않는 곳이 없다.

10. 노비

가정의 노비들은 모두 사들인 야인野人들로서 일을 하는데 충원되는데, 많게는 100여명, 적게는 10~20명의 노비를 거느리나 매우 가난한 집은 노비를 두지 않는다. 야인들은 '산 속70)에서 생활하는 자들이다. 이들은 '당적撞賊71)이라 불리는 종류의 사람들이다.

도성 안에 데려와서도 이들은 (자신이 사는 집을 벗어나) 사람들의 집에 출입하지 못한다. 도성 안에서 사람들이 논쟁하다가도 상대방을 '당撞'이라 부르면 (그 사람은 모욕감으로) 한이 골수까지 미치는데, 이처럼 이들은 사람들에게 무시당한다.

젊고 건장한 노비는 옷감 백포를 주고, 노쇠한 노비는 3, 40포를 주면 살 수 있다. 노비들은 고상高床가옥72)의 아래에 드러눕거나 앉는 것이 허용된다. 또 일을 하는 경우에는 고상가옥에 올라가는 것이 허용되지만, 이 경우에는 반드시 무릎을 꿇고 두 손을 합장한 채 머리를 땅에 대고 인사해야 한다.

노비들은 주인을 파타巴駞,73) 여주인을 미米라 부른다. 파타는 아버지란 뜻이고, 미는 어머니란 뜻이다. 또 잘못을 저지르면 채찍을 맞는

---

70) 사고전서본이나 고금도서집성본은 '山野中之人也'로 기록되었으며 산야山野에서 야野의 의미는 산 자체를 가리키는 것이 아니라 야만이란 의미이다.
71) 당chuang은 현재 톤레삽 호수 남서쪽의 태국국경 지대에 거주하는 산지의 소수민족인 충chung족을 말한다. 고금도서집성본은 동撞으로 표기했으나 딩撞의 오기이나.
72) 원문은 누하좌고樓下坐凡. 여기서 누樓는 고상가옥을 말하며 목조가옥의 위에서는 주인이 자고, 그 아래는 농기계를 두거나 가축 또는 노비들이 자는 곳으로 활용하였다는 사실을 시사한다.
73) 폴 펠리오에 의하면 아버지를 뜻하는 산스크리트어 피타르pitar를 크메르어로는 파타우patau로 불렸으며, 파타는 중국식 음가이다. 파타는 일반적으로 주인, 관리의 장長을 지칭하였다. 현대 캄보디아어로 아버지를 지칭하는 말은 아우au 또는 아우 푹au puk이다. 미는 어머니를 뜻하는 크메르어 메mi, me의 음가이다.

데 머리를 숙이고, 결코 움직여서는 안 된다.

남녀 노비들은 그들끼리 부부가 되며, 주인이 이들과 성행위를 하여 타락하는 법은 결코 없다. 간혹 중국인이 야만인들이 사는 곳에 가서 오랫동안 절제하다가 한번이라도 성교하면, 주인이 이를 알게 되는 다음 날부터 그 중국인과 자리를 함께 하지 않는다. 그것은 그가 야만인과 성교했기 때문이다. 간혹 노비들이 외부인과 잠을 자서 자식을 낳아 기르는 일도 있지만, 주인은 그의 아비가 누구인지에 관해 관심이 없다.

짐작하자면 노비가 자신의 신분과 같지 않고, 노비가 자식을 가지고 있는 것을 이용하여 장래의 노비로 삼고자 하기 때문이 아닌가 여겨진다. 노비로서 도망치는 자가 있으면 다시 잡아들여 얼굴에 청색으로 문신을 새겨 넣는 형을 가하거나, 목에 철로 만든 쇄鎖[74]를 채워 놓으며 혹은 팔과 다리에 쇄를 채워 속박시킨다.

11. 언어

이 국가의 언어는 자신들이 만든 것이며, 음성은 비록 비슷하나 점성(참파) 혹은 섬(수코타이) 사람들과 대화가 통하지 않는다. 예를 들어 1을 매梅[75]라 하고 2를 별別이라 하며, 3을 비卑, 4를 반般, 5를 패람孛藍, 6을 패람매孛藍梅, 7을 패람별孛藍別, 8을 패람비孛藍卑, 9를 패람반孛藍般, 10을 답沓이라 한다.

아버지를 '파타'라 하고 숙부나 백부도 역시 파타巴駝라 부른다. 어머니는 '미米'라 하며 고모와 이모, 동생의 부인, 형의 부인과 가까운 주변의 나이든 여자들까지 모두 '미'라 호칭한다.

---

74) 조선시대의 형틀인 가쇄枷鎖와 유사하다. 목과 발에 채우는 쇄항鎖項과 쇄족鎖足은 죄수의 신체 자유를 구속하고 고통을 가하는 쇠사슬이다.

75) 매mui는 1을 뜻하는 무이muy, mouy, 별pie는 2를 뜻하는 크메르어 pi 혹은 pir의 음가. 비pui는 3을 뜻하는 크메르어 베이bei의 음가. 반puan은 4를 뜻하는 부온buon의 음가, 패람po lam은 5를 뜻하는 프람pram, 답ta은 10을 뜻하는 답dap의 중국식 음가다. 6에서부터 9까지는 5에다 각각 1, 2, 3, 4를 더하는 형식인데, 6은 패람매pram-muoy, 7은 패람별pram-pi, 8은 패람비pram-bei, 9는 패람반pram-buon으로 부른다.

형은 '방'邦이라 하고, 여동생도 '방'이라 한다. 동생은 보온補溫,[76] 어머니 형제는 걸뢰(乞賴 혹은 흘뢰[吃賴])[77]라 하며, 고모부·제부·이모부·매부 역시 흘뢰라고 부른다.[78] 일반적으로 중국에서는 (명사의) 뒤에 오는 글자(형용사 등)가 이 곳에서는 앞에 오는 경우가 많다. 가령 그 사람이 '장씨의 셋째 동생'張三之弟이 크메르어로는 '셋째 동생 장씨'인 보온장삼補溫張三이라 하며, 이씨의 넷째 아들의 어머니 형제李四之舅를 '어머니 형제의 넷째 이씨 아들'인 걸(흘)뢰이사乞(吃)賴李四라고 부른다.

또 중국을 비세備世,[79] 관리를 파정巴丁이라 하며, 뛰어난 인재를 반힐班詰이라 부른다. 여기서 중국의 관리를 '비세파정'이라 하지 않고, '파정비세'라 한다. 중국의 뛰어난 인재는 '비세반힐'이 아닌, '반힐비세'로 부른다. 대체로 이와 같이 대략 들었을 뿐이다.

지방의 관리에 이르기까지 그들이 사용하는 언어형식이 있으며, 수재들에게는 수재가 사용하는 언어가 있고, 승려와 도사들이 사용하는 언어가 따로 있다. 도성의 시가지와 촌락에서 사용하는 언어가 각각 다른데, 이 역시 중국과 (사정이) 다르지 않다.

12. 야만인

야만인野人은 두 부류가 있다. 하나는 말이 통하는 사람들 즉 도성 내에서 팔려서 노비가 되는 부류들이다.[80] 또 하나는 교화되지 않아 언

---

[76] 방pang은 캄보디아어로 형제자매의 연장자를 뜻하는 반ban을 지칭한다. 보온buwen은 형제자매의 연소자를 뜻하는 폰pon의 중국식 음가. 현대 캄보디아어로는 파온phaon이다.
[77] 사고전서본에는 흘뢰吃賴 ki lai, khlai로 표기되었다. 이 단어는 '모계 형제oncle maternel'를 가리킨다. 클라이khlai는 현대어 틀라이thlai로 전화되었다.
[78] 사고전서와 고금도서집성의 원문은 "고모의 남편은 패뢰로 부른다姑夫亦呼爲李賴"이다. 그러나 중국 고고학자인 시아 나이夏鼐에 의하면 설부본에서 "姑夫, 姊夫, 姨夫, 妹夫, 亦呼爲吃賴."가 탈락되었다고 주장하였다. 따라서 필자는 이 견해를 따랐다. 패뢰는 '성스러운 것'을 뜻하는 산스크리트어 프라prāh, brāh의 발음이며, 이 명칭을 가진 사원으로 '성스러운 소'를 뜻하는 프레아 코preah ko, 성검聖劒의 의미를 갖고 있는 프레아 칸preah khan 사원 등이 있다.
[79] 비세bei shi, pei-che는 폴 펠리오에 의하면 산스크리트어 비자야vijaya에서 유래된 것이라 하고, 세데스는 국가를 뜻하는 비사야visaya에서 유래한 것이라고 주장한다.
[80] 언어가 소통되는 야만인 가운데 하나가 삼례족이다. 이들과 관련된 사원이 반테이

어가 통하지 않는 야만인들로서, 이들은 기거하는 집이 없고 가족들을 데리고 산기슭을 떠돌아다니며, 머리에 하나의 질그릇으로 된 주발을 얹고 다닌다. 들짐승을 보면 나무로 만든 화살과 투창을 던지며 이를 잡으면 부싯돌[81]로 불에 구워서 함께 먹고 사라진다.

이들의 품성은 매우 난폭하고, 이들이 (무기로) 사용하는 약藥은 매우 독(성이 강)하며, 같은 무리 내에서 항상 서로 죽이기도 한다. (도성) 가까운 곳에 '두구와 목화[82]'를 재배하고 천을 짜는 것을 직업으로 삼는 자도 있다. 이들이 짠 포布는 거칠고 두꺼우며, 수놓은 꽃 모양도 아주 독특하다.

13. 문자

일반적인 문자와 관청의 문서는 노루나 사슴가죽과 같은 물건을 검게 염색하고, 가죽의 크기와 넓이[83]에 따라서 절단하여 사용한다. (사람들은) 일종의 하얀 가루를 사용하는데, 이것은 중국에서 쓰는 백색토白堊와 유사하며, 이를 갈아서[84] 작은 막대기 상태로 만드는데 그 이름을 사梭[85]라 한다.

이 막대기를 손에 잡고 가죽에 획[86]을 그어 문서를 기록하면, 기록한 글자가 영구적으로 탈락되지 않는다. '사梭'의 사용이 끝나면 사

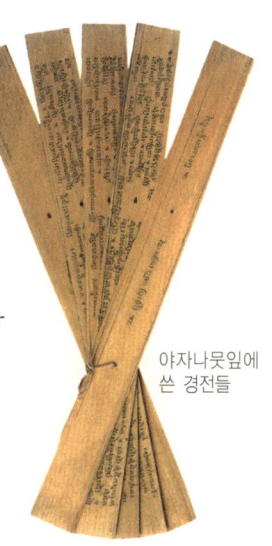

야자나뭇잎에 쓴 경전들

삼레banteay samre 사원이다.
81) 부싯돌을 뜻하는 원문은 '격화어석擊火於石'. 영문판은 'fire with flint'로 표현하였고, 불어판은 'le feu d'une pierre'로 번역하였다.
82) 원문은 '두구목면화荳蔲木棉花'. 영문판에서 목면화는 목화 또는 케이폭 나무kapok tree 가운데 하나라고 보았다.
83) 원문은 크고 작음과 넓고 좁음을 뜻하는 '大小闊狹'.
84) 사고전서본은 '갈다'는 뜻의 단어 차磋를 '문지르다'는 뜻의 차搓로 표기했는데, 전자의 표기가 정확하다. 에이모니에는 『캄부자』 1권 42쪽에서 백색토에 물을 붓고 물감을 넣어 글을 쓸수 있는 크기의 필기도구를 만든다고 하였다.
85) 펠리오는 에이모니에의 견해에 따라서 사梭는 크메르어로 '백색토'를 뜻하는 dei sa에서 sa의 음가로 보고 있다.
86) 고금도서집성본은 '획畫'자를 서書로, 백천학해본은 주晝로 잘못 표기하였다.

람의 귀 위에 꽂아둔다. 글자의 흔적(필적)은 어느 사람이 쓴 것인지를 구분하여 알 수 있다. 그러나 물기가 있는 것으로 닦아내면 곧바로 글씨가 지워진다.

문자의 모양은 대략 위그르回鶻 문자87)와 유사하다. 모든 문자는 뒤에서부터 앞으로 써가는 형태後書向前88)이지만,

바라문이 패다라 잎에 쓰인 경전을 독송하는 장면(바욘 사원)

위에서 아래로 쓰지는 않는다. 야선해아也先海牙89)로부터 들으니, 그 자모와 음성은 몽고어의 발음과 대단히 유사하며, 다만 같지 않은 것도 두세 개 문자 정도라고 하였다. 또한 관리의 인장印은 없고, 고소장도 없으며 사람들의 청원서를 작성하는 대서소도 없다.

14. 달력과 계절90)

늘 중국의 10월을 기준으로 정월로 삼는다. 그 달을 일컬어 가득佳得91)이라 한다. 왕궁 앞에는 커다란 나무를 묶어서 대 연단大棚: 프랫폼을 설

---

87) 몽고어는 13세기 전반부터 위구르계 문자를 차용하여 사용했는데, 주달관이 인식한 위그르 문자는 캄보디아어와 유사하나 그 어원은 다르다.
88) 한문이 오른쪽에서부터 필기해 나가는 것을 기준으로 볼 때, 왼쪽에서 오른쪽으로 써가는 크메르어의 기록을 설명한 것이다.
89) 펠리오에 의하면 '야선해야'는 주달관과 함께 캄보디아에 왔던 일행이며, 본명은 Asan-qaya로 추정하였다. 펠리오는 원元 세조의 5남인 야선첩목아也先帖木兒의 이름을 고려하여 야선해아를 몽골인으로 추정했을 뿐, 그 이외의 기록은 확인하지 못하였다. 야선첩목아는 고려 충숙왕비의 부친이다.
90) 원 명칭은 정삭시서正朔時序.
91) 가득kia tei은 캄보디아어 카틱kattik의 한자표기. 카틱은 산스크리트어 카티카karttika에서 유래되었는데, 현재 캄보디아의 달력으로는 12월이며, 태양력으로는 10~11월에 해당한다.

바욘 사원에 부조된 닭싸움 장면.

치하는데, 이 연단은 천여 명을 수용할 수 있다. 이 연단에 모두 등롱(燈籠: 호롱불을 넣는 도구), 꽃가지 등을 달아 놓는다.

(왕궁으로부터) 2~30장杖92) 떨어진 맞은편 언덕에 나무를 연결하여 높은 연단을 설치하고, 마치 '장대 나무를 세워 놓은 것과 같은 모습의 탑'93)을 만드는데, 그 높이는 20여장(약 65m)에 달한다.

매일 밤마다 3~4좌座 혹은 5~6좌가 설치되는데, 이 꼭대기에 연화(煙火: 꽃 모양의 불꽃), 폭죽爆杖94)을 올려서 장식한다. 여기에 들어가는 비용은 모두 여러 군郡과 지방관서가 부담한다. 밤이 되면 국왕이 나와서 참관하도록 초청되며, 꽃으로 장식된 화약과 폭죽을 점화95)하는데 꽃

---

92) 1장杖은 10척이며, 1척은 약 0.2미터. 왕궁 건너편 2, 30장의 거리는 현재 코끼리 테라스앞 광장을 지칭한다. 이 광장은 동서로 길이가 약 100미터이므로 30장의 주장과 일치한다고 볼 수 있다.
93) 폴 펠리오의 불어판과 영어판은 "여조탑박간지상如造塔撲竿之狀"을 "스투파를 건축하는데 사용되는 조립무대와 같은 형태'로 만들었다"고 번역하였다. 중국의 시아 나이는 이 조문을 '박간나무장대과 같은 상태로 탑을 만들었다'고 해석하였다.
94) '연화와 폭장'을 펠리오는 'des fusées et pétards'로, 영문판은 'rocket and fireworks'로 번역하였다.
95) 프놈 치소에서 발견된 수리야바르만 2세시대의 비문(K.34)에 의하면 국왕은 1월에 점등행사의 집전의무가 있고, 그 수는 200등燈에서 4천등에 이른다고 하였다.

수레바퀴 돌리기 곡예를 하는 장면(바욘 사원).

모양의 불꽃은 100리 밖에서도 볼 수 있다. 폭죽은 대포소리와 같이 커서, 그 폭음이 도성전체를 진동시킨다.

관리와 국왕의 친척들은 각자가 커다란 등촉, 야자나무[96]를 나누어 부담하는데, 그 비용이 꽤 비싸다. 국왕은 또한 외국사절도 이 축제에 초대하여 참관하게 한다. 이와 같은 행사는 보름이 넘어서야 끝난다.

일 개월마다 반드시 하나의 행사가 열리는데, 예를 들어 4월에는 포구(抛毬: 폴로와 유사한 공던지기 게임), 9월에는 왕성의 군중집회[97]를 연다. 이 집회는 왕궁 앞에서 사람들을 검열하는 것이다. 5월에는 영불수迎佛水를 개최하여 국가 안의 멀고 가까운 곳에 있는 모든 불상을 모으고 물을 떠오게 하여 국왕과 함께 불상을 씻는다.[98] (6월에는)[99] 육지에서 배

---

96) 원문은 빈랑檳榔. 펠리오는 빈랑을 아레카areca로 번역하였다.
97) 원문에 壓獵ya lie으로 표기된 이 단어는 세데스에 의하면 '계산하다, 인구를 조사하다' 의미를 갖는 캄보디아어 랍리엡rap riep의 중국식 음가로 보았다. 이 단어는 산스크리트어 알락사(alaksa : 왕실 재산의 기록자)에서 파생된 것으로 보이는데 당시 왕실재산을 점검하기 위하여 매년 9월이면 백성들을 왕성에 모아 놓고 인구조사를 실시하였다.
98) 바욘 사원의 회랑에는 16개의 소사당이 있으며, 이곳에 전국의 불상을 모아 영불수 의식을 치른 것으로 보인다.
99) 펠리오는 원문에서 6월이 생략되었다고 지적하였다. "육지에서 배를 끌게 한다陸地行舟"는 육지에서 행해지는 경주競舟를 뜻한다. 주달관은 보트 경주를 본 것 같다.

개싸움 장면(바욘 사원).

를 끌게 하고, 국왕이 높은 연단에 올라 관람한다. 7월100)에는 벼이삭을 태우는 행사가 있다. 이 때가 되면 새로운 벼가 여물어 남문 밖에 (새로운 쌀을) 맞이하여, 이것을 불에 태우고 제불諸佛101)에 공양한다. 부녀자들은 '마차와 코끼리를 타고 와서'102)이 행사를 보려는 자가 부지기수였지만 국왕은 여기에 나타나지 않는다. 8월은 애람挨藍이라 하는데, 애람103)이란 춤을 추는 것이다. 이 때는 배우들의 연주음악을 점검하며, 왕궁 안에서 매일 춤을 추고 돼지싸움, 코끼리 싸움을 벌이는데 국왕도 외국사절을 이 곳에 초청한다. 이와 같은 행사는 10일간 계속된다. 그 이외의 달에 이루어지는 행사에 대해서는 상세하게 기술할 수 없다.

이 나라에도 천문에 능통한 자가 있다. 일식, 월식을 능히 추산할 수 있는데, 다만 큰 달과 작은 달을 계산하는 역법曆法104)이 중국과 같지

---

100) 7월은 비사크vissakh라 하며 태양력으로는 4~5월에 해당한다.
101) 사고전서본, 고금도서집성본 모두 '제諸'가 탈락되었다.
102) 고금도서집성본은 '마차와 코끼리를 타고 와서車象往'란 뜻의 글자가 탈락되었다.
103) 세데스에 의하면 애람ai lan의 람藍은 '춤추다, 무용하다'는 뜻의 캄보디아어 로암roam의 중국식 발음이며 애挨는 접두어로 사용되었다.
104) 펠리오에 의하면 원문의 '대소진大小盡'은 큰 달의 30일, 작은 달의 29을 뜻한다. 캄보디아에서 큰 달은 양월(남성의 달), 작은 달은 음월(여성의 달)로 불렸다. 또 중국의 10

바푸온 사원에 부조된 12지.

않을 뿐이다. 중국의 윤년閏歲처럼 이 나라 역시 꼭 윤달이 있는데, 단지 9월에 윤달을 두는 것은 전적으로 이해할 수가 없다.

하룻밤은 네 경更105)으로 나누고, 7일106)마다 한 주기(輪·일주일)가 되는데 이 또한 중국에서 말하는 개開, 폐閉, 건建, 제除107)와 같은 것이다.

번인(캄보디아인)은 성姓과 이름이 없다. 또 생일도 기억하지 못한다. 하지만 태어난 날에 따라서 이름을 붙이는 자가 많았다. 2일은 가장 좋

월을 정월로 보았기 때문에 중국의 9월은 크메르에서는 마지막 달이며, 윤달은 마지막 달 뒤에 두었다. 윤달은 3년 혹은 4년마다 한 번씩 있으며 19년에 일곱 번의 윤달을 두었는데, 산스크리트어 아사다asadha에서 파생된 아사스asath가 윤달의 명칭이다.

105) 펠리오는 '5경'으로 이해했으며 주달관이 중국적 관념에 띠리 4경으로 이해했다고 지적하였다. 불어판과 영어판 모두 5경으로 번역했는데, 펠리오에 의하면 5경은 그 이름을 얌yam이라 하였고, 산스크리트어 야마yama를 뜻한다고 하였다.

106) 인도의 칠요일을 채용하고 일주일은 7일로 계산하였다.

107) 중국에서는 건제가建除家가 정한 12진소위 建除十二辰으로 길흉을 점쳤는데, 건建 kien, 제除 tchou, 만滿 man, 평平 ping, 정定 ting, 집執 tche, 파破 po, 위危 wei, 성成 tcheng, 수收 cheou, 개開 kai, 폐閉 pi 등이 그것이다. 주달관은 12진을 끝에서 두 번째부터 언급하였다.

으며崔吉, 3일은 보통平平이며, 4일은 가장 좋지 않다崔凶. 어느 날에는 동쪽으로 가고 어느 날에는 서쪽으로 가는 날인지 부녀자들은 이것을 반드시 따진다. 12지108) 또한 중국과 같으나, 단지 부르는 명칭만 다를 뿐이다. 예를 들어 말은 복새卜賽,109) 닭은 만蠻으로, 돼지는 직로直盧, 소는 개箇로 불린다.

15. 재판

일반인의 소송사건은 아무리 사소한 것일지라도 반드시 국왕 앞에서 다루어진다. 볼기를 치는 태형笞刑과 장형杖刑은 들어보지 못했으며 단지 벌금형만 있다고 들었다.

사람의 도리로서 범할 수 없는 대역죄를 지은 경우에도 교수형과 참수형은 없으며, 단지 성의 서문 밖에 땅을 파고 죄인을 구덩이에 넣은 다음 흙과 돌을 견고하게 쌓아올리는 벌을 주었다. 그 다음으로 무거운 형벌은 손가락과 발가락을 자르는 벌이며, 코를 제거하는 벌110)도 있다. 그러나 간음과 도박은 금하지 않았다. 만약 부인의 간음을 남편이 인지한 경우에는 간음한 남자를 가두고 두 개의 나무를 다리 사이에 끼워 넣는데, 고통스러워 참지 못한다. 자신의 재산을 (부인의 남편에게) 모두 주어야만 방면될 수 있다. 간혹 얼굴 생김새를 이용하여 (중국과 같이) 사기를 치는 경우도 있다.

문 밖에 죽은 자가 있으면 줄을 이용하여 끌어다가 성밖의 들판에 버리고, 소위 시체에 대한 상세한 조사體究와 검시檢驗는 아예 존재하지

---

108) 현재 캄보디아에서 12지는 소, 호랑이, 토끼, 용, 뱀, 말, 양, 원숭이, 닭, 개, 돼지, 쥐띠 순서로 되어 있다.
109) 펠리오의 견해에 따르면 복새bu sai의 새賽는 캄보디아어로 말馬을 가리키는 세seh의 중국식 발음이며, 복卜은 동물 이름 앞에 오는 수사數詞 페pe로 추정한다. 만蠻, maun은 닭을 뜻하는 모안moan이며, 대부분의 사서에는 란欒으로 표기되었으나 잘못 기록된 것이다. 직로she lu는 돼지를 뜻하는 츠룩chruk이며, 고대 크메르어로는 즈룩jruk이었다. 소牛를 뜻하는 개ge는 코ko이며 그 어원은 산스크리트어 고gō에서 유래하였다.
110) 왕대연의 『도이지략島夷誌略』에는 캄보디아의 형벌로 사형, 얼굴에 낙인찍는 벌, 코를 자르는 벌 등이 언급되어 있다.

피메아나카스 사원 입구에서 바라본 '밧줄 춤을 추는 탑'으로 불리는 프라삿 수오르 프랏. 왼쪽으로 뻗어있는 길은 승리의 문으로 향하는 길이다. 이 탑에서 개인들의 잘잘못을 가리는 일이 벌어졌다.

않는다. 인가에서 혹시 도둑을 잡아서 감금하거나 고문하는 형을 가할 수 있다. 이들은 한 가지 절차를 취할 수 있다. 혹시 물건을 잃어버려 어떤 사람이 훔쳐갔다는 의심이 드는 자가 자백하지 않는 경우에는 냄비에 기름을 붓고 끓인 다음 혐의가 있는 사람의 손을 냄비 속에 넣게 한다. 만일 물건을 훔쳤으면 손이 찢어지고, 그렇지 않으면 피부와 살이 이전처럼 아무런 상처도 없다. 이것은 캄보디아인이 갖고 있는 독특한 법이다.[111]

또한 두 사람 사이에 소송이 일어나면 누가 옳고 그른지 밝히기가 어렵다. (이 때는) 왕궁 맞은편에 있는 12개의 작은 석탑[112]에 가서 두 사람이 각각 하나의 탑에 앉는다. 그리고 그 바깥에는 양쪽의 친척들이 상호 들러 서서 보호한다. 어떤 때는 1, 2일 어떤 때는 3, 4일간 앉아 있다. 이치가 없는 자는 반드시 증거가 드러내기 마련인데, 몸에 부스럼이 생기고 혹은 기침을 하여 열이 나는 등의 증거나 나타난다.

---

111) 일종의 신판(神判)으로 고대 동남아의 문헌에서 흔히 볼 수 있다.
112) 코끼리 테라스의 맞은 편 광장 뒤에 남북으로 각각 여섯 개씩 들어선 연와로 만든 밧줄 춤을 추는 탑(프라삿 수오르 프랏)을 말한다.

잘못이 없는 자는 아무 일도 일어나지 않는다. 이와 같은 방식으로 잘잘못을 구분하는데 이것을 '신의 판결天獄'113)이라 한다. 아마도 토지신의 신비적인 능력으로 이와 같은 일이 일어나는 것 같다.

16. 나병

이 나라 사람은 일반적으로 병을 앓고 있고, 많은 사람들이 물 속으로 뛰어들어 목욕을 하며 빈번하게 머리를 감는데, 이것이 자연적으로 병을 일으키게 된다. 나병을 앓는 자는 도로 곳곳에 늘어서 있다. 사람들은 나병을 앓은 자와 함께 자고 음식을 먹지만 감염되지는 않는다.

어떤 사람은 그 나라의 풍토에서 질병이 발생한다고 말한다. 또 이전의 국왕114)도 나병을 앓은 적이 있기 때문에, 이 병을 크게 혐오하지는 않는다. 내가 생각하고 이런 모습을 관찰하면서 여러 번의 호색 행각을 한 뒤에 물 속에 들어가 닦기 때문에 이런 질병이 생기는 것이 아닌가 여겨진다. 사람들은 성행위가 막 끝나면 직접 물로 뛰어들어 몸을 씻는다는 얘기도 들었다. 이질을 앓게 되면 십중팔구는 사망에 이른다. 또 약을 시장에서 구입하는 사람도 있지만 중국의 약과는 다르며, 그것이 어떤 것인지도 모른다. 여기에 일종의 무당 같은 무리가 사람들에게 주술을 행하는데, 가소로움을 금치 못한다.

17. 사망

사람이 죽으면 관은 없고, 단지 둥그런 대나무나 돗자리 종류로 시체를 덮고 천으로 감싼다. 죽은 사람을 떠내 보낼 때는 죽은 자 앞에 깃발을 세우고 고악鼓樂을 울린다. 또 두 개의 쟁반에 구운 쌀炒米을 넣고 지나가면서 도로에 뿌린다. 이어서 시체를 가지고 사람이 살지 않는 성밖의 시골에 도달한 후에 땅에 놓는다. 그 후에 매와 까마귀, 개

---

113) 영문판과 불어판은 '천옥'을 '천국의 심판celestial judgemen, jugement céleste'으로 번역하였다.
114) 펠리오는 나왕을 스닥 콤렌sdoc komlen이라 칭하면서 야마신이라 주장했고, 에이모니에는 야소바르만 1세(889~910년)라고 보았다. 그러나 글로브Gloubeau는 바욘 사원의 부조에서 자야바르만 7세가 뱀과 결투하는 장면을 근거로 하여 뱀의 피를 묻힌

뱀과 싸우는 자야바르만 7세(바욘 사원 내부회랑).

와 동물이 다가와서 먹는 것을 기다리는데, 얼마 지나지 않아 날짐승들이 먹어치우면 사자의 부모에 복이 돌아온다고 믿는다. 만일 먹지 않거나 먹다가 중단하면 부모는 오히려 죄를 지어 그렇게 되었다고 생각한다.[115] 현재는 화장을 하는 자도 많은데, 이것은 주로 화교들이 하는 형식이다.

부모가 사망해도 특별히 상복을 만들어 입지는 않는다. 남자는 모두 머리를 삭발하고 여자들은 소위 춤추는 무희처럼 동전 크기만큼 앞머리를 자르고 그것으로 효행을 다한다. 국왕이 죽으면 탑에 매장하지만, 육체를 화장하는 지 혹은 유골을 매장하는지는 알 수 없다.

18. 경작

일반적으로 1년에 세 번 또는 네 번 파종하고 수확한다. 캄보디아의 네 계절은 중국의 5, 6월 기후와 같고, 서리와 눈이 내리는 것은 알지 못

게 된 그가 나병에 걸렸을 가능성이 있다고 주장했고, 그로슬리에Groslier 역시 자야바르만 7세로 추정하였다.

[115] 『수서』 제82권 진랍전에는 "오향목에 시신을 태워 재를 모아 금으로 장식된 병에 넣어 물에 띄워 보낸다. 또 시신을 태우지 않고 산에 버려서 날짐승의 밥이 되게 하는 자도 있다"고 기록된 것으로 보아 화장 이외에 수장水葬과 조장鳥葬풍습이 있었다.

톤레삽 호수 가는 길과 수상족이 사는 물 위의 집.

한다. 이 지역은 반년은 비가 내리고, 반년은 비가 내리지 않는다. 4월부터 9월까지는 매일 그것도 오후가 되면 반드시 비가 내린다. 담수양(淡水洋, 톤레삽 호수)의 수위는 높이가 7~8장(약 23~26m)이며, 커다란 나무 모두가 물 속에 잠기며 나뭇가지 끝이 겨우 수면 위에 보일 정도가 된다.116)

  호수 위에 사는 수상족들은 산 뒤쪽으로 집을 옮긴다. 10월부터 3월까지는 비가 전혀 오지 않는다. 호수는 작은 배가 겨우 지나갈 정도로 수심이 낮아지는데, 깊은 곳이라도 3~5척(약 1~1.6m)에 지나지 않아 사람들은 다시 언덕에서 이곳으로 이동하고, 경작자들은 어느 시기에 벼가 여물어가고 호수의 수면이 어디까지 덮게 된다는 것을 알기 때문에 그 지역에 벼를 파종한다. 경작에는 소를 이용하지 않는다. 쟁기, 낫, 가래와 같은 농기구는 중국과 상호 유사한 원리로 만들어졌으나 그 모양은 전적으로 다르다. 또한 '자연적인 들판'117)에 파종하지도 않았는데도 성장하는 벼가 있으며, 수면이 1장이면 벼도 그 높이에 알맞게 자라는데 이것은

---

116) 톤레삽 호수의 수위가 낮을 때는 수심이 1~3미터, 면적이 3,000평방km에 불과하나 우기에는 수심과 면적이 각각 세 배로 늘어난다.
117) 원문은 야전野田. 영어판은 '야전'을 'natural fields'로 번역하였다.

생각하자면 이것은 일종의 특수한 벼다.118) 그러나 밭을 가꾸고 야채를 재배하는데 인분은 사용하지 않는데, 불결한 것을 혐오하기 때문이다.

중국인이 이 곳에서 도착하면 자신들이 인분을 사용하여 재배하고 있다는 것에 대해서 언급하지 않는다. 왜냐하면 캄보디아인들이 자신들을 경멸한다고 판단하기 때문이다.

두세 집이 공동으로 땅을 파서 하나의 구덩이를 만들고 이 곳을 풀로 덮어서 화장실로 활용한다. 이 곳이 꽉 차게 되면 또 다른 구덩이를 판다. 모든 사람들이 화장실에서 볼일을 끝내면 반드시 연못에 들어가 씻는다. (씻을 때는) 왼손만을 사용하며, 오른 손은 식사를 위해서 사용하지 않는다.119) 중국인이 화장실에서 휴지를 사용하는 것을 보면 웃음을 참지 못하며, 심한 경우에는 그 중국인이 화장실에 가는 것을 달갑지 않게 생각한다. 일부 부녀자들은 선 채로 소변을 보는 이도 있는데, 이는 가소롭고 가소로운 일이다.

19. 산천

(국경인) 진포眞浦에 들어온 이래, 낮고 울창한 숲이 사방에 펼쳐져 있고 긴 호수와 커다란 항구가 수백 리에 뻗어 있다. 오래된 나무와 등나무의 울창한 숲이 그늘을 드린 가운데 짐승들의 울음소리를 숲에서 들을 수 있다. 반항半港120)에 도달해서야 (밀림이 갑자기 사라지고) 넓은 평원이 시야에 들어오는데 조그만 나무조차 없고, 멀리 보이는 것은 '무성하게 자란 벼와 기장뿐이다.'121) 들소가 천 마리, 백 마리씩 무리를 지어 이 지역에 살고 있다. 이 곳은 또한 울창한 대나무 숲이 언덕을 이루는데, 그 길이가 수백 리에 뻗어 있다. 이 대나무 마디마다 돋아난 죽순은 아주 쓴맛을 가지고 있다. 사방의 경계에는 모두 높

---

118) 당시 이런 형태의 벼를 수확했다는 기록도 있는데 이 벼는 '물에 떠 있는 벼浮稻'로서 학명은 오리자 사티바oryza sativa이며, 5월부터 다음해 1월까지 자란다.
119) 오른손은 깨끗하고 왼손은 불결하다는 관념이 동남아에서는 일반화되어 있다. 『수서』 진랍전에 의하면 "오른손은 정淨하고 왼손은 더럽다穢"고 기록되어 있다.
120) 반나절의 항해거리. 특정 지명을 지칭한다는 설도 있다.
121) 원문은 '봉봉화서芃芃禾黍.' 영문판은 'wild millet in abundance'로 번역하였다.

입으로 화살촉을 불어 새를 잡는 장면. 하단의 중앙은 훈련받는 남편에게 거북이를 주는 장면(바욘 사원).

은 산이 있다.122)

20. 출산품

산에는 희귀한 나무가 많고, 나무가 자라지 않는 지역에는 무소, 코끼리 무리를 사육하는 곳이다. 진귀한 새와 기이한 동물은 그 수를 헤아리기 어려울 정도로 많다. 진귀한 산품으로 물총새털翠毛, 상아, 무소 뿔犀角, 벌꿀의 일종인 황랍黃蠟이 있고, 일상적인 산품으로는 강진향降眞香,123) 향신료인 두구荳蔲, 화황畫黃,124) 등황藤黃,125) 자경紫梗,126) 대풍자유127) 등

---

122) 메콩강 하구의 경관을 기술한 것으로 보이나, 서문에서 묘사된 자연과는 다소 모순된다.
123) 강진나무를 영문 초판에는 라카나무lakawood로, 제2판에는 이글우드로 표현하였다. 두구과 식물에 속하는 강진의 학명은 미리스타카 이네르스myristica iners이며, 조셉 니덤은 『중국의 과학사』제5권에서 강진향의 학명을 달베르기아 파르비플로라 dalbergia parviflora라고 하였다.
124) 펠리오는 화황이 관목에 속하며 학명은 curcuma longa이라고 하였다.
125) 일종의 황색 수지로 회화, 안료 등으로 사용된다.
126) 나무에 분비되는 수지가 응고된 것으로서 적색염료로 사용된다.
127) 대풍자나무 열매에서 얻어지는 기름으로 피부병에 약효가 있다.

향신료인 두구는 『제번지』에 의하면 진랍과 자바에서 재배하며, 그 중에서 진랍이 가장 많다고 하였다.

이 있다.

물총새는 손으로 잡기가 어렵다. 물총새는 숲 속의 연못에 살면서 연못 속의 물고기를 찾아서 날아다닌다. 캄보디아인들은 암컷 물총새 한 마리를 새장에 넣은 채 나뭇잎으로 몸을 가리고 물 속에 쪼그리고 앉아 새장 속으로 유인한다. 새가 그물 속으로 들어 올 때까지 꼼짝하지 않고 기다리고 있는데 어떤 날은 3~5마리를 잡기도 하고 어떤 날은 하루 종일 잡지도 못한다.

상아는 산간벽지에 있는 사람들이 수집한다. 한 마리의 코끼리가 죽을 때마다 두 개의 상아를 얻는다. 옛날부터 코끼리의 상아는 1년마다 새롭게 자라난다고 믿어 왔는데, 이것은 사실이 아니다. 상아는 창으로 찔러 죽여서 얻은 것을 상품으로, 죽은 다음에 얻은 것을 그 다음으로, 코끼리가 죽어서 수년 동안 산중에 있던 것을 하품으로 인정한다.

황랍黃蠟은 촌락의 고목나무 틈에서 나오며, 그 가운데 한 종류는 개미처럼 가는 허리를 가진 벌이 만드는데 사람들이 이것을 어떻게 채취하는지 알고 있으며, 배 한 척마다 2, 3천 덩어리를 싣는다.[128] 한 덩어리는 큰 것은 3, 40근斤이나 되며, 작은 것은 십 팔, 구근이 된다.

무소뿔은 흰색 꽃 모양의 띠가 있는 것이 상품이며, 검은 색은 하품

---

128) 2, 3천 덩어리는 3만~10만근에 달하는데, 이를 배에 싣기에는 무리가 있으며, 따라서 "배 한척마다每一船"는 "일년마다每一年"의 오기일 가능성이 많다.

시장에서 물건을 파는 여인들. 치마에는 삼각형 모양의 플랩flap 장식이 특징적이며, 귀고리 장식은 있으나 상반신은 아무 것도 걸치지 않았다.

이다.129) 강진은 무성한 숲에서 얻는데, 캄보디아인은 나무를 잘라내는 노력을 많이 한다. 추측하건대 이것은 나무의 속에서 추출하는 것이다. 외피는 백색이며 두께는 8, 9촌1村은 약 3㎝정도인 나무가 있고 4, 5촌에 못 미치는 작은 나무도 있다.

두구荳蔲는 모두 야만들이 산에서 가꾸는 것이다. 화황畵黃은 특정의 나무 틈에서 얻는 수지樹脂인데, 캄보디아인은 수확하기에 앞서 1년 전부터 나무껍질을 칼로 도려내고 그 수지 방울이 아래로 떨어지도록 하여 다음 연도에 가서 수집하기 시작한다.

자경紫梗은 특정의 나뭇가지에서 추출하는데, 뽕나무에 기생하는 이끼130)와 비슷하며 이것 또한 손에 넣기가 쉽지 않다. 대풍자유大風子油는 커다란 나무의 열매에서 얻는데, 그 모습은 야자나무와 같이 둥그

---

129) 『제번지』諸蕃志 하권에 '뿔 모양은 거품과 같이 흰색이 많고 검은 색이 적은 것을 상上으로 한다'고 기술하였다.
130) 원문의 "상기생桑寄生"에 대하여 펠리오는 "뽕나무에 기생하는 모습과 같다"고 해석하였고, 영어판은 뽕나무에 기생하는 '이끼'를 추가하여 의역하였다.

감자甘蔗, 즉 사탕수수를 사고 파는 사람들.

렇고 그 속에 수십 개의 씨앗이 들어 있다. 후추胡椒도 종종 발견된다. 이것은 등나무 속에서 자라는데 덩굴져 있는 것이 마치 녹초자(綠草子: 홉나무)131)와 비슷한데, 신선하고 파란 후추는 그 맛이 매우 자극적이다.

21. 무역

캄보디아에서의 교역交易은 능히 여성이 담당한다. 이 같은 이유로 중국인이 캄보디아에 오면 반드시 그리고 맨 먼저 한 여인을 처로 맞이하는데, 매매에 능한 여인들이 유용하기 때문이다. 시장은 매일 오전 묘시(卯時: 6~7시)에 열고 정오에 폐한다.132) 점포는 없으며 노상에서 돗자리 등을 펼쳐 놓는데, 각기 정해진 장소가 있다. 캄보디아에서도 관아에서 자리를 빌려주고 세를 받는다고 들었다. 소규모 거래일 때

---

131) 펠리오는 녹초자를 홉나무로 해석하였다.
132) 원문은 "매일일허, 자묘지오즉파每日一墟 自卯至午卽罷." 홍콩 중문대학의 진정상陳正祥은 크메르 관공서의 시간을 고려하여 매일 오전 7시부터 오후 1시 반까지 6시간 반 동안 열린다고 주장하였다(『진랍풍토기연구』, 홍콩중문대학, 1975).

는 미곡과 중국 화폐를 이용하고, 그 다음으로 규모가 있을 때는 포布를 사용하며 커다란 매매가 있을 때에는 금과 은을 사용한다. 이전에는 캄보디아인이 가장 순박하여 중국인을 보면 외경스런 마음을 가지고 이들을 '부처'로 칭하였다. 그리고 땅에 엎드려 머리를 조아리는 예를 올렸다.133) 그러나 중국인을 상대로 사기를 치는 자도 있다. 캄보디아에서 활동하는 화교의 수가 많아진 때문이다.

22. 선호하는 중국 수입상품

내가 알고 있는 한 캄보이아에서는 금과 은이 산출되지 않는다. 사람들이 원하는 제일 큰 수입품목은 중국산 금과 은134)이다. 그 다음이 오색으로 수놓은 견직물縑帛이다. 그 다음으로는 진주(현 강소성)에서 산출되는 석랍(주석과 동의 합금), 온주산 칠기그릇, 천주(현 절강성)의 청자,135) 수은, 은주(銀硃: 수은을 태워서 만든 고급 안료인 주홍), 종이紙箚,136) 유황, 초석, 단향(항목), 뿌리와 잎사귀를 약용으로 쓰는 초궁草芎, 숙근초白芷, 사향, 마포, 황초포黃草布, 우산, 철로 만든 그릇鐵鍋, 구리 쟁반, 장식용 수정 구슬水珠, 동유桐油, 비기(篦箕: 참빗), 목소(木梳: 나무빗), 침 등이다.

(질 좋은 상품에서부터) 조잡하고 무거운 상품으로서 예로 들면 명주明州에서 나오는 돗자리같은 것도 있다. 그러나 캄보디아인이 가장 필요로 하는 것은 콩과 보리이나, (중국에서 캄보디아로) 가지고 갈 수 없다.137)

---

133) 연장자 앞에 엎드려 머리를 땅에 대고 그 사람의 발아래에 예를 올리는 것은 고대 인도에서 최대의 예를 올리는 형식이다.
134) 『원사元史』 제104권 형법에 금과 은, 동전, 견직물, 쌀은 수출금지 품목으로 규정되어 있었기 때문에 당시의 거래는 밀무역이었다.
135) 앙코르 유적에서 송, 원, 명의 도자기 파편이 발견되기도 하였다.
136) 일반적인 종이가 아니라 죽은 자에게 제공하는 종이로 만든 물품이다.
137) 중국에서 수출이 금지된 품목이다.

주달관이 양도로 기록한 오렴자. 펠리오는 카랑볼리에로 번역하였다. 오른쪽은 중국이 원산지인 여지(리치).

23. 초목

석류, 감자(甘蔗: 사탕수수), 연꽃荷花과 연근, 양도羊桃,[138] 초궁(파초)은 중국의 그것과 같다. 여지(荔枝: 리치), 감귤(오렌지)은 중국의 그것과 모양이 같지만 그 맛은 시다. 그 이외에 다른 과일들은 중국에서 보지 못한 것들이다. 수목 또한 하나하나가 매우 다르다. 꽃나무는 매우 많으며 향기롭고 매우 아름답다.

수중에 피는 꽃도 많은 품종이 있으나, 그 이름을 모두 알 수가 없다. 그러나 이 곳에서는 복숭아, 잣나무, 살구, 매화, 소나무, 측백나무, 삼나무, 노송, 배무, 대추, 백양나무, 버드나무, 계수나무, 난, 국화와 같은 것은 없다. 이 나라에서는 (중국의) 정월에 연꽃이 핀다.

---

[138] 펠리오는 1902년 번역에서는 양도羊桃를 복숭아로 이해했으나 1951년판에서 카랑볼리에carambolier로 번역했는데, 이 과일은 괭이밥나무과에 속하는 오렴자五斂子로 알려져 있고 학명은 아벨로아 카람볼라averrhoa carambola이다.

마차의 뒤를 따라 아이를 무등에 태우고, 개를 끌고가는 장면이 묘사되어 있다(바욘 사원).

24. 조류

조류 중에서 공작, 물총새,139) 잉꼬鸚哥가 있는데, 이 새들은 중국에서 볼 수 없는 것들이다. 그 나머지는 매, 까마귀, 백로, 참새, 가마우지, 황새, 학, 야생오리, 황작黃雀140) 등을 이 곳에서 볼 수 있다. 캄보디아에 없는 것은 까치, 기러기, 휘파람새, 두견, 제비, 집비둘기 종류들이다.

25. 동물

동물로는 무소, 코끼리, 들소, 산마山馬141)가 있는데, 이 짐승들은 중국에 없는 것들이다. 호랑이, 표범, 팬더 곰, 큰 곰, 야생 멧돼지, 고라니, 사슴, 노루, 큰 노루(궤·麂), 원숭이, 너구리, 긴 꼬리 원숭이 종류는 너무나 많다. 이 나라에 없는 것은 사자, 성성이,142) 낙타143) 등이다.

---

139) 물총새는 비취 보석에 견주어 '비취새'란 별명이 있고, 물고기 잡는 탁월한 습성으로 인하여 '킹피셔kingfisher'로 불린다.
140) 펠리오는 황작을 서렝(serins, 영어판 카나리아)로 번역했는데, 황조黃鳥로도 불린다.
141) 산마는 중국에 알려지지 않은 이색적인 말 종류로 보이나 자세히는 알 수 없다.
142) 전설 속에 등장하는 동물로 사람의 얼굴과 발을 가지고 있다. 여기서는 오랑우탄을 말하는 것으로 추측된다. 펠리오는 1902년 불어판에서 '큰 원숭이'로 이해하였다.
143) 펠리오는 원문대로 낙타를 카멜camel로 번역했으나, 중국학자 시아 나이는 아시아 전역에 분포된 인도산 흑소의 일종인 제부zebu를 주달관이 낙타로 이해했다고 주

닭, 오리, 소, 말, 돼지, 양 등 두말할 필요도 없이 무수히 많다. 말은 아주 왜소하고, 소는 아주 많다. 살아있을 때에는 결코 그 등위에 올라타지 않으며 죽어도 그 고기를 먹지 않고, 또 가죽을 벗기지도 않으며 썩을 때까지 기다린다. 그것이 인간에게 노력을 제공한 것에 대한 대가다. 소는 단지 짐수레를 끄는 데만 사용된다.

이전에 오리는 없었으나 선원들이 중국에서 들여와 여기에서 씨를 퍼트렸다. 쥐는 매우 커서 고양이와 비슷하며, 큰 쥐의 머리는 서로 같지 않고, 어린 쥐도 머리 크기가 강아지만하다.

26. 채소

채소에는 파, 겨자, 부추, 가지, 수박西瓜, 호박冬瓜, 왕과王瓜,144) 현채(莧菜: 비름) 등이 있으며, 사탕무우, 상치, 시금치, 치커리 등은 없다. 각종 오이류와 가지는 중국의 정월과 2월달 사이에 성숙한다. 가지의 뿌리는 수년이 지나도 남아 있다.145) 목화나무는 그 크기가 지붕보다 높고, 10년 동안 다른 나무로 교체하지 않는 경우도 있다. 그 이외에 이름을 알 수 없는 야채들이 상당히 많고, 수중에서 자라는 야채도 다양한 종류가 있다.

27. 고기와 파충류

어류 가운데는 검은 잉어가 가장 많다. 그 이외에 일반잉어, 붕어, 잉어의 일종인 초어草魚도 많이 서식한다. 토포어吐哺漁146)라는 물고기가 있는데, 큰 것은 무게가 두 근이 넘는다. 여기에 이름을 알 수 없는 물고기도 많다. 이들 어류는 모두 담수양에서 올라온 것들이다.

바다 속에 서식하는 어류들 가운데는 형형색색의 것들도 많다. 예를

장하였다.
144) 영문판에는 오이로 해석하였다. 중국에서 왕과는 일명 호과(胡瓜 : 오이)로 불린다. 그러나 펠리오는 왕과의 학명이 틀라단티아 두비아thladanthia dubia라고 하였다.
145) 다년생 식물로 해를 거듭할수록 베어주지 않으면 관목이 된다.
146) 영어판은 모샘치gudgeon로 번역했는데, 이 잉어과 물고기는 미얀마 상류의 이라와디강과 라오스 란상강에 서식하며, 캄보디아의 남해로 유입된 것으로 보인다.

물고기를 잡는 오리.

톤레삽 호수에 서식하는 어류들. 어린 양을 잡아먹는 큰 물고기 등 다양한 어류가 부조되어 있다(바욘 사원).

들어 바다뱀, 바다뱀장어 등이 그것이다. 식용개구리는 먹지 않으며, 밤이 되면 도로 위로 올라온다.

   자라(鼊鼉: 원타)는 그 크기가 합저(合苧147)와 같고, 육장(六藏: 오장육부)을 가진 거북이도 있는데 식용으로 사용된다. 사남(査南)에서 잡히는 새우는 무게가 한 근 이상이다. 진포에서 나는 거북다리(龜脚148)는 길이가 8촌에서 9촌쯤 된다.

---

147) 삼의 일종으로 뿌리와 길이는 각각 1.5m 정도로 자란다.
148) 구각은 석겁, 석유(石蚰)로도 불렸는데, 미텔라 미텔라(mitella mitella)가 학명이다.

202

악어 가운데 큰 것은 그 몸집이 배와 같은데, 네 다리는 마치 용과 유사하며 뿔은 없다. 바다조개는 몹시 부드럽고 맛있다. 대합, 바지락, 다슬기와 같은 패류는 담수양에 서식한다. 그러나 게는 보이지 않는다. 내 판단에는 사람들이 게를 먹지 않아서 수요가 없기 때문에 잡지 않는다고 생각된다.

28. 술 빚기

술에는 네 등급이 있다. 제1등급은 중국인들이 밀당주密糖酒로 불리는 술이다. 이 술은 효모에다 꿀과 물을 각각 반씩 섞어서 만든다. 다음의 제2등급은 캄보디아인들이 붕아사朋牙四149)로 불리는 나뭇잎을 사용하여 만든 술이다. 붕아사는 일종의 나뭇잎이다. 다음의 제3등급은 생쌀을 이용하거나 (요리하고) 남은 밥을 사용하여 빚은 것인데 이것을 포릉각包稜角150)이라 한다.

내가 보기에 포릉각은 '쌀'을 뜻한다. 그 다음으로 (일종의 슈가 와인인) 당감주糖鑑酒가 있다. 이것은 조청을 가지고 만든다. (또 하나를 추가한다면) 배가 들어오는 수로를 따라가면 (뭍에 인접한 곳에) 교장주茭漿酒151)가 있다. 이것은 물가에서 자라는 야자 잎의 액즙을 추출하여 만든 술이다.

29. 소금, 식초, 간장, 효모

이 나라에서는 개인이 소금을 만드는 것을 금하지 않는다.152) 해안

---

149) 붕아사pung yia su는 폴 펠리오에 의하면 페나스penas 혹은 포나스ponas에서 파생한 것이라 하고, 세데스는 '나무'를 뜻하는 고대 크메르어 브나스bhnas, 현재는 phneah에서 유래한 것이라고 한다.
150) 포릉각pao lleng kio은 '정미精米'를 의미하는 캄보디아어 앙코anko의 고대어인 랑코ranko를 능각稜角의 원음으로 보고 있다. 다만 앞에 오는 포包의 어원은 세데스의 견해에 따르면 "쌀을 끓이다"는 뜻의 포por에서 찾고 있다.
151) 야자나무의 일종. 교茭는 중국에서 교장茭漿으로 불린다. 교茭의 어원은 키아오kiao이며 세데스에 의하면 말레이어 카장kajang에서 파행되었다고 한다. 그러나 말레이어 사전에 의하면 카장은 니파야자nipa palm의 잎으로 만든 것을 뜻한다.
152) 원나라가 식염 전매제도를 시행했던 것과 대비시켜 서술하였다.

가인 진포와 파간巴澗에서는 바닷물을 끓여서 소금을 제조하기도 한다. 산간지방에서는 일종의 바위소금(암염을 뜻한다)이 나며, 맛은 일반적인 소금보다 낫다. 바위소금은 여러 형태로 캐내기도 한다.

이 곳 사람들은 식초를 알지 못한다. 그들은 국물에 신맛酸을 맞추기 위해 함평수咸平樹 잎153)을 사용했는데, 이 나무에서 싹이 돋아나면 그 싹을 사용하고, 씨앗이 있으면 그 씨앗을 이용한다.

또한 간장을 배합하여 만드는 것을 알지 못한다. 보리와 콩이 없기 때문이다. 효모(누룩)를 만드는 방법도 알지 못한다. 대개 그들이 사용하는 것은 주약酒藥인데, 이것은 (우리) 고향에 있는 탁주에다 효모와 비슷한 약白酒藥을 사용하여 만든 술이다.

30. 누에치기

캄보디아인은 누에치고 뽕을 따는 일에 종사하지 않는다. 여인들도 마찬가지로 옷을 만들고 수선하며, 바느질하는 것을 알지 못한다. 여인들은 단지 손으로 목화 섬을 짜는 것이 고작이다. 방직기술은 없으며, 손으로 면화를 만져 실을 잣는데 불과하다. 베틀로 베를 짜는 것은 알지 못하며 손으로 다만 실의 한 쪽을 허리춤에 묶고 다른 한쪽은 창문 위에 걸쳐 놓고 짜는 정도다. 밑실을 넣는 북도 하나의 대나무 관을 사용한다.

근년에는 섬(暹·시암) 사람들이 들어와 거주하면서 양잠에 종사하고 있으며, 뽕나무와 누에씨도 시암에서 들여왔다. 이 나라에는 삼베와 모시풀이 없으며 단지 (대마의 일종인) 생마絡麻154)가 있다.

섬인들은 자신들의 옷을 만들기 위해 견사를 가지고 어두운 색의 견직물을 자느는데, 섬의 여인들은 바느질을 잘한다. 캄보디아인은 옷이 헤 지면 섬의 여인들을 불러서 수선하도록 한다.

---

153) 함평은 열대산 콩과에 속하는 상록수. 영어로는 타마린드라 한다. 폴 펠리오는 '신맛을 띤 나무'란 뜻의 캄보디아어 암필ampil에서 그 어원을 찾고 있으며, 톤레삽 호수 입구의 낮은 구릉에 위치한 '프놈 크롬' 사원에 무성히 자란 커다란 나무가 함평이다.
154) 펠리오에 의하면 락마絡麻는 대마大麻를 뜻하는 온주 지방의 방언이라고 하였다.

요리하는 장면(바욘 사원).

31. 용기

일반 가정에서는 집 이외에 별도의 식탁과 의자, 세숫대야, 양동이는 없다. 단지 요리할 때에는 흙으로 빚은 가마솥釜을 사용하며 국을 만들 때는 연와煉瓦로 구워 만든 냄비를 사용한다. 땅 속에 세 개의 돌을 밖아 불을 땔 때는 아궁이로 사용한다.

국자는 야자열매를 이용하여 만든 것이다. 음식을 담기 위해 중국에서 수입한 접시나 구리쟁반을 사용한다. 소스를 담을 것으로는 나뭇잎으로 만든 조그만 공기를 사용하는데, 국물이 전혀 새지 않는다.

또한 야자나무잎155)으로 작은 숟가락을 만들고, 이것을 이용하여 입에 떠 넣고, 사용하고 나면 버린다. 여러 신과 부처에 제사를 올릴 때도 마찬가지다.

또한 주석으로 만든 용기 또는 구워 만든 토기에 물을 떠다 놓고 여기에다 손을 씻는다. 말하자면 밥은 젓가락을 사용하지 않고 손으로 먹기 때문에 손에 묻은 밥풀을 물로 씻어내려는 의도일 것이다.

〔술을 마실 때에는 주석으로 만든 잔에 서너 잔쯤 따라 마실 수 있

---

155) 菝葉. 카장kajang나무 잎을 말한다.

는 정도의 크기인데, 그 잔의 이름을 흡kia156)이라 한다.)157) 술은 담을 때는 납으로 만든 그릇에 넣어 보관한다. 가난한 사람들은 흙으로 구워서 만든 병을 이용한다. 또 관아나 부유한 집에서는 은으로 만든 병을 사용하며, 금으로 만든 병158)을 사용하는 자도 있다.

궁중에서는 금으로 만든 용기들이 많이 사용되었으며, 크기와 형식이 매우 특별하다. 바닥에 펴는 돗자리는 명주明州산이며, 간혹 호랑이 · 표범 · 큰사슴 · 사슴 가죽과 등나무로 만든 것을 사용하는 자도 있다.

최근에는 낮은 탁상榻이 사용되는데, 그 높이가 1척에 불과하다. 잠은 대나무로 만든 돗자리를 바닥에 깔고 그 위에서 잔다. 또 근래에는 낮은 침대를 사용하는 자도 있지는, 대부분 중국인이 만든 제품이다. 〔밤에는 모기가 많아夜多蚊子〕, 천으로 만든 모기장을 사용한다.159) 궁정에서는 금박을 입힌 망사로 된 모기장을 사용하는데, 이것은 해상무역상인이 기증한 것이다. 벼를 빻는 데는 맷돌을 사용하지 않고 단지 절구와 절구공이만 사용한다.160)

32. 수레와 가마

가마는 한 그루의 나무를 사용하여 그 중앙은 곡선이 지게 만들고 나무의 양쪽 끝은 수직으로 세운 다음, 여기에 꽃 모양을 조각하고 금과 은으로 도금한다. 이것이 소위 금과 은으로 만든 가마손잡이轎杠다.

---

156) 恰kia은 물동이를 뜻하는 캄보디아어 캅khap의 소릿값이다.
157) 〔 〕는 설부본 이후 후대의 사서 기록에서 탈락된 『진랍풍토기』 내용을 설부본에 의거하여 되살린 것이다. 한편, 중국의 고고학자들은 당시 캄보디아에 주석제품이 사용되었는지에 대해서 의문을 제기하였다.
158) 도이지략島夷誌略에 "사람들은 모두 식사 때가 되면 금다반金茶盤, 금숟가락을 갖고 있으며 물건을 보관할 때에도 이것을 사용한다"고 기록되어 있을 정도로 금 제품이 널리 이용되었다는 것을 시사한다.
159) 초판에 잘못 번역된 부분을 수정하였다. 『사고전서본』, 『고금도서집성본』 등 대부분의 사서에서는 '식품용포조食品用布竈'로 표기되었으나, 이것은 오탈자이며 설부본에 의하면 '夜多蚊子, 亦用布罩'로 표기되었고, 앞 뒤 문맥상 이것이 정확한 기록이다.
160) 원나라에서는 초기부터 맷돌을 사용한 데 비해 주달관이 관찰한대로 캄보디아에서는 절구와 절구공이만 사용하였다.

병사들의 행진. 장수가 코끼리 등에 설치된 하우더에 앉아 있다(바욘 사원).

코끼리와 하우더, 소가 끄는 수레가 잘 묘사되어 있다(바욘 사원).

가마의 양쪽 끝에서 일척의 거리에 빗장을 걸고 천으로 만든 커다란 밧줄 한 틀을 느슨하게 두른 다음 양쪽 빗장에 연결한다.

사람들이 가마에 타고 앉으면 두 사람이 이것을 멘다. 가마의 외부에는 또 하나의 배 모양을 그려 넣고 오색의 견직물로 장식한다. 이 가마는 네 사람이 들어야 한다.[161]

먼 길을 여행하는 자는 코끼리나 말을 타고 가며, 마차를 이용하는

---

[161] 『문헌통고』는 남송의 관리이자 4대 시인의 한 사람인 범성대(范成大, 1126~1193)가 쓴 『계해우형지桂海虞衡志』를 인용하면서 1173년에 안남의 사신이 타고 온 가마를 비롯하여 참파, 진랍의 가마를 저아抵鵶·ti ya로 기록하였다.

자도 있다. 마차는 다른 나라와 비슷하다. 말은 안장이 없으나, 코끼리에는 등에 앉는 의자象却有凳可座162)가 있다.

33. 배와 노

커다란 배는 재질이 단단한 나무를 절단하여 그 널판을 가지고 만든다. 장인匠人들은 톱은 사용하지 않고 도끼만 가지고 나무를 베고 갈라서 널판을 만든다. 따라서 많은 나무와 노동력이 소모된다. 널판을 만들 때마다 나무를 베어내고 다시 파내야 한다. 집을 지을 때도 마찬가지다.

배를 만드는 데는 쇠못을 사용하고, 그 위에 야자 잎으로 덮고 야자나무 조각으로 눌러 놓는다. 이런 방식으로 만든 배를 '신나新拏'163)라고 하며, 노를 사용한다. 배에 칠하는 기름은 물고기 기름이며 이것과 석회를 혼합하여 사용한다.164)

작은 배는 커다란 배와 반대로 하나의 거목을 가지고 구유통과 같은 모양으로 파낸 다음 불에 구워서 나무의 재질을 연하게 하고 나무를 사용하여 받침대를 세운다. 배의 몸통은 넓게 하고, 양쪽 머리는 뾰족하게 만들며 지붕은 없다. 이 배는 약간 명을 태울 수는 있으나 돛이 없고 노를 저어서 움직인다. 사람들은 이러한 배를 '피란皮闌'165)이라 한다.

---

162) 초판에서는 『사고전서』본, 『고금도서집성』본 등에 기록된 대로 코끼리의 등에 얹은 가마, 즉 하우더howdah가 없다고 번역하였다. 그러나 크메르 예술에 관한 그로슬리에의 논문들과 바욘 사원의 부조를 관찰할 때, 후대에 잘못된 기록이며 등가좌(하우더)가 있다는 뜻의 상각유등가좌象却有凳可座로 번역하는 것이 타당하다. 중국학자 양보균이 이 견해를 갖고 있다.
163) 폴 펠리오는 신나sin na의 어원을 센다senda라고 주장하나 범선帆船을 뜻하는 삼포우 sam pou에서 어원을 찾는 견해도 있다. 그러나 이 주장은 끝 발음이 다르다는 문제점이 있다.
164) 당시 배를 만들 때 못을 사용하지 않고 물고기 지방에서 얻은 기름과 다른 혼합물을 사용하여 이음새를 칠한 배가 많았다.
165) 폴 펠리오는 피란piran, pilan의 어원이 보트를 뜻하는 말레이어 프라우prau, prahu와 관련이 있다고 하였다. 반면 세데스는 16세기 항해사들이 이 보트를 발롱baño, baloon으로 표기한 사실을 지적하며 여기에서 파생된 것으로 보았다. 발롱은 드라비다어 발람bal lam에서 기원하는데, 많은 학자들이 조르쥬 세데스 설을 수용한다.

톤레삽 호수에서 참파군과 싸운 전투선. 투구를 쓴 병사들이 참파군으로 크메르군이 배 안에 포로로 잡혀 있는 모습. 왼쪽의 배 밑에 잠수한 병사는 참파군을 급습하여 크메르 병사를 구출하기 직전의 모습(바욘 사원).

34. 지방행정구역

이 나라에 속한 군은 '90여개'[166]인데, 소위 진포眞蒲, 사남査南, 파간巴澗, 모량莫良,[167] 팔설八薛,[168] 포매蒲買,[169] 치곤雉棍,[170] 목진파木津波, 뢰감갱賴敢坑, 팔시리八廝里 등이 행정구역이다. 기타 지역 이름에 관해서는 기억할 수 없다. 모든 지방은 관아를 두고 목책을 둘러서 성벽을 쌓았다.

---

166) 10여개 행정구역을 나열한 것으로 보아 '凡十余'를 후대인들이 '九十余'로 잘못 기록했다는 견해가 있는 반면, '90여 개'가 정확한 서술이며 그 가운데 요충지 '10여 개'만 열거했다는 견해도 있다. 자야바르만 7세가 전국에 100여 개의 병원을 건립한 사실을 고려한다면 90여 개가 정확한 것일 수 있다.
167) 에이모니에는 모량mou leang이 비문에 기록된 말리양maiyan이라 주장하였고, 세데스는 이 지명을 톤레삽 서쪽에 있는 바탐방 지역으로 추정하였다.
168) 팔설pa sie는 라오스 남부 팍세pakse를 지칭한다.
169) 포매pou mai는 세데스의 주장에 의하면 제국의 서쪽 요충지로 유적이 있는 태국동부의 피마이phimai로 추정한다.
170) 치곤che kouen, 목진파mou tsin po, 뢰감갱lai kan keng, 팔시리pa ssu li의 지역이 어디인지는 현재 불분명하다. 팔시리는 『제번지』에 언급된 파사란波斯蘭으로 추정한다면 현재의 콤퐁솜에 해당된다.

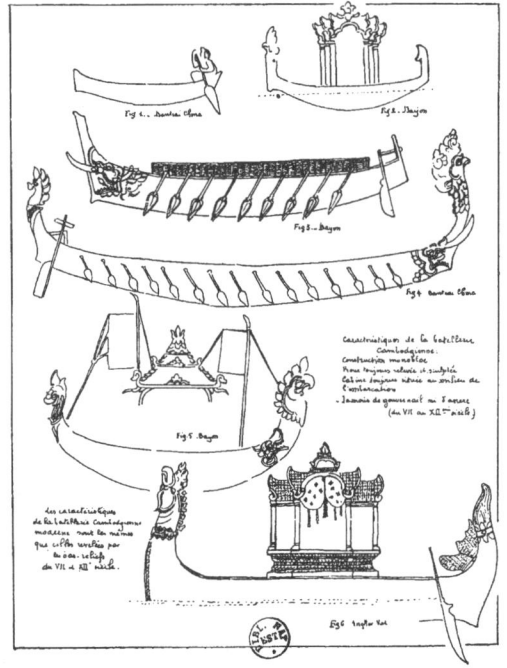

조르쥬 그로슬리에가 『캄보디아의 배: 8~13세기』에서 분석한 캄보디아 배의 모습들. 맨 윗줄 왼쪽은 반테이 추마르 사원의 배 모양이며, 오른쪽 바욘 사원에 부조된 선형은 왕관 장식이 되어 있다.
두 번째와 세 번째 줄의 노가 여러 개인 배는 속력을 내기 위한 전투선으로 바욘 사원 바깥 회랑에서 볼 수 있다. 네 번째 줄의 배는 바욘 사원에 부조되었고, 맨 아래의 지붕이 달리고 장막이 드리워진 배는 왕실의 유희용으로 앙코르 와트에 부조되어 있다.

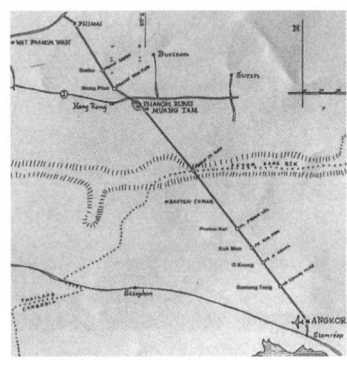

1910년 라종키에르가 그린 전국의 삼낙 루트(다르마살라루트로 불린다). 앙코르의 프레아 칸 사원에서 현 태국의 피마이까지 도로가 뻗어있다. 도면에 의하면 당렉산맥을 넘어서 무앙 탐 사원과 파놈 룽 사원을 거쳐 피마이가 최종 목적지이다. 캄보디아에서 피마이까지 17개의 숙박소 거리는 최소 11.2 km, 최대 20.6km인데 순례자들이 하루에 이동할 수 있는 거리로 설계되었던 것 같다.

35. 촌락

모든 촌락마다 사원 또는 탑을 갖고 있다. 인구의 수가 아무리 적어도 지방을 통제하는 관리가 있으며, 그 이름을 매절買節[171)이라 한다. 대로변에는 휴식을 할 수 있는 장소가 있다. 일종의 숙박시설郵亭으로 그 명칭은 삼목森木172)이라 한다. 최근에는 섬과 전쟁173)을 겪고 난 후라서 모두 황무지로 버려져 있는 실정이다.

36. 쓸개 채집하기

이전에도 (중국 달력으로) 8월이 되면 담낭수집取擔이 시작된다.174) 점성占城: 참파의 왕이 매년 들어와서 한 항아리에 '천여 개'175)에 달하는 사람의 쓸개를 채집하러 다녔다고 한다. 밤이 되면 사람들에게 명령하여 이 곳 저 곳으로 가게 한다. 성안은 물론이고 촌락에까지 밤길을 걷는 자가 있으면 천으로 머리를 감싼 다음 밧줄로 묶고 작은 칼로 오른 쪽 옆구리를 찔러서 쓸개를 꺼낸다. 필요한 수만큼 모으면 이것을 점성왕에게 보낸다.176)

그러나 중국인의 쓸개는 모으지 않는데, 일년에 중국인의 쓸개 하나를 채집하여 함께 담게 되면 항아리에 있던 쓸개가 모두 썩어서 쓸모없이 되어버리기 때문이다. 근년에는 이와 같은 쓸개 채집 방식은 없어졌으나, 특별히 이 일을 전담하는 사무소를 성의 북문에 설치하였다.

---

171) 폴 펠리오는 매절mai tsie이 캄보디아어로 촌장村長을 뜻하는 메스록me srok의 음가로 보았다. 현재에도 스록srok은 행정상의 군을 지칭하고 관례적으로는 전국토를 지칭하기도 한다.
172) 삼목은 크메르어로 휴식을 뜻하는 삼낙sam nak의 음가다. 자야바르만 7세가 만든 숙박소 유적을 지칭한다.
173) 수코타이왕조의 라마캄행Ramakhamhaeng왕(1283~1317년)은 앙코르의 자야바르만 8세(1243~1295년)이래 캄보디아 영토를 경유하여 참파까지 공격하였다.
174) 『도이지략』의 점성국 편에 따르면 "정월과 10월 보름이 지나면 모든 사람들이 산 사람의 쓸개를 취하고 이를 관가에 주면 은으로 보상한다. 쓸개를 가지고 술을 담기도 하며 가족과 함께 먹기도 하는데 이것은 두려움을 없애고 나쁜 병이 생기지 않게 한다고 전해진다"는 기록이 있다. 『성차승람星槎勝覽』에는 추장이 새해에 산 사람으로부터 쓸개를 얻고 이를 술에 넣어 마신다고 하였다.
175) 고금도서집성본, 사고전서본 등에는 담낭 채집을 '만천여매萬千餘枚'나 한다고 하였으나, 숫자 '만'은 오기이며, 설부본에 의하면 '천여 매(개)'가 정확한 것이다.
176) 참파 왕이 쓸개를 채집했던 시기는 앙코르 왕도가 참파에 점령되었던 1177~1181년 사이로 보인다. 1850년 이곳을 방문한 부유보Bouillevaux 신부도 이 풍습을 기록한 것을 보면 이런 관행은 오랫동안 존속된 것으로도 해석된다.

37. 기괴한 사건

도성 동문밖에 사는 야만인으로 자신의 여동생을 범한 한 남자가 있었는데, 살과 가죽이 붙어서 떨어지지 않아 3일간 아무 것도 먹지 못해 죽었다. 나의 동향 사람이었던 '설씨'[177]는 이 곳 캄보디아에서 35년을 거주했는데 이런 사건을 두 번 보았다고 한다. 판단하건대 이 나라에서는 성불聖佛의 힘이 있어서 그와 같이 된 (벌을 내린) 것으로 보인다.

38. 목욕하기

이 땅에서는 뜨거운 열 때문에 매일 수차례씩 목욕을 하지 않으면 하루를 지내기조차 어렵다. 밤이 되어서도 한두 차례 목욕을 하지 않으면 안 된다. 이전에는 욕실, 대야, 물통 등이 없었다. 그러나 목욕을 하기 위해서 집집마다 하나의 연못을 갖고 있거나 두, 세 가구별로 하나의 공동연못을 갖고 있다. (현지인들은) 남녀의 구분 없이 벌거벗은 채 연못에 들어간다. 또 부모나 연장자가 연못에 있을 때는 자녀와 연소자가 들어가 목욕하지는 못한다. 간혹 연소자나 아이들이 연못에 있으면 연장자들이 차례를 기다린다. 연못에 동년배들이 들어가면 이런 예의는 무시된다. 다만 여성들은 왼 손으로 자신의 음부를 가리고 물에 들어간다. 도성 내의 여성들은 3, 4일 혹은 5, 6일마다 삼삼오오 짝을 지어 성문밖 강에 가서 목욕을 한다. 강변에 도착하면 입었던 옷을 벗고 물 속에 들어간다. 강변에는 또 다른 여성들이 수천을 헤아리며, 그 가운데는 고위관리의 부인들도 있는데 개의치 않는다. 발끝부터 머리까지 다 보인다.

성밖의 커다란 호수(시엠렙강)에는 이런 일이 없는 날이 없다. 중국인들은 쉬는 날에 이러한 장면을 구경하러 가는 것을 즐긴다. 또 물 속에 들어가서 훔쳐보는 자도 있다. 수온은 온천탕처럼 뜨겁지만 밤(오경)이 되면 다시 차가워지고 해가 뜨면 다시 뜨거워진다.

---

[177] 35년간 거주했다는 기록으로 보아 남송南宋 때인 1261~62년경부터 체류했고 당시 크메르에 많은 화교가 있었던 것으로 짐작된다.

코끼리 옆에서 지나가는 병사들과 말을 탄 지휘관은 머리에 쪽을 한 모습으로 보아 앙코르에 거주했던 화교들로 짐작된다(바욘 사원).

39. 이민자들

중국인 선원 가운데는 의상도 입지 않을 뿐 아니라 양식을 수월하게 구하고 부녀자를 쉽게 설득하며 가옥도 간편하게 짓고 가재도구도 손쉽게 마련하며, 거래도 쉽게 할 수 있기 때문에 이 나라로 도피하여 사는 자도 있다.

40. 군인

병사들 또한 (일반인과 마찬가지로) 옷을 입지 않고 신발을 신지도 않았으며, 오른 손에는 표창을, 왼 손에는 전투방패를 들고 있다. 이들은 활과 화살, 돌화살, 갑옷과 투구 등은 걸치지 않았다. 들리는 소문에 의하면 섬(수코타이왕국)과의 전쟁 때문에 백성들을 모두 전쟁에 내보냈다고 들었는데, 이러한 군인들에게 특별한 지모지략은 없다.[178]

---

178) 쇠퇴기에 들어선 앙코르왕조의 열악한 군비 상황을 기록한 것이다.

바욘 사원에 묘사된 앙코르왕조의 군인들.

41. 국왕의 외출

이전의 국왕은 일찍이 왕궁을 나선 수레바퀴 흔적(轍迹)을 남기지 않았다고 들었다.179) 아마도 예기치 않은 변이 일어나는 것을 예방하기 위한 것으로 생각된다. 새로운 국왕180)은 죽은 왕(자야바르만 8세)의 맏사위로서, 병권을 담당하는 직위에 있었다. 그(인드라바르만 3세)의 부인은 선왕의 딸이었는데, (왕권을 상징하는 금으로 된) 보검을 몰래 훔쳐서 그 남편에게 주었고 이 때문에 선왕의 아들이 왕위를 승계하지 못했다.181) 한 때, (선왕의 아들이) 군사를 일으키는 음모를 꾸몄으나 신왕(인드라바르만 3세)이 알아채고 발을 절단하여 지하실에 감금시켰다.

---

179) 원문대로 해석하면 "국왕의 수레바퀴 자국은 일찍이 왕궁을 떠난 일이 없다"고 번역할 수 있으나, 뒤에 소개하는 국왕의 외출과는 모순된다. 따라서 신변보호 차원에서 외출흔적을 남기지 않았다고 보는 것이 더 논리적이다.
180) 슈리 인드라바르만(인드라바르만 3세 : 재위 1295~1308/9년)은 자야바르만 8세(재위 1243~1295년경)의 딸과 결혼함으로써 왕위에 오를 수 있었다.
181) 전(前)왕을 시해했다고도 하나, 왕위에 오르는 과정에서 왕위 계승자인 처남을 유폐시켰다는 것이 세데스의 주장이다.

프레아 칸 사원의 2층 건물, 이 곳에 성검이 보관된 것으로 추정된다.

새로운 국왕은 몸에 성스러운 쇠붙이聖鐵을 집어넣고 다녔는데, 어떤 칼이나 화살로 찔려도 상처를 입지 않았다. 이것을 믿고 (국왕은) 과감하게 외출했다.[182] 내가 1년여를 체류하는 동안, 국왕의 외출모습을 본 것은 4, 5회에 불과하다.

(국왕이) 외출할 때는 제 군마軍馬가 앞에서 호위하고, 다음으로 깃발, 음악대가 뒤따른다. 300에서 500인의 궁녀들이 꽃문양이 수놓인 천과 꽃을 머리에 장식하고, 손에는 촛불을 들고 하나의 대열을 이뤄 뒤따른다. 심지어 대낮에도 촛불을 켠다.

그리고 별도의 궁녀들이 있어, 궁정에 있는 금은 용기와 아주 특별하게 장식된 도구를 들고 있으나 어떤 용도에 쓰이는지는 알 수 없다.[183] 또한 손에 표창과 방패를 든 또 다른 궁녀들이 내병(內兵: 궁중의 군

---

182) 『성재잡기』誠齋雜記에 "캄보디아에 있는 성스러운 쇠붙이를 얻어 그 쇠붙이를 입에 물고 있으면 어떤 칼이라도 상처를 낼 수 없다"고 기록되어 있는데 동남아에는 이와 유사한 설화가 많다.
183) 자바인의 푸스타카pustaka처럼 국가의 상징물일 가능성도 있다.

왕비들의 가마. 앞에서 남자들이 일산을 받쳐 들고 있으며, 가마는 앞뒤에서 각각 2명 혹은 1명이 들고 있다(바욘 사원 내부 회랑).

대)이 되어 하나의 (여군) 호위대를 이룬다.

　그 다음으로 양이 끄는 양거^{羊車}, 사슴 한 필이 이끄는 녹거^{鹿車},[184] 소가 끄는 마차가 뒤따르는데 모두 금으로 장식되어 있다. 신하들과 왕족들은 코끼리를 타고 앞서 가는데, 멀리서 보면 붉은색 양산도 보이지만 그 수를 헤아리기 어렵다.

　그 다음에는 국왕의 처와 첩실이 가마나 마차, 말이나 코끼리를 타고 가는데 금으로 장식한 양산은 백여 개가 훨씬 넘는다.

　그 뒤에 국왕이 다가오는데, 코끼리 위에 서서 손에는 금으로 만든 성검을 들고 있으며, 코끼리의 상아 또한 금으로 장식하였다. 금으로 장식된 흰 양산도 20여 개나 되며, 양산 손잡이도 금으로 장식되어 있다. 또 사방에 코끼리부대가 밀집호위를 하고 있으며, 군마^{軍馬}가 뒤따르며 다시 호위를 한다.

---

184) 고금도서집성본, 사고전서 등에는 사슴이 끄는 수레 즉, '녹거^{鹿車}'가 탈락되었는데, 설부본에 의해 바로 잡은 것이다. 양거^{羊車}, 녹거, 마차^{馬車}는 법화경에서 말하는 3거, 즉 양거, 녹거, 우거를 연상시킨다.

왕궁에서 관리들에게 지시하는 자야바르만 7세. 팔찌와 발찌, 귀고리와 목걸이 장식을 하고 있다(바욘 사원).

　국왕이 근처로 유희를 나갈 때는 금으로 장식된 가마를 사용하며 궁녀들이 왕을 맞이하여 가마를 든다. 대저 그의 신하들은 반드시 조그만 금탑의 금부처상 앞에서 (국왕을) 맞이하며, 국왕을 본 자들은 모두 무릎을 꿇고 이마를 땅에 대는 예를 갖춰야 하는데 이를 일컬어 삼파三罷[185]라 한다. 이러한 예를 갖추지 않는 사람들은 관리에 의해 구금되며 석방하지 않는다.

　국왕은 매일 두 차례에 걸쳐 집무실에서 정무를 보지만, 집무실이 정해져 있는 것은 아니다. 모든 신하와 백성들이 왕을 보기 위해 지상에 앉아서 국왕이 행차하기를 기다린다. 잠시 동안 궁정에서는 은은한 음악소리가 울리고 바깥에서 나팔소리가 나면 국왕을 맞이한다.

　국왕의 행차는 한 대의 금수레를 이용하는데, 행선지가 먼 곳이라고 들었다. 잠시 동안 두 명의 궁녀가 '여리고 아리따운 손纖手'으로 발簾을

---

[185] 삼파sam pua는 '두 손을 모아 예의를 표시한다'는 의미의 캄보디아어 삼바sambah의 음가이다.

걷어 올리면 국왕은 손에 검을 잡고 금으로 만든 창 한가운데 등장한다. 신하들과 그 이하 백성들은 모두 합장하고 머리를 조아리는 고두叩頭의 예를 올리며, 나팔 부는 소리가 끝나야만 고개를 드는 것이 허용된다.

국왕은 이어서 좌석에 앉는다. 국왕이 앉는 좌석은 한 장의 사자 가죽이 깔려 있는데, 이것은 대대로 내려오는 보물이라고 들었다.

집무가 끝나고 왕이 궁으로 되돌아 갈 때면 두 명의 궁녀가 '발'을 내리고 모두가 일어선다. 이 모든 것을 통해서 볼 때, 비록 '야만인의 국가'186)라 하더라도 군주가 어떤 존재인지를 모르는 것은 아니다.

---

186) 원문은 오랑캐의 나라를 뜻하는 '만맥지방蠻貊之邦'이다.

제4부
앙코르 와트의 상징해독

상공에서 바라본 앙코르 와트의 웅장한 전경.

1장 신의 코드로 지은 사원

1. 앙코르 와트

왕도王都를 뜻하는 앙코르는 원래 같은 뜻을 가진 산스크리트어 '나가라nagara'에서 파생된 것으로 노코르nokor-옹코르ongkor-앙코르angkor와 같이 음운변화를 일으켜 크메르어화한 말이다.

나가라는 힌두신화에서 신들이 거주하는 우주의 중심 메루산을 지상에서 재현한 도시이며, 크메르인들 또한 성스러운 쿨렌산에서 돌을 실어다 날라 '신의 도시'를 지상에 건설했는데 그것이 곧 '앙코르 와트'다. 고대 크메르의 건축문화는 앙코르 와트를 정점으로 꽃피웠으며, 새로운 건축 에너지를 발산한 사원은 그 이후에도 없을 만큼 크메르인의 정수가 반영되어 있다.

앙코르 와트 사원은 수리야바르만 2세(1113~1150)가 비슈누신에게 바치기 위해 지은 사원이며 그가 죽은 후에도 부분적으로 부조가 조각되는 등 37년 이상의 세월 속에서 건축되었다.

앙코르 와트는 남북의 길이가 1.3㎞, 동서 1.5㎞에 이를 만큼 광대한 피라미드형 사원이며 개방형으로 건축되어 좌우 대칭미와 뛰어난 시각성을 자랑한다. 출입구가 서쪽을 향해 있고 건축의 중심축이 서~

1866~68년 해군장교로서 메콩탐험대에 참여했던 루이 들라포르트(1842~1925)가 그린 앙코르 와트 드로잉.

동으로 전개되어 있는 것도 특징 가운데 하나다.

　앙코르 와트는 중앙에 있는 신전을 세 겹의 회랑回廊이 감싸고 있으며, 회랑 바깥쪽에는 주벽周壁을 만들고 그 외부에 저수지를 배치하였다. 또 사원 안에 40㎡의 작은 연못을 남쪽과 북쪽에 한 개씩 만들고, 주벽을 4.5m 높이로 쌓아올려 사원을 속세와 구분 짓는 공간개념을 반영하였다. 저수지는 대양을 뜻하고, 중앙의 신전은 신왕神王의 권위를 상징한다.

　앙코르 와트는 사면四面에 출입문이 있다. 출입문은 주벽의 동, 남, 북에 각각 하나씩 있으며 정문인 서쪽에는 다섯 개나 된다. 서쪽 정문의 출입구 가운데 두 개는 코끼리 부대와 기마 부대인 주력군이 출입할 수 있도록 군사용으로 활용되었으며, 나머지 세 개는 바라문을 비롯한 출입자들이 사용하였다.

앙코르 와트의 전설

　세계문화유산의 하나인 앙코르 와트는 아름답고 웅장하지만 사원에 대한 구체적인 자료가 없기로도 유명하다. 이 때문에 앙코르 와트가 신들을 위한 사원인지, 왕의 장제전인지 건축용도를 둘러싸고 학

제3회랑 앞에서 본 십자형 나가테라스. 앞에 보이는 건물은 출입문.

앙코르 와트 Angkor Wat

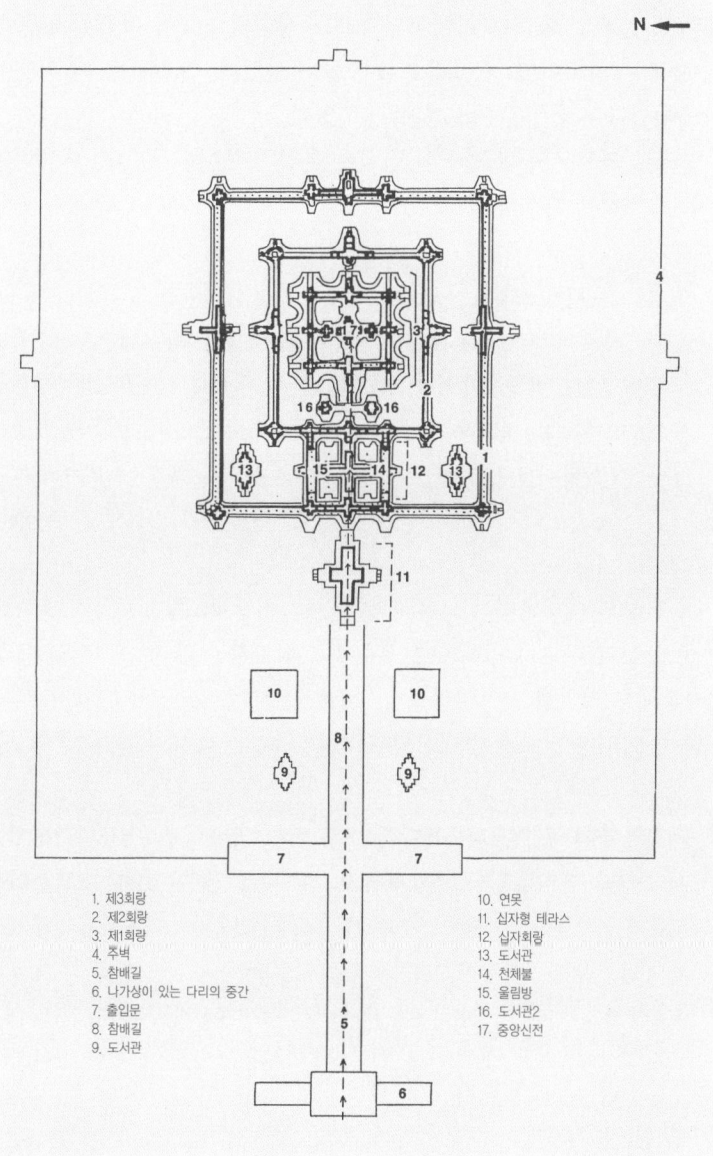

1. 제3회랑
2. 제2회랑
3. 제1회랑
4. 주벽
5. 참배길
6. 나가상이 있는 다리의 중간
7. 출입문
8. 참배길
9. 도서관
10. 연못
11. 십자형 테라스
12. 십자회랑
13. 도서관
14. 천체불
15. 울림방
16. 도서관2
17. 중앙신전

자들간에 많은 논란이 제기되었다. 캄보디아의 전설에 의하면 앙코르 와트는 원래 왕궁이었으며, 왕의 사후에는 묘가 되었다고 전해진다.

1880년 프랑스 학자 에이모니에Aymonier는 민간에 회자되는 전설을 토대로 앙코르 와트는 왕궁이었다고 주장하였다. "이 사원의 일차적인 용도는 왕궁이었다. 그리고 후궁들이 살았다. 그러므로 이 사원이 왕궁이었다는 전설은 의심의 여지가 없다."

앙코르 와트 사원과 관련된 전설은 다양하게 나타나는데, 대표적인 것을 소개하면 다음과 같다.

> 기원전 446년에 프레아 통Prea-thong왕이 왕도 건설을 시작하였다. 그리고 서기 57년에 케트 메알레아Ket Mealea가 브라흐마 3신에게 헌사할 위대한 사원 건축의 임무를 맡았다. 이 공사가 얼마나 걸렸는지는 알 수 없다. 사원은 638년에 완성되었으며, 이 해는 불교경전이 스리랑카로부터 들어 왔으며, 이에 따라서 브라흐마의 신앙이 사라지고, 앙코르 와트는 새로운 종교(불교)의 도장으로 변하였다.
>
> _ 프랑스의 루시엥 푸네로 · 자크 포세, 1890:40.

이 전설은 터무니없는 내용이지만, 시간적으로 638년에 1천년을 더하여 앙코르 왕도가 버려지고 소승불교의 도장으로 변한 사실에 국한할 때 매우 적합한 이야기다.

루이 피노가 전하는 17세기의 또 다른 전설은 다음과 같다.

> 천계의 아름다운 여신 다섯 명이 지상으로 내려와 연못에서 수영을 즐기고 있었다. 이 다섯 명 가운데는 천계의 왕인 인드라신의 딸도 끼어 있었다. 그녀는 아름다운 연꽃을 꺾어서 천계로 가지고 갔다. 그러나 연못의 주인이 화를 내기 시작하여 그 분노가 천계에 까지 미치게 되었다. 인드라신은 하는 수 없이 지상계의 분노를 달래기 위하여 자신의 딸을 내려보내 연못의 주인과 결혼하게 되었다.
> 이들 사이에 아들이 태어났는데 그 이름이 비슈누로카Vishnuloka였다. 그런데 지상에는 이미 케트 메알레아Ket Mealea라는 인간이 살고 있었다. 그는 전생에 인드라신의 아들이었다고 전해지며 인드라신은 아들을 천계로 올라와 살도록 했다.

그랬더니 신들의 세계가 다시 시끄러워졌다. 신들은 인간의 아들, 케트 메알레아가 천계에서 살기 때문이라고 말했다. 인드라신은 아들을 다시 내려 보내기로 하고, 원하는 것이 있으면 모두 들어주겠다고 약속했다.

케트 메알레아는 천계의 거대한 궁전, 훌륭한 건물을 둘러보고는 콕틀록(Kok Thlok : 틀록 나무가 많은 땅, 캄보디아를 가리킨다)에 건물을 지어달라고 말하고 지상으로 내려와 제2의 삶을 살았다. 인드라신은 아들을 위해 건물을 짓기로 하고 지상에 살고 있던 비슈누로카에게 건축의 임무를 맡기게 되었다. 이윽고 앙코르 와트가 완성되었다. 케트 메알레아의 왕궁은 그가 죽은 후에 묘가 되었다.

학자들은 앙코르 와트가 묘로 사용되었다고 주장한다. 1296년 앙코르 와트를 방문한 원나라의 주달관도 이 곳을 '노반魯般의 묘'라고 표현하였다. 조르쥬 세데스Goerge Cœdès는 1911년 회랑 부조를 관찰한 결과, 전설 속의 비슈누로카는 사후에 '파라마비슈누로카'란 칭호를 받고 앙코르 와트에 묻힌 수리야바르만왕으로 단정하였다. 앙코르 와트의 사원 성격에 대해서도 비슈누신에게 바쳐진 신전이었으나 수리야바르만왕의 사후에는 왕의 묘가 되었다는 결론을 내렸다.

16세기 여행가들이 본 앙코르 와트

앙코르가 버려진 뒤 유럽의 여행가들은 밀림의 앙코르 와트를 발견하고 건축의 독특성에 표현할 방법을 모를 만큼 놀랐다. 1601년의 포르투갈인으로 선교임무를 띄고 방문한 리바데니라Ribadeneyra는 『반도의 도서부의 역사Historia de las islas del Archipelago』에서 이렇게 표현하였다.

> 캄보디아에는 고대도시의 폐허가 있다. 이 도시는 로마인 또는 알렉산더 대제가 만들었다고 전해진다. 이 유적에 인간들이 살지 않고 야생동물들의 보금자리가 되었다는 사실이 더 놀랍다. _ 프란시스 가르니에, 『인도차이나 탐험여정』에서 재인용.

리바데니라가 말한 고대도시의 폐허는 앙코르 와트를 말한다. 동시대에 도미니카 수도사였던 가브리엘 안토니오가 1595~1603년 사이에 기록한 글에도 앙코르 와트가 언급되었다. 물론 앙코르 와트의 위치에 관한 그의 기록이 정확하지는 않지만 앙코르 와트 사원 부조의 특징, 왕도 주변의 바라이, 수많은 사원들이 묘사되어 있다.

> 1570년 이 왕국에서 한 도시가 발견되었으나 주민들은 이전에 보았거나 들어보지도 못했다고 한다. 이 도시는 메콩강 연안에 자리 잡고 있으며, 연안으로부터 170리그(1리그는 약 3마일)의 거리에 위치한다. 주위는 매우 단단한 석조로 만들어졌으며, 주벽은 들쑥날쑥하지만 4리그에 달하고 두께는 4장, 높이는 5장에 달한다. 벽면에는 코끼리, 호랑이, 사자, 독수리, 개와 같은 동물들이 부조되어 있으며, 인식할 수도 이해할 수도 없는 글자들이 기록되어 있다. 건축물은 석조로 만들어졌고, 매우 섬세하며, 매우 규칙적인 길을 따라 세워졌다. 그리고 건축 방법, 회랑, 건축물 내부와 석실은 로마에서 볼 수 있는 방식과 같다. 수많은 분수와 깨끗한 운하도 볼 수 있으며, 때때로 마주치는 것이 사원들이다. _ 안토니오, 『캄보디아왕국의 간략하고 진실한 이야기』, 카바통의 1914년 프랑스어판.

앙코르 와트에 대한 기록은 그 이후에도 여러 문헌에 출현했는데, 1623~36년 사이에 이 곳을 방문한 일본인 시마노 켄로는 중인도 마가다 왕국의 기원정사Jetava로 인식하였고, 부유보 신부에 의하면 1783년 당시에 이 사원에는 천 명의 승려들이 거주했다고 기록되어 있다.

2. 건축에 담긴 신의 코드들

건축의 기본단위, 큐빗과 페암

수리야바르만 2세가 건축한 앙코르 와트는 비슈누신이 사는 천상계를 꿈꾸며 사후에는 극락정토에 가기 위한 염원을 실현하려 한 사원으로 장대한 스케일과 공간적인 대칭미가 두드러진다.

또한 사원의 기단, 회랑, 천정과 같이 눈에 보이는 곳은 물론이고 눈길이 미치지 않는 곳까지 『라마야나』, 『마하바라타』, 『하리밤사』, 『푸라나』, 대승불교 사상을 반영하여 빈 공간이란 하나도 없을 정도로 사원 전체를 신과 압사라, 동물의 부조로 조각해 놓았다.

앙코르 와트는 여러 가지 건축에 대한 수수께끼를 품고 있다. 이 사원에 대한 전설은 있으나 역사적인 기록은 전혀 존재하지 않는다. 크메르 역사에서 이처럼 훌륭한 사원에 대한 기록이 남아 있지 않아서 사원의 이름이나 건축의도를 명확히 알 수는 없지만, 그렇기 때문에 신비감을 갖고 있는 것은 아닐까?

또한 연간 수십만 명씩 동원하여 사원을 짓고 모든 회랑과 건축물에 아름다운 레이스처럼 부조를 해 넣은 이유는 무엇인가?

종교건축물에 대한 끝없는 집착, 그리고 건축물의 모든 곳에 부조를 조각해 넣지 않으면 마치 자신들의 정신적·물질적 빈곤을 나타내는 것으로 간주하고 응집된 에너지를 주입하게 된 배경이 아닐까!

이 미스터리에 찬 건축물의 매력은 신의 세계를 상징하는 인공 연못, 연못 위로 난 다리와 긴 참배길, 넓은 공간에 자리 잡은 주벽周壁, 수십리 밖에서도 보이는 제1회랑의 탑이 좌우 대칭으로 서 있는 가운데 속세와 단절하여 힌두신화의 코드code를 지상에 표현한데 있다.

앙코르 와트는 좌우로 동일한 건물을 병렬로 배치하고 길게 뻗은 참배 길을 걸으면서 기하학적인 대칭미를 한 눈에 감상할 수 있도록 설계되었다. 사원을 설계한 사람들은 건축에서부터 산스크리트어, 천문학, 종교의식까지 통달한 지식인들로서 건축기술보다도 힌두의 우주관을 앙코르의 건축에 어떻게 반영할 것인지를 더 중요하게 생각하였다. 이 때문에 힌두의 사제들은 특히 태양과 지구의 고도, 힌두교에서 중시되는 숫자를 사원의 둘레, 건축의 중심점 등 건축 단위를 부분으로 나누고 이를 다시 전체로 통합하여 앙코르 와트에 신의 코드를 나열하였다.

따라서 이 사원은 수많은 의미와 여러 가지 상징을 궁극적으로 인간과 신들의 존재, 시간과 우주론을 압축하는 12, 54, 108, 365, 432와 같은 '특정의 숫자'로 귀착시킨 종교건축물이다. 앙코르 와트를 설계한 바라문 승려, 그리고 장인匠人들은 어떤 의도에서 이러한 숫자를 앙코르 와트에 반영한 것인가?

천문학과 점성학을 대입한 앙코르 와트의 기본적인 건축단위는 이집트, 인도에서 유입된 큐빗cubit과 페암phyeam이며, 그 길이는 인체의 손과 발을 측정 기준으로 삼은 것으로 추측된다.

큐빗의 단위는 사람의 반팔 길이에 해당한다. 대략 팔꿈치에서부터 손가락 끝까지의 길이를 1큐빗으로 삼았는데, 고대 이집트에서 사용된 큐빗은 대피라미드의 경우에는 52cm, 프톨레마이오스 시대에는 51cm 정도였다. 크메르의 경우에도 1큐빗은 40~50cm에 해당될 것이라는 추측만 있을 뿐 정확한 길이에 대해서는 기록이 없기 때문에 그 해답은 결국 앙코르 와트의 사원에서 찾을 수밖에 없었다.

이를 위하여 소수의 학자들이 앙코르 와트 사원의 회랑과 중앙신전, 다리 등 각 구조물의 거리를 측정하고 그 숫자들을 가지고 수 개월 동안의 시행착오를 되풀이하였다.

서-동으로 전개된 앙코르 사원의 중심 축軸을 알기 위해 보폭步幅으로 거리를 측정하기도 하였는데, 보통 보폭은 11~13큐빗으로서 이를 평균하여 12큐빗에 이른다고 결론지었다. 수리야라는 명칭이 상징하듯이 12는 태양력, 태양족 수리야바르만왕과 연결되어 있다. 이 숫자는 앙코르 와트에 숨겨진 신의 코드, 신화와 건축의 신비를 풀어 가는 마법의 열쇠와 같은 숫자다.

여기서 얻어낸 결론은 1큐빗이 0.43545m에 해당하며 4큐빗을 1페암으로 간주했다는 것이다. 쉽게 말하자면 보통 성인의 키를 4등신으로 구분한 기본단위가 큐빗이며 성인의 키에 해당하는 거리가 페암이다. 또한 1 큐빗은 우주의 주기yuga를 나타내는 지상의 시간 1,000년에 해당한다. 따라서 방문객이 내딛는 한 걸음의 보폭이 43cm라 한다면 한 걸음마다 1천년을 걷는 셈이다.

- 1큐빗 : 공간적으로는 0.43545m이며, 시간적으로는 1,000년을 축소한 것이다.
- 1페암 : 1큐빗×4. 따라서 5탑형 사원에서 중앙탑을 제외한 나머지 4개 탑의 길이를 합하면 1페암이 자연스럽게 도출된다.

숫자 54, 108, 432, 864, 1296, 1728의 공간배열

파괴와 창조가 되풀이되는 힌두사상의 우주 사이클을 지상에 그대로 재현한 곳이 앙코르 와트다. 앙코르 와트는 어느 공간이든 우주의 시간에 속하게 되어 있다. 물론 우주의 시간을 건축에 구현한 기본 척도는 큐빗과 페암이라는 단위였지만, 사원을 건축한 바라문의 최고 사제들은 앙코르 와트 건축의 비밀을 기록하지 않고 후세의 학자들에게 그 해답을 풀도록 숙제를 주었다는 느낌이다.

마니카E. Mannika를 중심으로 한 학자들이 이제껏 신비를 벗겨낸 비밀은 두 가지다. 하나는 다리에서부터 제1회랑까지의 거리를 큐빗과 페암으로 환산하는 것이고, 또 다른 방법은 주벽의 길이를 통해서 확인하는 방법이다.[1)]

첫째, 다리에서부터 제1회랑까지의 거리를 측정하여 신비의 숫자를 해석한 결과, 앙코르 와트는 힌두사상의 우주론·점성술을 사원 안에 시간적·공간적으로 배치하였다는 사실이다.

사원이 시작되는 다리에서부터 제3회랑과 십자회랑을 지나서 제2회랑으로 올라가는 출입구까지의 거리를 측정한 프랑스학자 나필리앙Nafilyan의 자료에 의하면 751.54m다. 751m는 그저 아무런 의미를 갖지 못하는 하나의 숫자에 불과하다.

그러나 이 거리를 큐빗으로 환산한 엘리노 마니카에 의해서 숫자의 비밀이 하나둘씩 벗겨졌다. 751.54m를 사원건축의 척도로 환산하면 1,725.89큐빗이다. 이 길이는 이상적인 우주의 생성기인 크리타 유가krta yuga에 2큐빗이 모자라기는 하지만 크리타 유가의 시간 172만 8천 년을 상징한다. 크리타 유가는 황금기 혹은 정법正法의 시대로서 인간이 무병장수하고 다르마가 지배하는 시기다.

또한 트레타 유가는 다리의 중간 지점에서 제3회랑 출입구까지의 거리에 해당하는데, 그 길이는 562.61m다. 이를 다시 건축척도로 환산하면

---

1) Eleanor Mannika, *Angkor Wat: Time, Space, and Kingship*, University of Hawaii Press, Honolulu, 1996.

1292.02큐빗인데, 이 숫자는 이상적인 제3유지기를 상징한다. 수치상으로는 약 4큐빗이 모자라지만 트레타 유가를 의미하는 데는 충분하다.

제2유지기인 드바파라 유가는 서쪽의 다리가 끝나는 지점부터 주벽을 지나서 나가 난간이 서있는 앞 지점까지로 그 길이는 376.59m. 이를 다시 환산하면 864.83큐빗이다. 이것은 제2유지기의 이상적인 시간 86만 4천년을 상징한다.

마지막으로 다리가 시작부터 끝나는 지점까지의 거리는 고통과 파괴기로 특징 지워지는 칼리유가를 상징하며 그 길이는 432큐빗이다. 다리의 길이는 정확히 188m이며, 중간에 나가의 난간이 있는 곳을 가운데로 하여 2등분하면 각각 94m다. 그러나 다리가 시작되는데서 중간의 난간까지 약 30cm가 모자라는 94m다. 이를 환산하면 431.07큐빗, 108페암이다. 숫자 432는 지상에서 파괴기에 해당하는 43만 2천년을 상징하며, 108페암은 힌두교와 불교에서 신성시하는 108을 가리킨다.

둘째, 주벽의 길이를 측정하여 사원의 우주론을 유추하는 방법이 있다. 앙코르 와트가 시작되는 다리에서부터 동쪽의 환호가 있는 끝지점까지의 거리를 2등분하면 각각 1,728큐빗으로 크리타 유가를 나타내며, 다리를 제외한 주벽의 출입구에서 제2회랑의 끝 지점까지는 1,296큐빗으로 제3

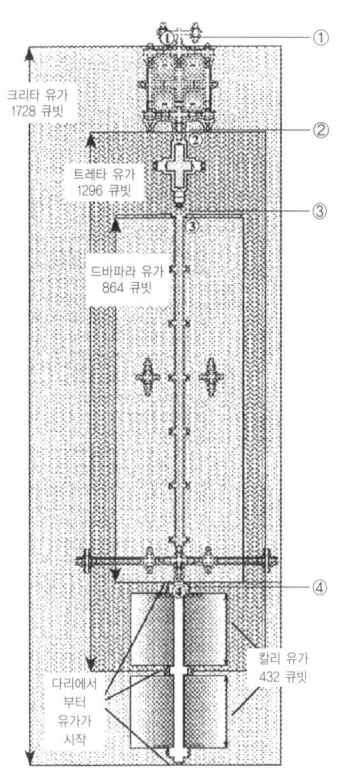

〈유가 사이클의 구도〉

앙코르 와트는 다리를 기준점으로 하여 ④ 파괴기(다리 길이), ③ 제2유지기(다리가 끝나는 주벽의 출입구~제3회랑의 나가 테라스 앞), ② 제3유지기(다리 중간~십자회랑 입구), ① 생성기(다리 입구~십자회랑 끝) 순으로 우주의 주기를 표현하였다.

유지기를 나타낸다. 그리고 제3회랑의 쿠루평야의 전투가 시작되는 지점에서 주벽까지의 거리는 864큐빗으로 제2유지기를 나타낸다.

이와 같이 앙코르 와트는 우주론적인 신들의 시간을 공간적으로 반영한 것이며, 따라서 자연적으로 수리야바르만왕 자신의 역사적 공간을 신들의 세계와 결부시켜 왕은 곧 신이라는 신왕사상devaraja을 강조하려는 건축의도를 엿볼 수 있다.

우주의 주기인 유가yuga는 4개의 주기로 구성되어 있으며 지상에서의 시간과 천계에서의 시간 길이가 다르다. 신들의 1년은 360일이며 지상계의 360일은 신들에게는 하루에 해당한다. 우주의 주기는 우유바다 젓기를 통해 창조된 생성기(크리타 유가)가 제일 길고 가장 안전하다. 그러나 제3유지기(트레타 유가), 제2유지기(드바파라 유가)를 거치면서 도덕이 타락하기 시작하여 파괴기(칼리 유가)에 이르면 전쟁과 갈등이 끊이지 않게 된다.

크리타 유가는 다르마가 지배하는 정법의 시대라고 할 수 있는데 4를 뜻하는 크리타krta는 영어의 쿼터quarter, 스페인어 꽈뜨로cuatro의 의미에 해당하는 산스크리트어로서 이 시기는 다르마가 4/4만큼 존재한다. 즉 완전한 정법의 시기로 왕에서부터 바라문 승려, 농민에 이르기까지 도덕이 지배하는 시기로 172만 8천년간 지속된다.

제3유지기를 뜻하는 트레타treta는 영어의 three의 뜻을 가지고 있는데, 다르마의 3/4만이 존재한다. 다르마가 완전히 지배하는 생성기에서 도덕이 후퇴하기 시작하여 1/4의 다르마가 없어진 시기로 129만 6천년간 지속된다.

제2유지기 드바파라dvapara는 영어의 two, 라틴어의 두오 duo의 뜻을 갖고 있으며 완전과 불완전, 질서와 파괴라는 상반된 힘이 공존하는 위험한 시기다. 말하자면 다르마의 2/4만이 존재하는 시기로 86만 4천년간 지속된다.

마지막으로 칼리 유가는 다르마의 1/4만이 남게 되고 투쟁, 전쟁이 만연하는 시기로 43만 2천년간 지속된다. 우주의 주기인 칼리 유가에서부터 크리타 유가까지의 사이클을 더하면 432만년이 되는데 이 시간을 마하 유가 혹은 1칼파kalpa, 劫簸이라 한다.

	천계의 시간	지상의 시간
파괴기(kali yuga)	1,200년	432,000년
제2유지기(dvapara yuga)	2,400년	864,000년
제3유지기(treta yuga)	3,600년	1,296,000년
생성기(kṛta yuga)	4,800년	1,728,000년

브라흐마신에게는 720칼파가 1년인데 100년이 지나면 모든 영역에서 우주가 해체된다. 우주가 해체되는 시기에는 비슈누신이 크리슈나, 라마왕자, 거북이 쿠르마 혹은 사자인간 등 10개의 화신이 되어 세상을 구원하고, 브라흐마신 자신은 비슈누신의 배꼽에서 자란 연꽃에서 다시 나타난다. 『마하바라타』는 유가를 이렇게 설명한다.

> 다르마의 균형이 깨질 때면 나라야나(비슈누신의 별명)가 나타나서 그것을 복원한다. 반反신이 왕자의 옷을 걸치고 군주의 규칙을 탈취해가면 다르마의 균형이 깨지고, 나라야나는 신성한 다르마의 길을 걷는 자를 돕기 위하여 나타난다. 유가는 변하며 칼리 유가가 시작되면 나라야나는 여러 화신으로 태어나 칼리유가 시대의 삶을 살아간다.[2]

속세와 단절을 상징하는 다리, 그리고 숫자 108(54/54)

앙코르 와트로 들어가는 서쪽 정면의 출입구에 서면 인공으로 만든 직사각형의 호수, 그리고 호수 위로 나 있는 다리, 중앙의 출입문, 붉은색을 띠고 있는 주벽이 수평선을 강조하며 좌우로 늘어선 모습이 시야에 들어온다.

라테라이트와 사암으로 만들어진 다리는 일상세계와 사원의 신성한 공간을 갈라놓는 일차적인 장소다. 폭 15m, 길이 약 190m에 달하

---

2) *Mahabharata : The Greatest Spiritual Epic of All Time*, Krishna Dharma, Torchlight Publishing, Los Angeles, Delhi, 1999.

는 다리는 단조로움을 주지만 해자亥字 혹은 환호環濠로 불리는 길이 1,300×1,500m의 인공연못에 담겨진 물과 대비되어 속세와 연을 긋고 다른 세계로 들어가고 있다는 변화의 이미지를 준다.

다리의 길이는 중간에 나가상像이 있는 지점을 기준으로 삼으면 188m인데 이를 페암으로 환산하면 전체는 108(54/54) 페암이 되고, 큐빗으로 환산하면 전체는 432(216/216) 큐빗이 된다.

이 숫자는 힌두교와 불교에서 의미심장한 내용을 갖고 있다.

첫째로 108(54/54)이란 숫자는 힌두의 천지창조신화 '우유바다 젓기乳海攪拌'에서 등장하는 54명의 신과 54명의 아수라를 상징한다.

우유바다 젓기는 아수라에게 패배한 신들이 아수라 측에게 휴전과 더불어 장생불사의 영약 '암리타amrta'를 만드는데 협력해 줄 것을 요청하면서 시작된다. 이 장면은 '인드라신'이 신들의 왕으로서 권위를 회복하는 계기를 가져다주며 결국 인드라신의 권위회복은 곧 수리야바르만왕 자신의 등극을 상징하는 아날로지다. 그리고 이 장면은 제3회랑의 부조에서 생생하게 재연된다.

둘째로 앙코르 와트의 다리 길이는 힌두의 우주론 파괴기를 상징한다. 다리의 길이 432큐빗(실제 길이는 431.07 큐빗이다)은 우주의 사이클 가운데 파괴기kali yuga의 시간 432,000년을 상징하며, 이 파괴기는 인도의 델

앙코르 와트 입구의 전경.

앙코르 와트의 상징해독 233

리에 있는 쿠루평야의 전투에서부터 시작하였는데 왕의 치적에 따라서 우주의 주기를 바꿀 수 있다는 우주론을 앙코르 와트의 공간에 반영한 것이다.

셋째, 108이란 숫자는 지상에서 각 유가의 평균시간 108만년을 상징한다. 앙코르 와트는 4개의 우주 사이클을 축소하여 건축한 것인데, 우주의 주기를 '유가yuga'라 한다. 고통과 도덕이 땅에 떨어진 파괴기에서 신들이 등장하기 시작하며, 이 시기는 인간의 수명이 그 어느 때보다도 짧아지고 전쟁과 기근이 일상적으로 일어나 죽음이 만연하는 시기다.

떠오르는 달과 조상의 영역, 지는 달과 신의 영역

호수 위로 건설된 다리를 지나고 주벽의 탑문을 넘어서면 한 쌍의 도서관이 좌우로 대칭을 이루며 서있다. 도서관은 제3회랑 앞의 참배길 좌우에 한 쌍, 제2회랑 앞에 한 쌍, 제1회랑 앞에 한 쌍 등 모두 세 쌍이 배치되어 있다. 도서관은 경전과 같은 성스러운 종교서적을 비롯하여 의례에 필요한 물건, 사원의 귀중품을 보관하던 곳으로 조르쥬 세데스가 '라이브러리'로 지칭한 데서 유래하는데, 흔히 경장經藏이라고도 한다. 그러나 같은 도서관이라 하더라도 그것이 위치한 방향

앙코르 와트 다리의 중간에 위치한 나가난간.

에 따라서 사용하는 원칙이 있었다. 사원 안의 건축물은 정면 출입구에서부터 중앙탑으로 들어가는 코스인 서-동축을 기준으로 할 때 남측과 북측에 위치한 부속물의 운용방식이 달랐으며, 이러한 원칙은 앙코르 와트의 부조, 도서관에 그대로 적용되었다.

　비문에 의하면 사원의 노동자와 노예들을 '떠오르는 달'과 '지는 달'로 구분하여 2팀제로 운용하였고, 바라문 승려들에게도 '떠오르는 달의 오후'와 '지는 달의 오후'라는 이름을 지어 그 역할을 배분하였다. '떠오르는 달' 집단은 남쪽을 담당하고 주로 조상 혹은 부모에게 바쳐지는 의례와 관계되는 일을 수행한 반면, 북쪽을 담당하는 '지는 달' 팀은 신에게 의례를 올리는 일을 수행하였다.

　제3회랑의 경우, 북쪽 회랑의 부조는 신들을 묘사한 반면 남쪽 회랑의 부조는 왕과 왕의 영역을 주로 부조하였으며 이 역할구도는 도서관에도 그대로 적용되었다. 따라서 남쪽에 배치된 도서관은 '달이 지는 기간' 동안에, 북쪽의 도서관은 '달이 뜨는 기간' 동안에 의례를 준비하는 이용된 것이다.

　한편, 참배길의 끝에는 일곱 개의 머리를 가진 나가상이 사원을 보호하듯 테라스 위에 서 있다. 건국신화에서부터 등장하는 나가는 천지창조에서 로프로 이용되기도 하고, 똬리를 틀어 명상에 잠긴 부처를 보호하는 역할을 하는 등 사원 어디에서나 조각과 부조의 대상이었다. 평탄스런 참배길이 끝나는 지점에 나가를 세워 놓은 것은 방문객에게 사원의 중심으로 들어가고 있음을 암시하려는 의도다. 사원 안으로 걷다보면 어느덧 넓게 터져 있던 시야가 수직의 높은 계단을 가진 건축물과 마주치면서 중심의 회랑이 시작된다.

　이아 같이 앙쿠르의 건축가들은 우주의 시간을 지상의 건축물에 고스란히 반영시켰다. 이것은 이집트 피라미드의 한 변을 365.24큐빗으로 설계하여 일 년의 주기를 나타내려 했던 태양신학의 사상과 같은 의도였다.

2장 신들이 춤추는 회랑과 부조

1. 회랑과 부조

　앙코르 와트의 회랑은 가운데 우뚝 솟아 있는 중앙의 탑을 기준으로 ▣형태와 같이 세 겹으로 둘러쌓여 있다. 중앙의 첨탑이 있는 회랑을 제1회랑, 가운데 제2층의 회랑을 제2회랑, 바깥에 있는 회랑을 제3회랑이라 한다. 물론 세 개의 회랑 가운데 뛰어난 시각성과 회화성을 자랑하는 것은 제3회랑이다. 뒤에 후술하겠지만 앙코르 와트 사원을 소개하는 많은 책들은 바깥을 제1회랑, 안쪽을 제3회랑으로 부르고 있으나 필자는 만다라曼茶羅의 원리상 이를 반대로 지칭해야 한다는 생각이다. 따라서 제1회랑과 제3회랑이 다른 앙코르 와트 안내서와는 다를 수 있음에 유의하기 바란다.

　사원의 설계자들인 바라문 사제들은 수리야바르만의 영광을 시각적으로 전달하는 장소로서 회랑의 부조를 활용했으며 부조의 전체 줄거리나 의도는 비슈누신과 수리야바르만왕을 동일시하는 이미지를 주는데 집중하려고 노력했고, 마치 스토리가 전개되는 것처럼 시각적 표현에 중점을 두었다.

　왕의 행렬, 우유바다 젓기, 쿠루평야의 전투, 라마왕자와 악마의 왕 라바나의 전투처럼 각각의 주제는 스토리가 시작되어 클라이맥스에 도달하는 완결성을 갖고 있다.

　회랑의 남쪽 벽에 군사 퍼레이드가 시작되고 행렬 가운데 왕이 코끼리 등에 올라탄 모습, 행군이 시작되기에 앞서 왕이 대신들로부터 충성 서약을 받는 공식 행사 등과 같은 주제는 예전의 크메르 건축에서 전례가 없는 작품 소재들이다.

　신을 조각해 놓았던 관례에 파격을 가하여 왕과 그 신하들을 조각해 놓은 일은 크메르 건축사상 초유의 일이었으며 이러한 변화는 75년 후에 세워진 바욘 사원에 왕을 비롯한 귀족과 서민들의 모습을 새겨 넣는 또 하나의 계기를 제공하는 출발이었다.

앙코르 와트 제3회랑의 동서남북 4면에 부조된 장면들을 ⊞ 형태로 구분하면 모두 8면으로 나누어지고 동서남북의 모서리마다 별도의 주제를 그려 넣었다. 물론 회랑 벽면의 각도에 따라서 빈틈을 발견할 수 없을 정도로 섬세하고 다양한 주제들이 수없이 부조되어 있으나 그 가운데서도 부조가 의도하는 몇 가지 특징이 있다.

첫째는 방향성이다. 쿠루평야의 전투, 랑카의 전투 그리고 우유바다 젓기 장면은 서-동 축을 향해 부조되어 있는데 이것은 인간과 신의 영역을 서로 구분하면서도 신과 왕이 동일하다는 것을 암시하려는 의도로 만들어진 것이다.

둘째는 규모와 위치다. 부조의 크기가 클수록 그 인물의 비중이 그만큼 크고 또 많은 권력을 가지고 있었음을 나타낸다. 랑카의 전투나 신과 아수라의 전투장면은 신과 악마들이 서로 얽히고 설켜 있고 화살이 비처럼 쏟아지는 혼란 그 자체임에도 불구하고 크리슈나, 라마 왕자, 비슈누신, 하누만, 수리야바르만왕, 장군과 대신 등 중요한 인물은 그 장면의 중심에 클로즈업시켜 놓았다.

셋째는 사원이 특정의 숫자에 대한 상징을 반영하고 있다. 하나의 주제가 한 면에 부조되면 다른 면에는 그에 상응하는 주제가 부조되어 있다. 예를 들어 남쪽에 수리야바르만왕의 열아홉 명 대신이 부조되어 있으면 그 맞은편 북쪽에는 신들의 왕인 비슈누신과 열아홉 신이 부조되어 있고, 랑카의 전투에서 라마와 그의 열아홉 명의 장군들은 라바나가 이끄는 열아홉 명의 아수라와 대비시켜 설계해 놓았다.

넷째, 왕을 신격화하는 상징으로 신화와 종교사상을 활용하였다. 우유바다 젓기는 제3회랑 동쪽에 부조되어 있는데 그것은 수리야바르만왕의 대관식과 관련되어 있다. 물론 왕의 대관식이 회랑에 부조되어 있지는 않다. 그러나 신과 아수라의 싸움을 끝내고 혼란을 회복한 다음에 인드라신이 다시 최고신의 권위를 되찾는 장면은 곧 수리야바르만왕이 앙코르의 정치적 혼란을 끝내고 왕중의 왕으로서 등극했다는 이미지를 중첩시켜 보여주려는 의도를 가지고 있다.

다섯째, 회랑의 부조를 감상하기 위해서는 서쪽 측면을 기준으로 오른쪽의 쿠루평야의 전투장면에서부터 출발해야 한다. 다시 말해서 서

앙코르 와트의 제3회랑 전경.

쪽 정면에서 시계반대 방향으로 돌아가면서 보아야 된다. 시계반대 방향으로 부조를 새겨 넣은 의도는 무엇일까?

앙코르 와트는 태양의 사원이다. 춘분이 되면 태양은 정동쪽에서 뜨기 시작하여 하지가 되면 가장 북쪽으로 기울어져 진다. 그리고 3개월 후인 추분에는 서쪽으로 이동하고 동지가 되면 정남쪽으로 이동한다. 물론 이와 같은 공간적 이동은 건축물에서는 순수하게 개념적인 것이지만 사원의 설계자들은 태양이 동쪽(춘분), 북쪽(하지), 서쪽(추분), 남쪽(동지)으로 이동하는 것을 시계반대방향으로 도는 것으로 인식했고 새해는 춘분과 함께 시작된다고 여겼다.

이러한 우주적 인식론을 바탕으로 서쪽에 부조된 쿠루평야의 전투와 동쪽에 부조된 우유바다 젓기는 각각 춘분과 추분에 태양을 받을 수 있도록 설계되었다. 마찬가지로 북쪽에 부조된 신들은 하지에, 남쪽 벽에 부조된 천국의 조상들은 동지에 각각 태양을 받을 수 있도록 설계되었다.

2. 제3회랑의 상징

제3회랑의 부조 가운데 주요 장면은 대략 열 개 정도이다. 제3회랑을 ┼ 형태로 분할하고 이를 서쪽 정면에서부터 시계반대방향으로 나열하면 다음과 같다.

① 쿠루평야의 전투(서쪽벽 남측면) ② 시바신(남서쪽 모서리) ③ 수리야바르만왕의 행진(남쪽벽 서측면) ④ 천국과 지옥(남쪽벽 동측면) ⑤ 우유바다 젓기(동쪽벽 남측면) ⑥ 비슈누신과 아수라(동쪽벽 북측면) ⑦ 크리슈나와 아수라인 바나의 전투(북쪽벽 동측면) ⑧ 21명의 신과 21명의 아수라(북쪽벽 남측면) ⑨ 비슈누신(동서쪽 모서리) ⑩ 랑카의 전투(서쪽벽 북측면) 순이 된다.

열 개의 부조장면이 상징하는 각각의 의미는 무엇인가?

쿠루평야의 전투

제3회랑 입구에서 남쪽방향인 오른쪽으로 방향을 틀면 장군, 전차부대, 코끼리부대, 기마부대, 보병 등 4군(軍)의 모습이 가득한 쿠루평야의 전투장면으로 이끌리게 된다.

이 전투는 현재 델리 지역인 쿠루평야에서 사촌간인 판다바의 5형제와 100명의 카우라바 형제간에 18일간 전개된 가공할만한 살육전이며 대서사시 '마하바라타'의 클라이맥스에 해당한다. 처음부터 전투를 이끌던 카우라바군의 총사령관 비슈마가 전투 10일째에 치명적인 부상을 입고, 나머지 5일간은 드로나가, 나머지 이틀간은 카르나가, 마지막 날은 샬리아왕이 카우라바군을 이끌면서 차례로 죽어간다. 두료다나 또한 비마에게 죽음으로써 카우라바의 100형제 중에서 99형제

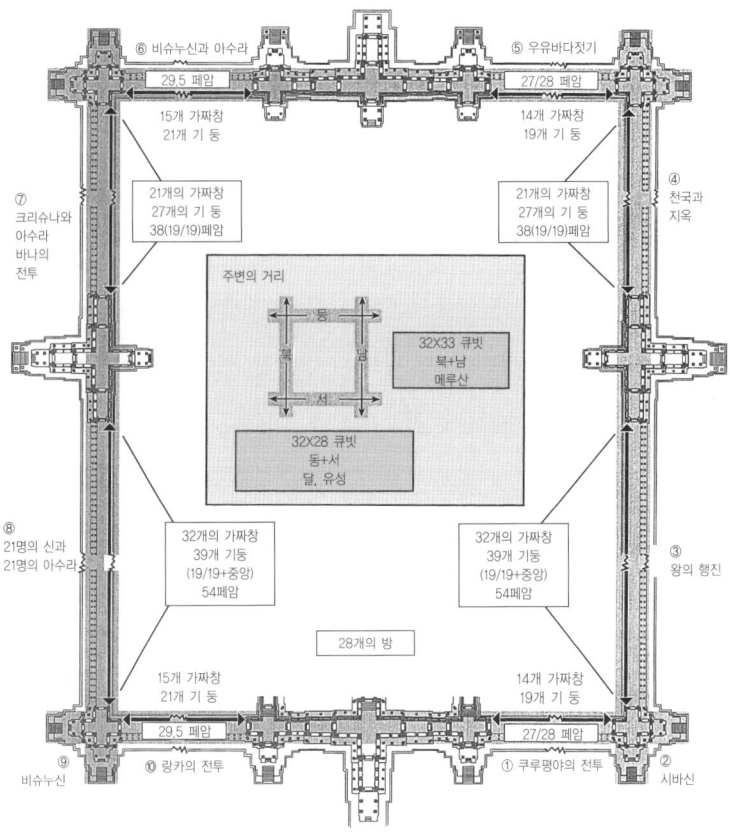

〈제3회랑 부조의 주제〉

가 죽는 가공할만한 전투가 막을 내린다.

부조에는 아르쥬나와 시칸디가 쏜 수많은 화살을 맞고 죽어 가는 하스티나푸라의 섭정공 비슈마의 모습, 판다바군의 7사단과 카우라바 11사단의 장군, 전차군단, 코끼리부대, 보병이 서로 창을 찌르는 장면 등 쿠루평야의 전쟁이 생동감 있게 묘사되어 있다.

이 장면은 동남아시아에서 아주 희귀한 것으로 흔히 볼 수 있는 주제가 아니다. 그런데 왜 이 장면이 앙코르 와트의 회랑 부조 가운데 제일 먼저 등장한 것일까?

이 전투는 수리야바르만 2세가 왕위를 차지한 과정을 묘사한 자전적 스토리를 상징한다. 부조의 중심에 있는 '판다바의 장군'은 적을 굴복시키고 동쪽 벽에 부조된 '우유바다 젓기'에서 서 있는 비슈누신과 같은 위치에 두었다.

수리야바르만왕은 '다라닌드라바르만왕'의 군대를 격파하고 무력으로 왕위에 오른 인물인 만큼, 쿠루평야의 전투는 왕 자신의 궁정혁명에 아주 적합한 아날로지다. 따라서 이 전투와 우유바다 젓기는 같은 비중을 갖는다. 쿠루평야의 대학살과 더불어 우주의 질서는 파괴기가 시작되었으나 수리야바르만왕이 집권하면서 다시 평온을 되찾고 왕의 대관식이 끝난 후부터는 우주가 다시 창조되는 크리타 유가 시대를 맞게 된다.

〈쿠루평야의 전투와 우유바다 젓기의 상징 대비〉

	쿠루평야의 전투	우유바다 젓기
주 제	수리야바르만의 궁정혁명	수리야바르만의 대관식
길 이	54/54큐빗	54/54큐빗
계 질	추분	춘분
방 향	서쪽과 일몰	동쪽과 일출
	서쪽의 초승달	동쪽의 보름달
메시지	전투하는 두 라이벌	협력하는 두 라이벌
우주의 시간	파괴기(칼리 유가)	생성기(크리타 유가)

크리타 유가의 상징은 물론 쿠루평야의 전투 맞은편에 있는 우유바다 젓기 장면이 된다. 이처럼 회랑부조를 대칭으로 위치시킨 것은 수리야바르만이 궁정 쿠데타를 통해 정국을 평정하고 우유바다 젓기의 천지창조 신화처럼 새로운 질서를 만들어 가고 있다는 것을 암시한다.

결국 정치적 혼란은 우주론의 파괴기인 칼리 유가 시대에 해당하며, 그의 등극은 우유바다 젓기를 통해 시작된 생성기(크리타 유가)처럼 정치가 안정을 되찾았다는 것을 등치시킨 것이다.

쿠루평야의 전투와 맞은편에 있는 우유바다 젓기는 제3회랑에서 보여주고자 했던 태양의 이동(춘분과 추분), 창조신화(54/54큐빗)와 종교적 신념(신과 악마, 비슈누신과 왕, 세계의 중심)을 부조에 잘 묘사해 놓았다. 힌두신화에서 두 개의 장면을 핵심적인 주제로 먼저 설정한 이유도 여기에 있다.

우리가 일몰시에 서쪽 회랑을 보고 있으면 기둥의 그림자가 부조를 지나서 참배길과 벽에 드리워지는 것을 볼 수 있다. 부조의 모든 요소들이 움직이고 태양이 북-서로 여행하는 것과 같은 느낌을 받는다. 동지에 쿠루평야의 전투장면은 기둥의 그림자에 놓여 있다. 하지에도 마찬가지다. 그러나 춘분이 되면 비슈누신의 부활처럼 태양을 받아 밝아진다. 이것은 곧 수리야바르만왕이 새로운 왕국, 새로운 세계를 펼쳐 나갈 것임을 예시하는 것이다.

제3회랑 앞에서 본 십자형 나가테라스. 만다라산을 떠받치고 있는 비슈누신. 앞에 보이는 건물은 출입문.

시바신

앙코르 와트의 공간 배치는 이미 언급한 것처럼 사원기능을 남북으로 구분한 개념에 따라서 이루어진 것인데, 남서쪽 모서리에 있는 시바신의 부조는 천지창조와 메루산 등 북서쪽의 비슈누신이 갖고 있는 이미지와 대비된다. 시바신은 다산多産과 풍요로움, 조상숭배와 링가 등으로 상징되는 것처럼 앙코르 와트에서 왕 자신이 번영의 창조자라는 이미지를 연출하기 위한 것이다.

시바신을 주제로 한 남쪽 모서리 벽면의 부조는 다시 작은 주제들로 구성되어 있는데, 모두 왕 자신의 신성神性을 나타내기 위한 것이다. 만다라산을 들고 있는 비슈누신과 고바르다나산을 떠받치고 있는 크리슈나의 부조, 라마왕자가 발리를 활로 쏘고, 시바신이 카마를 활로 쏘아 죽이는 부조 장면은 왕 자신이 무질서를 초래한 다라닌드라바르만왕을 살해하고 왕위에 올라 백성들을 보호하는 신으로서 이미지를 보여주려는 것이다. 벽면부조를 유사한 이미지로 연결하면 네 개의 쌍으로 묶을 수 있다.

1-1. 우유바다 젓기에서 만다라산을 들고 있는 비슈누신
1-2. 고바르다나산을 들고 있는 크리슈나

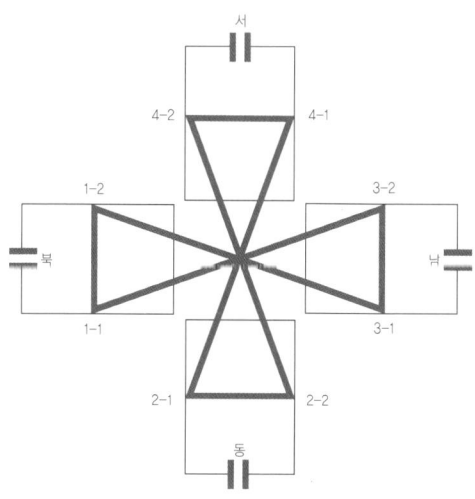

〈남서쪽 모서리의 부조 주제〉

2-1. 라바나의 인드라 궁전 침입, 혹은 시바신의 변장
2-2. 카일라사산을 흔들고 있는 라바나
3-1. 시바신에게 활을 쏘는 사랑의 신 카마
3-2. 원숭이 왕 발리와 수그리바의 전투
4-1. 산 정상에서 예배를 받고 있는 시바신
4-2. 드바라바티의 수상축제

① 만다라산을 들고 있는 비슈누신과 고바르다나산을 떠받친 크리슈나
 만다라산을 가져와 우유바다에 넣고 비슈누신이 거북이가 되어 중심축을 떠받치고 바수키 뱀의 꼬리를 회전하여 새로운 세계, 천지를 창조한 이야기는 비슈누신이 아난타 뱀 위에 누워 시간과 공간의 창조자인 브라흐마신을 탄생시키는 것과 구성적으로는 동일한 내용이다.
 〈1-1〉부조는 오른쪽(북쪽)에 10명의 신이, 왼쪽에 10명의 아수라가 회전축을 감싼 채 바수키를 잡아당기고 있는 가운데 1,000년 간 우유바다를 휘젓고 있다. 만다라산을 떠받치고 있는 거북이 쿠르마는 아직 왕관을 쓰지 않았고, 신들의 무희인 압사라도 아직 출현하지 않고 있다. 이 장면은 북서쪽 모서리에 비슈누신이 우유바다에 누워 있는 것과 논리적으로 같은 내용이다.
 크리슈나가 고바르다나산을 손으로 떠받치고 있는 〈1-2〉부조는 어린시절부터 신성神性을 나타내기 시작한 크리슈나의 일화다. 고바르다나산은 메루산의 또 다른 이름이며, 크리슈나의 헌신과 사랑을 획득한 자만이 누릴 수 있는 보호처를 의미한다. 인드라신의 분노와 그로 인한 대홍수에도 불구하고 크리슈나의 사랑을 얻은 자들은 어떤 해도 입지 않았다.
 그가 한 손으로 고바르다나산을 지탱하고 있는 것은 '영원한 크리슈나, 절대자 비슈누신'을 뜻하며, 이것은 수리야바르만왕이 자신을 따르는 백성들의 유일한 보호자임을 시사하는 것이다. 어린시절부터 신의 성격을 나타내기 시작한 크리슈나의 이야기는 이렇다.[3]

---

[3] Monika Varma, *Lord Krishna : Love Incarnate*, Vikas Publishing House, New Delhi, 1978.

우기가 시작되자 크리슈나가 살고 있던 난다부족은 비와 번개를 내리는 신 인드라를 기원하는 축제를 준비하기 시작했다. 그러나 이를 본 크리슈나는 인드라신에 대한 경배를 반대했다.

"인드라신이 우리에게 해준 것이 무엇이 있습니까? 그는 절대적인 신이 아니라 비의 신에 불과합니다. 사라지는 사물처럼 그도 곧 사라질 것입니다. 우리는 영원한 것을 숭배해야 하며, 고바르다나의 언덕에 기도해야 합니다."

그의 말을 들은 난다부족 사이에서는 인드라신에게 매년 했던 것처럼 의식을 거행할 것인지, 고바르다나산에서 새로운 의식을 거행할 것인지를 두고 의견이 갈라졌다.

"크리슈나는 충고를 하기에는 너무 어린애다."

"그러나 어린애라도 이치에 닿는 말 아닌가?"

마침내 논란을 거듭한 끝에 부족들은 예년과 같은 거대한 공양의식은 하지 않기로 했다. 다만 약간의 꽃과 과일, 향, 버터, 치즈, 우유, 꿀과 같은 유제품 등을 간소하게 준비하기로 했다.

부족들이 모여서 인드라신에게 경배하고 '불멸의 존재'를 위해서도 기도했다. 이들은 '모든 것의 안에 들어 있는 존재'의 상징인 고바르다나의 언덕을 준비한 공물로 뒤덮었다. 이들은 환호하고 즐거워했다. 이 때 늙은 여인이 말했다.

"나는 네 개의 팔을 가진 비슈누신의 환상을 보았다. 그리고 그 곳에 크리슈나가 서 있었다. 그는 수천 개의 태양을 받아 빛나고 있었으며, 그 영광에 눈이 부실 정도였다."

누군가가 말을 덧붙였다.

"그것은 영원한 존재의 은총이다."

그 날 저녁, 인드라신은 천계의 문을 열고 비를 내리기 시작했다. 비는 내리고, 또 내리

우유바다 젓기 부조의 스케치.(1-1)

앙코르 와트의 상징해독　245

고, 계속 내렸다. 지옥에서 불어오는 마법의 폭풍처럼 검은 구름이 하늘을 뒤덮고 천둥이 하늘을 가로지르고 번개가 지그재그로 섬광을 내며 비를 몰고 왔다. 다음 날 대홍수가 일어나기 시작했다. 비는 화살처럼 빠른 속도로 퍼부었고, 목동들은 두려움에 떨기 시작하였다. 어린애를 안은 부녀자들, 젊은이에 기댄 노인들은 두려움으로 크리슈나의 계부인 난다의 집으로 모여들었다.

"우리의 집이 떠내려가게 되었습니다. 이것은 인드라신이 분노했기 때문입니다. 우리는 이처럼 엄청난 호우를 본 적이 없습니다. 인드라신은 우리를 용서하지 않을 것입니다."

"저 홍수를 보십시오. 우리가 크리슈나의 말을 듣는 게 아니었습니다."

크리슈나는 눈썹을 만지면서 말했다.

"우리가 영원한 존재를 향해 기도할 때 인드라신이 과연 무엇을 할 수 있습니까? 두려워하지 말고 용기를 내십시오. 고바르다나의 언덕에 있는 동굴로 가서 잠시 비를 피하십시오. 거기는 안전한 곳입니다."

크리슈나의 계부인 난다와 어머니 야소다, 목동 등 모든 사람들이 가축을 몰고 고바르다나의 동굴로 가서 비가 멈추기를 기다렸다.

"크리슈나여, 고바르다나산을 들고 있는 것이 어떻습니까?"

젊은 목동이 웃으며 말했다. 비는 칠일 밤낮을 가리지 않고 내렸으나 부족들은 고바르다나의 언덕에서 목숨을 구하였다. _『위대한 크리슈나』중에서.

고바르다나산을 떠받치고 있는 크리슈나.〈1-2〉

② 라바나의 인드라 궁전 침입, 카일라사산을 흔들고 있는 라바나

〈2-1〉부조는 학자들 사이에 이견이 있다. 아수라의 왕 라바나가 여신들을 유혹하기 위하여 인드라신의 궁전에 있는 여신들의 방에 몰래 침입하는 장면이라고도 하며 이 것은 라바나가 라마왕자의 비인 시타 왕비를 납치하는 장면을 상징한다고 보는 견해가 있는가 하면, 시바신이 요가를 통해 감각의 세계를 극복하기 위하여 탁발승으로 변장한 장면으로 보는 견해도 있다.

라바나가 카일라사산을 뒤흔드는 〈2-2〉부조는 『라마야나』에서 잘 묘사되고 있는 장면이다.

라바나와 그의 부관 프라하스타는 어느 날 히말라야 남쪽으로 비행하기 시작하였다. 대나무와 사탕수수가 자라는 삼림지대를 지나가다 황금빛으로 빛나는 갈대 숲을 보게 된 라바나 일행은 자세히 관찰하기 위해 전차를 몰고 밑으로 내려가려 했다.

이 때 라바나 일행은 시바신이 타고 다니는 흰색의 황소 '난딘'이 아래에서 풀을 뜯고 있는 모습을 발견했다. 난딘은 위를 쳐다보면서 자신의 형체를 바꾸었다. 난딘은 황갈색의 난쟁이로 변하여 꼿꼿하게 일어선 다음 그들 곁으로 다가갔다. 난딘의 머리는 아주 추했고 몸에 비해 너무 짧았으며 가슴은 기름통처럼 불룩했다. 난딘은 라바나 일행을 똑바로 쳐다보며 경멸스런 태도로 으르렁거렸다. 그리고 나서 위엄 있는 목소리로 말했다.

"되돌아가거라, 라바나여! 시바신이 데비 여신과 운동하고 있다. 누구도 갈대 숲에 들어갈 수가 없다. 누구도 나를 통과할 수 없다."

라바나가 흉물스럽게 생긴 땅꼬마를 내려다보면서 소리쳤다.

"그 시바신이란 자는 누구냐? 나는 이 더러운 땅을 뒤엎을 수도 있다. 시바가 감히 나를 두려워하지 않고 특별한 왕이나 되는 것처럼 여기에서 놀 수 있느냐?"

라바나는 언덕을 움켜쥐고 손수건을 돌리듯이 마구 흔들어댔다. 그러자 몸이 뒤틀린 시바신의 도깨비와 얼룩덜룩한 꼬마 도깨비, 토지의 신령神靈과 유령들이 땅바닥으로 굴러 떨어졌다. 언덕 위에서는 히말라야의 딸 '파르바티'가 중심을 잃으면서 시바신을 붙잡고 있었다.

시바신은 라바나를 잡기 위해 커다란 발을 점잖게 대지에 내려놓고 대지에서 단단한 돌을 뽑아 라바나를 포위했다. 돌기둥에 갇히게 된 라바나는 자신의 힘으로 빠져 나오려고 안간힘을 썼지만 미동도 하지 않았다. 그러자 라바나는 돌기둥에 갇힌 채 노래를 부르기 시작하였다. 시바신은 데비 여신을 무릎에 앉힌 다음 산 위에서 노랫소리를 들으며 웃고 있었다.

라바나의 노랫소리는 훌륭했다. 시바신은 다시 벤치에 앉은 후에 한 쪽 다리는 구부리고 다른 쪽 다리는 지상으로 쭈욱 뻗었다. 달빛 무늬로 머리를 장식한 시바신은 데비 여신을 안고 삼지창과 손수건을 쥔 채 와인을 마시면서 마리화나를 피우고 있었다.

이러는 사이에 몇 해가 눈 깜짝할 사이에 지나갔다. 이윽고 시바신은 라바나의 훌륭한 노래솜씨를 인정하여 그를 석방했다. 그 동안 라바나의 부관 프라하스타의 상처도 회복되어 일행은 랑카로 되돌아왔다. _「라마야나」중에서.

③ 시바신에게 활을 쏘는 사랑의 신 카마, 발리와 수그리바

〈3-1〉부조인 시바신이 사랑의 신 카마를 쏘아 죽인 것은 수리야바르만왕이 정적 다라닌드라바르만왕을 살해한 아날로지다. 어느 날 사랑의 신 '카마'는 명상을 끝내도록 시바신에게 활을 쏘아달라는 '우마'

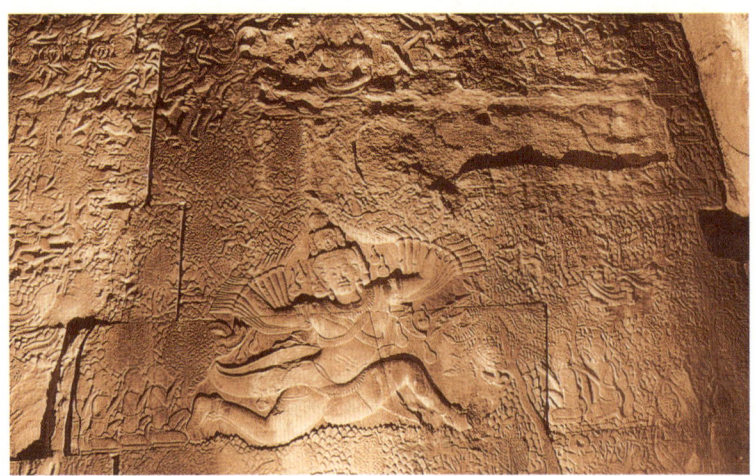

시바신이 거주하는 카일라사산을 뒤흔들고 있는 라바나.〈2-2〉

여신의 부탁을 받고 꽃 화살을 시바신에게 쏘았다. 이에 시바신은 분노하여 카마를 활로 쏘아 죽이게 된다. 부조에는 카마의 죽음을 슬퍼하는 배우자 '라티'의 애처로운 모습이 보인다.

그러나 『사우나 푸라나신화 Sauna Purana』에 의하면 시바신은 이마에 달린 눈에서 빛을 발산하여 사랑의 신 카마를 재로 만들었다. 이 때 우마 여신이 은총을 베풀어 카마를 살려주도록 요청한다. 카마는 다시 일어나 보이지 않는 형체를 가진 바람이 되어 활과 화살을 가지고 지상을 배회하게 된다.

이 부조와 달리 반테이 스레이 사원 부조에는 시바신이 카마를 재로 만드는 장면이 있다. 수 명의 여신을 아내로 두고 있으며 이마에 달을 가진 시바신은 크메르 사회의 조상숭배, 풍요, 다산多産과 어울리는 주제다.

발리에게 화살을 쏘는 라마왕자의 장면 〈3-2〉는 자신의 처지와 비슷한 수그리바를 돕기 위해 발리를 죽이고 잃었던 원숭이왕국을 수그리바에게 되찾아주는 스토리다. 시타왕비가 납치되자 라마왕자는 수색에 적임자로 알려진 하누만과 수그리바를 찾아 나선다. 라마와 락슈마나는 세상의 구석구석을 훤히 꿰뚫고 있는 원숭이를 만나서 시타가 어디로 납치되었는지를 알아보기 위해 리샤무카 언덕으로 간다. 이윽고 우

사랑의 신 카마. 시바신이 카마를 재로 만들자 라티가 카마를 안고 슬퍼하는 장면.〈3-1〉

야한 긴 꼬리, 하얀 털, 황금의 귀고리를 한 하누만을 찾아낸다.

하누만은 몸을 크게 만들어 라마왕자와 락슈마나를 태우고 추방된 왕 수그리바에게 갔다. 수그리바는 황금의 털을 가지고 있었다. 라마는 수그리바와 포옹했다. 둘은 서로의 기쁨과 슬픔을 공유하고 친구가 될 것을 맹세했다.
일행이 자리에 앉자 원숭이 왕 수그리바가 말했다. "젊은 왕비가 라바나에 납치되면서 우리가 사는 언덕에 물건을 떨어뜨렸습니다. 보십시오. 그 때 우리가 줍게 된 스카프, 장식품이 여기에 있습니다."
라마왕자가 물었다. "락슈마나, 이 물건이 왕비 것인가?"
"예-." 수그리바가 대답했다.
"나는 태양이 비치는 모든 곳을 알고 있습니다." 하누만도 거들었다.
"라바나가 어디로 납치해 갔든 우리는 왕비를 찾아낼 것입니다."
"그러나 우리는 아직 이 숲 속에 숨어 있으면서 수그리바왕이 왕비와 생이별을 하고 있는 처지입니다."
라마왕자가 말했다. "오늘 우리의 만남은 당신에게 행운을 가져오는 하나의 전기가 될 것입니다."
락슈마나도 거들었다. "진정한 친구는 위험으로부터 보호하고 슬픔을 위로할 수

수그리바와 발리의 싸움. 발리의 몸을 감싼 타라의 모습이 보인다.〈3-2〉

있어야 합니다."

하누만이 호수에서 물고기를 잡아 음식을 만들고 연꽃잎으로 물을 떠와서 저녁 식사를 끝내자 수그리바는 다시 과거를 털어놓았다.

"발리에게 반항하는 자는 모두 죽고 아내들은 과부가 되었습니다. 나는 어찌해야 할지 모르겠습니다. 저기 들소 종족의 시체들을 보십시오."

라마왕자가 일어나 시체를 발로 밀어 보았다. 말라비틀어진 피부와 뼈만 남아 있었다. 라마왕자는 전투를 위한 활을 잡았다. 깃털로 장식되고 라마의 이름을 새겨 넣은 황금의 화살도 집어 들었다.

다음 날 아침. 라마, 락슈마나, 하누만, 수그리바는 키슈킨다의 동굴 입구로 가서 몸을 숨겼다.

이윽고 수그리바가 자조 섞인 투로 말했다. "나는 오랫동안 발리를 무서워하며 숨어 지냈어!" 그는 허리띠를 단단히 졸라매고 동굴 앞으로 뛰어올라 발리를 향해 소리쳤다. "밖으로 나와 싸우자."

동굴 안의 원숭이 왕궁에서 왕비 '타라'가 밖에서 외치는 소리를 들었다.

"들어보세요. 수그리바가 소리치고 있어요. 뭔가 잘못되어가고 있는 것 같아요. 조심하세요. 위험이 다가오고 있어요."

발리가 코웃음쳤다. "그가 소리치고 있단 말이오?"

"라마왕자와 그의 형제가 가까이 있다는 것을 보았다는 목격자가 많습니다."

"내 동생은 겁쟁이인데 누가 그를 도와준단 말이오?"

이 때 수그리바가 다시 소리를 질러댔다.

"나가지 마세요." 타라가 발리를 만류했다. "동생에게 너그럽게 대해주세요. 그리고 그의 부인도 석방시켜 주세요. 그녀가 너무 가엽습니다."

"그가 싸우려는 모양이군. 수그리바 곁에 누가 있는가?"

보초가 살펴보았으나 아무도 보이지 않았다. 발리가 타라왕비에게 말했다 "라마왕자는 나를 공격하기 위해 숨지는 않을 것이오. 그는 공정한 규칙을 어기지 않을 것이오."

타라가 웃었다. "규칙은 무슨 규칙!"

발리는 왕비를 어루만지며 위로했다.

"여자와 상의하는 것은 막다른 골목에서 해결책을 찾기 위한 것이오. 충고를 하지 않는 여인은 남편을 사랑하지 않는다는 증거요. 그러나 나는 그를 해치지는 않을 것이오. 단지 그를 쫓아 버릴 것이오. 그것이 전부요. 그리고 남편을 따라가도록 그녀도 석방하지는 않을 것이오."

사랑스런 타라는 발리의 어깨에 황금으로 만든 인드라신의 화환을 걸어주었다. 발리는 키슈킨다의 동굴에서 뛰어나와 태양과 같은 모습으로 언덕 위에 섰다. 그리고는 수그리바를 향해 달려들었다. 두 마리의 원숭이는 서로 뒤엉켜 싸우기 시작했다. 원숭이들이 너무 빨리 움직이며 싸우자 라마왕자는 활을 조준하기가 어려웠다.

시간이 지나면서 우열이 가려지기 시작하더니 발리가 승리하여 일어섰다. 그는 꽃다발을 어깨에 걸치고 있어서 식별하기가 용이했다. 이 때를 놓치지 않고 라마왕자가 그를 향해 활을 쏘았다. 화살은 윙 소리를 내며 날아가 발리의 가슴에 박혔다. 발리가 뒤로 쓰러지며 나뒹굴었다. 그러나 인드라신의 화환 덕분에 목숨은 붙어 있었다.

라마와 락슈마나가 숲 속에서 모습을 드러내고 타라왕비와 발리의 아들 '앙가다'도 키슈킨다의 숲에서 뛰쳐나왔다. 왕비는 흐느껴 울면서 아들 앙가다에게 말했다.

"저기 화살에 기댄 채 서 있는 궁수弓手의 모습을 보아라. 그는 죽음 그 자체다. 그가 네 아버지를 죽였다."

수그리바와 라마, 하누만과 락슈마나는 발리의 곁에 섰다. 그는 창백한 얼굴, 초점 없는 눈을 하며 땅에 드러누웠다. 수그리바도 싸움에서 부상당한 한쪽 눈에서 흘러내리는 피와 눈물로 뒤범벅이었다. 키슈킨다의 원숭이들이 발리의 곁에 모여서 마치 황량하게 들리는 저녁 무렵의 바람소리처럼 슬픈 목소리로 애도하기 시작했다. 타라는 팔을 벌려 죽어가는 발리의 몸을 감싸 안았다.

"나의 군주여, 나를 쳐다보세요."

발리는 모두를 쳐다보았다. 그는 웃음을 지으며 아들 앙가다에게 말했다. "나의 죽음으로 분노하는 아들아, 라마를 돕거라."

전쟁이 옳지 않듯이 사랑하는 사람을 갈라놓는 것도 옳지 못한 것. 타라는 남편을 잃었지만 발리의 잘못된 행동을 인식하고 남편을 죽인 라마왕자를 용서하기로 했다. 아들 앙가다도 아수라와 싸우는 라마왕자를 돕기로 했다.

시바신에 대한 예배.〈4-1〉

톤레삽 호수의 수상축제. 용의 머리를 한 보트에 올라 유희를 즐기는 장면.〈4-2〉

④ 산 정상에서 예배를 받고 있는 시바신, 드바라바티의 수상축제

〈4-1〉은 여러 신들이 시바신에게 예배를 드리는 장면이다. 이 부조는 다음 회랑의 '수리야바르만왕의 행진'을 논리적으로 예시하는 것이다. 수리야바르만왕이 시바파다산 정상에서 대신들로부터 충성 서약을 받고 내려오면서 여러 장수들을 거느리고 행진하는 역사적 사실을 산 정상에서 여러 신들로부터 충성을 받는 시바신과 동일하다는 이미

앙코르 와트의 상징해독 253

지를 나타내려 한 것이다.

〈4-2〉 드바라바티 수상축제 부조는 11월 중순 왕이 참석한 가운데 담수양인 톤레삽 호수에서 개최되는 수제水祭를 말한다. 11월 초순이 되면 우기가 끝나며 바람의 방향도 바뀌어 북동쪽으로부터 계절풍이 불어온다. 이 때부터 5월까지 건기乾期가 시작되며 11월~2월이 가장 시원한 날씨여서 관광시즌이기도 하다.

톤레삽 호수는 우기 때 메콩강으로부터 역류하던 물이 멈추고 다시 방향을 바꾸어 메콩강을 향해 흘러가기 시작한다. 이 시기에는 담수어들이 번식을 시작하고 물고기들이 가장 많은 때로 시엠렙 주변은 물론 베트남인들까지 들어와서 고기잡이가 시작된다.

벽면의 부조에 보트에 타고 있는 궁정의 여인과 아이들, 무희와 줄타는 곡예사의 모습, 장기두기, 닭싸움 장면이 등장하는 것처럼 수상축제 기간에는 각종 행사가 열린다. 축제가 끝나면 물이 서서히 빠져서 수경재배를 하던 논에서 벼를 수확하고 당분이 제일 높은 사탕야자나무에서 수액樹液을 채취한다. 그야말로 다산과 풍요의 시기다.

수리야바르만왕의 행렬

수리야바르만왕이 19명의 대신들과 함께 펼치는 군사 퍼레이드 장면은 왕 자신의 자전적 스토리를 98m에 걸쳐 표현한 것으로서, 세 개의 다른 이벤트를 종합시켜 놓은 것이다. 처음 부분의 하단은 11명의 궁정여인이 지나가는 장면이며, 두 번째는 그 상단에 위엄을 갖춘 왕이 시바파다 산에서 대신들로부터 충성서약을 받는 장면이다. 그리고 마지막으로 왕이 역사적인 행진을 하는 장면이다.

수리야바르만왕은 시바파다산 정상에서 네 명의 대신들 즉, 슈리 비라싱하바르만, 슈리 바르다마나, 다난자야 그리고 왕실의 검열대신으로부터 충성서약을 받는다. 부조에 나타난 이들은 복종과 존경의 표시로 가슴에 손을 얹고 있다.

충성서약이 끝난 후 왕은 장군·병사들과 함께 행진을 시작되는데 그 선두는 시암 쿡 지도자가 몸에 구슬을 장식한 모습으로 앞장서고 있으며, 정 중앙에는 15개의 파라솔을 장식한 왕이, 그리고 행진의 맨 뒤에는 태국 피마이 지방의 장군인 슈리 자옌드라바르만이 뒤따르고 있다.

열아홉의 대신과 왕의 사제이름은 다음과 같다.

1. 시암 쿡의 지도자
2. 슈리 자야싱하바르만
3. 슈리 싱하바르만
4. 마하세나파티 슈리 비렌드라바르만
5. 슈리 프리티비나렌드라
6. 왕의 스승, 라자호타르
7. 슈리 라젠드라바르만
8. 슈리 바르다나
9. 아낙 산작 트라일로키야푸라
10. 수리야바르만왕
11. 다난자야
12. 슈리 슈라디파티바르만
13. 슈리 나라파틴드라바르만
14. 슈리 비렌드라디파티바르만
15. 슈리 라자싱하바르만
16. 슈리 라나비라바르만
17. 슈리 마히파틴드라바르만
18. 슈리 자야유다바르만
19. 슈리 비라유다바르
20. 슈리 비렌드라디파티바르만
21. 슈리 자옌드라바르만

이들은 주력부대를 비롯하여 태국의 지역을 담당하는 장군들이며, 직급에 따라서 6~8개의 파라솔과 부채, 그리고 하누만이나 가루다가 새겨진 깃발을 앞세우며 행진하고 있다. 장군들 가운데는 슈리 비렌드라디파티바르만의 이름이 두 번 등장하는데 이름이 같은 장수인지, 동일 인물인지는 확인되지 않는다.

그러면 대신들의 충성서약은 어떤 내용으로 이루어진 것인가? 에이모니에의 비문해석에 의하면 "파라마비슈누로카(왕의 사후 이름)는 시바파다의 산에서 군대를 소집하고 행렬을 갖추어 함께 내려왔다."고 되어 있다.

왕의 입장에서는 지방에 독자세력을 갖고 있는 군대가 항상 위험요소였고, 장군들을 자기편으로 끌어들이는 것이 최선의 방법이었다. 수리야바르만 2세 당시의 서약내용에 관해서는 알 수 없지만 그보다 100년 전에 행해진 내용을 참고로 해보자. 수리야바르만 1세(1002~1050)의 비문에 의하면, 현재 우리가 생각하는 일반적인 관념과 크게 다르지 않음을 알 수 있다.

> 우리는 또 다른 왕을 섬기지 않는다. 우리는 우리 왕의 적이 되지 않으며, 어떤 방법으로 해를 끼치지 않는다. 우리는 국왕폐하에 헌신한다. 전쟁이 일어나면 국왕을 위해 모든 힘을 다하여 싸우며 우리의 영혼까지 바친다. 우리는 전쟁에서 후퇴하지 않는다. 전쟁에서 패하면 자살하거나 군주를 위해 희생하는 백성들에게 보상한다. 죽음과 같은 상황에서도 폐하에게 모든 의무를 다한다. 위대한 군주께서 우리에게 명령하여 먼 곳의 정보를 얻어오라고 하면 끝까지 알아내고 비밀을 유지한다. 국왕과 관련된 약속을 지키지 못하면 어떤 종류의 형벌도 감수한다. 약속을 지키지 못하고 도피하면 32개의 지옥에서 다시 태어날 것이다. _ 조르쥬 세데스의 『수리야바르만 1세의 충성서약』, 1913, 프랑스극동학원.4)

충성서약은 당시의 국내정치가 상당히 불안했다는 것을 반증한다. 수리야바르만 2세는 태국 북부의 '프놈 룽phnom lung' 출신으로 외숙부인 다라닌드라바르만의 뒤를 이어 왕위에 올랐는데 그 과정에서 여러 세력간 갈등이 있었던 것으로 보인다. 여러 비문의 기록을 보면 그의 집권과정이 잘 나타난다.

> 전투가 치열한 어느 날 다라닌드라바르만왕은 아무런 저항 없이 수리야바르만 왕으로부터 폐위되었다. _ 자야바르만 7세 시대의 비문.
> 1113년 위대한 수리야바르만이 왕위에 올랐다. 그리고 바라문 승려 비바카라판디타를 초청하여 성스러운 의식을 진행하도록 하였다. 왕은 성스러운 제의를 수행하고 축제를 열었다… 그리고 가마, 부채, 파리채, 혁대고리, 팔찌, 반지를 선물로 나누어주었다. _ 〈프레아 비헤아Preah Behear 비문〉.

이처럼 궁정반란을 통해 집권한 그는 집권한 지 6년 후인 1119년에 대관식을 거행하고 지방에 세력을 가진 장군들로부터 충성서약을 받

---

4) Goerge Cœdès, Le Serment des fonctionnaires de Suryavarman I, B.E.F.E.O XⅢ, Hanoi, Vietnam, 1913.

시암쿡 지도자. 팔찌와 목걸이 장식이 독특하다.

왕의 스승. 그물 침대로 이동하는 장면.

가루다가 지탱하고 있는 천상의 궁전.

천상의 궁전에서 춤추는 압사라.

아 분열된 왕가를 통일시켰다는 점을 앙코르 와트 부조를 통해 역사로 기록하는데 열정을 바친 것으로 보인다.

천국과 지옥

수리야바르만 2세의 긴 군사행렬이 끝나면 60m에 걸쳐 '천국과 지옥'의 장면이 등장한다. 대승불교 사상이 흐르는 37개의 천국과 32개의 지옥 장면은 한마디로 경이 그 자체다.

천국과 지옥의 부조는 화면을 세 부분으로 나누어 조각해 놓은 것인데 상단의 극락세계, 중단의 야마신의 재판정에 들어가면서 재정을 기다리는 세계, 하단의 지옥으로 구성되어 극락의 안식과 지옥의 아비규환 세계를 대비시켜 리얼하게 표현하고 있다.

이 부조는 사후에 생전의 행위를 심판받아 그 죄값에 따라서 천국과 지옥행이 결정되는 윤회와 극락정토사상을 반영하고 있다. 선한 행위를 한 사람들은 37개의 천국으로 가 안락한 생활을 누리게 된다.

반면 악한 행위를 한 사람들은 32개의 지옥으로 떨어져 온갖 형벌을 받게 된다.

불교에서 염라대왕으로 알려진 사법신 야마Yama는 물소의 등에 올라탄 채 18개나 되는 팔로 법정에 들어온 사람들을 제지하고 사법적 판결을 주재한다. 사후 심판은 야마신이 주재하지만 판결에 앞서 그의 보조자들로부터 도움을 받는다. 야마신의 법정이 열리면 생전의 기록을 관장하는 보조신 치트라굽타Citragupta가 심판을 받는 사람의 기록을 분석하고 야마신의 또 다른 화신인 다르마신이 야마신의 판결을 공표한다. 판결이 내려지면 '지옥naraka, 奈落의 기록부'와 '천국sukhvati, 淨土의 기록부'에 기재한 다음에 천국행과 지옥행으로 갈 사람을 구분하고, 선행을 이룬 자는 비슈누신이 타고 다니는 가루다金翅鳥의 등에 태워 천국으로 보내져서 부인과 여생을 즐기는 반면 정죄定罪를 받은 자는 야마신의 보조자들에 의해 지옥으로 던져진다. 천국과 지옥의 부조 중간 장면은 물소 등에 올라탄 야마신이 자신의 칼로 지옥의 방향을 가리키고 있으며 상단에는 천국행을 판결 받아 평화롭게 생활하는

천국의 장면이 그려있고, 하단에는 악업惡業을 행한 자가 지옥세계에서 고통당하는 여러 장면들이 있다.

천국의 궁전에는 19명의 남자와 18명의 여자들 그리고 압사라가 앉아서 유쾌하게 지내는 장면이 있는 반면 불에 달구고 튀기는 괴로움의 뜨거운 지옥과 끝없는 추위·배고픔에 시달리는 차가운 지옥 등

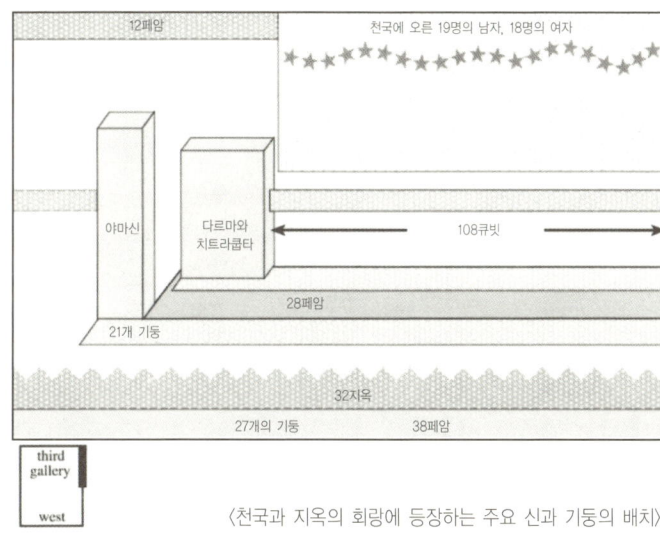

〈천국과 지옥의 회랑에 등장하는 주요 신과 기둥의 배치〉

천국과 지옥의 회랑. 상단은 천국, 중단은 야마신의 법정, 하단은 지옥으로 3단계로 구성되어 있다.

32개나 되는 지옥에는 살인, 절도, 폭력 등의 죄목에 따라서 여러 가지 형벌을 받게 된다.

회랑에 부조된 지옥의 장면들은 목에 형틀을 매는 형벌, 손을 뒤로 젖히게 하고 수갑을 채우는 형벌 등 다양한 고통이 내려지는데 13세기 앙코르를 여행한 주달관이 말하는 가쇄枷鎖가 이러한 형벌을 내리는 도구들이며 1970년대 중반에 일어난 킬링필드의 모습도 이러한 지옥의 형벌이 그대로 재현된 것은 아닌가?

(1) 아비 지옥

32지옥 가운데 앙코르와트 회랑에 맨 먼저 등장하는 지옥은 아비 avici 지옥이다. 무간 지옥이라고도 하며 무거운 산을 옮겨와 죄인들을 그 밑에 두고 깔려 죽이는 고통을 가하는 장면이다. 참혹한 지경에 빠져 고통 받고 울부짖는 처참한 상황을 지칭하는 아비규환의 어원도 여기에서 유래한다.

(2) 벌레 지옥

두 번째는 두 명의 옥졸들이 죄인을 벌레 krimini가 득실대는 구덩이로

1. 아비 지옥. 지렛대를 사용하여 산을 옮겨와서 죄인들에게 압사당하는 고통을 가하는 장면으로 산 밑에 죄인들이 깔려 있다.

2. 벌레 지옥. 하단 가운데 장면은 옥졸들이 벌레가 득실대는 곳으로 죄인들을 몰아넣고 있다.

3. 바이타라니강 지옥. 옥졸들이 죄인들의 입을 긴 방망이로 틀어막고 있다.

4. 쿠타살말리 지옥. 옥졸들이 죄인들을 가시가 돋친 살말리 나무에 매달아 형벌을 가하고 있는 장면이다.

5. 쌍산 지옥. 두 개의 산이 있고 그 사이에 죄인을 가두어 눌러 죽이는 장면이다.

6. 질식 지옥. "폭력, 여자와 자녀들을 살해한 자. 숨을 멎게 하는 지옥이다"라는 글이 있다. 죄인을 나무에 매달고 입에 손을 넣어 질식시키는 장면이다.

앙코르 와트의 상징해독

던져 넣는 장면으로 벌레 지옥kriminicaya이라 한다.
  (3) 바이타라니강 지옥
  바이타라니강vaitaranidani은 서사시 라마야나에도 등장하는데 '이곳을 건너면 그곳이 곧 죽음의 강'을 의미한다. 동양에서 말하는 저승, 황천과 같은 경계를 지칭하는 용어로 생각되며 날카로운 금속의 부리를 가진 독수리가 살고 있다. 부조에는 두 명의 옥졸들이 긴 막대기를 죄인들의 입에 틀어넣는 형벌장면이 특징적이다.
  (4) 가시 돋친 샬말리 나무에 매다는 지옥
  가시가 돋친 샬말리나무(인도 비단나무)에 죄인들을 묶어놓고 형벌을 가하는 지옥으로 쿠타샬말리 지옥kutas almali이라 한다. 샬말리나무는 약용으로 쓰이지만 몸통이 가시로 뒤덮여 있고, 학명으로는 bombax ceiba로 불리며 여기에 속하는 종들이 타프롬, 프레아칸의 유적을 뒤덮고 있는 나무들이다.
  (5) 쌍산雙山 지옥
  두 개yugma의 산parvata이 있고 그 밑에 죄인들을 놓고 눌러서 죽이는 고통을 가하는 장면으로 유그마파르바타 지옥이라 한다.
  (6) 질식窒息 지옥
  옥졸들이 죄인들의 입에 손을 넣어서 숨을 쉬지 못하게 하여 질식시켜 죽게 만드는 질식 지옥nirucchvasa의 형벌장면이다.
  (7) 비명을 지르는 지옥
  옥졸들이 두 명의 죄수들을 나무에 묶고 화살을 쏘아대고 있다. 나무에 묶인 죄수들 앞에는 수많은 죄인들이 무릎을 꿇고 앉아 있다. 고통에 울부짖으며 신음하는 지옥ucchvasa이다.
  (8) 납을 녹인 강물에 던져 넣는 지옥
  죄인들을 납을 녹인 강물鉛液에 던져 넣는 지옥dravattrapu이다. 부조에는 두 명의 죄인들이 강물 속에 빠져있다.
  (9) 끓는 수지樹脂속에 던져지는 열탕 지옥
  용기 아래에 불을 피우고 있으며 용기 속에는 펄펄 끓고 있는tapta 수지액laksa이 들어 있고, 그 속에 죄인들을 던져 넣는 열탕 지옥의 장면

7. 비명을 지르는 지옥. 나무에 두 명의 죄인을 묶어 놓고 왼쪽의 옥졸들이 화살을 쏘는 장면인데, 부조가 훼손되어 있다. 떨어져 나간 부분에 활과 화살이 조각되어 있었다.

8. 납을 녹인 강물에 던져 넣는 지옥. 두 명의 죄인이 강물에 빠져 있는 장면이다.

9. 끓는 수지 속에 던져지는 열탕 지옥. 죄인들이 바닥에 누워 있고 그 옆에는 펄펄 끓는 수지액이 놓여 있다. 옥졸들이 죄인들의 목을 묶어 끌고 오는 장면이다.

10. 뼈를 가는 지옥. 옥졸들이 죄인의 목을 잡고 뼈를 가는 장면이다.

11. 톱으로 써는 지옥. 부조 한가운데 여성 죄인의 턱을 톱으로 절단하는 장면이다.

12. 고름이 가득한 호수에 던져지는 지옥. "술을 훔치거나, 남의 부인을 빼앗는 자, 학자의 부인에게 접근하는 자는 새의 먹이가 되고 고름 호수에 던져 진다"는 기록이 있다.

으로 탑탈락샤마야 지옥taptalakṣamaya이라 한다.

(10) 뼈를 가는 지옥

죄인들의 뼈asthi를 빻는 지옥으로 아스티방가 지옥asthibhanga이라 한다. 방가bhanga는 (뼈를) 빻는다는 의미로, 옥졸들이 죄인의 목을 잡고 뼈를 분쇄하는 장면이다.

(11) 톱으로 써는 지옥

옥졸들이 여성죄인의 얼굴을 톱krakaca으로 절단하여cheda 고통을 가하는 장면이 부조되어 있는데, 이를 크라카차체다 지옥krakacacheda이라 한다.

(12) 고름이 가득한 호수에 던져지는 지옥

옥졸들에 의해서 고름puya이 가득한 호수Hrada에 던져지는 고통을 당하는 지옥으로 푸야푸르나라다 지옥puyapurnahrada이라 한다.

(13) 피가 가득한 호수에 던져지는 지옥

옥졸들이 죄수를 거꾸로 잡고 피asrk가 가득한 호수에 던져 넣는 장면이 표현되어 있는데, 이를 아스리크푸르나라다asrkpurnahrada 지옥이라 한다. 파도치는 핏물 호수에 5, 6명의 죄인들이 들어가 고통당하고 있으며, 위에서는 옥졸들이 방망이로 내리치고 있다.

(14) 혈장이 가득한 호수에 던져지는 지옥

골수와 혈장으로 가득한 호수에 사람을 던져 넣는 장면의 지옥으로 메도라다medohrada 지옥이라 한다. 아래는 옥졸들에 의해 파도치는 혈장血漿, moelle, marrow 호수에 빠진 죄인들이 있으며 위에는 옥졸들이 방망이로 죄인을 때리고 있다.

(15) 굶기는 지옥

신에게 바친 공물을 훔치거나 쌀을 훔친 죄인은 배가 볼록하게 튀어나온 것tunda으로 묘사되어 있는데, 옥졸들이 이런 죄인들의 불뚝한 배를 때리고 있고, 굶게 하여 고통을 가하는 틱슈나야스툰다tikṣnayastunda 지옥이다.

(16) 불타는 석탄산에 던져지는 지옥

신성한 소의 목장에 불을 지르거나 대소변을 보는 자는 불타고 있는

13. 피가 가득한 호수에 던져지는 지옥. "고기, 남의 부인을 훔치고, 바라문의 처를 취한 자는… 피의 호수에 던져 진다"는 문구가 있다.

14. 혈장이 가득한 호수에 던져지는 지옥. "탐욕스럽고 정욕에 빠진 자… 이 지옥의 저주를 받으며 특히 여성들은 머리채를 잡힌 채 혈장 호수에 던져 진다"는 문구가 있다.

15. 굶기는 지옥. 공물과 쌀을 훔치는 자는 복부를 구타한다.

16. 불타는 석탄산에 던져지는 지옥. "촌락과 신성한 소의 목장을 불태우는 자, 신성한 곳에 대소변을 보는 자는 불타고 있는 석탄더미의 지옥에 던져 진다"는 구절이 있다.

17. 암바리사 지옥. "타인의 처를 유산시키는 자, 친구 부인을 취하는 자는 놋쇠솥 지옥에 던져 진다"는 문구가 있다.

18. 쿰비파카 지옥. "바라문의 재화를 훔친 자는 펄펄 끓는 항아리 지옥에 머리부터 던져 진다"는 문구가 있다.

석탄더미angara.nicaya에 던져지는 고통을 당한다. 달리 표현하면 불타는 석탄산에 떨어지는 고통을 당하는 지옥이다.

(17) 암바리사 지옥

놋쇠로 만든 작은 솥에 빠뜨리는 지옥ambarisa이다. 타오르는 불 속에 솥이 놓여 있는데 옥졸들이 죄인의 다리를 잡아 거꾸로 세우고 머리를 놋쇠 솥에 집어 넣으려하고 있다. 죄인들이 뜨거운 지옥 불에 당하는 고통이야말로 형언할 수 없을 것이다.

(18) 쿰비파카 지옥

왕의 사신을 범하거나 바라문의 재산을 훔친 죄인들에게는 펄펄 끓는 항아리kumbhi에 던져지는 지옥 형을 가한다. 부조에는 옥졸이 끓고 있는paka 항아리에 죄인을 집어넣고 밖으로 나오지 못하도록 머리를 누르고 있다. 또 한편으로는 죄인들을 들어서 항아리에 집어넣으려 하고 있다.

(19) 탈라브릭사바나 지옥

다라수 나무(talavrksa, 야자나무의 일종)가 우거진 밀림vana에서 고통당하는 지옥 장면으로 부조에서는 다라수 나무에 옥졸들이 죄인의 신체를 거꾸로 매달고 곤봉으로 때리고 있다. 다라수는 보통 20, 30미터까지 자란다. 네 개의 다라수 나무가 있는데 네 개의 나무는 곧 밀림으로 표현하고자 한 것 같다.

(20) 크슈라다라파르바타 지옥

예리한 작은 칼날ksura이 있는 산에서 고통을 가하는 지옥ksuradharaparvata으로 두 명의 옥졸이 두 명의 죄인들을 날카로운 칼날이 빈틈없이 놓여있는 산에 던져서 고통을 가하는 장면, 그리고 죄인을 나무에 묶어 놓은 장면도 있다. 날카로운 칼날에 온 몸을 베이는 형벌의 칼날산刀山 지옥이라 할 수 있다.

(21) 염열炎熱 지옥

불타고 있는 땅에 옥졸들이 죄인들을 던져 넣고 방망이질을 가하는 뜨거운 지옥으로 산타파나 지옥santapana이라 한다. 맹렬하게 타오르는 불꽃에 갇혀서 고통을 당하는 8열지옥의 하나이다.

19. 탈라브릭샤바나 지옥. "베어서는 안 될 나무를 베는 자, 신성한 장소를 모독하는 자, 다라수 밀림지옥으로 던져 진다"는 문구가 있다.

20. 크슈라다라파르바타 지옥. "코끼리, 말을 훔친 자 … 공물의 도구를 훼손하는 자는 '불타고 있는 나무'에 매달리고 석회더미에 던져진다"는 문구가 있다. 이것은 에이모니에의 해석인 반면, 위베르는 '불타는 나무'를 '칼날'로 해석하였다. 부조에는 칼날이 달린 산을 묘사한 것인지, 아닌지를 구분하기 어려우나 지옥명에 '칼날이 있는 산의 지옥'이기 때문에 위베르의 해석이 타당해 보인다.

21. 염열 지옥. "타인에게 상처를 입히거나 파라솔을 훔친 자는 불타는 지옥에 던져 진다"는 문구가 있다.

22. 침 지옥. 죄인들을 들어올렸다 땅바닥에 내동댕이치고 침 같은 예리한 도구로 찔러대는 장면이다.

23. 흑승 지옥. 이 장면은 왕의 명령을 거부하고 불복종한 자들에게 가하는 형벌과 관련이 있어 보인다. 부조가 훼손되어 한 명이 죄인이 장대에 묶여 불타는 지옥에 놓여 있었으나 지금은 한 죄수의 장면만 보인다.

24. 대연화 지옥. "꽃을 훔치는 자 … 대연화 지옥으로 던져진다." 옥졸들이 죄인들을 화살로 찌르고, 가시가 돋친 숲에 떨어뜨린다.

(22) 침針 지옥

죄인들이 땅바닥에 누워있고, 그 위에선 옥졸들이 예리한 침suci 혹은 바늘같은 도구로 죄수들을 찌르고 있는 지옥을 수시무카sucimuka 지옥이라 한다.

(23) 흑승 지옥

죄인들을 뜨겁게 달군 끈으로 긴 장대 위에 묶어 놓고 곤봉으로 때리는 지옥이다. 긴 장대를 양쪽에서 옥졸들이 떠받치고 있다. 죄수들을 묶는 끈sutra은 죽음kala의 끈이라 하여 흑승黑縄 지옥kalasutra이라 부르는데, 목수들이 죄수들의 몸에 검은 먹줄을 치면 그 줄을 따라 신체를 베거나 잘라내서 고통을 가한다.

(24) 대연화 지옥

지옥 한 가운데 나무가 있고, 나무 양쪽에 죄인들을 묶어놓고 옥졸들이 곤봉으로 때리고 있다. 나무 아래에는 불이 타오르고 있으며 그 옆으로 쓰러져 있는 죄인들을 창으로 찌르고 있는 지옥으로 이를 마하파드마mahapadma 지옥이라 한다. 고통이 너무 심해서 온 몸이 연꽃보다 더 붉게 물든다하여 대연화大蓮華 지옥이라 한다. 일반적으로 불교의 8한지옥의 하나에 속한다.

(25) 연화 지옥

대연화 지옥과 마찬가지로 옥졸들이 나무에 죄인들을 묶어 놓고 입에 정釘을 박아 고통을 가하는 지옥이다. 대연화 지옥과 마찬가지로 8한지옥의 하나에 속한다.

(26) 등활 지옥

옥졸들이 죄인들을 거꾸로 쳐들고 곤봉으로 내리치는 장면이 표현되어 있다. 죄인들이 '죽었다 살아났다'를 반복하며 고통을 당하기 때문에 등활等活, samjivana이라 하는데, 불교에서는 8열지옥의 하나에 속한다.

(27), (28)

지옥의 이름이 떨어져 나가 분명하지 않다. 27번의 지옥은 "○○raka"로 끝난다. 즉 "○○지옥"이란 뜻이다. 이 지옥은 옥졸들이 죄인들의 입 한가운데 나무를 박아서 고통을 가하고 있다. 28번의 지옥도 "○○

25. 연화 지옥. "꽃을 훔치는 자, 시바신의 정원에서 꽃을 가져가는 자는 연화지옥에 던져 진다"는 문구가 있다. 에이모니에에 의하면 이들은 개에게 먹히거나 독수리에게 쪼아 먹힌다고 한다.

26. 등활 지옥. "이 참담한 지옥으로 떨어진 자는 불타는 장작 위에 화형을 당하고 두 개의 나무 사이에 거꾸로 달거나 목을 묶어 매달기도 하며 새들이 쪼아 먹도록 한다."

27, 28. 지옥명이 불분명. 27의 지옥은 옥졸들이 죄인의 입에 방망이를 넣어 고통을 주고 있는 장면이고, 28의 지옥은 집게로 고문을 가하고 쇠 집게로 말을 하지 못하도록 고문한다.

29. 시타 지옥. "…을 훔친 죄인들은 모두 추운 지옥으로 떨어진다." 죄인들이 차가운 강물 위에 앉아서 추위에 떠는 장면이다.

30. 암흑 지옥. "등불을 훔친 자, 짙은 암흑으로 던져 진다"는 구절이 있다. 옥졸들이 죄인의 눈을 찌르고 방망이로 가격하고 있다.

앙코르 와트의 상징해독 269

kmula"로 끝나서 지옥 이름이 분명하지 않다. 이 지옥에서도 죄인들의 입에 나무를 박거나 때리는 장면이 표현되어 있다.

(29) 시타sita 지옥

추운 지옥을 지칭한다. 죄인들이 너무 추워서 양손을 가슴에 댄 채 앉아서 떨고 있다. 죄인들 아래로는 차가운 강물이 흐르고 있다. 죄인들 위에는 칼처럼 날카로운 무기를 든 옥졸들이 죄인들을 가격하고 있다.

(30) 암흑 지옥

옥졸들이 앉아있는 죄인들의 혀를 뽑고 때리는 장면이 표현되어 있다. 이 지옥은 어둡고 짙은sandra 암흑tamas이란 지옥명이 붙어 있다.

(31) 대규환 지옥

불교의 8열지옥의 하나인 대규환 지옥maharaurava이다. 옥졸들이 죄인들의 머리, 양손, 다리를 형틀에 묶고 침을 박아서 형벌을 가하는 장면이다. 네 명의 죄인들이 형벌을 받고 있다.

(32) 규환 지옥

불교의 8열지옥의 하나인 규환raurava 지옥이다. 옥졸들이 죄인을 옆으로 눕혀 놓고 그 아래에 불을 붙여 뜨거운 고통을 가하고 있고, 위에서는 옥졸들이 곤봉으로 때리고 있다.

31. 대규환 지옥. 죄인의 허리를 묶어 교수형을 가하고, 형틀에 묶고 정을 박아 고통을 주는 장면이다.

32. 규환 지옥. 비문에는 신음gemissements하는 지옥으로 표현되어 있다. 에이모니에에 의하면 옥졸들이 "폭력적이고, 탐욕스러운 자, 인정 없는 사채업자는 화로 속에 던져 넣는다."

이처럼 앙코르 와트 회랑 부조의 지옥도는 불교와 힌두교의 지옥 개념이 혼합되어 있으며 당시 앙코르 제국과 동남아시아에서 널리 퍼져 있던 인과응보 사상을 잘 드러내 준다.

천지창조의 신화, 우유바다 젓기

앙코르 와트 제3회랑 동쪽 벽면에 49m의 길이로 부조되어 있는 우유바다 젓기 혹은 유해교반乳海攪拌의 창조신화는 아수라와 싸움에서 패

배한 신들이 여러 가지 묘안을 제시하면서 시작된다. 아수라가 신들을 폭행하고 폭력을 행사하자 무력해진 신들은 아수라의 왕 발리에게 휴전을 요청하고 장생불사의 영약 암리타를 얻는데 협력하면 그 약을 분배해 주겠다고 약속한다.

암리타amrta란 '불사不死'의 의미를 갖는 단어다. 암리타라는 개념은 극락의 주재자인 아미타阿彌陀를 상징하는 아미타유스amita-yus, 아미타바amitabha와 같은 어원에 속한다. 아미타유스는 무한한 생명을 가진 자無量壽, 아미타바는 무한한 광명을 가진 자無量光의 뜻이며 암리타 또한 무한한 생명을 얻을 수 있는 영약이다.

암리타는 베다, 라마야나, 마하바라타에서 신들이 마시는 소마주酒의 별명이다. 이 음료를 마시면 의식에서 해방되어 신과 정신적인 소통이 가능하며 병을 치유할 수 있다는 일종의 환각물질이다. 소마의 원료식물은 현존하지 않으며 이를 대신하고 있는 것이 대마大麻식물이다.

신들이 만약 장생불로의 영약을 얻게 되면 아수라 측에서는 선善에 패배하게 될 것이며, 만약 아수라가 그 약을 먹게 되면 신의 의도 또한 실패로 끝나게 되는 플롯이 설정되어 있다. 따라서 우유바다 젓기는 신과 악마 가운데 어느 쪽이 더 유리할 것이라는 결론을 내릴 수 없을 만큼 신과 악마 모두에게 가능성이 있는 도박이었던 셈이다.

천지창조인 우유바다 젓기는 『라마야나』에서 성자^{聖者} 비슈와미트라가 자나카왕을 만나기 전에 라마, 락슈마나왕자에게 들려준 대목에서도 잠깐 언급된다.

모든 세계가 활력을 상실하고 세상의 도덕이 무너지기 시작하였다. 이 틈을 타서 아수라들이 쇠약해진 신들을 대상으로 폭력을 행사하고 괴롭히기 시작하였다.

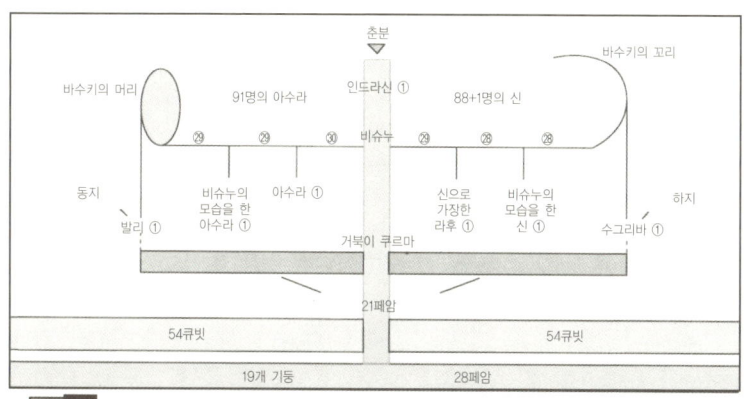

앙코르 와트의 회랑의 우유바다 젓기. 중앙의 거북이 위에 올라탄 인물은 비슈누신, 바수키 뱀의 머리를 잡고 있는 인물은 발리이며, 꼬리를 잡고 있는 인물은 수그리바이다. 하단은 물결이 거세어 물고기들이 요동치고 있으며, 하늘에서는 6억명의 압사라들이 태어나는 장면.

이러한 상황이 지속되자 신들은 범천梵天 브라흐마신에게 찾아가 그의 보호를 요청하기에 이른다. 브라흐마는 신들에게 불사의 신이며 창조자·보호자·파괴자인 비슈누신의 도움을 얻을 것을 권고하고 자신이 우유바다 북쪽을 향해 신들을 안내하고 편재천遍在天 비슈누신의 궁궐로 가서 그의 협조를 받아냈다.
비슈누신이 자신의 표상인 구리 그물과 원반, 철퇴를 가지고 브라흐마신을 비롯한 여러 신들의 앞에 나타나자 모든 신들이 기원하기 시작하였다.
"우리는 쇠퇴해 가는 힘을 회복해야 합니다. 그러기 위해서 우리는 커다란 우유바다에 강력한 약초를 넣고 만다라산을 우유바다 젓기의 중심축으로, 용왕龍王 '바수키'를 로프로 이용하여 대양大洋을 젓고 그것에서 나오는 생명의 약 '암리타'를 얻어야 합니다. 또 이를 위해서는 적들인 아수라의 협조를 얻어낼 필요가 있습니다."
이러한 제안에 따라서 신들은 아수라 측과 일시적인 휴전을 제의하고, 만약 신과 악마가 협력해서 장생불사의 약 암리타를 얻게 되면 함께 나눠 가질 것을 약속했다. 이 불로불사의 약을 먹는다면 아수라도 장생불사한다는 것을 알고 있었기에 약을 만들기 위해 서로 노력을 분담한다는 합의가 성립된 것이다.
그러나 바다를 휘젓기 위해서는 커다란 힘을 지탱할 수 있는 끈이 필요했다. 이들은 대양大洋을 젓기 위해 위대한 용 '바수키'를 로프로 이용하고 '만다라蔓茶羅' 산을 뽑아 와서 우유통과 같은 회전축으로 삼았다. 드디어 비슈누신 자신은 거북

이 쿠르마kurma가 되어 회전하는 중심축을 바다 밑에서 떠받치고 88명의 신들은 바수키 용의 꼬리 쪽에서, 91명의 아수라들은 머리 쪽에서 우유바다를 밀고 당겨 회전시키기 시작하였다.

이들은 강력한 효능을 가진 약초를 우유바다에 집어넣고 천년 동안이나 휘저었다. 마침내 우유바다를 저은 후에 최초로 출현한 것이 암소 슈라비다. 그는 나오자마자 신의 눈을 기쁘게 하였다. 그 다음에는 천계의 기쁨이며 꽃향기를 가진 낙원의 나무가 나왔다.

이어서 애교와 우아한 미를 갖춘 일군의 압사라가 출현하였다. 이들은 '물 위 apsu에서 태어났다rasa'는 뜻으로 압사라apsara로 불리게 되었다. 아름다운 압사라의 수는 6억 명이 넘고 하녀들은 셀 수조차 없을 정도로 많이 출생했다.

그 다음에는 달이 나타났다. 시바신은 이 달을 얼른 집어든 다음에 자신의 이마에 붙였다. 그리고 나자 세계를 파괴시킬 수 있는 위험한 한잔의 독毒이 나타났다. 이 독약은 신과 악마를 포함하여 세계를 태우기 시작하자 신들은 두려워하면서 피난처를 물색하기 시작했다. 이 때 비슈누신이 나타나서 시바신에게 말했다.

"신들이 우유바다 젓기를 하여 처음으로 만든 것은 신 가운데 신인 시바신 당신에게 귀속된다. 당신은 신 가운데 최고 신이이며, 맨 먼저 숭배되므로 이 독약을 받아야만 한다."

모든 신들이 두려워하는 가운데 비슈누신의 말을 들은 시바신이 세계의 파멸을

막기 위해 하라하라 독약을 감로주처럼 삼켜 버렸다. 이 독을 먹자 불멸의 신 시바도 목이 청색으로 변하여 그 때문에 '푸른색의 목을 가진 신'으로 불리게 되었다. 이어서 신들을 치료하는 의사인 '단반타리'가 생명의 감로주가 든 잔을 가지고 나타나자 신과 아수라들은 만면에 웃음을 지었다.

다음에 비슈누신의 여신 락슈미가 활짝 핀 연꽃에 빛을 내며 태어났고 그의 코끼리 '아이라바타'가 나타나 간지스강에서 가지고 온 물을 여신에게 부어주었다. 그 사이에 성자들은 락슈미의 찬가를 불렀다. 그리고 우유의 바다는 꽃이 되어 락슈미를 장식하고 건축의 신 비슈와카르마는 하늘의 보석이 되어 장식했다.

그리고 나서 비슈누신의 신부가 된 락슈미 여신은 대신大神의 가슴에 몸을 맡기고 그에게 의지하면서 기쁨에 찬 신들을 보게 되었다. 반면에 아수라들은 이 행운의 여신으로부터 어떤 주목도 받지 못하고 기괴한 모습이 되었다. 일이 이렇게 되자 아수라 측이 분노하면서 우유바다 젓기로 생성된 암리타 잔을 빼앗아 도망쳤다.

그러자 아수라를 뒤쫓아 간 비슈누신이 무엇이라고 형언할 수 없을 정도의 농염하고 애교스런 압사라의 모습으로 변장하여 아수라를 현혹시키자 아수라들은 이 가짜 압사라를 차지하기 위해 서로 다투게 되었다.

이 기회를 틈타서 비슈누신은 장생불사의 영약 암리타를 되찾아 모든 신들이 원하는 만큼 먹도록 했다.

이것을 먹은 신들은 용기를 얻고 원기를 회복한 후 다시 악마들과 전투를 벌이게 되었다. 치열한 싸움 끝에 아수라들은 지옥으로 추방되고 세상은 환희로 가득하게 되었다. 태양도 다시 빛을 내기 시작하였고, 모든 세계는 영광스럽고, 만물이 신앙심을 갖게 되었다.

신들의 왕 인드라는 락슈미를 위한 찬가를 만들었다. 이 여신은 찬가에 만족하여 두 가지를 약속하였다. 하나는 자신이 결코 3계(물계, 성계, 천계)를 포기하지 않을 것을 선언한 것이며 또 하나는 인드라신이 만든 찬가를 부르거나 칭송하는 자에게는 자신이 보살핀다는 것이었다. 우유바다 젓기에 의해서 태어난 락슈미의 이야기를 듣거나 그 이야기를 읽은 자는 행운의 여신이 3대에 걸쳐 그 가족을 보호하고 싸우거나 불행한 일이 없게 되었다.

회랑 부조에 49m 길이로 표현된 천지창조의 신화인 우유바다 젓기 장면은 뛰어난 상상력을 보여준다. 이 길이를 큐빗으로 환산하면 108 큐빗에 해당하며(실제로는 112.5 큐빗이다) 이것은 아시아에서 신성시되는 숫자 108 그리고 54명의 신과 54명의 아수라를 상징하며 우주의 중심축 메루산을 상징하는 것이기도 하다.

앙코르 와트의 우유바다 젓기는 신의 왕으로 권위를 회복한 인드라신의 대관식이 멀지 않았음을 암시한다. 이것은 또한 수르야바르만 2세가 대관식을 통해 인드라신과 동등한 위치를 갖게 되는 것을 상징한다.

앙코르 와트의 회전축에 내려온 인드라신은 우유바다 젓기가 아직 완성되지 않았고 악마들과의 전쟁에서 승리하기 전이므로 아직 신들의 왕은 아니었다. 그러나 이 부조에서 여러 명의 다른 왕들이 보이고 있기 때문에 대관식이 멀지 않았음을 암시한다. 바수키의 머리를 잡고 있는 발리는 아수라의 왕이며, 바수키 뱀의 꼬리를 잡고 있는 수그리바는 원숭이의 왕이다.

라마왕자와 크리슈나는 비슈누신의 화신이며 왕관을 쓰고 있는 쿠루마는 거북이의 왕이다. 만다라는 산의 왕이며 왕관을 쓰고 있는 바수키도 뱀의 왕이다. 인드라신 또한 모든 신 가운데 으뜸가는 왕이다. 이처럼 우주의 모든 왕들이 모여 있기에 그것은 대관식이나 다름없다고 인식되는 것이다.

　수리야바르만왕의 대관식은 인드라신의 즉위와 상호 결합됨으로써 대관식을 우주의 주기로서 나타내고 왕권을 영원한 건축 속에 표현할 수 있었다. 다시 말해서 창조신화에서 우유바다 젓기는 생성기인 크리타 유가에서 일어나며, 훌륭한 왕이 집권했을 때 파괴기를 생성기로 바꿀 수 있다고 믿었다. 마찬가지로 왕이 정치를 잘못하거나 덕을 상실하면 우주의 시간은 다시 혼란스러운 상태로 되돌아간다고 보았다. 『마하바라타』에는 이와 관련된 이야기가 언급되어 있다.

> 국왕이 행정을 엄격히 하고 완전하게 수행할 때 가장 좋은 시기인 크리타 유가가 도래한다. 시간이 훌륭한 왕을 낳고 훌륭한 왕 또한 좋은 시기를 가져오는 것은 틀림없다. 왕은 시간을 유발시키며 국왕은 생성기의 창조자인 것이다. _『마하바라타』 중에서.

> 왕은 활활 타오르는 불꽃과 함께 크리타 유가를 창조하였다. 이 왕의 지도하에 사악한 파괴기가 지나고 생성기가 도래하였다. 왕은 정치력으로 정법正法의 시대를 실현하였다. _조르쥬 세데스의 『삼보르 프레이 쿡』 비문.

아수라에 대한 비슈누신의 승리

　북쪽벽 동측면에 50m 길이로 부조된 이 장면은 『마하바라타』의 부록에 수록된 '하리밤사'의 내용을 발췌하여 조각해 놓은 것이다. 하리밤사는 '크리슈나의 가계家系에 대한 이야기'란 뜻이다. 부조의 중심에는 가루다에 올라탄 비슈누신이 아수라의 도시로 날아가 방어하고 있던 네 명의 아수라인 무루, 니순다, 하야그리바, 판차나다에 승리를 거두는 장면이 그려져 있다.

　원래 이 장면과 다음 부조인 '바나에 대한 크리슈나의 승리' 장면은 앙코르 왕국을 일시 부흥시킨 앙찬왕(ang chan, 1529~1546)왕과 그의 아들 때에 완성해 놓은 것으로 이전의 부조에 비하면 조각기법이 거칠고 볼륨감이 부족하다는 느낌을 준다. 이 부조의 밑에는 공사를 재개한 앙찬왕과 긴 이름을 가진 아들에 대한 기록이 있는데, 다음은 첫 번째 비문과 두 번째

가루다에 올라탄 비슈누신. 16세기에 부조된 이 장면은 이전에 비해 박력이 부족하고 투박한 느낌을 준다.

비문의 내용이다.5)

위대한 '마하비슈누로카'(앙찬왕을 말한다)는 두 곳의 부조를 완성하지 못했다. 그래서 '라자온카라 파라마라자디라자 라마디파티 파라마챠크라바르티라자'(앙찬왕의 아들)가 왕위에 올랐을 때 궁정의 조각가인 마히다라에게 1546년 8월에 조각을 지시하였다.

'마하비슈누로카'가 두 곳의 부조를 끝내지 못하고 '라자온카라 파라마라자디라자 라마디파티 파라마챠크라바르티라자'가 왕위에 올랐을 때, 궁정의 장인들에게 조각을 지시하여 1564에 끝났다. 두 개의 회랑과 난간은 이전의 것과 다를 바 없이 아주 견고하게 끝맺음 되었다.

앙찬왕은 1528년 로벡(lovek)에 새로운 수도를 짓고 1540년 앙코르에 주둔했던 태국의 시암족을 몰아내어 일시적이나마 독립을 회복했던 왕으로 앙코르 와트의 부조는 그와 그 아들 대에 걸쳐 이루어진 것으로 보인다. 비문에서 "이전과 같이 회랑과 난간이 견고하게 끝맺음 되었다"는 것은 16세기에 이르러 앙코르 와트가 완전하게 복원되었음을 뜻하는 것이다.

그러나 둥근 원반을 들고 있는 비슈누신의 모습을 이전의 것과 비교하면 넘치는 박력과 장엄함이 떨어지고 동물 위에 올라탄 아수라의

---

5) Eleanor Mannika, *Angkor Wat : Time, Space, and Kinship*, University of Hawaii Press, Honolulu, 1996. 세데스에 의하면 앙찬1세의 통치연대는 1516~1566년이다.

모습이나 가루다의 모습도 이전에 비해 왜소해졌고, 전체적인 구성상 섬세함과 예술적 표현이 이전의 것에 비해 뒤진다는 느낌을 준다.

바나에 대한 크리슈나의 승리

앙코르 와트의 건축이 끝난 뒤 300년 만에 추가된 이 부조는 마하바라타의 속편인 하리밤사에 나오는 아수라인 바나vana에 비슈누의 화신인 크리슈나의 전쟁을 그린 장면이며, 아수라 왕 바나의 딸 우샤와 크리슈나의 손자 아니루다aniruddha사이의 러브 스토리를 그 배경으로 하고 있다.

바나는 악마의 왕 발리의 아들이며, 시바신의 추종자였다. 우샤의 친구인 치트라레카는 아니루다를 납치하여 두 사람을 만나게 해 준다. 그러나 자신의 딸이 아니루다와 같이 있다는 보고를 받은 바나는 화가 나서 아니루다를 생포하여 성에 가두게 된다.

이 사실을 알게 된 크리슈나는 전쟁을 선포하고 손자를 구출하기 위해 소니타푸라로 간다. 비슈누신도 가루다에 올라 크리슈나의 형 발라라마, 그리고 그의 아들 프라디윰나를 대동하고 전쟁터로 향한다. 소니타푸라에 도착하자 아수라들은 전쟁에 대비하여 불이 타오르는

가루다에 올라탄 크리슈나.

성벽을 만들어 놓아 접근하지 못하도록 하였다.

이 때 가루다가 비를 내리게 하여 강물이 불어난 강가의 물을 떠와서 다섯 개의 불기둥을 파괴하고, 크리슈나군은 도시로 진격하여 바나의 군대를 전멸시킨다. 그러나 비슈누신은 뜻하지 않게 바나를 지원하고 있는 시바신으로부터 강력한 저항에 직면한다. 위대한 두 신 사이의 전투는 크리슈나가 마법을 사용하여 시바신을 잠들게 할 때까지 격렬하게 전개되었다.

바나는 천 개나 되는 팔을 맹렬하게 휘두르며 공격했으나 크리슈나는 바나의 팔을 모두 자르고 두 개만 남겨 두었다. 크리슈나는 다시 여덟 개의 팔을 가지고 가루다에 탄 모습으로 나타나 바나를 향해 전진한다.

크리슈나가 최후의 일격을 가하기 직전, 바나에게 죽지 않는 은혜를 주었던 시바신이 나서서 자비를 베풀어 주기를 간청한다. 이윽고 크리슈나는 신과 자신이 동일체라는 것을 알게 되면서 다음과 같이 외친다.

시바신이 크리슈나에게 말했다.
"세계의 군주 크리슈나여. 나는 당신이 위대한 신

크리슈나 맞은 편의 바나.

시바신.

시바신에 존경을 표하는 크리슈나.

임을 알고 있다. 당신을 이길 사람은 이 우주에 아무도 없다. 승리를 믿어 의심치 않는다. 나는 바나에게 은혜를 베풀어 어떤 상처도 입지 않을 것임을 약속했다. 이 약속은 헛된 것이 아니다."

크리슈나가 대답했다.

"당신이 그의 삶을 지켜주기로 한 이상, 살려 두겠습니다. 나와 당신 사이에는 어떤 차이도 없습니다."

불을 끄고 있는 가루다.

전투는 아니루다와 우샤가 재회하면서 끝난다. 이상과 같이 이 스토리는 비슈누신이 타는 새 가루다가 불꽃이 스러지는 처음 장면에 등장하고 불의 신 아그니는 코뿔소의 등에 올라 있다. 그리고 아수라인 바나가 크리슈나, 프라디윰나, 발라라마의 맹렬한 공격을 방어하는데 급급한 장면, 그리고 부조의 오른쪽 끝에 시바신이 중국의 은둔자 모습을 하고 산 정상에서 크리슈나로부터 충성을 받는 모습, 바나의 생명을 위해 호소하는 장면이 그려 있다.

21명의 신과 21명의 아수라

약 100m(정확히는 93.3m)에 걸친 이 부조는 악으로 상징되는 혼돈, 부조화, 고통, 파괴, 부도덕 등에 맞서서 질서와 조화의 회복 등 선이 승리한다는 고전적 스토리를 반영한 것이다. 21명의 위대한 신들이 혼란스런 전투가 벌어지는 동쪽에 서 있고, 아수라들은 서쪽에 위치해 있다.

21명의 신들은 자신들을 태우는 승물乘物위에 올라서 있는데 비슈누신은 중앙인 열 번째에 서 있고 그와 맞서는 아수라는 바로 칼라네미다. 칼라네미는 '시간의 수레바퀴'라는 이름으로 일곱 개의 머리, 수많은 팔에 곤봉과 칼을 가지고 있다.

회랑 부조에는 두 필의 말을 붙잡고 중심을 잡고 있는 가루다 위에 올라서 전쟁을 진두지휘하고 있는 비슈누신을 비롯하여, 나가가 이끄는 안장 위에 있는 물의 신 바루나, 네필의 말이 끄는 전차 위에 있는 태양신 수리야, 함사 위에 있는 브라흐마신, 황소 위에 있는 시바신, 물소 위에 있는 사법신 야마, 코끼리 아리라바타 위에 있는 인드라신, 공작 위에 있는 전쟁의 신 스칸다, 코뿔소 위에 있는 불의 신 아그니, 약사의 어깨를 짓밟고 올라서 있는 재물의 신 쿠베라의 모습이 보인다. 신들의 전투장면은 어떤 의도로 부조되어 있는 것인가?

첫째, 이 부조는 정반대편의 왕의 역사적인 행진과 논리적인 연관성을 살펴보아야 한다. 수리야바르만 2세는 왕위에 오른 지 6년 만인 1119년에 대관식을 갖고 1123~24년부터 주변국의 정복을 시작하였다. 21명의 신은 왕이 대신들을 이끌고 승리했다는 것을 보여주는 것으로 해석된다. 우선 21명의 신과 수리야바르만왕의 대신들을 비교해 보자.

둘째, 21명의 신 가운데서 방향을 나타내는 신은 여섯 명이며, 이들은 오른쪽(서쪽)에서부터 왼쪽(동쪽)으로 바루나신(수성)-수리야신(태양)-인드라신(목성)-스칸다신(화성)-아그니신(토성)-쿠베라신(금성)과 같은 순서로 배치되어 있다. 물론 이러한 배치가 신들의 비중이나 지위를 나타내는 것인지는 확실치 않다.

〈21명의 신들(동쪽→서쪽)〉 〈왕의 대신들(서쪽→동쪽)〉
1. 여러 명의 전사　　　　　1. 슈리 자엔드라바르만
2. 태양신 수리야　　　　　2. 슈리 비렌드라디파티바르만
3. 여러 명의 전사　　　　　3. 슈리 비라유다바르만
4. 브라흐마신　　　　　　4. 슈리 자유다바르만
5. 여러 명의 전사　　　　　5. 슈리 마히파틴드라바르만
6. 시바신　　　　　　　　6. 슈리 라나비라바르만
7. 여러 명의 전사　　　　　7. 슈리 라자싱하바르만
8. 사법신 야마　　　　　　8. 슈리 비렌드라디파티바르만
9. 신들의 전차　　　　　　9. 슈리 나라파틴드라바르만
10. 비슈누신　　　　　　　10. 슈리 슈라디파티바르만
11. 여러 명의 전사　　　　　11. 다난자야
(12. 여러 명의 전사)　　　　12. 인드라신과 같은 위치에 있는 왕
13. 인드라신　　　　　　　(13. 수리야바르만왕의 호위병)
14. 여러 명의 전사　　　　　14. 아낙 산작 트라일로키야푸라
15. 여러 명의 전사　　　　　15. 슈리 바르다나
16. 전쟁의 신 스칸다　　　　16. 슈리 라젠드라바르만
17. 불의 신 아그니　　　　　17. 왕의 사제, 라자호타르
18. 재물의 신 쿠베라　　　　(18. 성스러운 불)
(19. 신들의 전차)　　　　　19. 슈리 프리티비나렌드라
20. 신들의 전차　　　　　　20. 마하세나파티 슈리 비렌드라바르만
21. 신들의 전차　　　　　　21. 슈리 싱하바르만
22. 신들의 전차　　　　　　22. 슈리 자야싱하바르만
23. 신들의 전차　　　　　　23. 시암 쿡의 지도자

　학자들에 따르면 신들이 위치한 별자리인 수성, 태양, 목성, 화성, 토성, 금성의 순서로 별자리가 나타나는 시간을 측정한 결과 1121년 12월 23~28일과 1122년 2월 7일 사이에 있었다는 것이다. 1122년은 수리야바르만왕이 대관식을 가진 이후에 정복을 본격화한 시점을 상징한다. 1122년 대월국의 자료에 의하면 참파국과 앙코르왕조의 반대 세력이 망명했다는 기록으로 보아 수리야바르만이 국내적으로는 정치적 입지를 강화하고 대외적으로 정복전쟁을 시작한 시점이 된다. 이 전쟁은 왕위에 오른 후 처음으로 치러지는 전쟁이다. 그리고 정복

전쟁을 상징하는 것이 제3회랑 정반대 편에 있는 랑카의 전투다. 랑카의 전투는 대월국과 전쟁을 치룬 1131~32년의 전쟁을 상징한다.

여기서 잠시 참파국과 앙코르왕조, 대월국간의 관계를 살펴볼 필요가 있다. 지금의 베트남은 당나라가 멸망한 907년 중국으로부터 독립하여 현재의 사이공까지 남쪽을 향해 대장정의 길을 걸어서 성립한 국가다. 당시 대월국Dai-Viet은 남진에 남진을 거듭하여 1009년 레李왕조를 세우고 1069년에는 점성占城이라 불린 참파국의 수도인 비자야를

비슈누신(위)과 칼라레미(아래)의 싸움.

함락시키고 왕을 사로잡는다.

대월국은 참파의 왕을 살려주는 대신, 북부지역의 영토를 할양받아 현재의 베트남 북부를 차지한다. 이 때문에 참파국은 앙코르 지역으

수리야신   브라흐마신

시바신   야마신

인드라신   스칸다신

로 뻗어나갈 수밖에 없게 되고 결국 메콩 델타를 차지하기 위해 앙코르왕조와 각축을 벌이게 된다.

앙코르왕조는 결국 수리야바르만 2세 때인 1128년 대월국을 공격하였고 두 번째인 1132년에는 참파와 연합군을 편성하여 공격하였으나 참파군의 배반으로 성공을 거두지 못한 것으로 기록되어 있다.

그는 참파군의 배반을 구실로 1144~45년 참파의 수도인 비자야를 공격하여 왕인 자야인드라바르만 3세를 포로로 잡고 자신의 사촌을 왕위에 앉혀 1149년까지 위성국가로 만들었다. 그러나 1177년에는 참파국으로부터 역공을 받아 앙코르 도성이 함락된다. 그리고 다시 1190년부터는 자야바르만 7세가 참파국을 공격하여 30년간 크메르왕국에 병합시켰다.

반면, 베트남족인 대월국은 1229년에 리李왕조를 대신하여 진陳왕조가 들어서고 1446년, 1471년 참파를 공격하여 영토의 대부분을 차지한다. 참파국은 그 이후 남부 연안으로 후퇴하여 국가의 형태를 갖추지 못하고 크메르, 말레이반도, 베트남에 흩어져 현재는 10만 명에 불과한 소수민족으로 전락하고 말았다.

비슈누신

21명의 신과 아수라의 전투장면이 끝나는 동쪽 회랑과 랑카의 전투장면이 시작되는 북쪽 회랑 사이의 직각 모서리 벽면에 라마야나를

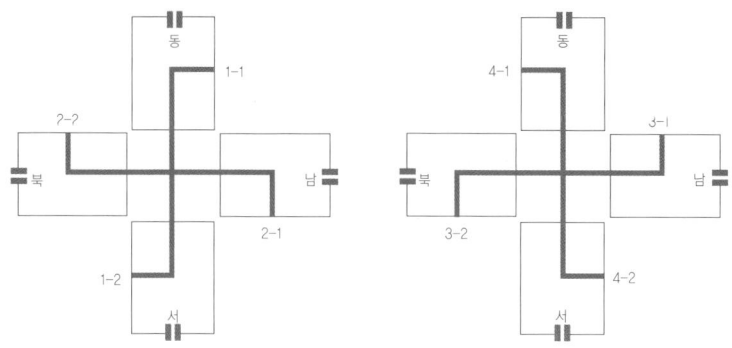

상징하는 많은 장면이 부조되어 있다.

라마야나 스토리가 중심이 된 이 벽면의 주요 부조는 다음과 같은 주제들이 대비를 이루고 있다.

1-1. 악마가 빼앗아간 메루산을 되찾은 영광의 크리슈나
1-2. 푸슈파카 전차로 개선하는 라마왕자
2-1. 산 정상에서 비슈누신에 대한 예배
2-2. 왕궁에서 크리슈나에 대한 예배
3-1. 시타의 스와얌바라 대회에서 라마왕자의 활 쏘기
3-2. 불에 뛰어든 시타의 시련
4-1. 비슈누신에게 라마왕자로 환생할 것을 간청하는 신들
4-2. 라바나에게 감금된 시타에게 라마의 소식을 전하는 하누만

① **영광의 크리슈나 그리고 푸슈파카 전차로 개선하는 라마왕자**

마하파르바타산을 되찾아온 크리슈나.
〈1-1 부조〉

메루산의 봉우리 마하파르바타를 되찾아온 크리슈나. 가루다에 올라 네팔로 곤봉, 연꽃, 소라고동, 원반을 들고 있다.
〈1-1 부조〉

가루다에 올라탄 크리슈나가 악마들이 탈취해간 우주의 중심 메루산을 되찾아 가는 장면이다. 인드라신은 악마들이 신들의 배우자와 왕을

날으는 전차 푸슈파카로 개선하는 라마왕자.〈1-2 부조〉

크리슈나에 대한 예배.〈2-2 부조〉

납치하고 코끼리 아이라바타를 공격하자 악마들을 정복하기 위해 도움을 요청하기에 이른다. 인드라신이 패배한 악마들의 잔당을 이끌고 가고 있는 장면도 눈에 띈다.

한편, 라마왕자는 랑카의 전투에서 악마의 왕 라바나를 죽이고 그의 동생 비비샤나를 새로운 왕으로 앉힌 다음, 푸슈파카 전차를 타고 시

락슈미 여신과 비슈누신(상단), 케투신을 비롯하여 여덟 명의 신이 도열해 있는 장면(중단), 왼쪽 하단에는 태양신 수리야.〈4-1 부조〉

타왕비, 하누만을 비롯한 원숭이 군단, 곰의 왕 잠바만을 비롯한 곰의 군단과 더불어 아요드야로 개선한다.

푸슈파카는 힌두교신화에서 유명한 장인, 예술가, 건축가의 신인 비슈와카르만이 만든 것으로 창조자 브라흐마신이 자신의 딸과 결혼한 비슈라바에게 주었던 것이다. 비슈라바는 다시 악마족의 카이카시와 결혼하여 아이를 낳는데 그가 악마의 왕 라바나다.

신의 전차 푸슈파카는 자연스럽게 라바나의 소유가 되어 신과 지상을 정복하는 침략의 수단으로 이용되었다. 그러나 랑카의 전투에서 라바나를 죽이고 승리한 라마왕자가 푸슈파카를 인수하여 곰과 원숭이 군단 2,300만 명을 태우고 코살라왕국으로 귀환한다. 라마왕자의 귀환 뒤에는 그동안 미루어 왔던 대관식이 이루어지는데, 이 장면은 영광의 승리 혹은 대관식을 시사하는 것으로 보인다.

② 비슈누신에 대한 예배 그리고 크리슈나에 대한 예배

비슈누신의 오른쪽에 왕으로 보이는 인물이 예배를 드리고 수많은 여인과 무희들이 비슈누신에게 꽃을 헌사하기 위하여 산 정상에 오르고 있다. 이 장면은 비슈누신이 라마왕자로 환생할 것을 결정한 후에 여러 신들이 기뻐하며 이를 축하하기 위하여 공물을 바치는 것으로 보인다.

한편, 맞은편 부조는 크리슈나가 왕궁에 앉아서 사람들로부터 예배와 충성을 다짐받는 장면이다. 이 스토리는 구체적으로 확인되지 않으나 크메르의 지역신앙과 관련이 있다는 지적이 있다.

③ 라마왕자의 활쏘기와 불에 뛰어든 시타의 시련

라마왕자의 활쏘기는 비데하왕국의 자나카왕이 딸 시타공주의 남편감을 뽑는 스와얌바라 대회에서 승리하는 장면이다. 라마왕자는 시바신이 자나카 왕에게 주었다는 화살을 들어올려 표적을 맞춘다.

시타공주도 창가에서 라마의 활 쏘는 모습을 보자 첫 눈에 사랑에 빠지고 자나카왕과 다사라타왕이 참석한 가운데 결혼식을 올리게 된다. 한편, 활쏘기 대회의 대응 장면은 시타왕비가 불속에 뛰어들어 자신의 정절을 증명하는 부조다. 랑카의 전투에서 라마왕자는 원숭이 군단의 도움을 받아 라바나를 죽이고 시타를 구출하지만 여론은 외간 남자와 오랫동안 함께 있었던 시타의 정절을 의심하고 있었다. 비난여론을 의식한 시타왕비는 불에 뛰어들어 자신의 정절을 증명해 보인다. 이 때 불의 신 아그니가 그녀를 구출하여 라마왕자와 해피엔딩을 이루게 한다.

④ 비슈누신에게 라마왕자로 환생할 것을 간청하는 신과 하누만

동서쪽 벽면의 주제인 비슈누신은 창조의 상징이다. 〈4-1〉 부조는 편안한 자태로 우유바다 위에 떠 있는 뱀 아난타 위에 누워서 잠들어 있으며, 락슈미 여신이 비슈누신의 발을 무릎에 올려놓고 손으로 부드럽게 비벼서 깨우려 하고 있는 장면이다.

그리고 그 아래로 케투신, 아그니신, 야마신, 인드라신, 쿠베라신, 스칸다신, 바루나신, 니리티신이 비슈누신 앞에 도열해 있다. 아마도 아수라가 신들의 질서를 어지럽히고 인간세상의 도덕률이 타락하자 인간의 손에 의해서만 죽을 운명을 가진 악마의 왕 라바나를 제거하

기 위하여 많은 신들이 비슈누신에게 라마왕자로 환생할 것을 간청하는 장면이다. 비슈누신이 인간으로 현현하는 것은 곧 다음 부조인 '랑카의 전투'를 암시하는 서곡이다.

이 부조에서는 오른쪽의 여덟 명의 신이 비슈누신을 알현하기 위해 가는 장면이 이채롭다. 오른쪽부터 신들을 인도하고 있는 케투신을 비롯하여 마지막에 약사의 어깨 위에 올라 탄 니리티신이 도열해 있다.

비슈누신을 향해 여러 신들을 인도하고 있는 케투신은 라후Rahu와 더불어 태양과 달을 먹어치워 일식과 월식을 일으킨다고 여겨온 신이며, 신들을 인도할 뿐 특정 방위를 나타내지는 않는다.

따라서 별 자리를 나타내는 첫 번째 신은 토성인 아그니신이다. 아그니신은 맨 오른쪽에 위치하며 일몰 후에 별들을 인도한다. 가운데 위치한 인드라신은 희랍신화의 제우스신과 같은 존재다. 재물의 신 쿠베라는 북쪽을 관장하며 물의 신 바루나는 다리, 강, 은하수, 호수를 주재한다. 니리티신은 남서방의 수호신이다.

1. 사자 위에 올라있는 케투신(혜성)
2. 코뿔소 위에 올라있는 불의 신 아그니(토성)
3. 물소 위에 올라있는 탄 사법신 야마(서쪽)
4. 코끼리 위에 금강저金剛杵를 들고 있는 인드라신(목성)
5. 말 위에 올라있는 재물의 신 쿠베라(금성)
6. 시바신의 아들로 삼지창을 들고 있는 전쟁의 신 스칸다(화성)
7. 거위 위에 올라 올가미를 들고 있는 물의 신 바루나(수성)
8. 약사의 어깨에 올라있는 니리티(남서쪽)

이처럼 여러 신들이 일정한 순서로 배열된 이유는 무엇인가? 그것은 1131년을 나타내기 위한 것이다. 즉 1131년 7월에 나타난 별자리를 기록함으로써 주변국과 정복전쟁을 시작한 역사적 사실을 알리려 했다는 것이다. 시간을 되돌려서 1131년 7월의 앙코르 와트로 가 보자.

1131년 7월 27일 오후 6시 22분의 앙코르 와트. 토성과 목성이 저녁하늘에 나타난다. 토성은 서쪽 지평선 62°의 위치에, 목성은 동쪽지평선 7°에 위치한다. 오후 11시 42분 토성이 서쪽 하늘로 지면 목성이 다음 날 5시 7분에 뜨고 목성 앞에 금성, 화성, 수성의 순서로 떠오른다. 그러므로 토성과 목성이 지고 금성, 화성, 수성이 아침 시각에 등장한다. 수성이 떠오른 지 1시간 22분 뒤에 태양이 떠오른다. 여기서 니리티신과 야마신은 단지 토성의 방향을 알리는 논리적 배열에 지나지 않는다. _ 엘리노 마니카, 『앙코르 와트』.

한편 〈4-2〉의 부조는 하누만이 시타왕비에게 라마의 소식을 전하는 내용이다. 라바나에 납치된 시타왕비는 라바나의 사랑고백을 거들떠보지도 않은 채 성에 감금되어 있었다. 하누만이 시타왕비를 발견하고 라마의 소식을 전하는 내용을 『라마야나』에서 인용한다.

하누만은 생각에 잠겼다. "악마들은 여러 모습으로 변장할 수 있다. 시타왕비는 생전 처음 보는 나를 어떻게 믿을 것인가? 내가 만약 산스크리트어로 말한다면 악마의 왕인 라바나로 오해할 것이다. 차라리 그녀에게만 들릴 수 있는 은은한 목소리로 말하는 것이 좋겠다."
하누만은 동물의 언어로 말했다. "라마- 라마-"
시타는 그녀의 머리 위에서 들리는 목소리를 찾기 시작했다. 하누만은 가까이 다가서서 말했다. "라마는 황금의 사슴으로 변장한 마리차를 죽였다. 라마는 수그리바의 친구이며, 키슈킨다 숲의 모든 동물이 당신을 찾고 있다. 나는 대양을 가로질러 당신을 보았다. 나는 당신의 머리 위에 있는 바람의 아들 하누만…."
시타왕비는 붉은 얼굴에 황갈색의 눈, 수북한 하얀 털이 반짝이는 원숭이 한 마리가 자신을 바라보는 것을 발견했다. 그녀는 일어서서 나뭇가지를 붙잡고 말했다. "당신은 누구인가? 내가 환영을 보는 것은 아닌가?"
하누만은 나뭇가지로 내려와 자신을 소개했다. "나는 라마왕자를 돕고 있는 하누만입니다. 그러는 당신은 누구인가요? 시타왕비인가요?"
"나는 시타입니다. 그녀는 소리 없이 울기 시작했다. 나는 당신이 유령이 아니기를 바랍니다."
"아닙니다. 나는 하누만입니다. 잘 들어보십시오. 시타왕비님, 이제 모든 것이 잘 될 것입니다."
"라마왕자는 어디에 있나요. 원숭이와 인간이 어떻게 형제로서 만날 수 있나요?"
"잘 들어보십시오. 당신이 호수의 언덕 위로 장식품을 떨어뜨린 일을 회상해 보십시오."
"아, 기억납니다."
"라바나에게 납치될 때 그 곳에는 나와 우리의 왕 수그리바가 숨어 있었습니다. 우리는 당신을 보았고, 당신의 몸에서 떨어지는 물건들을 모았습니다. 그리고 라마왕자와 락슈마나가 우리가 사는 숲 속으로 왔습니다. 우리는 그들에게 당신의 보석을 보여주었습니다. 그 뒤로 수그리바와 라마왕자는 친구가 되었고, 라마왕자는 수그리바를 원숭이 왕으로 복위시켰습니다. 그리고 그 보답으로 수그리바는 당신을 구출하기 위해 노력해 왔습니다. 원숭이와 곰의 군단이 곧 랑카로 진격할 것입니다…."
하누만이 너무 진지하게 얘기하자 시타는 마음이 가라앉기 시작했다.
"여기 라마의 반지가 있습니다. 받으십시오."
시타왕비는 황금의 반지에 '라마, 라마, 라마'가 새겨진 글귀를 보았다. 마치 라마왕자가 그녀를 만지는 기분이 들었다.
"모든 사람들이 당신을 찾고 있습니다. 마음을 진정하십시오. 슬픔을 버려야 합니다. 당신은 내가 본 사람 중에 가장 아름다운 여인입니다."
시타왕비는 웃으면서 하누만을 바라보았다.
"이제 원하는 것이 있으면 말씀해 주십시오. 라마왕자에게 당신의 소식을 전하기 위해 떠나야겠습니다."
"충실한 하누만, 일년이 될 무렵이면 라바나는 나를 죽일 것입니다. 라마에게 나를 구출해 달라고 전해주세요. 그는 할 수 있을 것입니다. 안녕히 가세요."
"안녕히 계십시오. 그리 멀지 않은 시간에 되돌아올 것입니다."
하누만은 달과 같이 맑은 시타왕비의 얼굴을 되돌아보며 아쇼카 동굴 벽을 넘고 대양을 건너 사라졌다.

한편, 라마왕자의 조연을 담당하는 하누만은 『라마야나』 제5권에 그의 출생과정이 잘 드러나고 있다.

지구표면의 중심인 메루산이 있는데 누구도 그 곳을 알지 못했다. 메루산에 태양이 떠오르면 산 전체가 황금으로 뒤덮이게 되었다. 그러나 황금의 땅에서도 풀과 나무가 자라고 새와 동물도 살게 되었고 물도 흐르고 있었다.

어느 날 브라흐마신이 메루산에 머물면서 황금을 만지자 처음으로 원숭이가 태어났다. 브라흐마신은 이 원숭이 이름을 '릭샤라자riksharaja'로 짓고 메루산에서 살게 했다. 릭샤라자는 하루 종일 뛰어놀고 저녁이 되면 집으로 돌아와 브라흐마신의 발에 꽃다발을 놔두었다.

어느 날 이른 아침 릭샤라자는 호숫가에서 물을 먹기 위해 몸을 굽히는 순간 물에 비친 원숭이 모습을 보게 되었다. 릭샤라자는 적이 침입한 것으로 생각하고 공격하기 위해 물 속으로 뛰어들었다.

그러나 그 곳에는 아무도 없었다. 그가 다시 땅으로 올라오자 그는 이미 성性이 뒤바뀌게 되었다. 아름다운 원숭이 암컷으로 변한 것이다. 락샤라자가 메루산 언덕에 앉아 있던 어느 날 그녀의 모습을 본 인드라신과 태양신 수리야는 그 미모에 반하여 곧 사랑에 빠졌다.

어느 날 아침에는 인드라신이, 그리고 그 다음날에는 수리야가 내려와 그녀와 사랑을 나누었다. 그리고 얼마 후에 원숭이는 두 딸을 낳았다. 원숭이의 두 딸은 몸에 황금의 띠가 두 개 나 있었다. 그런데 어린 원숭이들이 호수에서 물을 끼얹고 놀다가 물 밖으로 나오자 두 마리 모두 수컷으로 성이 뒤바뀌었.

릭샤라자는 원숭이 아들을 데리고 브라흐마신에게 갔다. 그리고 인드라신과의 사이에서 태어난 첫째 아들을 발리로, 수리야와 사이에서 태어난 둘째 아들을 수그리바로 이름지었다.

브라흐마신은 발리에게 키슈킨다왕국과 수많은 원숭이 그리고 무성한 숲을 주고 곰의 친구들도 주었다. 발리가 키슈킨다 숲을 다스리는 왕이 된 것이다. 릭샤라자는 브라흐마신과 천계에서 머물면서 아들이 어떻게 지내는 지를 훤히 알고 있었다. 어느 날 릭샤라자는 바람의 신 '바유'에게 원숭이의 아버지가 되어줄 것을 요청했다. 바유는 키슈킨다 숲으로 가서 원숭이들을 살펴보았다. 그가 본 가장 아름다운 원숭이가 '안자나'였다. 그는 만약 안자나가 인간이라면 누구도 사랑에 빠지지 않을 수 없다고 생각했다. 안자나가 초록의 산꼭대기로 올라가자 바람의 신 바유가 그녀에게 다가갔다. 그리고 그녀의 옷깃을 헤치며 꼭 껴안았다.

그 날로 하누만이 태어났다. 하누만은 흰털에 붉은 얼굴을 하고 황갈색 눈을 가진 조그만 원숭이였다. 그러나 안자나는 하누만을 동굴 속에 홀로 남겨두고 다른 원숭이와 결혼하여 떠났다.

어린 원숭이 하누만은 배가 고파 여기저기를 다녔지만 누구도 그에게 먹을 것을 주지 않았다. 하는 수 없이 하누만은 동굴 속에 벌렁 누워 하늘을 바라보았다. 갑자기 하늘이 점점 더 벌어지더니 동쪽 하늘에서 회색빛이, 그리고 은색빛이, 마지막으로 황금색이 피어나면서 태양이 떠오르기 시작했다.

하누만은 떠오르는 태양이 마치 잘 익은 과일 망고라고 생각했다. 그는 갓 태어났지만 과일 이름정도는 알고 있었다. 그는 빛나는 조그만 이빨을 내보이며 지상에서 뛰어올라 태양 곁으로 날아갔다. 그의 이런 모습을 본 아버지 바유는 북쪽에서 바람을 불어서 눈을 가져와 하누만이 태양에 타지 않도록 몸을 식혀 주었다.

태양에 다가가자 하누만은 웃었다. 태양의 빛은 태양신이 타고 다니는 전차 주

원숭이의 공격을 받고 있는 라바나의 아들.

수그리바의 공격을 받고 있는 악마 군단.

원숭이 군단의 공격.

위에 타오르며 공기를 빨아들이고 있는 중이어서 하누만도 그 공기 속으로 빨려 들어가게 되었다. 그리고 태양의 불꽃 속에서 회전하며 떨고 있었다.

그러자 몸체는 없고 머리만 있는 불사의 아수라인 '라후'가 태양을 삼키기 위해 다가왔다. 이 때 하누만은 태양의 바람통로에서 발버둥치며 탈출하기 위해 안간 힘을 쓰던 중이었다. 그 사이에 하누만은 태양을 먹기 위해 달려든 '라후'의 눈두 덩을 발로 차게 되었다.

갑자기 눈두덩을 얻어맞은 라후는 깜짝 놀라 인드라신에게 달려갔다.

"어떤 악마가 태양을 먹고 있습니다."

"정말이냐?, 확실히 보았느냐?"

"그가 내 눈 언저리를 발로 걷어차기까지 했습니다."

"어허 이거 큰일이로군!" 인드라신이 말했다.

인드라신은 흰 코끼리 '아이라바타'에 올라타고 태양으로 달려갔다. 이 때 하누 만은 망고보다 더 큰 과일을 향해 점프한 다음에 한 입을 덥석 물었다.

인드라신이 비명을 질러댔다. "그만!"

하누만이 다시 눈을 돌려보니 아주 큰 과일 '아이라바타'가 있는 것이었다. 하누 만은 아이라바타와 인드라신을 공격했다. 코끼리 아이라바타가 뒷걸음질치자 인드라신이 번개를 쳐서 그를 공격했다. 번개에 맞은 하누만은 지상으로 떨어지 면서 바위에 턱이 깨지고 동굴에 입을 다쳤다.

바람의 신 바유는 이 광경을 보고 몹시 화가 치밀었다. 그는 아들 하누만을 조그만 동 굴로 옮겨서 눕혀놓았다. 화가 난 바유가 온 세상을 바라보자 모든 바람이 사라졌다. 이에 놀란 브라흐마신이 하누만의 동굴로 가서 부서진 턱을 치료해 주었고 바람 을 타고 다닐 수 있으며 누구에게도 살해되지 않고 스스로 살고 싶을 때까지 살 수 있는 생명력을 주었다.

태양신 수리야도 황금과 보석으로 장식된 귀고리, 팔찌를 하고 동굴로 가서 하누만 을 살펴보았다. 하누만이 깊은 잠에 빠지자 그의 곁에 세 개의 망고를 내려놓았다.

바람의 신 바유도 화가 풀렸다. 그가 동굴에서 나오자 세상은 다시 숨쉬기 시작했 다. 하누만은 다음 날 깨어나 아침을 먹고 동굴로 나와 아버지 바유를 만났다. 바 유는 하누만을 데리고 시바신을 찾아갔다. 시바신은 하누만에게 변신술을 가르치 고 성우聖牛 '난딘'은 언어를 가르쳤다. 그는 시를 배우고 시인과 같은 예능을 얻게 되었다. 그리고 하누만 지금까지 알지 못했던 아주 조그만 귀고리를 하게 되었다.
하누만은 성장하면서 키슈킨다의 숲에서 수그리바와 함께 살게 되었다. 그러던 어느 날 원숭이 왕국에 들소종족인 '둔두비'가 쳐들어 왔다. 원숭이 왕 발리는 둔두비의 뿔을 잡고 목을 베었으나 그의 아들 '마야비'의 도전을 받고 복수혈전을 치르게 되었다. 발리와 수그리바는 마야비를 쫓아서 동굴까지 추격했다.
이 때 발리는 수그리바에게 "누구의 도움 없이 들소종족을 물리칠 수 있다"며 동굴 밖에서 기다리게 하고 동굴 안으로 추격해 들어갔다. 그러나 수그리바가 밖에서 1년을 기다려도 원숭이 왕 발리는 나오지 않았다. 수그리바는 동굴 안으로 들어가 왕을 찾았으나 보이지 않고 지하세계로부터 마야비 종족이 다가오는 소리를 듣게 되었다. 그는 동굴 밖으로 뛰쳐나온 다음 커다란 돌로 동굴을 봉쇄했다. 그리고 나서 수그리바는 숲으로 돌아와 원숭이의 왕이 되었다.
그러나 원숭이 왕 발리는 죽은 것이 아니었다. 그는 동굴에서 1년 동안 마야비를 찾아 헤매고 있었다. 그는 이들과 전투를 벌여 모두 죽여 버리고 지상으로 나가는 동굴입구에 도달했다. 그러나 문은 이미 폐쇄된 상태였다. 수그리바가 막아 놓은 문을 부순 발리는 유령과 같은 모습으로 원숭이 왕국에 귀환했다.
발리는 동생 수그리바를 반역죄로 추방시키고 그의 부인 '루마'는 감금시켰다. 수그리바의 망명길에는 오직 하누만이 동행하게 되었다.

랑카의 전투와 숫자 19, 20, 21

제3회랑을 시계반대방향으로 돌아서 마지막으로 나타나는 부조가 랑카의 전투다. 51.25m에 달하는 이 부조는 『라마야나』의 클라이맥스에 해당하는 부분을 발췌하여 표현한 것이며, 부조의 중심은 라마 왕자다. 그는 추방당한 원숭이 왕 수그리바의 보호를 받고, 그 뒤에 락슈마나가 뒤따르고 있다. 라마는 머리가 열 개, 20개의 팔을 가진 라바나와 전투를 벌이고 라바나의 동생 비비샤나는 심성이 착하여 라마왕자 측에 가담하였다.
수그리바의 원숭이 군단은 왼쪽(북쪽)에 위치하고 그 반대편인 오른쪽(남쪽)에 락샤사 군대가 위치하여 상대진영으로 물밀듯이 진군해 가는 장면이 나온다. 하누만의 어깨 위에 올라탄 라마왕자, 그 뒤에 위치한 락슈마나와 비비샤나, 맞은편에 열 개의 머리를 가진 악마의 왕 라바나가 중심을 이루고 있으며 둘 사이의 거리는 21큐빗이다.

그리고 그 주위로 전차부대, 수많은 팔과 다리, 동물들이 이를 번뜩이고 있는 장면, 라바나의 부장 프라하스타와 원숭이가 서로 뾰족한 송곳니를 드러내며 물어뜯고 있는 장면, 하누만이 략샤사 니쿰바와 싸우는 장면들이 이중으로 겹쳐지면서 볼륨감 있게 표현되어 있다.

이런 인물 가운데 장군들의 싸움은 크게 부조되어 있다. 이들은 19개의 기둥 사이에 양쪽의 장군들이 19명씩 표현되어 있고 라마왕자와 라바나까지 합하면 21개 기둥 사이에서 각개전투가 벌어지고 있다. 여기서 숫자 19는 수리야바르만왕이 19명의 대신을 거느리면서 행진하는 것을 상징한다. 천국과 지옥의 장면에서도 19명의 신들, 야마신까지 합하여 20명의 신들이 등장한다.

랑카의 전투장면은 51.25m. 폐암으로 환산하면 29.42폐암인데, 이것은 음력달 29.53일을 의미한다. 학자들에 따르면 동짓날이 되면 북쪽의 라마왕자에 태양이 비치며, 라바나는 절반의 빛만 받도록 나타난다는 것이다. 라바나는 북쪽의 신인 아버지 바이슈라바나와 악마인

라마왕자와 라바나 군대의 격전. 원숭이부대의 활약이 돋보인다.

앙코르 와트의 상징해독 299

어머니부터 태어난 반신적半神的 존재였기 때문에 그 속성을 표현한 것으로 보인다.

이 부조에서 신과 악마들은 각각 북쪽과 남쪽으로 나누어 위치가 설정되어 있는데, 우유바다 젓기나 쿠루평야의 전투와 마찬가지로 신과 악마, 선과 악, 주연과 조연이라는 이분법적 개념을 반영한 것이다. 그리고 그 중심에는 비슈누신이 위치해 있다. 물론 랑카의 전투에서 비슈누신은 보이지 않지만 라마왕자가 곧 비슈누신의 화신이다. 따라서 숫자상으로 나타나는 19, 20, 21은 지상에서 최고의 도덕률을 자랑하는 판다바의 지도자, 최고의 신 비슈누, 신과 같은 수리야바르만왕을 동등한 위치에 두려는 의도를 나타낸 것이다.

제3회랑의 부조. 그것은 일종의 회화물이며 연속성을 가지고 있기 때문에 움직이는 영상같다는 느낌을 받는다. 또 웅장한 종교적 메시지도 느낄 수 있다. 크메르 부조는 기본적으로 화면을 근경近景, 중경中景, 원경遠景의 세 부분으로 나누고 근경에 해당하는 부분은 라마야나와 마하바라타에 등장하는 수백 명의 인간과 동물을 움직이는 화면으로 표현하여 마치 생생한 동화상動畵像으로 나타난다. 특히 오후 네 시경이면 석양에 지는 황금빛의 태양을 받은 압사라들이 벽면 부조에서 걸어나와 군무群舞를 시작하는 느낌을 줄 정도다.

3. 만다라산의 시작, 십자회랑과 제2회랑

제3회랑에서 제2회랑으로 들어가기 위해서는 수 십 개의 기둥이 서 있는 다주실多柱室 건물을 통과해야 된다. 이 곳이 십자회랑이다. 제3회랑과 제2회랑 사이에 황금으로 덧칠한 기둥이 십자형十字形으로 배치되어 있어서 십자회랑preau cruciform이라고 부르는 이 곳은 앙코르 와트에서 유일하게 넓은 공간이다.

또 기둥이 서 있지 않은 십자회랑 가운데에는 목욕장으로 생각되는 네 개의 성지聖池가 배치되어 있다. 지붕이 없는 공간을 만들기 위해서, 더 솔직하게 말해서 지붕을 만들 수 없는 기술적 한계 때문에 별도의 건물로서 성스러운 연못으로 만든 것 같다.

여기서부터는 지상계가 끝나고 신의 세계가 시작된다. 역사적인 부조장면을 장식한 지상의 세계는 제3회랑에서 끝나며 십자회랑에서부터 비슈누신의 만다라산으로 올라가는 신의 세계다.

십자회랑부터 신의 세계가 시작된다는 것은 몇 가지 이유로 설명된다.

첫째, 십자회랑의 출입구는 트레타 유가가 끝나는 지점이며, 십자회랑에서 제2회랑으로 출입하는 지점부터 크리타 유가가 시작되는 곳이다. 크리타 유가는 이미 지적한 것처럼 신들에 의해서 새로운 천지가 창조되는 시기다.

둘째, 십자회랑의 중심부에는 시멘트로 뒤덮인 중앙지점이 있다. 이 중앙의 통로를 기점으로 동서남북 네 방향에 각각 32개의 기둥이 있고, 모서리에는 32개의 창문이 있다. 또한 십자회랑의 둘레는 360페암이다. 여기서 12, 32, 360과 같은 숫자를 유추해 낼 수 있다. 숫자 12는 1년을 뜻하는 12개월 52주를 의미하며, 360은 1년 혹은 완전한 원圓을 나타낸다. 둥근 원은 다시 만다라를 상징한다. 숫자 32는

십자회랑. 기둥은 황금으로 덧칠한 모습이 남아 있다.

32명의 신을 나타낸다. 따라서 십자회랑은 신들이 거주하는 우주의 중심 만다라를 표현한 것이며 곧 신의 중심으로 올라가고 있다는 것을 방문자에게 주지하고 있는 것이다.

셋째, 십자회랑에는 동서남북으로 네 개의 연못聖池이 있다. 이 연못은 야외목욕장과 같은 인상을 줄 정도로 천정이 없이 외부로 노출된 공간이다. 이 연못은 만다라를 감싸는 네 개의 대양大¥을 뜻한다. 물론 이 연못은 그 기능과 규모가 중앙첨탑이 있는 제1회랑 안에 있는 십자회랑의 목욕장과 유사하다. 연못은 어떤 의도로 만들어 놓은 것인가? 학자들은 성스러운 연못이 만들어진 역사적 배경을 중시한다.

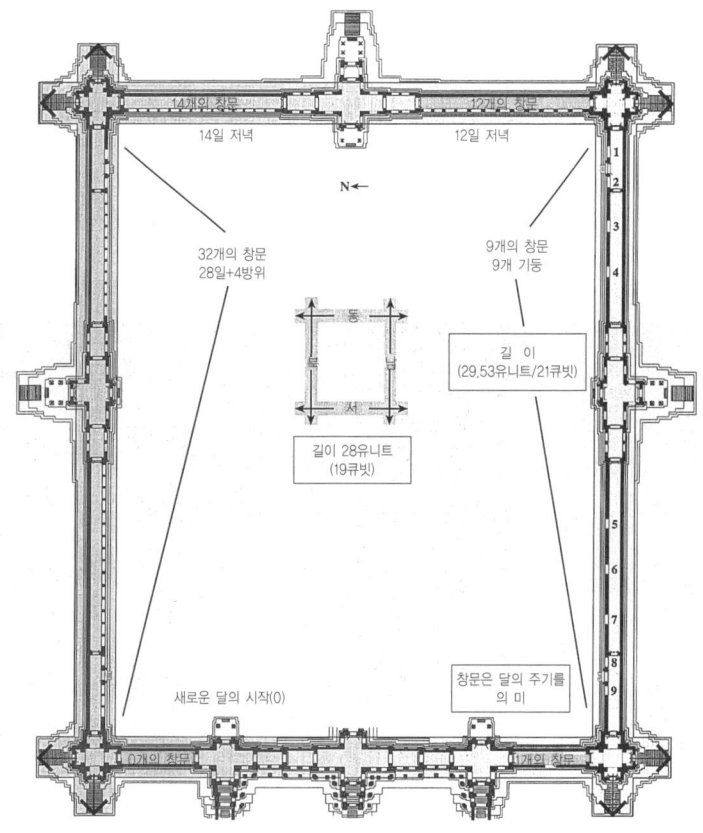

〈제2회랑의 코드, 창문〉

먼저 초기 왕도였던 롤루 유적의 로레이 사당은 저수지인 인드라타타카 가운데에 있다. 연못과 사원은 단순한 종교시설이 아니라 크메르의 농업과 치수 정책의 출발점으로 보고 있다.

이를 위해서 로레이 사당 한 가운데에 시바신의 상징인 링가를 만들고 여기에 성수聖水를 붓게 되면 이 물이 인드라타타카로 유입되고 다시 사방으로 흘러 들어가게 설계해 놓았다.

이처럼 성스러운 연못은 농업사회의 상징이며 농경의 성공이 왕권의 강화로 연결되었다는 것이 학자들의 주장인데, 앙코르 와트의 십자회랑에 연못이 있는 것도 하나의 의식儀式과 관련된다. 즉, 중앙사당에서 거행하는 왕위 대관식을 앞두고 왕족과 바라문 승려들이 몸을 정화하는 의식과 관련이 있다는 것이다.

한편 십자회랑의 북쪽 끝에는 조그만 울림방echo chamber이 있다. 방에 들어서서 주먹으로 가슴을 치면 쿵쿵 울리는 소리를 들을 수 있다. 이와 반대로 남쪽 끝에는 많은 불상이 놓여져 있다. 똬리를 튼 뱀 위에 앉아 있는 불상, 입상 등 당시에는 천 개나 되는 불상이 놓여 있다하여 천체불千体佛, pra pean로 불렀는데, 앙코르 사원이 버려진 후 소승불교도들이 가져온 불상들이 머리나 손, 허리가 잘려 나간 채 남아 있다.

제2회랑

제2회랑은 달이 뜨고 지는 것을 건축으로 표현한 곳이기 때문에 회랑 내부가 어둡다. 우선 서쪽에는 하나의 창문만 있고, 남쪽 75m 길이에는 9개의 창문이 나있다. 반면 동쪽에는 26개(북측 14, 남측 12개), 북쪽은 32개의 창문이 나있다. 왜 이렇게 창문의 수가 일치하지 않도록 배열했을까?

앙코르 와트 사원은 서쪽을 출입구로 하듯이 달이 새롭게 뜨면 칠흑같이 어둡다가 9일, 12일을 지나서 14일째가 되면 보름이다. 회랑의 서쪽에 창문 1개만을 배열한 것은 바로 칠흑 같은 어두움을, 남쪽의 9개 창문과 동쪽을 반분半分하여 12개와 14개의 창문을 둔 것은 달이 서서히 차올라서 보름달이 되는 것을 창문의 수로 표현하려 한 것이다. 서-동 축軸은 달의 주기를 나타낸다. 서쪽은 음력 달의 시작점이며,

동쪽의 보름달과 대비된다. 반면, 북쪽에 32개의 창문은 둔 것은 28개의 별자리와 동서남북 네 방위를 가리키는 별자리를 의미한다. 이것은 또한 브라흐마신을 포함한 33신을 나타낸 것이기도 하다. 이처럼 서-동, 북-남 축輔이 교차하는 지점에 비슈누신과 브라흐마신이 위치한다. 이 회랑에는 1,500여 명이 넘는 압사라, 여신들이 조각되어 있어 또 다른 볼거리를 제공한다.

4. 우주의 중심, 제1회랑과 중앙신전

중앙신전이 있는 제1회랑은 어두컴컴한 제2회랑과는 대조적으로 장엄한 곳이다. 제1회랑으로 올라가는 것 또한 쉽지 않다. 70도로 경사진 중앙신전은 당시에 왕과 최고의 사제들만이 출입하도록 제한했을 만큼 성스러운 곳이다. 따라서 중앙탑을 오르는 데는 계단을 손으로 잡고 한 발자국씩 움직여야 하며 밑을 내려다보아서는 안 된다. 고소공포감을 주기에 충분하다. 또 앞으로 전진하는 것도 수월치 않다. 그만큼 가파른 계단으로 이루어져서 인간의 접근을 쉽게 허용치 않는 곳이다.

서산에 지는 태양이 마지막 휘황찬란한 빛을 발하는 오후 4시경 28개나 되는 석조계단을 통하여 중앙신전의 꼭대기에 오르면 그야말로 장관을 이룬다. 태양을 받아 사원 전체가 황금빛으로 물든 가운데 서쪽을 향해 제2회랑, 십자회랑, 참배길, 제3회랑, 주벽, 다리가 차례로 일직선으로 뻗어있고, 좌우로 도서관과 성스런 연못, 좌우대칭의 사원 건축물 전체가 선명하게 자태를 드러낸다.

제1회랑은 우주의 중심 메루산, 혹은 우유바다 젓기의 중심축을 상징하며, 비슈누신이 거주하는 장소다. 이와 같은 상징은 12, 28, 108(54/54), 365 등과 같은 숫자를 통해서 풀이할 수 있다.

첫째, 중앙신전으로 올라가는 계단. 중앙신전으로 올라가는 계단은 한 방향에 세 개씩 동서남북으로 모두 12곳의 석조계단을 두었다. 그리고 계단은 평균 28개다. 서쪽 계단은 30개, 동쪽 계단은 29개, 북쪽

북쪽에서 바라본 앙코르 와트. 중심에 높게 솟은 탑이 제1회랑의 중앙신전. 제1회랑 밖으로 제2회랑과 십자회랑이 있다.

의 맨 좌측 계단은 27개이지만 평균 28개로 쌓아졌다. 계단의 경사도도 대략 70도에 이른다.

서쪽의 중앙계단만 50도로 완만할 뿐 나머지는 70도의 급경사를 이루도록 설계하여 신의 세계로 진입하는 인간들에게 몸을 완전히 굽혀서 오를 것을 요구한다. 세계의 중심에 앉아서 신왕의 위엄을 내보이며 인간에게 의도적인 겸손을 유도하는 장면을 상상해 보는 것도 괜찮다. 또한 중앙회랑을 동서남북으로 4등분할 때, 각각 12개의 기둥, 12개의 창문이 나 있다. 여기서 12와 28이란 숫자는 1년을 상징하며, 태음력으로 28일을 가리킨다. 따라서 계단은 달의 영역 그리고 브라흐마신의 영역을 상징한다.

둘째, 계단이 시작되는 기단을 기점으로 평면 축의 길이는 서-동축 83.17m, 북-남축 77.19m 등 모두 160.36m다. 이 길이를 전통적인 건축단위로 환산하면 368.26큐빗이 된다. 여기서 서쪽 기단의 계단 하나를 제외하면 366큐빗이 된다. 366큐빗을 4등분하면 91.29 큐빗이 되는데, 이 길이는 바로 정 중앙에 위치한 중앙탑의 평면거리가 된

앙코르 와트의 상징해독 305

다. 여기서 366이란 숫자는 일년 365일을 상징하며, 이것은 태양과 비슈누신의 영역을 나타낸다.

제1회랑의 중앙신전은 네 개의 탑이 있는 지점을 기준으로 하면 평면 축의 길이가 48m로 십자회랑보다 약간 크다. 원래 평면 축의 길이는 제3회랑의 우유바다 젓기의 49m와 일치시키려 의도했던 것으로 보인다. 중앙신전은 십자회랑과 마찬가지로 동서남북 네 곳에 목욕장과 같은 연못을 배치하여 야외 공간을 만들었다.

셋째, 중앙신전에 있는 네 개의 탑과 중앙에 있는 중앙탑은 어느 영역에도 속하지 않는 숫자 108과 관련이 있다. 네 개의 탑은 크기가 약간씩 차이는 있지만 지상 46m에 이른다. 북동쪽 첨탑 46.96m, 북서쪽 47.05m, 남동쪽 46.85m, 남서쪽 46.81m 등 모두 187.67m다. 네 개 탑을 합한 높이를 건축단위로 환산하면 107.75페암인데 이것은 숫자 108을 상징하려 하였다.

중앙첨탑 또한 높이는 약 60m다. 이 곳이 신들이 거주하는 우주의 중심 메루산이며, 비슈누신이 강림하여 왕과 신이 일체화하는 장소인데, 프랑스 학자 나필리앙의 조사에 의하면 정확한 높이는 58.08m

서쪽 정면에서 본 제1회랑 입구.

다. 이 높이는 중앙첨탑 꼭대기에 있었던 관석冠石의 일부분이 떨어져 나간 3큐빗을 제외한 것이다. 58m를 건축단위로 환산하면 133큐빗이 되는데, 중앙에 비슈누신의 영역 25큐빗을 제외하면 신들의 영역인 54큐빗과 아수라의 영역인 54큐빗으로 나눠진다. 따라서 중앙탑의 높이는 신성한 숫자 108을 의미하고 중앙에 위치한 비슈누신의 위에는 54명의 신, 아래에는 54명의 아수라를 상징한다.

중앙신전은 새로운 왕이 등극할 때마다 엄숙한 의식을 거행하여 국민들에게 신왕사상을 주입했던 곳이기도 하다. 그리고 이곳으로부터 만다라 세계를 이루어 나가려 하였다. 만다라는 중앙에서 시작하여 바깥으로 세계를 구성해 간다. 최고의 신이 사방과 주변의 신을 창조하여 만다라를 채워간다. 앙코르와트는 바로 우주의 중심 메루산을 중심으로 우주적인 만다라를 이루고 바깥을 향해 시간과 공간을 채워가는 형식의 비슈누 사원이다. 앙코르 와트의 중앙첨탑은 바로 제1회랑 안에 있는 십자회랑의 교차점에 비슈누신이 위치한다.

필자는 이런 이유 때문에 제일 바깥 회랑을 제3회랑, 그 다음을 제2회랑, 그리고 우주의 중심 메루산을 상징하는 중앙탑이 있는 곳을 제1회랑으로 명명하였다.

중심탑에서 십자회랑으로, 19명의 대신들이 역사적 행진을 구성하고 있는 제3회랑으로, 그리고 다시 환호를 벗어나 주변제국의 세계로 뻗어가는 것이 곧 정치적 만다라다. 따라서 사원에서 수리야바르만왕의 역할은 곧 비슈누신의 역할과 동일하다. 지상계에서의 왕은 비슈누신의 화신으로 중앙탑에서도 위치한다. 그래서 왕은 곧 비슈누신의 존재다. 신과 아수라의 전투, 랑카의 전투에서도 비슈누신은 그 중심에 위치하여 도덕의 균형을 바로잡는 조정자로서 나타난다.

이처럼 앙코르 와트의 중앙탑은 비슈누신의 영역이다. 탑 위에는 54명의 신이, 그 아래는 54명의 아수라가 위치하며 그 중심에 비슈누신과 그 동격인 왕이 있다. 중앙탑의 아래위가 각각 54큐빗으로 동일한 것은 지하에도 그같은 구조가 있다고 생각한 때문이다.

3장 신화를 재현한 건축과 조각

고전기 국가로서 보기 드문 경제적 번영을 구가했던 앙코르왕조는 물질적 풍요로움을 바탕으로 신격화된 왕들에 의해서 수많은 종교건축물이 세워지고, 12~13세기에는 앙코르 와트와 바욘 사원을 통해서 민족의 에너지를 꽃피웠다.

앙코르 왕도에 남아 있는 유적은 물론 석조건축이며, 힌두교와 대승불교 신앙을 반영한 종교건축물이 대부분이다. 앙코르 이전기의 건축이 왕족을 위한 건축에 국한된 반면, 앙코르왕조의 건축은 힌두 사상과 토착신앙을 접목하여 대중적으로 어필하는 건축을 만들었다.

9세기 이후 종교의 대중화를 위한 시대적 요구가 반영되면서 대규모의 왕도를 건설하기 시작하였고 건축물도 대중을 동원하고 시사성을 주기 위한 것으로 바뀌었다. 달리 표현하자면 힌두교적 우주관과 토착적 민중신앙을 수용하여 지배사상을 확립하면서 국가적 상징을 건축과 연결시키기 시작하였다.

앙코르의 지배자들은 왕의 자리에 오르면서 경쟁적으로 사원을 지었기 때문에 시엠렙 전체가 사원으로 뒤덮일 정도로 유적이 많은 곳이다. 앙코르 지역을 여행하다보면 낮은 구릉 위나 평지에 피라미드 형태로 수많은 사원이 세워져 있고, 열대

붉은색이 감도는 반테이 스레이의 여신상. 유연하고 우아한 곡선미를 강조하였고, 배꼽을 두르는 벨트에 액세서리가 부착되었으며, 스커트의 화려한 장식이 특징이다.

림에 훼손된 유적이 여기저기 흩어져 있는 것을 흔히 발견할 수 있다.
 시엠렙의 열대림과 공생하는 수백 개가 넘는 왕도의 사원을 그냥 바라보는 것도 경이로운 일이기는 하지만, 타프롬이나 프레아 칸과 같은 사원처럼 수 킬로미터를 차지하는 넓은 사원에 들어서면 마치 밀림에서 길을 잃어버린 느낌을 지울 수 없다.
 이 때문에 거대한 사원 속에 미로로 설계된 회랑을 따라가면서 자신의 존재를 압도당할 만큼 웅장했던 사원양식을 더듬어보고 싶은 욕심도 생긴다. 이를 시대별로 이해하는 것도 흥미로운 일이다.

1. 메루산의 상징, 사원

 크메르 건축은 앙코르 와트에서 민족적 정수를 쏟아낼 때까지 목조에서 석조기술로 이동하면서 어떤 것은 습작(習作)이 되어버린 것도 있지만 많은 시행착오 끝에 카오스 속에서 독창적인 '돌의 예술'로 체계화되었다. 어느 사회에서건 한 시대의 문화적 에너지가 갑자기 분출하는 일은 드물다. 앙코르왕조에서 9세기 이후 문화적 특질이 분출된 것은 이전기인 진랍의 경제적 토양과 문화적 토양이 있었기에 가능했던 것이기도 하다.
 한 민족이 주변국가와 뚜렷한 획을 긋는 독자적인 문화적 특질, 민족적 감수성을 예술로 승화시키는데 있어서 선행하는 문화가 완전히 괴멸되

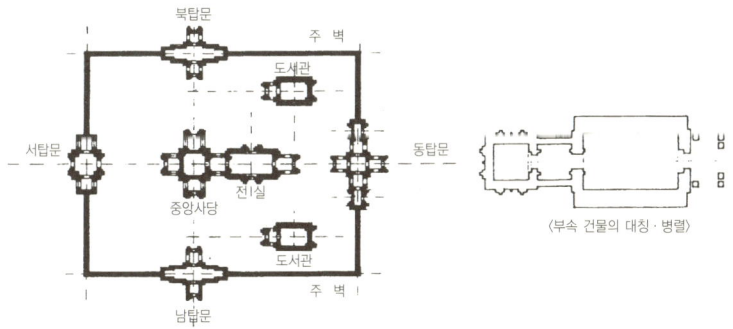

〈일탑형 사원의 기본 배치도〉

지 않는 한, 이전의 문화적 토대 위에서 성장하는 것이 일반적인 발전형태다. 크메르 민족의 예술성이 표출되기 시작한 것은 진랍시대부터다.

진랍시대부터 앙코르 초기의 사원은 하나의 사원에 중심 사당이 하나에서 출발하였다. 그러나 신과 조상에 대한 의례절차가 형식을 갖추고 복잡해지면서 하나의 사당을 가진 일탑형─塔形 사원에서 세 개 혹은 다섯 개의 사당을 세우는 등 사원의 규모도 커지고 회랑과 주벽, 부사당을 갖춘 복합적인 사원으로 발전하였다.

하나의 사원에서 하나의 사당을 갖는 형태가 일탑형 사원이다. 박세이 참크롱, 피메아나카스 사원이 이 유형에 속한다. 일탑형 사원은 한 겹의 주벽과 동서남북 출입구에 탑문을 세우고 서적 등 필요한 물건을 두는 도서관을 좌우로 배치하였다. 중앙에는 중앙사당과 전실前室을 두는 것이 일반적인 형태였다.

둘째, 그 다음 시기가 되면 필요에 의해서 이전에 건축된 사원을 증축하거나 추가시켜 복합적인 사원의 형태를 갖게 되고 하나의 사원 내에 몇 개의 사당을 모시게 된다. 따라서 사원의 구성도 더 복잡해져서 주벽과 회랑 등과 같은 시설이 추가되고 면밀한 건축설계가 필요해진다. 프놈 크롬, 반테이 스레이 사원처럼 하나의 사당 좌우에 부사당이 들어선 3탑형 사원, 앙코르 와트, 프놈바켕처럼 중앙의 본전을 기준으로 전후좌우에 부사당이 들어선 형태를 '5탑형 사원', 프레아 코와 같이 두 열로 사당을 배치한 '6탑형 사원' 등 네 가지 유형이 등장하였다. 그러나 사원의 기본은 동서남북 네 귀퉁이에 각각의 탑을 세우고 그 중앙에 중앙사당이 있는 5탑형이 힌두의 우주론에서 이상적으로 생각되는 사원형이다.

사원 구조

크메르 건축의 특징은 첫째, 이미 밝힌 것처럼 우주론에 입각한 건축이다. 세계의 중심에 위치하는 메루산을 지상에 표현한 것이 사원이기 때문에 산 정상에 건축하는 경우가 많으며, 고저차가 없는 평지에 건축하는 경우에는 피라미드 형태의 계단식 사원을 만들었다. 사원 내에 있는 건축물과 조각도 미학적 차원 보다 신화적 상징을 나타내는 기능에 더 많은 비중을 두었다. 사원에는 힌두신을 모시는 사당이 반드시 존재하였다. 이 사당에는 왕을 신격화하고 권력과 영원성을 상징하는 링가linga, 힌두교의 3대신인 브라흐마, 비슈누, 시바신을 안치하였다.

둘째, 모든 사원은 엄격한 구성을 갖는 형식에 지배받았다. 장방형의 주벽이 중앙신전을 감싸고 있으며 중앙신전 앞에는 전실前室, 경전과 보물을 넣어 두는 도서관經藏, 출입구를 표시하는 누문樓門, 사제들이 기거하는 승방僧房, 주벽과 회랑, 테라스 등의 부속건물이 설치되었다. 또 주벽 바깥으로는 대양을 상징하는 바라이(baray, 해자 또는 환호라고 불린다)를 갖추도록 하였다.

앙코르의 건축은 1000년경 세워진 타케우 사원에서 하나의 전기를 맞는다. 석조 계단을 높여가며 5탑형 사원으로 지은 타케우 사원은 피라미드형 사원의 습작이라고도 칭해지는데, 건축이 중단되기는 하였

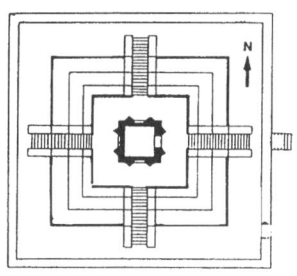

일탑형의 박세이 참크롱(947년)

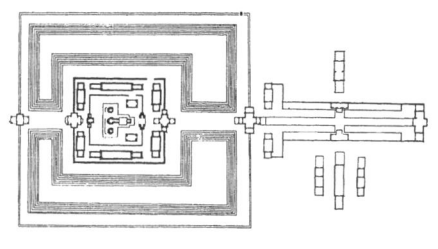

3탑형의 반테이 스레이(967년)

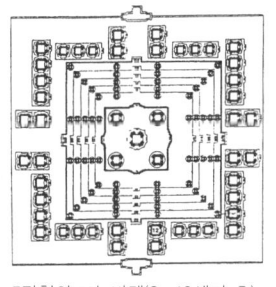

5탑형의 프놈바켕(9~10세기 초)

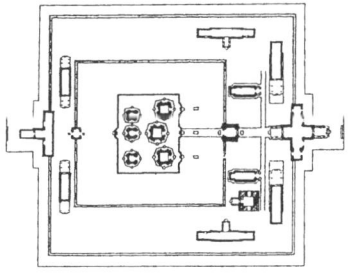

6탑형의 프레아 코(879년)

〈사원의 평면도〉

으나 처음으로 회랑이 생겨났고, 이 때 시도된 건축기술은 앙코르 와트에서 구체적으로 활용되었다. 이 사원은 〈그림 A〉와 같이 피라미드형 사원에 회랑이 처음으로 등장하며, 부속건물을 별도로 두지 않고 사당의 사면에 전실의 형태로 복합시켜 놓았다. 중앙탑은 이전에 비해 그 규모가 커지면서 중심성을 강조하였다.

회랑의 구조도 외부는 가짜 창으로 장식한 반면, 회랑 내부에는 진짜 창을 만들어 건축물 전체가 견고한 분위기를 나타내며 새로운 형태의 조형에 도전한 것이 특징이다. 사원이 완성되었더라면 우수한 사원이 되었을 것으로 보는 사람이 많다. 왕궁 유적인 피메아나카스 사원의 경우도 전실과 회랑을 만들어 놓았는데, 회랑은 외관을 장식하는 장소로서 종교성을 연출하는데 가장 알맞은 곳이다.

셋째, 좌우대칭 혹은 병렬juxtaposition을 이루도록 하여 시각성을 중시했으며, 사원 중심으로 올라갈수록 규모가 축소되는 경향을 보인다. 이처럼 고대 크메르의 건축은 엄격한 종교적 상징에 따라서 이루어진 것이다.

넷째, 후기에 갈수록 탑과 회랑이 연결되어 한층 복합화하는 경향을 보여준다. 앙코르 와트 사원이 이러한 형태의 대표적인 모델인데, 사원과 회랑과 연결되면서 회랑의 네 모서리에 작은 탑을 세우고 그 중심에 중앙 본전을 만든 형태이다.

사원에서 작은 탑이 등장하기 시작한 것은 우다야디티야바르만 2세

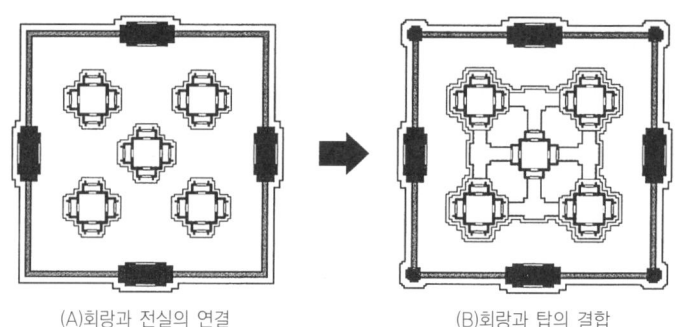

(A)회랑과 전실의 연결 　　　　　 (B)회랑과 탑의 결합

〈5탑형 사원의 변화〉

(1050~1066)에 의해 만들어진 바푸온 사원이다. 이 시기는 사원이 좌우 대칭을 이루고 기본축을 중심으로 일정한 규칙을 갖도록 건축설계가 이루어졌으나 〈그림 B〉와 같이 회랑 내부가 복잡하고 공간이 협소해지는 경향을 보여준다. 앙코르 톰의 중심에 자리 잡은 대승불교사원 바욘이 이러한 경향을 잘 보여준다. 대승불교의 국교화로 인하여 승방僧房 등 승려를 위한 소사당이 주변에 건설되고, 때로는 토착신앙인 토지신을 위한 장소도 마련되었다.

2. 건축양식, 코벌아치

앙코르의 석조건축은 목조건축 기술로부터 발전한 것이다. 사원 출입부의 기둥과 들보를 이용한 장식, 사암으로 만든 기와지붕의 조형에서 목조건축 기술이 그대로 이전된 흔적을 갖고 있다. 지금은 없어진 왕궁이 목조로 이루어졌고, 대다수의 사원 건축물에서 목조건축 기술의 원형을 쉽게 알 수 있다.

석조건물에서 기둥과 들보를 이용한 출입부의 보강, 사암을 사용한 기와지붕은 목조건축에서 발전된 것이며 건물을 오래 보존하려는 필요성에 의하여 목재를 끼워 맞추는 방식에서 석재를 쌓아 올리는 적조積組방식으로 발전하였고, 건축 재료도 목재에서 내구성이 강한 연와, 라테라이트와 같은 석재로 이동하였다.

석조건축과 유사아치 기법

앙코르유적부존수 사무소장이었던 앙리 마르샬은 크메르 건축의 특징을 조각과 돌의 예술rock art로 평가하였다. 그리고 그 돌의 예술을 뒷받침하는 건축양식은 '코벌링coebeling'이라는 유사類似아치를 기본으로 하고 있다.

크메르 건축은 두 가지 기술이 사용되었는데, 하나는 출입구를 처리하기 위해 양쪽에 지주를 세우고 가로로 상인방上引枋을 대는 주량식柱梁

式 공법이다. 이것은 나무 기둥 대신 돌기둥을 얹으면서 목조기술이 돌을 쌓는 데 그대로 응용된 방법이기 때문에 건축사적으로 새로운 측면은 없다.

또 하나는 석조기술의 핵심적인 특징인 코벌링이다. 신전이나 신전 부속건물의 마무리를 위해서 석재를 밑에서부터 하나씩 쌓아 올려 지붕에서 서로 만나도록 공간을 축소하는 박출식迫出式 공법이 사용되었는데 이것을 코벌링 혹은 유사아치라 한다.

인도에서 전해진 코벌링에 의한 유사아치형 건축방식은 건물 양쪽에 기둥과 그 위에 들보를 얹혀서 건축물의 하중을 떠받치고, 지붕을 만들 때에는 석재를 위로 밀어 올려 건축물을 마무리하는 박출식 공법이다. 건축연구가들은 앙코르 건축에서 가장 중요하게 생각하는 요

건축과정을 묘사한 바욘 사원의 부조(제2회랑).

소는 착시현상과 같이 '보여주는 시각예술효과trompe l'oeil'에 있었으며, 건축 기술은 그 다음의 문제였다. 우주의 중심을 건축으로 어떻게 표현할 것인가 하는 인식론에서 출발했기 때문에 자연히 좌우 대칭미와 원경, 중경, 근경을 강조하는 시각성에 중심을 두게 되었다. 이 때문에 앙코르 와트는 뛰어난 회화성과 시각성에도 불구하고 내부 공간이 협소하며, 바욘 사원은 더 협소하다. 유사아치를 사용하여 최대한의 내부공간을 확보했던 건축은 프레아 칸 사원인데, 무희의 방hall of dancers은 3.5m, 중앙사당은 4.2m였다는 연구도 있다.

이에 비해 소위 '진성眞性 아치'는 둥근 원형으로 석재를 조합시켜 공간을 만드는 방식이다. 약간의 시간차이는 있지만 본격적인 아치를 전개한 술탄 무하마드 5세(1354~59)의 알함브라 궁전, 유럽의 베르사이유 궁전이나 노틀담 성당과 유사아치 방식으로 건축된 앙코르 와트, 바욘 사원의 회랑 공간을 비교하면 두 건축 방식의 차이점을 극명하게 볼 수 있다.

유사아치는 석재를 아래로부터 하나씩 얹혀 올리는 방식이므로 건축이 완성되더라도 떨림 현상이 일어난다. 또 무게를 지탱하지 못하여 석재가 이탈하는 경우도 발생한다. 이를 방지하기 위하여 쐐기 못, T자, H자 모양의 꺾쇠를 사용하여 고정시켰다. 또한 기둥과 들보를 연결하는 방법으로 목조 빔을 이용하고 나중에 석재로 대치하는 방식이 사용되었다.

당시의 건축과정은 바욘 사원 회랑에 표현한 부조를 통해서 잘 알 수 있다. 바욘 회랑 벽면에는 사원 건축에 필요한 지렛대, 로프, 버팀목 등 건축 장비가 조각되어 있다.

바욘 부조는 석재를 하나하나씩 쌓아올리기 위해서는 로프와 지렛대를 활용하였으며 적어도 4명이 한 팀으로 작업했다는 것을 보여준다. 양쪽으로 수직의 버팀목을 건축현장에 세운 다음에 수평으로 가로 기둥을 얹는다. 그리고 한 사람은 기둥 위에 올라가 밧줄을 조정하고 2~3인이 지상에서 지렛대, 활차를 움직여 석재를 쌓은 것으로 보인다.

2~3톤이나 되는 석재는 홈을 파고 나무를 끼워 넣어 고정시킨 다음

에 나무에 밧줄을 묶으면 도르래로 쉽게 끌어올려 원하는 위치에 이동시킬 수 있다. 돌을 쌓으면 석재에 박힌 나무를 제거하고 홈을 메운 다음에 나무맷돌을 이용하여 쐐기 못이나 꺾쇠를 박아 고정시켰다.

건축 재료

9세기 이후 건축에 사용된 돌은 연와煉瓦 사암砂岩, 라테라이트라紅土石 세 가지였는데 각 재료들은 강도와 재질이 서로 다르기 때문에 건축의 용도에 따라서 함께 사용되었다.

연와는 쉽게 말하자면 흙을 말려서 만든 것이다. 7~9세기에 가장 흔하게 사용된 건축 자재인 연와는 햇볕에 말리거나 점토 형태로 구워서 만들어 사용하였기 때문에 비가 집중적으로 내리는 경우에 씻겨

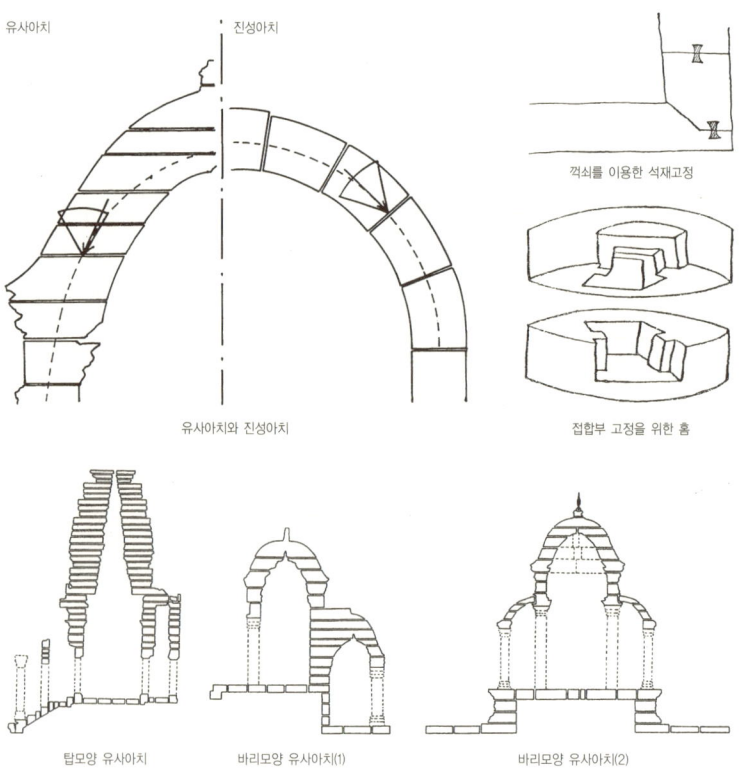

유사아치 / 진성아치

유사아치와 진성아치

꺾쇠를 이용한 석재고정

접합부 고정을 위한 홈

탑모양 유사아치 / 바리모양 유사아치(1) / 바리모양 유사아치(2)

내려가는 단점이 있다.

이 때문에 앙코르왕조가 탄생할 무렵에는 사암砂岩으로 대치된다. 사암은 재질이 강하기 때문에 무게를 지탱하는 구조물로 사용되거나 장식하는데 부분적으로 이용되었다. 초기 유적인 프놈 바켕, 프놈 크롬 사원의 중앙신전은 모두 사암으로 만들어진 것이다.

사암이란 석영과 장석, 운모가 주성분이며 붉은색, 청색, 회색의 다양한 색깔을 가지고 있다. 반테이 스레이 사원은 붉은색 사암으로 건축되었고, 앙코르 와트의 참배길 바닥에 깔려 있는 재료는 청색 사암

앙코르 톰 남문의 코벌아치.

바욘 사원의 코벌아치.

반테이크데이 코벌아치.

벵 메알레아의 코벌아치. 주벽이 허물어진 채 방치된 모습.

이다. 물론 사암을 자른 크기가 일정치 않은 것도 볼 수 있다. 이러한 현상은 앙코르 와트 건설 당시에 석재의 부족으로 인근의 산에 있는 사암뿐만 아니라 다른 지역에 있던 석재를 운반하여 사용하였기 때문에 일어난 현상으로 볼 수 있다.

　석재는 각각의 접합 부분을 수평으로 밀착시켜 쌓고 이탈되지 않도록 금속제인 구리로 만든 꺾쇠를 활용하거나 석재의 이음새에 홈을 내고 쇳물을 부어 고정시키는 방법을 사용하였다. 그러나 몰타르와 같은 접착제는 사용하지 않았다.

　한편, 라테라이트는 철분과 알루미늄을 함유한 붉은색 돌이다. 철분이 많아서 붉은색을 띠고 있어 흔히 홍토석紅土石으로 부른다. 이 돌은 인도와 태국, 버마, 베트남 등 아시아지역과 적도지방 일대에 널리 분포되어 있다. 지금도 캄보디아 남부지역에서 주거용 건물의 주춧돌로 사용되고 있을 정도로 당시의 앙코르 지역에서는 가장 손쉽게 얻을 수 있는 건축 재료였다.

　라테라이트를 건축 자재로 활용하기 위해서는 땅 속에 있는 것을 지상으로 파낸 다음에 일정량의 철분을 다시 넣고 한 달 정도 건조시켜야 한다. 점토와 모래를 씻겨 내고 태양열에 수분이 증발되면 시멘트 이상으로 단단한 돌이 된다.

　건조된 라테라이트는 구멍이 숭숭 뚫린 화산암처럼 재질이 거칠기 때문에 섬세한 조각을 새겨 넣기에는 적합하지 않은 반면에 견고하여 건물을 떠받치고 도로를 포장하거나 저수지의 물을 저장하는 마감재로 사용된다. 자야바르만 7세 때 만든 앙코르 톰의 성벽의 재료는 환호에서 파낸 라테라이트를 햇볕에 건조하여 사용한 것이다.

　건축물의 외벽에는 '칠'을 사용하였다. 9세기 후반부터 10세기에 걸쳐 사용된 칠은 롤루 유적군, 동 메본 사원, 프레 룹 등 앙코르 유적 가운데서 비교적 건축연대가 오래된 유적의 바깥 벽면에 장식용으로 활용되었다. 물론 칠은 내구성이 약해 덧칠한 부분이 벗겨지고 시간이 지날수록 퇴색하는 약점이 있다.

　건축재료로서 연와와 사암, 라테라이트는 그 소재가 지니는 색채뿐만 아니라 강도의 차이 때문에 시공방법이 까다롭다. 건축물의 각 부분별로 강도가 다른 재료를 함께 사용할 경우에는 무너질 위험성도 함께 존재한다. 그럼에도 불구하고 크메르 건축에서는 건축의 의도에 따라서 별도의 기준을 가지고 서로 다른 재질을 함께 사용한 경우도 흔하다.

967년에 건축된 우아한 반테이 스레이 사원은 세 가지 재료가 동시에 사용된 경우다. 건물 지붕에는 라테라이트와 연와, 사암의 세 가지 재료가 사용되었고, 도서관은 라테라이트와 사암을 복잡하게 조합시켜 만들었다. 또 앙코르 와트처럼 눈에 보이는 부분은 사암으로 화장하고 그 아래 건물 무게를 떠받치는 구조물은 라테라이트를 써서 태양빛을 받으면 사원이 불타는 듯한 색깔을 띤다.

건축 디자인의 포인트, 창문

창문은 채광과 통풍을 위하여 필요한 것이나 석조 건물에서는 구조적 취약성을 갖는 부분이다. 크메르 건축에서 창문은 조형의 주제가 아니었지만 건축물 전체의 비중을 조정하면서 습기를 제거하고 벽면의 단조로움을 보완하기 위하여 중시되었고 또 당시의 기술 수준을

앙코르 와트 중앙신전의 연밥모양의 창. 창 한가운데로 서쪽 출입문이 희미하게 보인다.

가장 소박하게 표현했다고 평가받는 건축공간이다.

건축물에 창문과 같이 구멍을 내는 것은 건물을 취약하게 한다. 때문에 건축물의 무게를 고려하여 창문 양 측면에 기둥을 세워 보완하거나, 시각적인 효과만을 낸 채 창문의 형식만 벽면에 조각해 놓은 '가짜 창문'도 중시하였다.

가짜 창문은 장식용으로 앙코르 이전기의 종교건축에서도 많이 사용되었다. 건축의 하중을 그대로 유지하면서 벽면의 단조로움에서 벗어나 감각을 강조하기 위해 창문의 형태만 조각해 놓은 가짜 창문은 채광이나 통풍기능은 없으며 단지 디자인의 일부로서만 기능을 가진 것으로 앙코르 와트의 여러 곳에서 볼 수 있다.

건축이 단조롭다고 판단할 때 리듬감을 부여하는 것도 디자인의 키워드가 된다. 더구나 출입부에 많은 창을 내는 것은 건물의 하중을 지탱하지 못할 수 있다. 이 점을 당시 크메르 건축가들은 충분히 인식했고, 이러한 이유로 건축물의 역학적 결점을 보완하기 위하여 기능성이 없는 가짜 창문을 디자인하였다.

한편, 창의 형식을 분류한다면 일정한 규격으로 구멍을 뚫어 놓은 다공형多孔形 창문, 세로로 비스듬하게 낸 틈새형 창문, 연밥 모양의 창

프레 룹 사원의 창문. 내부에서 바라본 모습(왼쪽). 앙코르 와트의 주벽에 장식된 창문과 부조.

문으로 분류된다. 다공형 창은 벽면에 구멍을 규칙적으로 뚫어 시각적 효과를 내는데 사용되었다.

　틈새형 창은 벽체에서 연와 또는 라테라이트를 부분적으로 돌출시킨 다음 옆으로 비스듬하게 틈을 내는 방식인데 9세기 말에 건축된 롤루 유적군과 10세기 중엽에 건축된 프레 룹 사원에서 주로 사용되었다.

　연밥모양의 창문은 대개 건축물의 중앙부에 오도록 설계되었다. 작렬하는 태양열을 차단하고 창문을 거쳐 내부로 들어오는 광선이 습기를 제거할 수 있도록 하였다. 연밥모양의 창문은 '타케우' 유적에서 도입되었다. 원래 이 사원은 11세기 초 자야바르만 5세에 의해서 건축이 시작되었으나 왕이 죽은 뒤에 공사가 중단되어 방치되었다. 중앙의 탑과 사면에 4개의 부사당을 갖춘 5층 탑형의 전형적인 이 사원은 주위에 회랑을 만들어 지금까지의 사원 구조와는 다른 새로운 건축양식에 도전했다고 평가된다.

　이 건축물에서 주목할 만한 변화는 회랑의 외측면에 연밥모양의 가짜 창문을 만들고 회랑 내부에 진짜 창문을 설계했다는 부분이다. 밖에서 보면 견고한 인상을 주지만 안에서 보면 일종의 안정감이 있다는 평가를 받아왔다. 이러한 도전양식을 거쳐 앙코르 와트에서 연밥

한 때 왕도였던 코 케르의 왕궁터에 남아 있는 연밥모양 창문.

모양의 창문이 꽃피우게 된 것이다.

벽면과 박공의 회화성

크메르 건축에서 회화적 요소를 갖춘 장소가 바로 박공(博栱)이다. 박공은 원래 목조건물에서 지붕의 양 옆의 마루머리나 합각머리에 ∧형태로 붙인 두꺼운 널을 말한다. 크메르 석조건축에서 박공은 출입부의 양 기둥에 상인방上引枋을 대고 그 위에 두꺼운 벽을 세워 부조를 새겨 넣은 포인트였다.

일반적으로 사원의 회랑 벽면에는 하나의 주제를 연속적으로 새겨 넣어 파노라마와 같은 화화성을 강조한다면, 박공의 장식은 종교신화 가운데 시사성이 큰 주제를 부분적으로 발췌하여 새겨 넣고 상징적이고 극적 장면만을 강조하였다. 벽면과 박공의 차이를 단적으로 보여주는 것이 앙코르 와트와 반테이 스레이 사원이다.

앙코르 와트의 회랑은 인물들을 평면의 벽에 병렬로 새겨 넣음으로서 마치 하나의 이야기가 전개되어 완결에 이르기까지 일종의 설화성을 제시해준다. 약 50~100m에 이르는 벽면에 부조된 우유바다 젓기,

반테이 스레이 사원의 고푸라. 동쪽 출입문에서 205m의 참배길을 지나서 마주치게 된다. 박공에 장식된 부조는 힌두신화의 여러 장면을 발췌하여 조각해 넣은 것이다.

전차에 올라탄 장군의 활약상, 라마왕자의 이야기, 바라타족의 전투, 천국과 지옥의 장면은 특정한 컨셉이 파노라마처럼 연상되도록 회화성을 중시하였다.

이에 비해 반테이 스레이의 경우처럼 박공의 부조는 출입구에 놓여 있은 공간상의 제약으로 인하여 마치 판화처럼 힌두신화에 등장하는 특정한 주제를 발췌하여 사원의 이미지에 맞는 스토리를 단편적으로 보여주고 있다. 반테이 스레이 사원은 힌두사원으로서 동쪽 출입구에는 인드라신과 그가 타고다니는 코끼리상, 그리고 중앙은 시바신과 그의 배우자 두르가 여신, 비슈누신과 관련된 주제들이 부조되어 있으며, 곡선의 연꽃모양이나 나가의 조형이 조각 모티브로 이용되었다. 조각 장식과 조형미가 우수한 반테이 스레이 사원은 1930년대 프랑스극동학원에 의해서 해체 복원되었으며, 작품 전시실과도 같이 힌두신화에 등장하는 주제를 조각해 놓았다. 규모는 작지만 붉은색 사암과 라테라이트로 지어진 탓에 태양 빛을 받으면 불타는 듯한 착각을 줄 정도로 화려함과 우아함의 극치를 보여주며 크메르 건축의 보석으로 평가된다.

3. 신화적 상상력의 극점, 조각예술

종교와 신화를 미술로서 시각화하는 것, 그리고 조각으로 형상화하는 작업이 결코 수월한 일은 아니다. 특히 앙코르의 조각예술은 토착신앙과 힌두교적 신앙이 인간의 상상력을 통해 분출되었다는 점에서 고전기의 전형적인 예술로 평가된다.

앙코르왕조의 예술은 초기 왕도였던 롤루 양식과 후기의 조각예술을 살펴보아야 한다. 롤루 스타일은 이전의 건축양식을 탈피하여 근본적인 변화가 일어나는데, 프랑스의 동양학자인 코랄 레뮈사Coral Rémusat 여사는 롤루 양식을 이렇게 규정하였다.[6]

---

6) Coral Rémusat, Influence Javanaise dans l'art du Roluoh et influence de l'art du Roluoh sur de Temple de Bantay Srei, *Journal Asiatique*, 223, Paris, 1933.

1. 자바에서 유입된 '마카라'가 다양한 형태로 롤루 유적군에 등장한다.
2. 장신구로서 수많은 보석을 치장한 여신상이 눈에 많이 띄는데, 이것 또한 자바의 영향을 받은 것이다.
3. 비슈누신이 가루다에 탄 모습이 자주 등장한다.
4. 사원의 입구를 지키는 수호신이 남신상像에서 여신상像으로 대체되고 여신 혹은 압사라가 기둥에 주로 부조되는 형식을 도입하였다. 칼라 혹은 라후의 모습을 한 남신상이 여신상으로 바뀌면서 목, 몸, 팔에 보석을 장식하는 패턴이 일반화되고 있다.
5. 사원 입구를 지키는 사자는 여전히 복슬복슬한 모습으로 표현된다. 영어권 학자들은 이러한 모습의 사자를 '푸들 라이온'으로 지칭하고 있다.
6. 시바신이 타고 다니는 성스러운 소 난딘은 '프리아 코 사원'에, 바콩 사원에서는 나가 난간이 최초로 등장한다.

코랄 레뮈사가 앙코르왕조의 초기 스타일을 지적한 것으로부터 조각예술에 나타난 특징을 기술해 보자.

바콩 사원의 중앙탑 입구에 서있는 푸들 라이온상.

주요 신과 미투나

조각의 주제는 힌두교의 3대 신인 브라흐마, 비슈누, 시바신이 대부분이다. 그러나 3대 신 가운데 브라흐마는 인도와 마찬가지로 크메르에서 건축의 주제가 되지는 못했으며 비슈누신과 시바신이 많이 등장하며 기타 다른 신들이 추가되어 조각의 회화성을 돋보여 주고 있다.

비슈누신은 빛나는 태양의 상태를 신격화한 신으로 하늘, 우주, 대지를 세 걸음에 활보할 수 있고 괴물형상의 새 가루다 위에 올라서 네 개의 손을 가지고 있는 모습으로 자주 등장하는데, 각각의 손에는 소라고둥, 원반, 곤봉, 연꽃을 들고 있다. 비슈누는 해양지역과 결부되어 있어 비교적 온화한 성격이며 신자에게 은혜를 베풀고 인류멸망을 방지하기 위하여 여러 화신으로 나타나 세계를 구제하는 신이다.

이에 비해 시바신은 산악지방과 관계가 깊다. 시바는 밝은 면과 어두운 면을 상징하는 여러 명의 배우자 신을 갖고 있듯이 파괴를 가져오는 흉포한 성격을 가진 동시에 온화한 일면도 있다. 성스러운 산 '카일라사'에 거주하고 신성시하는 소 '난딘'을 타고 다닌다. 또 이마 중앙에 하나의 눈이 더 있으며 도끼, 칼, 창 등을 갖고 있다.

본존本尊으로서 숭배할 때에는 남성의 성기를 상징하는 링가가 모셔져 있다. 링가는 보통 여성 생식기를 의미하는 '요니' 위에 안치하는데 대다수 힌두교 사원에서는 본존으로 숭배된다. 이 때문에 시바신은 파괴의 신이지만 파괴 후에 다시 창조를 이루는 신이며 생식숭배와 결부되어 있는 것이다.

링가는 대개 세 부분으로 나뉘는데 아랫부분은 4각형의 단면, 중앙부는 팔각형의 단면, 상부는 원주형태로 되어 있다. 이 링가는 사각의 대좌형

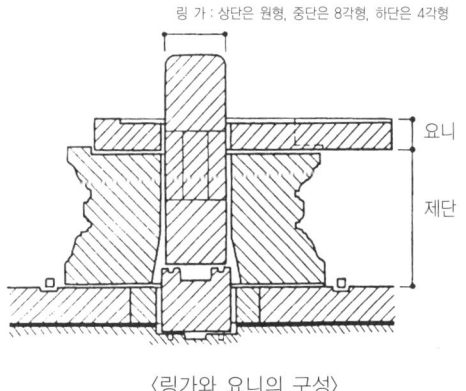

〈링가와 요니의 구성〉

태를 한 요니 위에 안치시킨다. 요니에는 의식을 거행할 때 성수聖水를 흘려보내기 위한 홈이 만들어져 있다.

그 이외에 시바신과 비슈누신을 혼합한 하리하라신도 숭배된다. 하리하라신은 인도와 마찬가지로 우측의 반쪽은 시바신이고 좌측의 반쪽은 비슈누신의 모습을 하고 있다.

두 신을 합해 놓은 것은 기존의 종교가 외래의 종교, 또는 다른 신들을 커다란 저항 없이 받아들일 수 있는 개방적 풍토였기에 가능했던 것이다. 부처가 법의를 입고 보석으로 몸을 치장한 경우나 왕관형태의 머리모양을 한 경우, 또는 일곱 개의 머리를 가진 나가가 똬리를 튼 위에 앉아 있는 좌불상도 흔히 볼 수 있다.

한편, 앙코르의 어느 사원을 보더라도 남신과 배우자 신이 함께 등장하는 것을 볼 수 있다. 힌두교의 조각은 신화와 마찬가지로 '미투나'를 동반한다. 미투나란 '1쌍의 것'이란 의미로서 남신과 그 신의 비妃를 함께 나타내는데 이것은 남성은 실체이고, 여성은 그 화신이며, 양자는 둘인 동시에 하나라는 관념을 표현하고 있다.

비슈누신과 배우자 락슈미 여신, 시바신과 배우자 우마·파르바티·두르가·칼리 여신 등 주요 신들이 처와 자식의 신을 거느린 가족적인 구성을 하고 있다. 특히 시바신의 배우자 신은 다양한 형태로 나타난다. 우마는 '가장 아름다운 히말라야의 딸', 파르바티는 '산의 딸'의 의미로 즐겁고 밝은 모습으로 나타나기도 하며, 시간과 흑색의 의미를 상징하는 칼리 여신은 시간과 파괴, 공포와 잔인성을 가진 어두운 여신으로 묘사된다. 그만큼 시바신과 그 샥티는 다양하고 무서운 성격으로 그려진다.

힌두교의 미투나는 심지어 불교를 힌두교의 한 종파로 수용한 것처럼 다른 종교에서 숭배되는 신을 아내 또는 자식의 형태로 수용하였기 때문에 혼합종교적 속성을 나타낸다.

나가신의 숭배

뱀신 '나가'는 캄보디아를 비롯한 동남아시아, 그리고 인도의 원주민과 아리안족의 종교에 널리 퍼져 있는 대표적인 뱀 신앙이며 때때로

용龍의 모습으로 표현되기도 한다. 이 신앙은 중국, 한국과 같이 극동 지역으로 이동하면서 용에 대한 숭배로 변형되었다. 대지와 물에 축적된 에너지를 지키는 나가는 신비적이며 두려운 존재인 동시에 '불사의 상징'이다.

크메르의 신화·전설에서 나가는 외경스러운 존재이며 인간에 대해서 우호적인 것으로 인식해온 탓에 지금도 이를 잡는 것을 터부시하고 있다. 건국신화에 의하면 크메르인들은 인간과 뱀왕의 딸과 결혼하여 낳은 후예들이다.

주달관의 『진랍풍토기』에서도 천상의 궁전 피메아나카스에서 매일 밤 국왕이 토지를 지키는 뱀왕naga·raja의 딸과 잠자리를 같이 했다는 설화를 언급했듯이 나가는 친근한 건축의 주제로 등장한다.

앙코르 와트에서도 나가는 조각의 중요한 모티브다. 크메르신화와 관련된 나가는 종교건축물 전체를 두르고 있으며, 인간의 얼굴을 하고 코브라의 머리를 갖고 있는 반신반수半神半獸의 존재다.

나가는 대개 바다, 호수, 우물의 수호신이며 일곱 개 또는 다섯 개의 머리를 가진 모습으로 표현된다. 그리고 머리로 불상을 보호하고 있다. 나가의 머리는 대개 1, 3, 5, 7, 9와 같이 홀수로 되어 있는데, 캄

앙코르 와트 출입구의 일곱 개 머리를 가진 나가상. 오른쪽의 머리 3개는 떨어져 나간 상태이다.

보디아에서 홀수는 삶을, 짝수는 죽음을 의미하기 때문에 지금까지 주택의 계단수도 홀수가 대부분이다.

나가는 인간의 세계 즉 지상계와 별도의 세계인 천계를 이어주는 다리로 간주된다. 앙코르 톰 남대문 앞에 있는 나가상像은 신과 아수라가 '우유바다'를 휘저을 때 커다란 밧줄로 사용되어 세계를 창조한 크메르의 신화와 밀접히 관련되어 있다. 크메르의 민속무용인 압사라 춤 또한 나가의 움직임을 표현의 기본으로 삼고 있다.

비슈누신이 타는 새 가루다

인도네시아의 항공사 이름이 '가루다'인 것처럼 가루다는 동남아시아에서 잘 알려진 성스러운 새다. 마치 극동지방에서 봉황을 전설 속의 새로 간주하는 것처럼, 가루다는 비슈누신이 타고 다니는 금색의 깃털을 가진 성스러운 새다. 우리나라에서는 금시조金翅鳥로 불리기도 하는데, 가루다는 팔과 몸은 인간, 머리와 발톱은 라이온, 날개와 부리는 독수리의 모습을 하고 있다.

『마하바라타』에 의하면 가루다가 태어날 때 그의 모친은 '나가'족의 지배하에 있었으나, 그 속박에서 벗어나기 위하여 나가족에게 자식을 자유롭게 해달라고 요청하였다. 나가족은 가루다에게 "천계에서 신을 태우고 불사의 감로주인 '암리타'를 운반하는 조건으로 자유를 약속하였다". 이에 따라서 가루다는 천계에 올라가 신들과 나가를 태우면서 암리타를 손에 넣게 되었다.

그러나 가루다 앞에 비슈누신이 나타나 다시 한번 격렬한 전투가 벌어지고 비슈누신은 장생불사의 영약인 암리타를 받고 가루다가 자신을 태우는 조건을 맺음으로써 비슈누신과 가루다의 주종관계가 성립되었다.

칼라와 마카라

동남아의 종교적 장식 모티브는 아주 다양하며 흥미로운 것이 많다. 그 가운데 대표적인 것이 칼라kala와 마카라makara다. 이 두 가지 소재는 힌두교 문화권인 인도네시아의 중부자바의 고대 건축에서 가장 빈

크리슈나와 가루다. 바나와의 전쟁 장면(앙코르 와트 회랑).

번하게 사용되었다.

칼라와 마카라는 하늘과 땅, 남과 여 등 이원성, 근본적으로 상극하는 양극성, 그리고 이 모든 것을 포함하는 전체성을 뜻한다. 이러한 이유로 칼라는 건축물 기둥의 상층부에, 마카라는 그 하부에 조각하여 배치하는 것이 일반적이다.

칼라는 신화 속에 등장하는 동물로 머리는 사자모습을 하고 있으며 두 개의 톡 튀어나온 눈, 어금니를 드러내며 으르렁대는 형상으로 아래턱이 없는 것이 특징이다. 힌두교 신화에 의하면 시바신을 상징하는 칼라는 악신을 물리치고 적을 격퇴하기 위하여 현관 또는 사원 입구에 장식해 놓는 것이 일반적이다.

캄보디아에서는 칼라의 머리가 악마의 하나인 라후rahu의 머리로 인식되고 있는데, 학자들에 의하면 아래턱이 없는 사자형상의 칼라는 오세아니아에서 기원하며 원래 인간의 해골 모양을 상징했다고 한다. 그러나 캄보디아에 유입되면서 원래의 주술적인 성격이 없어지고 탑문과 사원의 입구를 지키는 장식용 모티브로 활용되었다.

마카라는 악어와 물고기, 새, 코끼리, 맥(인간의 악몽을 먹고사는 동물로 형태는 곰, 코는 코끼리, 눈은 무소, 꼬리는 소, 발은 사자모습을 한 전설 속의 동물)을 혼합시켜 놓은 괴물

악어 입에 코끼리 코 모습을 한 마카라.

프레아코 사원에 장식된 칼라.

프레 룹 사원의 칼라.

형상이다. 신화 속의 마카라는 신비적, 주술적인 힘을 갖고 천상의 세계와 지상계에 있는 물의 신, 갠지스강의 여신 '강가'의 화신으로 간주된다.

   남인도와 스리랑카가 칼라와 마카라의 원형을 잘 간직하고 있으며 앙코르 와트 제3회랑의 배수구를 장식한 마카라는 물과의 친화적인 관계를 직접적으로 보여주는 상징이다.

4장 데바타와 압사라, 그 관능과 미학

1. 여신과 압사라

여신 데바타와 천상의 무희 압사라

앙코르 와트를 방문한 사람들은 노을이 질 무렵이면 석조건물이 만들어내는 실루엣에 매료된다. 신들의 세계를 지상에 건설하면서 좌우대칭을 살린 공간 배치, 회랑과 회랑 내벽에 부조된 아름다운 여신상, 각양각색의 포즈로 하늘에서 유희하고 있는 압사라 춤이 저녁노을을 받아 화려하게 재현된다.

앙코르 와트의 신비는 여기에 있다. 저녁 무렵 붉은 빛으로 물든 태양이 중앙의 첨탑에 걸치게 되면 신화를 그려 넣은 부조, 신들의 무희舞姬인 압사라와 여신들의 군무群舞가 시작되면서 그 여광이 그윽한 실루엣을 만들어내고 경건한 사원에 신비가 찾아온다.

앙코르 와트의 중앙사당까지 걸어가다 보면 사원의 건축물 어느 곳이나 부조로 뒤덮여 있음을 볼 수 있다. 기둥과 벽면, 연자 모양의 창문 좌우에 여신 데바타, 그리고 압사라가 조각되어 있고 당초무늬와 꽃, 신화에 등장하는 무수한 동물이 벽면에 조각되어 있다.

독립적으로 서 있는 기둥에는 조각된 여신상 혹은 압사라가 살아있는 듯한 모습으로 여행자를 맞이한다. 앙코르 와트에 부조된 여신과 압사라는 『리그 베다』, 『마하바라타』, 『라마야나』에 등장하는 하급의 여신들이지만 사원에 모셔진 주신主神을 보조하고 기쁘게 하는 역할을 한다.

여신devata은 크메르어로는 테보다tevoda로 칭해지며 사원 본존의 공양녀供養女라는 의미가 함축되어 있는 지위가 낮은 여신을 통칭하며, 사원 입구를 지키는 남성 수호신을 대치하여 장식의 아름다움을 강조하였다.

회랑의 벽면이나 기둥에 부조된 여신상은 어떤 때는 하나의 여신이, 어떤 때는 2인, 3인, 5인, 7인이 조를 이루어 미소 짓고 있다. 그러나 그 많은 여신들이 같은 표정을 짓고 있는 경우는 하나도 없다. 표정뿐만 아니라 왕관을 쓴 머리 장식, 가슴 장식, 팔찌, 의상에 이르기까지 표현과 프로포즈가 모두 다르다. 여신상의 포즈는 유사성은 있지만 뚜렷이 구분된다.

압사라apsara는 무희舞姬, 천녀天女로 칭해지는데 힌두신들의 분류상 지위가 낮은 신이며 항상 위대한 남신들이 출현할 때 동반하여 신을 즐겁게 하고 유혹하는 역할이 부여되어 있으며, 하늘을 나는 동작으로 표현되어 있다. 압사라는 중국을 거쳐 우리나라에 유입되는 과정에서 요염한 자태의 모습이 사라지고 경건한 불교색채의 비천飛天으로 변형되었다.

압사라는 천지창조 신화에서 대양apsu을 휘저어 추출되었다는rasa 의미라고도 하며, 물·바다를 뜻하는 명사 압ap과 움직이다는 동사 스리sr의 합성어라는 견해도 있다. 그 어느 쪽에서 유래한 것이든 『라마야나』에 의하면 우유바다 젓기를 통해 태어난 압사라는 6억 명이나 된다.

크메르 여신의 장식

크메르 사원에서 여신의 자태는 시대에 따라서 그 표현양식이 약간씩 달리 나타나는데 여신을 장식하는 공통적인 요소는 몇 가지로 요약된다.

첫째, 여신상의 변화의 특징은 허리에 걸치는 옷 삼폿sampot의 형태와 그 표현양식에 있다. 시대를 달리하면서 머리에 쓴 왕관, 치마의 주름과 장식, 손과 발의 모양, 곡선미 등도 독특하게 표현되어 있다. 여신상은 조각하기가 용이한 회색 사암에 부조되어 있으며 크기는 대개 1~1.3m 내외다. 또 여신들의 하반신은 상체에 비해 매우 짧게 구성되어 있고 시대별로 삼폿이라 불리는 스커트의 표현 양식에 변화가 나타난다.

앙코르 와트 제3회랑의 '천지창조' 부조. 신과 아수라가 협력하여 1천년간 대양의 '우유바다 젓기'를 한 끝에 물에서 압사라가 태어나는 장면. 우유는 힌두인에게 생명, 산소와도 같은 존재로서, 그 명칭도 '우유바다'란 이름이 붙어 있다.

둘째, 여신들의 장식 모티브는 앙코르의 자연환경(연꽃, 코코넛 팜의 꽃, 아레카 꽃)을 종교적 신념과 결합시켜 표현하였다. 여신들이 손에 든 꽃가지, 꽃봉오리, 팔찌, 발찌, 목걸이와 귀고리 등이 여신을 강조하는 장식의 모티브로 활용되었다. 앙코르 와트와 자야바르만 7세 시대에 만들어진 여러 사원에서 이러한 특징이 두드러진다.

셋째, 다양한 머리장식coiffure, 머리를 딴 갈래prong도 하나의 장식 모티브로 이용되었다. 이에 관해서는 앙코르 와트 양식을 설명하는데서 자세히 감상할 수 있다. 머리 모양은 단순한 표현에서부터 매우 정교

연꽃 위에서 나가 춤을 추는 압사라(바욘 사원의 바깥 회랑의 기둥).

앙코르 와트의 상징해독 333

한 티아러(tiara: 보석을 박은 머리 장식의 왕관)까지 다양하다.

넷째, 여신의 몸은 정면을 향하고 있으나, 발 모양은 왼쪽 혹은 오른쪽을 향하도록 표현되었는데, 프랑스 학자들은 앙코르의 장인들이 발 모양을 예술적으로 처리하는 방법에 서툴렀다고 지적한다.

그러나 과연 그럴까? 사원 참배자들에게 사원 내의 다음 이동 장소를 발로 안내하며, 이쪽 혹은 저쪽 코스로 가라고 방향을 암시하는 신호로도 해석할 수 있다.

앙코르의 장인들은 그로슬리에의 말처럼 "머리 장식과 섬세한 한 꽃 모양을 결합시켜 하나의 보석으로 만드는데 성공하였다." 더욱이 사원의 주벽, 기둥, 창문 등 매우 제한된 조각 공간에서 정교하고 아름다운 장식을 만드는 일이 앙코르의 장인들에겐 결코 놀라운 일이 아니었는지 모른다.

힌두 문명권의 다양한 압사라. 모두가 육감적이다. 굽타시대의 압사라(위), 스리랑카 시리기야의 바위산에 싱할라 왕조 카샤파1세(473~491)가 만든 프레스코 장식의 압사라(아래 왼쪽), 베트남 차큐 지방에서 출토된 11세기 말의 참파 압사라(아래 오른쪽).

2. 여신들의 예술 양식

여신상에 대한 분석은 필자가 직접 방문했던 사원과 자료가 확보된 사원에 국한하여 장 브와슬리에Jean Boisselier의 크메르의 예술양식 기준에 따라서 각 장으로 나누어 설명하려고 한다.

따라서 앙코르왕조 이전기에는 한정된 자료 때문에 삼보르 스타일에 국한하였고, 앙코르왕조의 여신상의 발전양식은 장 브와슬리에의 기준에 의하여 과도기인 쿨렌 양식에서부터 자야바르만 7세 이후 바욘 양식까지 9개의 양식으로 구분하여 간략히 살펴보고자 한다. 그러나 쿨렌 양식은 자료빈약으로 구체적인 분석은 생략하였다.

삼보르 프레이 쿡 양식(600~650)

삼보르 프레이 쿡 스타일은 진랍시대의 이샤나바르만 1세의 왕도 삼보르 프레이 쿡에서 발견된 예술양식을 일컫는다. 이 양식은 그 이후의 전체 예술양식에 많은 영향을 주었다. 삼보르의 건축은 건축양식, 장식 등 두 가지 측면에서 이전과 다른 근본적인 변화가 있었다.

첫째, 사변형의 건축, 동쪽으로 지향되어 있고, 주벽이 있으며, 창 또는 가짜 창false door과 각각의 사원 입구에 사자상을 배치하였으며, 자바의 양식과 유사한 측면이 많다. 여기에 등장하는 사자석상을 '푸들 라이온'으로 지칭한다.

콤폼 참 지역에서 발견된 아래의 여신상은 팔 부분이 파손되어 시바신 또는 비슈누신상인지 잘 구분하기가 어렵다. 이에 따라서 학자들은 조각상이 발견된 지역의 이름을 따서 '코크리엥의 여신lady of koh krieng'으로 부른다.

이 여신상은 둥그런 눈에 가슴아래 두개의 주름이 있어서 성숙한 이미지를 주는데 이 양식이 앙코르 이전기의 일반적인 양식이었다. 또한 허리 아래의 벨트는 인도양식으로부터 영향을 받은 것으로 보인다. 이에 속하는 여신상은 프놈펜국립박물관에 있는 두르가 여신상의 토루소가 잘 대변해 준다.

이 양식은 곡선미보다 정방향으로 바로선 직선미를 강조했으며, 이 양식의 변형이 후에 곡선미를 강조하는 반테이 스레이 양식으로 발전하게 되었고, 인도에서 일반화된 여신상의 관능미를 제거하면서 성숙한 여인의 이미지를 풍기려고 하였다. 또한 여신상의 육체도 남신상의 그것과 동일하게 다룬 인상을 준다. 즉 벌어진 어깨, 커다란 체격, 두툼한 얼굴 인상을 강조하므로써 남여의 차이없이 동일하게 표현한 듯하다.

삼보르 프레이 쿡은 『수서』에서 언급된 진랍의 이사나선(伊奢那先, 이사나바르만)왕이 만든 도시 이사나성(伊奢那城, 이샤나푸라)으로서 알려져 있고, 175개 이상의 유적이 분포되어 있다.

삼보르 프레이 쿡의 기념물은 N, S, C 그리고 소규모의 Z그룹으로 구분되어 있으며, N그룹의 사원 일부는 이샤나바르만왕이 세운 것으로 확인되었다. 이 유적군은 부식이 심하여 여신상에 대한 자료파악이 쉽지 않다. 다만, 유적의 N그룹에서 7세기의 작품으로 알려진 시바신의 배우자 두르가 여신상의 토루소가 발견되었다.

자연미가 넘치고 에너지에 찬 육감적인 이 여신상의 토루소는 머리와

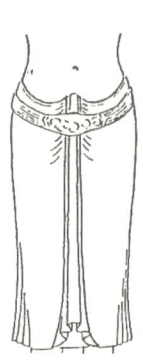

삼보르 스타일의 코크리엥의 여신상

7세기에 삼보르 프레이 쿡 지방에서 발견된 두르가 여신상의 스케치

팔 부분이 파손되었으나, 그리스의 조각 이상으로 뛰어난 미적 감각을 풍겨준다. 두르가 여신상의 스커트는 가운데 선을 중심으로 부챗살처럼 아래를 향해 좌우로 주름을 넣은 방식이 독특하다. 이 주름(프리팅)은 시대를 지나면서 치마의 중앙, 그리고 아래쪽까지 내려오는 형태로 발전하였다.

한편, 802년 자야바르만 2세가 쿨렌산에서 성스러운 의식을 거행하고 앙코르왕조를 연 이래 여러 양식이 출현하였는데 왕조의 성립시기 당시의 예술을 쿨렌 양식이라 한다.

쿨렌 양식은 이전기의 전통과 앞으로 전개될 양식의 과도기 양식이면서도 새로운 창조가 깃들어있다. 쿨렌 양식은 자연적인 모습이 덜하고 약간 형식화된 모습이며, 비슈누신의 얼굴도 무겁고 각이 나 있다. 신들의 의상 표현에서도 벨트 가운데에 주름이 져 있다. 그러나 여신상은 특별히 분석할만한 자료가 부족하다.

프레아 코 양식(875~895)

프레아 코 양식은 인드라바르만 1세가 건축한 프레아 코, 바콩, 롤레이 사원에서 나타나는 양식이다. 이 시기부터 신왕사상이 본격적으로 강화되면서 시바신을 힘과 에너지의 화신으로 표현하였다.

사암으로 건축된 바콩 사원은 대화하듯이 서술적인 부조를 처음으로 장식하기 시작하여 가루다와 나가가 사원 장식물로 등장하였다. 프레아코 사원은 시바신이 다고다니는 소 난딘이 6탑형 사당 앞에 배치되었고, 인

롤레이 사원 소사당의 여신상. 프레아코 양식과 동일하나 투박함은 점차 사라지는 경향을 보여준다.

롤레이 사원의 데바타.   파리 기메미술관의 프레아코 양식.

도신화에서 시간과 죽음, 심판을 상징하는 칼라가 사원 장식의 소재로 등장하였다. 프레아 코 양식은 볼륨감이 있고, 앙코르 와트 여신상에서 나타나는 플랩의 초기형태가 나타나는데, 여신의 발은 정면을 향해 있다.

바켕 양식(893~927)

현재의 앙코르에 왕도를 건설한 야소바르만 1세, 하르샤바르만왕 시대의 양식을 일컫는다. 야소바르만은 높이 65m의 구릉지를 이용하

아름다운 연와로 만든 프라삿 크라반 사원은 하르샤바르만 1세가 921년에 건축했으며, 중앙에는 비슈누 신 상이, 북쪽에는 락슈미 여신상이 있다.

프놈 바켕 사원의 여신상. 치마 장식이 전형적이고 완전한 '피시 테일fish tail형'으로 부조되었다.

여 6층 기단의 프놈 바켕 사원을 건립하고 정상에 4기의 소사당과 1기의 중심사당을 만들었다. 사원의 위치가 높기 때문에 현재에는 일몰과 일출을 감상하는 장소로 유명하며, 주변의 평지와 앙코르 와트의 장관을 육안으로도 감상할 수 있다.

바켕 양식은 사암이 많이 사용되었고, 표면의 부조도 화려한 편이다. 이 양식은 프놈 복, 프놈 크롬에서도 비슷하게 나타난다. 정상으로 연결되는 각 계단은 재질이 단단한 라테라이트로 만들어졌고, 동서 650m, 남북 440m의 환호가 둘러 쌓여있다.

코케르 양식(921~945)

코케르 양식은 921년에 자야바르만 4세가 권력을 획득한 이후에 왕도를 코케르로 옮기면서 이곳에서 발전한 예술양식에 붙인 이름이다.

코케르의 여신양식은 왼쪽의 원형과 오른쪽의 변형 등 두가지로 나타난다. 오른쪽은 소위 '블랙 레이디'로 불리는 칼리 여신상의 모습인데,

코케르의 프라삿 톰 사원의 여신상

왕궁터를 지나 프라삿 톰으로 들어가는 입구의 프라삿 크라함 사원. 허물어진 상태로 있다.

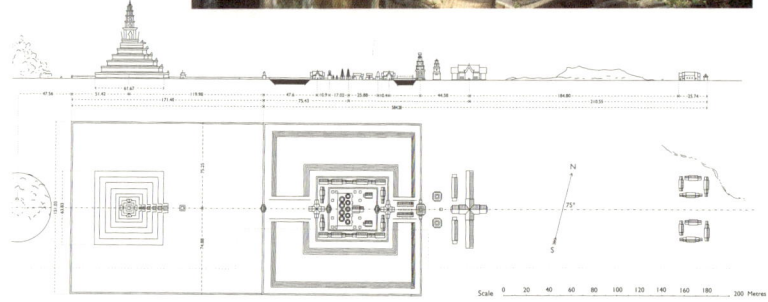

코케르 왕도의 평면도. 7층의 대탑(프라삿 톰)과 왕궁터 사이에 환호와 도서관, 주벽이 배치되어 있다.

프라삿 츠랩prasat chrap에서 발견된 신상의 스커트 장식이다. 스커트는 곡선미가 적고 정직하고, 짧은 에지edge로 액센트를 주었다. 오른쪽은 프라삿 톰 사원 입구의 여신상이며, 스커트 상단은 바켕 스타일을 그대로 이어받았다.

프레 룹 양식(947~965)

장 브와슬리에는 코케르에서 앙코르로 다시 왕도를 옮긴 후 라젠드라바르만 2세 시대에 건축된 박세이 참크롱의 완성(947),

앙코르 톰에서 가까운 거리에 위치한 박세이 참크롱 사원의 중앙탑에 부조된 여신상은 조각을 중단한 것 같은 인상을 주며, 라테라이트 위에 사암을 이용하였기 때문에 조각하기가 쉽지 않았다. 라테라이트는 무거운 하중을 받는 기단석으로 빈번하게 활용되나 사원장식의 소재로서는 부적합하다.

최상층의 5탑 사당에 부조되어 있으나 부식이 심하고, 남쪽 사당의 여신상이 비교적 양호하다. 원추형의 우샤니사(나발장식), 2중의 벨트장식이 강조되었다.

프레 룹의 데바타상. 발은 앞쪽으로 향해 있다.

동 메본 사원 건축(952), 프레 룹 사원 건축(961) 그리고 불교사원 밧춤(953)의 건축과 밀교의 성행 등을 특징으로 들면서 이 시대에 등장한 예술양식을 프레 룹 양식으로 칭하였다.

프레 룹의 여신상은 5탑형 사원으로 최상층의 5탑 벽면에 부조되어 있다. 일부의 탑에는 오리 모양의 얼굴을 가진 여신상이 조각되어 있기도 한데 여신의 높이는 120㎝ 정도로서 양발은 좌우 또는 정면으로 향해 있는 것이 특징이다.

반테이 스레이 양식(967~1000)

반테이 스레이 사원은 967~968년에 라젠드라바르만왕의 스승인 야즈나바라하에 위해 세워진 사원으로 붉은색 사암을 건축재료로 하였기 때문에 사원 전체가 불에 타는 듯한 착각을 줄 정도로 석재의 아름다움에 반한게 만든다.

반테이 스레이 양식의 여신상은 화려한 악세사리와 벨트, 곡선미를 강조한 것이 특징이며, '여인의 성채'라는 이름에 걸맞게 우아한 소규모 사원이다. 반테이 스레이의 데바타는 사원 내의 북쪽 사당과 남쪽 사당의 벽감에 위치하며 크메르 여신상 가운데 가장 관능적이라고 평가할 수 있다. 얼굴은 애교가 있는 표정이며, 입술은 매우 짧고 두텁다. 머리 모양은 과거의 전통을 이어받았으나 보석장식은 매우 절제하여 목과 벨트 부분에만 사용하였다. 장식 소재는 붉은 색 사암이며, 여신상의 크기는 약 60㎝ 정도로 작다. 과거의 경직된 이미지에서 탈피하여 유연한 허리 곡선미를 강조하였고, 동양의 모나리자로 불릴만큼 우아한 미소를 갖고 있다. 한 때, 프랑스의 소설가 앙드레 말로가 여신상의 아름다움에 매료되어 밀반출하려다 체포된 사건도 반테이 스레이 데바타의 미에 반했기 때문인데, 크메르 예술에서 관능미가 가장 두드러진다.

붉은색 사암에 부조된 반테이 스테이의 데바타상(왼쪽)은 크메르 장식에서 관능미를 가장 강조했다.
크메르 건축의 보석, 반테이 스레이의 여신상(오른쪽).

바푸온 양식(1010~1080)

바푸온 양식의 여신상은 반테이 스레이의 단순성과 10세기 전반에 유행한 프리팅(주름)이 결합하여 나타난 형식으로 치마 끝이 물고기 모양으로 드레이핑 되어 '피시 테일fish tail' 형으로 칭해지기도 한다.

복부를 자연스럽게 감싼 것은 반테이 스레이 양식에서 영향을 받았고, 이것은 7~8세기로부터 이어져 내려온 양식이다. 다만 피시 테일로 변형을 줌으로써 새로운 양식을 출현시켰다.

바푸온 여신상. 클리브랜드 박물관소장. 오른쪽의 바푸온 여신상은 허리에 벨트라인을 만든 것과 허리띠를 묶은 형태의 두 가지로 나타난다.

1960년부터 복원 공사가 시작되어 2009년에 완공될 예정인 바푸온 사원은 57억 원의 복원비가 투입되는데, 복원에 앞서 사원 뜰에 놓여있는 여신상 장식들이다.

앙코르 와트의 상징해독 343

앙코르 와트 양식(1010~1050)

12세기 중반기는 앙코르 와트 건립을 계기로 건축에너지가 분출된 시기다. 앙코르 스타일의 건축사적 특징은 세 개의 주벽이 회랑과 결합하면서 십자회랑으로 변하고 회랑의 규모 또한 거대해지는 경향을 갖는다. 건축기법도 수많은 기둥과 유사아치 방식을 사용하여 하중을 떠받치는 방식을 사용하게 된다. 앙코르 와트를 비롯하여 약간 빠른 시기에 건축된 벵 메알레아 사원Beng Mealea이나 프레아 파릴라이 사원Preah Palilay에서 이러한 경향성이 나타난다. 또 회랑의 입구나 참배길에는 나가상이 다시 등장한다. 이러한 기술은 앙코르 와트의 건설을 계기로 예술적 표현이 완숙기에 접어들게 된다. 앙코르 와트의 위대성은 사원의 배치와 조각을 조화시켜 완성해 놓은 데 있다. 프랑스 학자 파르망티에Parmentier는 앙코르 와트의 장식를 이렇게 표현한다.

장식은 자수刺繡를 놓은 것처럼 사원 어느 곳에서나 볼 수 있다. 그것은 사람의 눈을 끌기 위한 것이 아니라 음영의 강도와 다양성을 통해 벽면의 단조로움을 극복하고자 한 데 있다. 또한 심지어 보이지 않는 곳조차 조각을 해 넣었다. 이것은 성지순례를 위한 신도들에게 매력을 주기 위해서가 아니라 신들에게 경건심을 보여주고자 한 것임을 느낄 수 있다. 이 장식적인 정밀성은 완벽에 가깝다. 약 10㎞에 달하는 돌더미에 조각칼을 들이댄 노력과 가공할만한 표현력은 우리의 입을 다물지 못하게 한다.[7]

티아라 장식과 꽃을 든 여신 (앙코르 와트).

---

[7] Henri Parmentier, *L'Art en Indochine*, Office de Tourisme, Saigon, 1936.

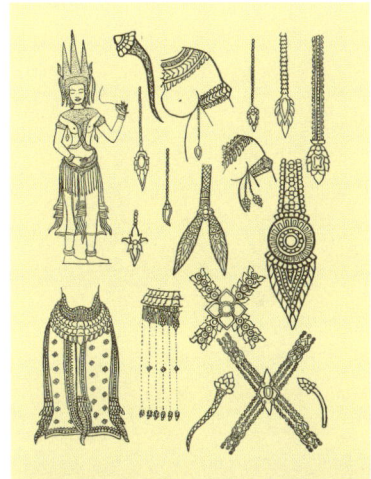

앙코르 와트 여신의 치마 양쪽으로 장식된 플랩. 상단은 여신의 다양한 장식들.

앙코르 와트의 부조는 많은 기념비적 조각에서 결코 찾아볼 수 없는 독특한 느낌을 준다. 인도네시아 자바 섬에 있는 불교사원 보로부두르Borobudur도 넓기로 유명하지만 사원의 전체 규모나 출입구나 기둥, 벽면에 새긴 조각을 비교할 때 앙코르 와트의 절반밖에 되지 않는다.

앙코르 와트의 부조의 경우, 수호신인 남신상이 보이지 않으며 왕도

앙코르 와트의 상징해독 345

다양한 형태의 티아러(왕관) 장식.

에 수십 년간 머물며 조각에만 몰두했던 장인들의 손에서 탄생한 여신들이 벽면을 장식하고 있다. 앙코르 와트와 톰마논, 차우사이 테우다에서 보는 것처럼 여신상은 머리에 왕관(티아러, tiara)을 쓰고 있으며 세 개의 뾰족한 포인트에 보석으로 치장하였다.

스커트는 이전 양식에 비해 짧아졌으며 치마 양쪽에 별도의 플랩flap

앙코르 와트 여신의 티아러와 가슴 장식.

으로 장식했는데, 토마논과 차우사이 테우다 사원에 등장하는 여신상의 스커트와 플랩은 앙코르 와트 양식에 속하지만 앙코르 와트 여신상보다 세련된 반면 활력이 떨어지는 느낌을 준다.[8]

---

8) Jean Boisselier, *Trends in Khmer Art*, translated by Natasha Eilenberg and Melvin Elliot, Southeast Asia Program 120 Uris Hall, Cornell University, New York, 1989.

앙코르 와트의 벽면에 있는 여신들은 가히 동양의 미인 선발 경연장에 출전한 여성들의 자태 그대로이다. 당시 크메르인의 미美 의식을 확인하면서 긴 눈, 잘록한 허리, 풍만한 가슴이 미인의 전형이라고 할 수 있을까? 벽면의 미인들은 하나가 완성된 작품이면서 각 부분의 작품이 전체에 포용되도록 하여 연속성과 전체성을 살리도록 의도한 흔적이 역력하다. 벽면의 중앙부, 즉 신전 건물의 첫째 입구를 중심으로 조각의 위치가 서서히 낮아지는 형태로 여신을 배치하면서도 전체 구성에서는 피라미드형을 이루도록 여신들을 배치하였다.

앙코르 와트를 장식한 여신상은 보는 각도를 조금만 달리하면 지금까지 보이지 않던 다른 여신이 나타난다. 다시 말해서 어느 위치, 어느 각도에서 보더라도 미인을 발견할 수는 있으되 모든 미인을 다 볼

앙코르 와트를 건축한 수리야바르만 2세 때에 건축된 톰마논 사원의 여신상. 앙코르 와트의 여신상에 비해 화려함이 떨어지고 플랩이 안으로 들어가 있는 등의 차이는 있으나 손에 든 꽃봉오리, 머리장식과 티아라는 모두 유사하다. 앙코르 와트 양식에 속한다.

벵 메알레아 사원의 여신상. 앙코르에서 40km 거리에 있으며, 앙코르 와트와 유사한 나가의 참배길, 십자회랑을 갖고 있다. 벵 메알레아는 자야바르만 6세에 의하여 앙코르 와트보다 먼저 건축이 시작되었으나, 완공은 앙코르 와트보다 나중에 되었다. 따라서 이곳에서의 시행착오를 거쳐 앙코르 와트라는 걸작이 탄생한 것으로 평가되고 있다.

수 없게 설계되어 있다.

　프랑스 학자 앙리 마르샬의 딸 샵포 마르샬이 1927년에 현지조사한 데바타 상은 모두 1,737개로 나타났다. 그러나 그녀는 중앙탑과 네 개의 탑에 장식된 데바타는 계산할 수 없었다. 이것까지 포함하면 모두 1,860개에 달한다. 물론 캄보디아의 혼란기에 여신상을 약탈한 사례도 있었기에 여신상들이 더 있었는지도 모른다.

앙코르 와트 양식과 유사한 벵 메알레아 여신상. 위의 사진은 5년 전에 찍은 것이고, 아래는 2006년에 두 번째 방문에서 찍은 것이다. 6년 사이에 많이 부식되었다.

바욘 양식(1180~1230)

바욘 양식은 이전의 건축과는 달리 혁신적이었다. 힌두교 대신 불교를 국가종교로 선택하고, 이에 따라서 인간의 얼굴을 한 관음보살이 건축에 등장하고 주춧돌에 수호신이 등장하거나 나가와 가루다가 하나의 몸체로 표현되는 등 혁신적인 변화가 일어난다.

자야바르만 7세 시대는 힌두교의 이념을 버리고 국가 종교를 불교로 바꾸면서 건축예술사에 급격한 변화가 일어난다.

21년 동안 재위한 자야바르만 7세는 현재 앙코르에 남아 있는 유적의 절반 정도를 지었다고 할 정도로 건축광이었다. 그러나 이에 비례하여 시간에 쫓기듯 거칠게 조각된 인상을 풍긴다. 뿐만 아니라 회랑의 부조에서나 등장할 법한 조각들이 앙코르 톰의 성문 벽 꼭대기에 위치하고 거칠고 투박한 돌에 정과 끌을 들이대면서 새로운 록 아트의 예술을 가져왔다. 이러한 건축사적 변화를 앙코르 왕도의 바로크 예술로 표현해도 무리가 없다는 생각이다. 앙코르 와트의 양식이 섬세하고 화려한 고전적인 르네상스 예술이라 표현한다면 바욘 양식은 남성적이고 동적인 바로크 양식으로 비유할 수 있다.

바욘 사원의 안쪽 회랑에 부조된 여신상. 치마 한 가운데에 플랩이 장식되어 있다.

바욘 사원의 벽면을 장식한 압사라.

　이전의 형식을 파괴한 결과, 앙코르의 바로크 양식은 바욘의 사면불四面佛이나 왕 자신의 반가좌상半跏坐像에서 볼 수 있듯이 백성의 고통을 생각하는 부처처럼 인자하고 서민적인 모티브를 도입할 수 있었던 것이 아닐까.
　여신상의 경우를 보더라도 자비로운 미소와 눈을 지그시 감은 관음보살의 조각 모티브에 영향을 받아 눈을 반쯤 감은 모습을 하고 있다. 바욘 사원의 중앙회랑에 위치한 여신상 조각은 앙코르 와트의 화려한 모습과는 달리 소박하고 은은한 풍모를 지니고 있다. 여신상의 코 또한 이전에 비해 길어지는 데 자야바르만 7세가 어머니에게 헌사한 불교사원 타 프롬이 이러한 사례를 보여준다.
　여신들의 스커트는 주름이 없어지고 가장자리를 자수로 스티치 했으며 치마 가운데를 삼각형 모양의 플랩으로 장식하였다. 상어꼬리 플랩shark fin front flap이라 부르는 치마 양식에서 화려함보다는 소박함, 세련미보다는 둔탁함을 드러낸다. 앙코르 톰, 바욘 사원, 프레아 칸, 반테이 크데이, 타 솜 사원 등 자야바르만 7세가 건축한 사원에서 공통적으로 나타나는 특징은 바로 대승불교의 저변을 흐르는 휴먼 모티브 그것이다.

자야바르만 7세가 건축한 반테이 크데이 사원 석주의 압사라. '승방의 성채'란 뜻으로 힌두사원을 불교사원으로 개축한 것이며, 바욘 양식에 속한다.

타프롬 사원의 여신상을 이해하기 위해서는 이 불교 양식이 앙코르 왕조에 유입되는 과정을 살펴보아야 한다. 조르쥬 세데스는 눈을 지긋하게 감은 불상 양식은 수리야바르만 1세가 11세기에 점령했던 옛 드바라바티 왕국(현재 방콕과 푸켓 사이에 길게 뻗어있는 반도 지역으로 당나라 현장玄奘이 대당서역기大唐西域記에서 타라발저墮羅鉢底로 불렀다)의 제2불교종파인 '라바푸리 종파'의 조각예술에서 기원한다고 기술하고 있다.

이 양식은 바욘 시대의 크메르 조각예술에 영향을 주었고, 후기에 가서 시암 예술에 더 큰 영향을 주었다. 세데스는 이 양식의 특징을 다음과 같이 일곱 가지로 열거하였다.[9]

(1) 머리를 뒤덮은 원추형의 우샤니샤(ushanisha: 불상의 독특한 두발형태로 소라 껍데기처럼 틀어올린 모습의 나발(螺髮)을 뜻한다).

---

9) 조르쥬 세데스, 『방콕국립박물관 고고학 컬렉션』, Ars Asiatica. 12: 27-28, 1928.

타프롬 사원의 여신상. 자야바르만 7세가 1186년에 어머니에게 헌사한 불교사원이며, 왕이 죽은 후에 힌두사원으로 개조되었다. 60ha의 사원에 승려 2,740명, 압사라 615명이 소속되어 있었다는 기록이 있다. 사색에 잠긴 표정으로 앙코르 와트 여신과는 대조적인 분위기를 연출하고 있다.

 (2) 눈썹의 돌출
 (3) 반쯤 감은 눈
 (4) 길고 오똑한 콧날의 강조
 (5) 턱 부위의 돌출
 (6) 굽타 양식의 의상(대부분의 남신상)
 (7) 좌불 양식의 표현(대부분의 불상)

 이상의 설명에서처럼 앞 쪽의 타프롬 여신상을 유심히 관찰하면 세데스가 말한 라바푸리 예술의 일곱 가지 특징 중에서 다섯 가지를 구비하고 있다. 원추형의 머리 왕관, 반쯤 감은 눈(앙코르와트 양식에서도 즐겨사용 되었다)과 튀어나온 눈썹, 매우 절제된 미소와 수수께끼 같은 표정이 그것이다. 물론 손에 꽃가지를 든 모양, 그리고 치마의 양쪽에 장식된 플랩은 후미에 위치하였지만 앙코르 와트 양식도 즐겨 사용했음을 보여준다.

프레아 칸 사원의 데바타. 프레아 칸 사원에서 만난 프놈펜의 화가 리나(Rina)가 그린 데바타상. 벽감에서 자라난 나뭇잎이 여신을 자연스럽게 장식하고 있다.

제5부
힌두문명의 보고, 라마야나와 마하바라타

천지창조의 신화 '우유바다 젓기'에서 나가의 몸체를 잡아당기고 있는 신들. 압사라가 태어나 하늘을 날고 있고 아래에는 물고기들이 요동치고 있다. 나가의 꼬리를 잡고 지휘하는 마지막의 인물은 하누만이다(앙코르 와트 제3회랑 동쪽 측면).

1장 『라마야나』 초록

1. 발라칸다, 아요드야의 왕자

사라유강 언덕에 '코살라'왕국을 다스리는 아요드야 궁전이 있었다. 이 궁전 도시는 매우 넓고 황금과 쌀이 넘쳐나는 전설적인 도시였다. 언덕 높은 곳에 하얀 궁전을 짓고 사는 '다사라타'왕은 지상의 군주였고 태양과 같이 빛나는 왕이었다. 천계의 신들이 거울을 통해서 살펴본 코살라왕국은 사악함이나 어두운 그림자는 찾아 볼 수가 없는 태평시대였다.

음식은 풍부하고 사라유 강변에는 수많은 배들이 드나들고, 사람들은 자신이 원하는 것을 모두 얻을 수 있어서 평화롭고 삶은 유쾌했다. 3층이나 8층으로 지은 집들이 도로변에 길게 늘어섰으며 적이란 있을 수 없었다. 아요드야는 음식, 나무와 물이 풍부하여 세계 어느 도시와도 비교할 수 없는 아름다운 도시였다. 그리하여 코살라왕국의 수도 아요드야는 불파성不破城이라는 이름을 갖게 되었다.

한 인간의 탄생

그러나 6만 살이 된 다사라타왕에게는 왕국을 이어갈 아들이 없다는 고민이 있었다. 다사라타왕은 스승인 바시슈타를 불렀다.

하누만의 어깨 위에 올라있는 라마왕자(앙코르 와트).

악마들을 공격하는 원숭이 장군 하누만(앙코르 와트).

"바라문婆羅門이여, 나는 오랫동안 아들을 소망해 왔으며 자식이 없는 한 나는 어떤 행복도 찾을 수 없어. 따라서 제례를 올려 신들을 기쁘게 해 주구려!"
"알겠습니다. 신에게 올릴 제의를 차질 없이 준비하겠습니다. 폐하는 아들을 얻게 될 것입니다."
다사라타왕은 전차부대장 '수만트라'에게 제례준비를 도와주라고 지시하고는 세 왕비에게 다가갔다.
"우리는 아들을 얻게 될 것입니다."
왕으로부터 달콤한 말을 들은 세 왕비는 길고 추운 겨울이 끝난 후 활짝 핀 연꽃처럼 얼굴에 화색이 맴돌았다. 전차부대장 수만트라는 사라유 강변에 공물을 준비하고 바시슈타는 별자리를 살핀 후에 길일을 택하여 제의를 집전했다.
바시슈타는 경전을 낭송하기 시작했고 제례가 준비된 곳에 이르러 성스러운 불에 기름을 붓기 시작했다. 그러자 성자 바시슈타가 부르는 소리를 듣고 신들의 왕 제석천 인드라신이 천계에서 내려왔다.

．．．．．．．．．．．．．．．．．．．

지상으로 내려오기 전, 인드라신은 천계에서 악마의 종족인 아수라의 왕 라바나와 전투를 벌였으나 패배한 직후였다. 주변은 파괴의 흔적만이 넘치고 있었다. 아름다웠던 정원 '난다라'의 화초들이 여기저기 뽑히고 재로 변해 있었다. 황금의 거리는 죽은 압사라와 악마들의 시체로 뒤죽박죽이었고, 깨진 벽돌과 타일조각이 어지럽게 흩어져 있었다.
천둥과 번개가 악마 락샤사의 칼을 맞고 산산조각 난 채 발 밑에 흩어져 있었다. 인드라신의 눈에는 눈물이 가득 고였다. 그는 이를 악물고 주먹을 불끈 쥐며 아래로 내려가 브라흐마신의 궁전으로 들어갔다.
브라흐마신은 세 걸음만 걸으면 우주의 끝까지 갈 수 있는 궁전 한 쪽의 방에서 연꽃이 수 놓여진 백단향 의자에 앉아 있었다. 브라흐마신이 은으로 만든 소마주酒 잔을 내놓자 인드라신은 입에 들이켰다. 그리고는 탄식 끝에 다시 웃었다. 브라흐마신 또한 술 한잔을 들이킨 후 인드라신을 조심스럽게 바라보면서 얘기했다.
"천상의 정원은 한 때 나의 눈을 즐겁게 하고 내 가슴에서 노래를 부르도록 해 주었는데 이젠 파괴되었어. 더 이상 노래를 들을 수 없고 코살라왕국의 다사라타왕에게 그 화禍가 미칠까 두렵다네! 그러나 코살라왕국에 자손이 생기는 것을 누구도 막을 수는 없을 거야. 라바나의 방해를 받지 않도록 조

브라흐마신의 탄생. 아난타 뱀 위에 누워 있는 비슈누신의 배꼽에서 연꽃과 브라흐마신이 태어난 모습 (반테이 삼레 사원).

심해야 하네."

브라흐마신이 다시 말했다.

"나라야나[1])에게 가거라. 나라야나만이 라바나의 운명을 알 수 있다. 자신을 위하여 목표를 어디에서 찾고 어디에서부터 시작하고 이 일의 경로가 어떻게 되어 가는가는 나라야나에게 물어 보거라."

이 말을 들은 인드라는 우주의 영혼, 나라야나에게 갔다. 나라야나는 앉아서 인드라가 다가오는 것을 지켜보며 손에 힘을 주어 자신의 눈썹을 만지작거리고 있었다.

"정의의 추구자여, 당신을 존경합니다. 나는 지금까지 '다르마의 법칙'에 충실한 신념을 가져왔습니다."

나라야나는 노란색 사프란 옷을 입은 채 인드라신을 향해 미소지으면서 말을 건넸다.

"그만하면 힘껏 싸웠다. 위대한 신이여 두려워 할 것은 없다."

"라바나를 어떻게 굴복시킬 수 있을까요? 마왕은 브라흐마신의 은혜로 더욱

---

[1] 브라흐마신과 비슈누신은 뚜렷이 구분되지 않는다. 나라야나로서 비슈누신은 브라흐마신을 창조했고, 나라야나로서 브라흐마신은 비슈누신의 배꼽에서 태어나 시간과 공간을 창조했다. 따라서 두 신은 나라야나로 불린다.

강대해져서 누구도 두려워하지 않습니다. 도와 주십시오. 나의 구세주여!"
　나라야나가 말했다.
　"라바나는 천계와 지상계의 모든 창조물에 의해서는 살해되지 않으며, 브라흐마신의 은혜는 깨질 수 없는 사실이라네. 그러나 나는 라바나를 죽일 수 있는 비밀을 찾고 있네, 나에게 물어보게…."
　인드라신이 말했다.
　"라바나는 사람이나 동물로부터 자신을 안전하게 방어할 수 없습니다. 라바나는 인간을 먹어치우고, 인간이 그의 식품이 되는데도 그는 왜 인간을 두려워하나요?"
　"나라야나여! 지상의 생활은 다시 지옥을 닮아가고 있습니다. 나라야나신이여, 전 세계의 선을 위하여 인간으로 재탄생하여 세상을 구해 주십시오."
　"나는 이미 그렇게 하기로 결정했다네."
　나라야나가 대답했다.
　그 말을 들은 인드라신은 환희와 기쁨으로 넘쳤다. 적청색의 나라야나가 노란색으로 뒤덮여 여러 색을 띠고 있었다.
　"네 개의 손에 들고 있는 고동, 면도날처럼 날카로운 원반, 연꽃 그리고 철퇴를 내려놓으십시오. 그리고 환상적인 인간세계, 찬란하면서도 난폭한 인간세계로 내려가 주십시오. 다사라타왕의 네 아들로 태어나 주십시오. 그리고 락슈미 여신을 아내로 맞이하고 운명을 같이하여 주시기 바랍니다."
　"물론이다."
　그는 짧게 대답하고 인드라신을 향해 다시 말했다.
　"들어봐라 성자 바시슈타가 너를 지상으로, 사라유 강변의 아요드야왕국으로 초대하는 노래를 부르고 있다."
　바시슈타의 국자에서 흘러내린 버터가 불꽃에 활활 타오르고, 바시슈타는 인드라를 향해서 노래하기 시작했다.

　"인드라는 높은 곳에서 낮은 곳을 연결하는 우리의 다리가 될 것이다. 나의 명령을 받고, 나에게 복종할 것이다…."

....

　불꽃이 춤추고 있는 가운데 보이지는 않지만 하늘에서 인드라신이 연기를 타고 내려왔다. 바시슈타는 불 속에 꽃을 던지고 다사라타왕의 옆으로 한 걸음 물러났다. 이 때 시끄러운 소리가 들려왔다. 맹렬하게 금속 부딪치는 소리도 들렸다. 그러나 아무도 보지 못했다.

"어떤 일이 일어난 거야?"

"하늘에서 둥근 원반이 떨어졌습니다."

왕의 일행은 나무가 쓰러지는 것 같은 소리를 들었다.

이 때 한줄기 연기를 내뿜으며 타오르는 불꽃 속에서 거대하고 시커먼 남자가 갑자기 일어섰다. 그는 불꽃에서 걸어 나오더니 눈살을 찌푸리며 왕을 위협하듯 눈부신 모습으로 멈춰 섰다.

왕은 미동도 하지 않고 그를 맞이했다. 이 거인은 진홍색 옷을 입고, 시커먼 몸은 사자의 갈기 머리털로 뒤덮여 있었으며, 활시위로 만들어진 벨트를 허리에 매고 있었다. 손바닥엔 번개 표시가 나 있고 발에는 수레바퀴가 달려 있었다. 턱에는 풍성한 수염이 나 있고 머리는 길고 검은 색이었다. 눈은 호랑이 눈과 같이 황색, 노란색을 하고 있었고 태양과 같이 황금빛이 나는 그릇을 가지고 있었다.

다사라타왕은 시커먼 남자가 전해 주는 그릇을 받아 들었다. 이윽고 검은 살결의 사나이가 말했다.

"이것을 왕비에게 드시게 하면 아들을 얻게 될 것입니다."

그리고는 불꽃이 꺼지면서 키 큰 사나이가 흔적도 없이 사라졌다. 그릇 안에는 우유에 끓인 쌀과 감미료가 들어 있었다. 다사라타왕은 가난한 사람이 예기치 않은 보물을 횡재한 사람처럼, 길 잃은 선원이 항로를 찾은 것처럼 행복에 넘쳤다.

다사라타왕은 왕궁으로 돌아왔다. 세 왕비의 하인들 또한 즐거움에 차 있었다. 그들의 표정은 마치 가을 하늘의 보름달이 사랑스럽게 빛나며 하늘을 충만하게 수놓은 것처럼 왕궁을 환하게 만들었다.

다사라타왕은 한줄기 빛을 발산하는 그릇을 첫째 왕비 '카우살리야'에게 주면서 절반만 먹으라고 권했다. 첫째 왕비가 절반을 먹고 난 다음, 둘째 왕비 '수미트라'가 남은 것의 절반을 먹었다. 왕은 잠시 생각에 잠겼다가 제일 어린 왕비 '카케이'에게 남은 것을 모두 주었다.

비슈누신이 다사라타왕의 아들로 태어나기 위해 지상으로 내려간 사이에 브라흐마신은 모든 신들에게 말했다.

"비슈누신을 도와서 공동의 선을 추구할 강력한 동료 영웅들이 탄생할 것이다. 그 영웅들에게 마법의 힘을 주자. 그들은 영리하고 기술에 능하며 비슈누신의 분신이다. 그들이 파괴되지 않도록 천계의 기운을 부여하자. 마치 신들이 음료를 마시는 것처럼 그들 또한 자유자재로 기술을 구사할 것이다."

"모든 신들은 압사라와 간다르바2)의 딸, 약사의 딸, 원숭이 부모로서의 역할을 해야 한다. 원숭이 등 수많은 영웅들이 탄생할 것이다. 이들은 커다란 산을 뒤흔들고 나무를 뿌리째 뽑아낼 수 있으며 대양을 만들고 구름을 잡을 수 있는 힘을 가질 것이다."

"천만 명의 원숭이가 태어나고 그들의 지도자가 원숭이 영웅을 길러낼 것이다. 그리고 원숭이들은 태양의 아들 수그리바와 샤크라의 아들 발리를 섬길 것이다. 라마를 도와 줄 원숭이가 지상에 가득하고 그 수가 구름같이 많아질 것이다."

....

일년이 지나고 봄의 달 아홉째 날에 카우살리야왕비에게서 첫째 아들 '라마'왕자3)가 태어났다. 그리고 같은 날 카케이왕비에게서 '바라타'왕자가 태어났다. 그리고 같은 날 느지막이 수미트라왕비에게서도 '락슈마나'와 '사트루그나' 쌍둥이가 태어났다.

라마왕자는 왕이 제일 총애하는 아들로 성장하여 갔다. 라마는 크지도 작지도 않았지만 태양보다도 센 힘을 가졌고 목소리도 우렁찼다. 그는 녹색의 눈을 가졌고, 먼지가 내려앉을 수 없을 만큼 부드러운 해맑은 푸른빛의 피부를 지녔다. 곱슬머리는 감청색을 띠었고 발걸음은 마치 사자와 같이 힘찼다.

그의 발바닥은 평평했고 왕가의 가문을 상징하는 다르마의 수레바퀴 표시가 찍혀 있었다. 양어깨 뼈는 어떤 광채도 없었으나 양팔은 무릎까지 내려올 정도로 길었다. 석류나무의 씨처럼 모든 형태가 균일한 40개의 치아를 갖고 있었으며, 그의 엄지손가락은 두 손을 모아 지혜를 찾아내는 네 가지 원천이었다.

락슈마나는 라마의 곁에 걸어가면서 라마의 인생을 살았다. 그는 라마와 함께 동행했고 라마를 위한 것이라면 모든 것을 도와주고 헌신하는 라마의 또 다른 자아였다.

락슈마나는 황금의 피부를 가졌고 알 수 없는 큰 힘을 지녔으며 눈은 야생화처럼 푸르렀고 머리는 황갈색이었다. 락슈마나는 라마가 근처에 없으면 잠을 자지 않고 그가 음식을 먹지 않으면 그도 입에 대지 않았다. 라마가 말 위에 올라타면 활을 잡고 그 뒤에 올라타서 달렸다.

---

2) 천계의 음악가. 불교에서는 향만 먹고 천공을 날아다니는 신이다. 건달이란 말도 '간다르바乾闥婆'에서 유래했다.
3) 어근 람ram은 '자신의 도덕을 통해서 모든 사람을 기쁘게 해 주는 자'의 의미를 갖고 있다.

바라타왕자는 붉은색 피부와 붉은색의 눈, 분홍색의 입술, 불타는 듯한 붉은색 머릿결을 가지고 태어났다.

그의 동생 사트루그나는 검푸른 피부에 검은 눈, 검은 머리를 지녔다. 사트루그나는 라마와 락슈마나의 관계처럼 어느 곳을 가든 바라타를 동행하고 자신보다 바라타의 생활 그 자체로 행동했다.

지상에서의 고통

네 명의 왕자가 열 여섯 살이 되던 어느 봄 날, 은둔자 비슈와미트라가 코살라왕국에 들어왔다. 왕의 스승인 바시슈타는 성자 비슈와미트라를 맞이하여 왕궁으로 안내했다.

성자 일행이 앉자마자 다사라타왕이 물었다.

"비슈와미트라여! 어떤 일로 오셨는지 또 무엇을 원하는지 알려주시면 고맙겠습니다."

비슈와미트라가 이어받았다.

"청이 하나 있습니다만, 약속을 해주셔야 합니다."

비슈와미트라가 말을 이었다.

"국왕이시여, 나는 숲에서 수 년 동안 고행을 하고 있습니다. 그러나 모든 것이 시들어가고 다르마도 쇠퇴하고 있습니다. 인간들은 재물과 보상을 얻기 위해 발버둥치기 시작했습니다.

이것은 우주의 주기가 바뀌고 음모의 시기가 왔음을 뜻하는 것입니다. 랑카의 왕 라바나는 천계와 지옥을 정복했으며 그의 야만적인 부하들이 우리를 굶주리게 하고 있습니다. 그들은 아주 빨리 날고 의지에 따라서 형체를 바꾸고, 숨어서 먹는 것을 좋아하며 깨끗한 인간을 음식으로 하고, 죽음 그 자체와 같이 창조물을 소비합니다."

비슈와미트라의 길고 긴 이야기가 시작되었다.

"들어보십시오, 국왕폐하-.

밤에 배회하는 종족이 아주 오래된 역사에서 3계(界)의 세상을 굴복시키고, 악마 라바나가 했던 만행을 말씀드리겠습니다.

태초에 우주의 주기가 시작되려는 순간에 세계의 창조자 브라흐마신이 연꽃에서 환생하였습니다. 그 연꽃은 마치 크기를 알 수 없는 뱀 세샤[4]가 똬리

---

[4] 우주의 뱀. 아난타라고도 하며 어두운 밤과 무한한 바다와 같이 무형적인 태초의 상태를 상징한다.

를 틀고 있는 위에 누워 있던 나라야나의 배꼽에서 자란 것입니다. 브라흐마 신은 사방에 물이 있는 것을 보았고 누가 훔쳐 가지나 않을까 걱정했습니다.

그는 물에서 나와 남녀 두 쌍을 만들고 결혼시킨 다음에 경비원으로 삼았습니다. 이들 두 쌍이 최초의 락샤사와 야사였습니다. 나라야나는 이 때 아주 신중하게 물에서 대지를 건져냈습니다. 브라흐마신은 이렇게 해서 세상을 창조하고 식량과 다른 인종을 만들었습니다. 락샤사 부부는 지상에서 살게 되었습니다. 그리고 부인 락샤시가 임신하게 되었습니다.

나찰녀 락샤시는 비구름처럼 아이를 볼룩하게 밴 채 바다에서 물을 마음껏 들이켰습니다. 그리고 얼마 후 락샤시는 아이를 출산했습니다. 그녀는 출산한 아들을 사막에 있는 언덕으로 데리고 갔습니다. 그리고는 악마인 아들을 버렸습니다.

그녀는 아들을 기억 속에서 아예 지워버리고 남편에게 되돌아갔습니다. 그리고는 또 다른 아기를 입에 집어넣고 서서히 울기 시작했습니다. 바로 그 때 언덕 위의 하늘에서 시바신이 하얀 황소 난디의 등에 데비 여신을 태우고 지나가던 참이었습니다.

데비 여신은 흐느끼는 소리를 듣고 가엾은 아기가 있는 아래를 내려다보게 되었습니다. 데비는 시바신을 언덕으로 내려가게 했습니다. 위대한 신 시바는 아이를 향해 몸을 굽히더니 그 애를 들어올려 점잖게 안았습니다.

창조하기에 앞서 파괴를 일삼는 신 시바는 핏방울이 뚝뚝 떨어지는 호랑이 가죽을 입고 얼룩덜룩한 뱀가죽으로 만든 신성한 실을 어깨에 걸치고 이마에는 초승달을 달고 있었습니다.

시바신은 창백한 얼굴에 머리에는 불에 타서 하얗게 된 재가 묻어 있고 목구멍은 파랗고 이마에는 감겨서 거의 보이지 않는 세 번째 눈이 달려 있습니다.

시바신은 주어 온 아이를 친 어미 나이만큼 키우고 데비는 그에게 날 수 있는 능력을 부여하여 락샤사 종족과 같이 살 수 있게 했습니다. 그리고 그의 자식은 그가 태어날 때 이미 어머니만한 나이로 성장해 있었습니다. 그 락샤사가 바로 수케샤입니다.

수케샤는 아름답고 점잖아서 어디에서든지 환영받았습니다. 그는 간다르바의 딸과 결혼하였고 그의 가족들은 그를 즐겁게 하였습니다. 그는 세 아들을 두었는데 말리, 수말리, 말리야반이 그 자식들의 이름입니다."

....

비슈와미트라의 라바나의 탄생과 만행에 대한 이야기는 어느덧 한편의 소설처럼 계속되고 있었다.
　세 명의 아들 락샤사는 좀 더 좋은 곳으로 가서 사는 것을 희망했다. 이들은 지상에서 가장 아름다운 곳을 원했고 건축의 신 비슈와카르만이 살고 있는 천계로 날아갔다.
　세 아들들은 철도끼와 해머로 대장질하는 건축의 신 비슈와카르만을 보았다. 주위에는 칼날을 담금질하기 위해 놓아둔 커다란 진흙 항아리, 모루, 불구덩이, 풀무와 숯을 넣어두는 때 묻은 자루들이 방 여기저기에 흩어져 있었다. 긴 가죽 벨트와 회전하는 기계, 둥둥거리며 돌아가는 목재 톱니바퀴가 함께 어울려서 소음과 굉음이 그의 작업장에서 그칠 줄 몰랐다.
　말리야반은 작업장으로 가서 큰 소리로 말했다.
　"예술의 신이시여…."
　비슈와카르만은 망치질을 멈추었다. 때 묻은 손을 땀에 젖은 이마에 대고 헝클어진 머리를 빗으며 문 뒤쪽으로 다가가더니 따라오라고 권했다. 그는 락샤사 3형제를 깨끗하고 조용하며 불빛이 환한 방, 창작하기에 이상적인 방으로 안내했다. 비슈와카르만은 점잖게 미소지으며 시원한 음료를 들이켰다.
　그는 더 이상 대장장이로 보이지 않았다. 그는 작업실을 나오면서 우아한 옷을 입고 근심이라고는 찾아볼 수 없는 모습으로 변한 것이다.
　그는 말리야반에게 물었다.
　"당신에게 어떤 건물을 지어 드릴까요?"
　"우리에게 시바신의 궁전과 같이 높은 천장에 페인트가 칠해 있고 많은 장식과 꽃이 핀 정원이 있는 커다란 집을 지어 주십시오."
　비슈와카르만은 웃으면서 대답했다.
　"지상의 남쪽 바다에 랑카섬이 비어 있는데, 그 곳에 도시를 지어드리지요. 그 곳은 구름이 일어나는 '트라쿠타' 언덕의 중심에 있으며 지상의 봉우리 가운데 가장 높은 곳과 비교해도 결코 낮지 않은 곳입니다."
　비슈와카르만은 다시 등 뒤에서 아주 크고 넓은 날개를 꺼내서 여러 형태로 만든 다음 공기를 주입해 넣었다. 그리고 지팡이를 집어 들고 밖으로 나간 후에 대지를 두드리자 벽이 황금으로 둘러싸인 아름다운 도시가 랑카에 만들어진 것이다.
　이렇게 해서 아름다운 랑카의 도시가 건설되었고, 락샤사 종족들은 수케사의 세 아들들의 지도아래 번영을 누리게 있었다. 수케사는 모든 악마들이 신성시하는 히말라야의 산비탈에 거주하는 간다르바의 집에서 부인과 함께 여생을 즐기고 있었다.

그러나 이들의 인구가 늘어나자 락샤사들은 바다를 건너 산 속을 배회하면서 사람들을 잡아먹기 시작하였다. 마치 익은 과일을 손쉽게 따내듯이 숲 속에서 점잖게 고행을 하는 승려들을 살해하기 시작하였다.

....

'풀라스티야'는 브라흐마신의 마음속에서 태어난 아들로서, 히말라야의 고독한 숲 속에서 살면서 아래를 내려다보고 있었다. 그에게는 바쁜 일이 없었다. 그는 세상이 어떻게 돌아가는지를 지켜 볼 뿐이었다.
 히말라야산은 또한 신들의 무희舞姬 압사라와 나가의 여자들이 은둔자들의 딸과 얘기하고 웃으면서 지내는 데 적합한 놀이터였다. 압사라들이 이 곳에서 시끄럽게 굴며 108번이나 풀라스티야를 훼방 놓자 그가 드디어 입을 열었다.
 "어떤 여자든 이 곳에서 노는 것을 내가 발견하게 된다면, 그녀는 임신하게 될 것임을 경고한다."
 그의 말이 끝나자마자 놀란 압사라들은 흩어져 도망쳤다. 그러나 은둔자 '트리나빈두'의 딸은 이 경고를 듣지 못했다. 그리고 바로 다음 날 그녀는 여느 때와 마찬가지로 친구와 함께 풀라스티야의 집에 와서 놀았다.
 그녀가 놀고 있는 것을 본 풀라스티야는 그녀를 쳐다보았다. 그러자 잠시 후 그녀의 얼굴이 창백해지기 시작했다. 그녀는 곧바로 아버지한테 달려갔다.
 '트리나빈두'가 말했다.
 "애야, 네가 어찌 처녀가 아니란 말이냐?"
 그녀는 손을 비비꼬면서 대답했다.
 "… 아무 일도 없었어요. 단지 거기에서 놀은 죄 밖에는 없어요."
 트리나빈두는 명상에 들어가서 딸이 임신한 이유를 알아냈다. 그는 딸의 손을 잡고 풀라스티야에게 간 다음, 자신의 딸을 자선慈善으로 받아달라고 요청했다.
 이윽고 풀라스티야가 그녀를 받아들이고 그들 사이에서 아들 '비슈라바'가 태어났다. 비슈라바는 성장하여 브라흐마신의 딸과 결혼하였고, 아들이 태어나자 그 이름을 '바이슈라바나'로 불렀다.
 바이슈라바나는 다정하고 좋은 심성을 가진 채 성장하였다. 그는 할아버지의 언덕에 머물면서 매일 행복하게 지냈다. 너무나 행복한 나머지 그는 천년동안 마시거나 먹는 것, 심지어 숨쉬는 것조차 잊게 되었다.
 이윽고 브라흐마신이 내려와 바이슈라바나에게 무엇이 되고 싶은지를 물었다.

"나는 항상 편견 없이 고결한 사람이 되길 원합니다."

브라흐마신은 그를 보석과 부의 신이 되게 했다. 또 건축의 신 비슈와카르만이 만든 마음으로 조종하는 전차 '푸슈파카'를 선물로 주었다.

이 전차는 말과 함께 날 수 있으며 말이 없어도 마음으로 조종할 수 있고 꽃으로 뒤덮여 있으며 도시만큼 큰 것이었다. 바이슈라바나는 3계와 모든 왕국의 재산, 그리고 영원불사를 얻었다. 그러나 브라흐마신은 그에게 사는 곳을 주지는 않았다.

바이슈라바나는 아버지에게 자신이 어떻게 해야 할 것인지를 물었다. 그러자 아버지 '비슈라바'는 그를 랑카의 사막으로 보냈다. 함께 동행한 약사가 세계의 모든 보석을 푸슈파카 전차에 싣고 남쪽 바다를 건너 랑카에 도착하였다.

바이슈라바나는 랑카를 아름답게 꾸미고, 때때로 히말라야에 가서 부모를 만나거나 햇볕을 받으면서 즐겼다.

....

나가의 명부冥府에서 악마의 종족 지도자들인 말리야반과 수말리는 이럭저럭 살아가고 있었다. 이들은 남쪽 바다를 쳐다보면서 대양의 밑바닥에 나 있는 틈을 통해서 랑카를 새롭게 단장한 바이슈라바나를 볼 수 있었다.

이것을 보고 말리야반은 아예 단념하고 있었으나, 수말리는 바이슈라바나의 보석과 바다 밑에까지 비치는 밝은 빛에 질투심을 불태우고 있었다. 불쾌감에 휩싸인 그는 보석의 신이 어떻게 탄생한 것인지 자문자답하기 시작했다.

수말리는 딸 '카이카시'에게 지시했다.

"비슈라바에게 가서 그의 훌륭한 아들 바이슈라바나와 같은 아들을 얻거라."

그녀는 눈을 내리깔았다. 그러나 내키지는 않았지만 히말라야의 언덕으로 향했다. 터덜터덜 걸으면서 그녀는 비슈라바의 집 앞에 다가섰다. 비슈라바가 그녀를 훑어보자 이렇게 말했다.

"나는 카이카시입니다. 당신을 위한 휴식처가 되고자 왔습니다."

비슈라바는 그녀를 두 번째 아내로 맞이했다. 둘 사이에 네 명의 락샤사가 태어났는데 세 명은 아들이고 하나는 딸이었다.

첫째 아들은 '라바나'로 이름 지었다. 라바나는 흉물스럽게 생긴 열 개의 머리와 스무 개의 팔을 가졌다. 그는 매연보다도 더 검었고, 세계가 무서움에 떨 만큼 기괴하게 생겼다.

그 다음으로 둘째 아들인 거인 '쿰바카르나'가 태어났다. 그의 귀는 사람의 가슴 높이 만한 항아리와 같았고, 매일 집 높이만큼 자랐다.

그리고 세 번째로 딸 '수르파나카', 마지막으로 막내 '비비샤나'가 태어났다. 막내는 악마였지만 심성은 비교적 고왔다.

천년이 끝나는 날마다 라바나는 자신의 머리 하나씩 잘라서 아홉 번이나 불 속에 제의를 바쳤다. 그러던 어느 날 그에게는 열 개의 머리 중에서 하나만 남게 되었다. 시간이 흘러서 일 만년이 다가오자 라바나의 생명도 다할 것처럼 보였다. 이윽고 라바나는 칼을 집어 들어 자신의 목을 겨누었다. 이때 브라흐마신이 나타나 말렸다.

"멈춰라! 그리고 나에게 다시 한번 너의 소망을 부탁해라!"

"신이나 천계의 어느 누구로부터, 그리고 지옥의 악마나 아수라 혹은 악의 정령, 지하의 뱀, 약사와 락샤사로부터 죽지 않고 이들을 이길 수 있는 힘을 주십시오."

"그래 허락하마."

브라흐마신은 라바나의 소원을 들어주고 불에 탄 머리를 돌려주어 이전보다 더 나은 모습이 되도록 하였다. 머리는 다시 생명을 얻어 라바나의 목에 붙어서 살게 되었다. 라바나는 웃음을 띤 모습으로 검은 콧수염을 만지작거렸다.

이어서 브라흐마신은 비비샤나에게도 청을 말해 보라고 권했다.

"나는 기쁠 때나 슬플 때나, 안락할 때나 어려울 때나 '다르마'를 결코 잊어

시바신과 배우자 우마신이 거주하는 히말라야산을 흔들고 있는 라바나(반테이 스레이 사원).

본 적이 없습니다."

"좋다. 너는 지상계에서 불멸이 될 것이며, 죽음과 망각으로부터도 자유롭게 될 것이다. 내가 한 약속은 결코 바뀌는 일이 없을 것이다."

브라흐마신은 다시 '쿰바카르나'를 쳐다보았다. 이 때 보이지 않는 바람이 브라흐마신을 스치면서 속삭였다.

"할아버지, 그에게는 아무 것도 주지 마세요. 그는 이미 압사라와 열 명의 간다르바, 그리고 수많은 성자를 먹어치운 악마입니다. 그에게 은혜를 베풀 수는 없습니다."

브라흐마신이 잠시 생각에 잠겼다. 이 사이에 웅변의 여신 '사라슈와티'가 쿰바카르나의 목구멍에 들어가 말을 못하도록 했다. 브라흐마신은 큰 소리로 말했다.

"쿰바카르나여! 빨리 물을 테니 빨리 대답하거라!"

"내가 원하는 것은 이 우둔한 세상에서 반 년 간 잠자는 것 뿐…."

그는 미처 말을 끝내기도 전에 깊은 잠에 빠져 들었다.

....

그 일이 있고 나서 소말리는 지상으로 나왔다. 그는 라바나를 포옹한 다음 한 가지 제안을 했다.

열 개의 머리, 스무 개의 팔을 가진 락샤사의 왕 라바나(앙코르 와트).

힌두문명의 보고, 라마야나와 마하바라타

"무엇이 두려운가? 신도 심지어 나라야나도 우리를 해치지 못한다. 이전과 같이 우리를 이끌고 랑카로 돌아가자."

라바나는 이윽고 소말리를 랑카로 보냈다. 그리고 그와 함께 간 늙은 락샤사가 바이슈라바나에게 말했다.

"떠나거라. 이 곳은 원래부터 우리의 도시다."

일이 어렵게 되자 바이슈라바나는 아버지 비슈라바에게 어찌해야 할 것인지를 물었다.

"형제들과 싸워서는 안 된다. 네가 이 곳을 재건했듯이 히말라야 북쪽의 '은으로 뒤덮인 산' 카일라사의 언덕에서도 충분히 살 수 있지 않느냐. 너의 보석을 그 곳으로 옮겨라."

이렇게 해서 바이슈라바나는 아버지의 지시대로 히말라야에 가서 세계의 네 방향 가운데 북쪽을 수호하는 신이 되었다.

이윽고 라바나가 수백만 명의 락샤사와 그의 가족, 동물들을 지하세계에서 데리고 나와 랑카에 입성하게 되었다. 나이 든 말리야반은 랑카의 빛나는 해변에서 눈을 깜박거리며 웃음을 띤 채 서 있었다. 라바나는 기쁘고 득의양양해 있었다. 락샤사들도 황금으로 빛나는 귀고리를 달고 랑카의 땅을 다시 밟게 되었다.

어느 날 라바나가 랑카의 언덕을 거닐고 있었다. 그 때 라바나는 아름답고 하얀 손을 가진 소녀를 데리고 있는 아수라 '마야'와 마주치게 되었다.

라바나가 물었다.

"너는 누구이며, 엷은 황갈색의 눈을 가진 그 소녀는 또 누구냐?"

마야가 웃으면서 대답했다.

"나는 마야이며, 가난한 예술가입니다. 그리고 이 애는 딸 '만도다리'입니다. 이제는 딸을 떠나보낼 때가 되었습니다만 아무도 그녀에게 청혼을 하지 않습니다. 그래서 우리 가문도 불확실한 상태입니다. 라바나 당신은 말쑥한 친구입니다. 당신의 얼굴은 매우 인상적이고, 당신의 결점은 말할 필요가 없을 정도로 당신은 완벽합니다. 군주여! 나의 딸을 데려 가 주십시오."

라바나는 황금의 피부를 가진 환상의 소녀 만도다리와 결혼하게 되었다. 라바나는 불을 밝히고 결혼식을 올렸다. 결혼한 지 하루가 지나자 라바나의 아들 '메가나다' 태어났고, 마치 기름에 타는 불꽃처럼 건장한 성년으로 자라서 라바나 앞에 서 있었다.

메가나다는 천둥소리처럼 우렁찬 목소리를 갖고 있었다. 자신의 의지대로 형태를 바꾸고 가고 싶은 곳에 나타났다. 그의 어머니 만도다리 조차 원래 모습으로 되돌아와야 아들인지를 알아 볼 정도였다.

그는 아버지 라바나가 인드라신을 공격하다 코끼리 '아이라바타'로부터 반격을 받아 부상을 입자 인드라신을 생포하였다. 이윽고 브라흐마신이 랑카에 내려와서 라바나의 아들 메가나다에게 말했다.

"이제부터 너는 인드라신을 정복한 자란 의미로 '인드라지트'라 부르겠다. 그를 석방하거라."

"죽지 않는 선물을 주십시오."

"왕자여, 설령 그것을 요구한다 해도 너에게 줄 수는 없다."

인드라지트가 다시 간청했다.

"세상을 지배하는 할아버지여! 락샤사들을 제외한 누구에게도 내 모습을 보이지 않으면서 싸울 수 있게 해주십시오."

"좋다. 그 모든 것을 너에게 주마."

한편 라바나는 악마 '프라하스타'를 자신의 장군으로 임명하고 프라하스타는 군사들을 지휘하며 세상을 강탈하기 시작하였다. 히말라야산을 습격하여 천계의 나무를 쓰러트리고 정원을 마구 훼손하였다. 지상을 방문했던 압사라와 간다르바는 이들에게 잡혀 먹히는 운명이 되었다. 라바나는 랑카의 전사들에게 나눠주기 위해 모든 종족의 처녀를 훔쳐가기 시작하였다.

비슈와미트라는 라바나에 대한 이야기를 끝맺으려 했다.

"사람들은 지옥과 같은 생활에 시달리고 있습니다. 밤이 되면 악마들이 소리를 지르면서 활개치고 있습니다. 다사라타왕이여! 이 왕국 너머에서는 악마들이 바람처럼 휘젓고 다니고 있습니다. 그래서 나는 아요드야로 올 수밖에 없었고, 그들을 죽일 수 있는 라마왕자를 필요로 합니다."

왕이 놀라면서 말했다.

"아니, 내 아들을?"

비슈와미트라가 말했다.

"라마왕자만이 가능합니다. 나는 그에게 축복과 명성을 주고자 합니다. 비록 그가 양쪽으로 머리를 따고 열여섯에 불과한 소년이지만요."

다사라타왕이 말했다.

"내 비록 6만 살을 살았지만 늘그막에서야 아들을 얻게 되었다네. 그런데 처음으로 얻은 아들, 그것도 유약한 어린애를 죽음으로 내몰려는가?"

물맞 보기

잠시의 시간이 흐른 후 다사라타왕이 말문을 열었다.

"라마와 동생 락슈마나를 데려가십시오."

왕은 라마와 락슈마나 형제를 부른 다음에 그들에게 타일렀다.

"무장을 하고 이 바라문 형제를 모시고 떠나거라."

늙은 다사라타왕은 두 아들을 꼭 껴안았다. 그리고는 자식들의 머리에 코를 대고 냄새를 맡아 보았다. 그들은 아직까지도 동안의 소년들이었다. 라마와 락슈마나는 머리 숙여 하직인사를 드리고 칼과 화살집을 어깨에 멨다.

이윽고 두 왕자는 비슈와미트라를 따라 나섰다. 아요드야왕국의 하얀 성을 나와서 사라유 강변에 멈추어 섰다. 비슈와미트라가 물가에 앉은 다음에 왕자들에게 말을 꺼냈다.

"아요드야의 왕자여! 라바나가 인간을 경멸하기 때문에 내가 몇 가지를 알려 드려야겠습니다. 내가 왕자들을 인도해야 함으로 왕자들은 나의 제자가 되어야 합니다."

라마는 장작더미를 모아 비슈와미트라에게 가지고 갔다. 스승과 처음 만났을 때 드리는 의식을 거행하기 위해서였다. 비슈와미트라는 야자열매로 만든 잔에 물을 채우고 라마에게 주었다.

"이 잔을 마셔라. 단숨에 마셔야 한다. 그렇지 않으면 끊임없이 말이 나오고 불길한 일이 일어난다."

그리고는 두 가지 주문을 라마에게 가르쳐 주었다. 하나는 '강해지는 주문'이었고, 또 하나는 '더욱 강해지는 주문'이었다.

비슈와미트라는 락슈마나에게도 잔에 물을 채워 마시게 했다. 비슈와미트라는 시간을 정확히 지키는 법, 말을 정확히 하는 법을 가르쳤다.

바슈와미트라는 라마에게 브라흐마신의 무기를 작동하는 방법, 천계의 무기를 다루는 방법도 가르쳤다. 교육이 끝나고 어둠 속에 앉아 있었다.

라마는 만트라[5] 구절을 외우면서 자신의 앞에 차례로 나타난 천계의 무기를 하나씩 시험해 보았다. 그는 하나씩 만지면서 '내가 기억해낼 때마다 다시 나타나라'고 말했다. 어떤 무기는 천체와 같이 둥글었고, 어떤 무기는 불타고 있는 석탄, 어떤 것은 담배연기, 어떤 것은 위대한 태양과 달과 같은 모습을 하고 있었다.

다음 날 아침, 뗏목을 타고 신성한 강을 건너 정오가 다가올 무렵이 되어서야 갈대와 관목으로 뒤덮인 비슈와미트라의 은둔지에 도착했다. 은둔자는 고행 길을 밝혀주었던 불을 비스듬히 기운 제단에 올려놓았다.

---

5) 주문, 마술, 베다 찬가

비슈와미트라가 말했다.

"이제 시작해야 한다. 여기에 서자."

"6일 밤낮을 보호해 주시고, 7일 째 되는 낮에도 보호를 받았습니다. 특히 희생제가 이루어지는 저녁에 더욱더 경계가 필요합니다. 이제 나는 말을 하지 않을 것입니다."

비슈와미트라는 침묵에 빠졌다. 그는 영적으로 불의 신 아그니를 불러내어 자리에 앉게 한 다음에 고행에 필요한 도움을 요청했다. 그리고 물에 떠 있는 꽃을 바쳤다. 7일째 저녁에 비슈와미트라는 한 움큼의 보석과 형형색색의 쌀을 섞어 제단에 올려놓고 꽃으로 장식했다. 향을 피우고 초록과 흰색의 유리잔, 버터 접시도 놓았다.

이 때 악마 '마리차'와 '수바후'가 구름과 같이 제단에 나타나 위협하였다. 라마는 세 걸음을 뒤로 물러나 세 발의 화살을 마리차에게 쏘았다. 세 발의 화살은 마리차의 심장에 정확히 꽂혔다. 그러나 죽지는 않았다. 수백 명의 악마들이 의식불명에 빠진 그녀를 데리고 서쪽으로 도망쳤다. 악마 수바후는 한 대의 화살을 맞고 그 자리에서 죽고 말았다.

칠흙같은 어둠 속에서 제사가 끝나자 바슈와미트라가 말을 꺼냈다.

"이 숲은 악마들로 가득 차 있습니다. 왕자여! 어려운 일들이 여기저기에서 빈번하게 일어날 것입니다. 설사 악마들을 만나더라도 친절을 베풀어서는 안될 것입니다."

비슈와미트라가 말을 이었다.

"왕자여, 대지의 아버지 '자나카'왕이 다스리는 '비데하'왕국에는 누구도 구

마리차에게 활을 쏘는 라마 왕자(앙코르 와트).

부리지 못하는 활이 있습니다. 사람들은 그 활을 '시바신의 활'이라고 합니다. 그 활은 꽃으로 장식되고 용설란을 구워서 만든 상자 안에 들어 있습니다. 라마왕자여 당신은 그 활을 보아야 합니다."

왕자 일행이 비데하왕국에 도달하는 데는 어려움이 없었다. 호랑이와 뱀이 이들을 호위해 주었고, 무사히 도착한 것을 알고 왕궁에 들어가는 순간에 마치 호위하는 군대가 해산하듯이 되돌아갔다.

비슈와미트라 일행은 비데하왕국의 수도 '미틸라'로부터 멀지 않은 곳에서 발길을 멈추었다. 라마 일행이 다시 걸음을 재촉하여 성벽도시 미틸라에 다다랐고 곧이어 자나카왕이 이들을 마중 나왔다. 자나카왕은 시원한 물을 비슈와미트라에게 주었다.

"바라문 성자여, 우리에게 축복이 있을 것입니다. 당신들의 방문으로 우리의 의무와 선이 우리 편에 있게 될 것입니다. 그런데 당신 뒤를 따라 이 곳에 온 전사들은 누구인가요?"

"이 분이 아요드야의 왕자 라마와 락슈마나입니다. 이들은 폐하의 궁전에 걸려있는 커다란 활을 보고 싶어 합니다."

왕이 대답했다.

"오래 전의 일이지요. 천계에서 시바신이 나에게 활을 주었답니다. 시바신의 활을 잡아당겨 구부리는 사람은 내 딸 시타공주의 남편이 될 것입니다. 공주는 대지의 신 '프리티비'를 어머니로 두고 있습니다."

라마왕자가 물었다.

"폐하, 어떻게 그런 친족 관계가 맺어질 수 있습니까?"

"라마왕자여, 파란 하늘아래 있는 이 왕국, 전 세계가 대지의 어머니에게 속하여 있다네. 14년 전 나는 도시 밖에서 밭갈이를 하고 있었다네. 그런데 뒤를 돌아다보니 밭고랑 사이에 누워 있는 시타6)를 발견하게 되었다네. 황금의 피부를 가진 어린 아기였던 그녀는 대지의 어머니 발밑 아래 먼지 속에 있었다네. 나는 그녀를 애지중지 보살폈다네. 시타는 아름다운 소녀이며 신성한 기질을 물려받았지."

라마가 다시 물었다.

"우리는 폐하의 활이 얼마나 강한 지 호기심이 많습니다."

자나카왕은 신하들에게 궁전 벽에 걸려 있는 '시바신의 활'을 가져오도록 명령했다. 활은 힘센 장사 여섯 명이 들기 어려울 정도여서 바퀴가 여덟 개 달린

---

6) '밭고랑에 있는 개구리' 란 의미를 갖고 있다.

마차로 끌고 왔으며 꽃으로 장식한 긴 강철 상자에 보관해 두고 있었다.

자나카왕이 말했다.

"인간은 물론이고 신, 간다르바, 아수라, 락샤사들도 수없이 시도해 보았지만 이 활을 들어올리지 못하고 모두 되돌아갔습니다. 그리고 이제 당신이 오게 되었습니다. 슬픈 일이기는 하지만 이제 딸도 결혼할 나이가 되었습니다."

자나카왕의 대신들이 와서 고했다.

"여기에 활을 가져왔습니다."

"라마왕자여! 상자를 열게."

라마가 뚜껑을 열자 백단향 나무에 쌓인 먼지와 향을 피운 재들이 바람에 날리며 아래로 떨어졌다. 라마는 속으로 생각했다. '이 활은 인간으로선 들 수 없는 것이다. 게임하듯이 이 활을 잡고, 그리고 들어올려야 한다….'

비데하왕국의 모든 사람들이 몰려 와서 이 모습을 지켜보고 있었다. 라마는 균형을 잡고 활을 들어 올렸다. 그리고 나서 시위를 잡아당겼다. 그러나 너무 세게 당긴 나머지 활은 커다란 굉음을 내며 두 동강나고 말았다. 그 소리에 자나카왕과 라마, 락슈마나를 제외한 모든 사람들이 뒤로 벌렁 나자빠졌다.

자나카왕이 머리를 흔들었다.

"지금 벌어진 일을 누가 믿을 수 있겠는가?"

그는 대신들이 일어나 앉을 수 있도록 도와주고 시타에게 결혼승낙을 요청했다. 대신들은 연신 귀를 비벼대고 있었다. 시타는 창문너머로 라마를 바라보았고 눈길로 라마를 어루만지면서 이미 사랑에 빠져 들었다.

라마왕자의 활 쏘는 장면
(앙코르 와트).

힌두문명의 보고, 라마야나와 마하바라타 375

자나카왕은 두 사람의 결혼식을 위해서 초청 서한을 써서 전령 편에 다사라타왕에게 띄웠다. 전령은 곧 아요드야왕국에 도착하여 서신을 전했다.
"비데하의 왕께서 약속하셨습니다. 라마왕자께서 시타공주의 마음을 사로잡고 그녀와 결혼하게 되었습니다. 폐하께서 바시슈타와 더불어 미틸라로 오시기 바랍니다."
다사라타왕이 대답을 주었다.
"자나카왕이 그렇게 전했단 말이지? 최상의 선물을 당연히 받겠다고 전하게."
"자나카왕의 형제들도 세 명의 딸을 두었습니다. 만약 락슈마나가 결혼하기를 원할 경우에는 사트루가나와 바라타왕자도 함께 결혼시키고 싶어합니다."
다사라타왕이 대답했다.
"훌륭한 생각이다. 금도 얻고, 은도 얻고…."
전차부대장 수만트라는 군대를 정렬하고 선물꾸러미를 코끼리에 가득 실었다. 다사라타왕은 네 명의 아들이 탄생할 때 썼던 불을 마차에 싣고 7일간 행진한 끝에 라마왕자가 머물고 있는 비데하왕국의 수도 미틸라에 도착했다.
비슈와미트라는 바시슈타와 합류하여 결혼식을 치를 제단을 만들고 땅에 기둥을 세운 다음에 잔디로 지붕을 덮었다.
제단에 꽃을 장식하고 황금의 수저, 형형색색의 물병, 곡식을 담은 쟁반, 향로, 컵과 꽃병, 신에게 바치는 우유와 꿀이 든 청동 항아리, 받침접시 등이 놓여지고 카펫이 깔렸다.
미틸라 궁전에서 나온 라마와 락슈마나는 미리 와 있던 다사라타왕과 함께 4형제가 모두 제단 앞에 섰다. 뒤이어 자나카왕이 만면에 웃음을 머금은 채 마치 불꽃과도 같은 네 딸과 함께 걸어왔다. 이들은 모두 아름다웠으며 그 중에서도 대지에서 태어난 아름다운 별 시타는 더욱 아름다웠다.
시타는 아주 귀엽고 어린 소녀였다. 검은 눈동자는 암사슴의 그것과 같았고, 입술은 한껏 부풀어 있었고, 등 뒤로 늘어트린 검고 긴 머리칼은 발목까지 내려왔으며 그윽한 향을 발산했다. 이마에는 불그스레한 점을 하고, 팔에는 붉고 흰 백단향의 분을 발랐으며 발바닥에는 라크 물감으로 염색하고 있었다.
그러나 누가 시타를 제대로 표현할 수 있을 것인가? 그녀를 보는 순간 이 모든 표현들은 헛된 것이 될 뿐이었다. 그녀가 미소 지을 때, 이 세상 어디에서 그와 같은 미소를 찾아볼 수 있을까!
자나카왕은 결혼선물로 시타의 앞머리에 진주를 박은 황금의 잎사귀를 꽂아 주었다. 왕은 시타가 태어났을 때 사용했던 불꽃을 지상에 있는 라마왕자의 불꽃과 합쳤다. 왕은 라마와 시타를 이끌고 불꽃이 타오르는 제단 앞에 섰다. 이렇게 해서 자나카왕은 라마를 시타와 결혼시켰다.

타오르는 불꽃 앞에서 라마의 다른 3형제도 신부의 손을 잡고 동시에 결혼식을 올렸다. 비데하왕국에서는 고동 부는 소리, 종소리, 드럼 소리가 울려 퍼졌다.

그 다음날 아침, 다사라타왕이 말했다.

"아주 친한 친구 자나카왕이여, 이제 나는 내 아들과 신부들을 데리고 아요드야로 떠나려고 합니다."

"잘 가십시오."

자나카왕이 작별인사를 했다.

자나카왕은 시집가는 네 딸들에게 두 마리의 사냥개, 코끼리, 말 열여섯 필, 황금으로 만든 염주 넣는 그릇, 네 필의 사슴가죽, 양모담요 두 장, 거북이 껍질로 만든 전차를 선물로 주면서 일생동안 쟁기질을 하고 경작했던 억센 손으로 점잖게 포옹하며 당부했다.

"지금껏 내가 보살펴 주었다. 그러나 결혼을 하게 되면 남편의 안전을 염려해야 한다. 지금 내 곁을 떠나게 되더라도 너의 어머니, 대지의 여신을 결코 잊지 말거라."

시타와 라마가 코끼리 등에 올라 코살라왕국으로 돌아오자 백성들이 성대하게 맞이했다. 라마와 시타는 검은 벽돌로 지은 달의 궁전에서 살았다. 그렇게 12년이 지났다.

2. 순다라 칸다, 전쟁이야기

락샤사 라바나가 모든 신들을 정복하고 시타왕비를 납치하여 랑카 섬에 가두면서 비슈누신의 화신 라마와의 전쟁이 시작되었다. 라마왕자는 수그리바와 원숭이 군단의 도움으로 랑카섬에 가교를 설치하고 시타왕비를 구출하기 위한 작전에 돌입했다. 전투가 시작된 지 3일째, 라마의 동생 락슈마나는 숲 속의 성자 아가스티야가 준 풀잎으로 만든 화살로 라바나의 아들 인드라지트의 목숨을 끊었다.

락슈마나 왕자의 화살을 맞고 죽은 아들 인드라지트의 장례식을 끝낸 늦은 오후, 라바나는 국무대신 수카에게 명령을 내렸다.

"나는 군사를 동원하여 동물들을 공격하고 모두 죽일 것이다. 어두워지면 랑카의 귀족들과 함께 라마를 죽일 것이다…."

드디어 악마의 전차들이 거리로 쏟아져 나오고 랑카의 서쪽 성문으로 향하는 높은 길에는 악마의 전차부대와 코끼리, 말들로 가득했다. 장군들은 병사들을 정렬하고 그 이름을 불러 점호를 끝낸 다음에 긴 장대에 전투깃발을 높이 세웠다.

라바나와 시간

전투가 시작된 지 셋째 날 늦은 오후, 용감하고 충성스런 락샤사의 대군이 랑카의 서쪽 성문에 집결했다.

라바나는 전쟁을 서둘렀다. 검은 철로 중무장한 갑옷에 열 개의 헬멧으로 얼굴을 가리고 전차 위에 서서 전투 깃발을 올렸다. 라바나는 사람의 마음까지 꿰뚫을 수 있는 뿔처럼 뾰족한 백 개의 활, 그리고 길고 가는 천 개의 화살, 긴 칼, 화살촉과 풍향계, 여덟 개로 갈라진 창을 전차에 실었다.

라바나는 네 마리의 백마가 이끄는 전차에 사뿐히 올라타 도시로 나갔다. 락샤사들은 감정에 따라서 얼굴색이 갖가지로 변하면서 함성을 지르며 환호했다. 이윽고 악마의 왕은 다섯 번째 문, 환영幻影의 문을 통과하여 랑카를 벗어났다.

원숭이와 곰들은 도시 성벽의 동서남북을 주시하며 라바나가 말과 전차를 이끌고 마치 산이 굴러 떨어지듯 랑카의 서쪽을 뒤흔드는 것을 목격했다. 라바나는 성벽 앞에 서서 어둠 속에서도 빛나는 라마의 황금의 활과 두려움 없

시타를 납치하는 악마
(반테이 스레이 사원).

는 라마의 얼굴도 보았다.
"저쪽을 보아라!"
라마는 활로 방향을 가리켰다. 구름 한 점 없는 하늘을 가로질러 섬광이 번쩍였다.
"드디어 악마의 왕이 나타났다."
라마는 한 손으로 활을 잡으며 곁에 있는 락슈마나에게 말했다.
"숲 속에 있는 내 친구들을 보호해야 한다. 가서 그들과 함께 있어라."
그 곳에는 하누만이 있었다.
"걱정하지 마십시오. 가공할 위력의 전차와 맞서 싸우는 우리에게 보병을 지원해 주세요."
라마가 말했다.
"교두보로 돌아가라. 자정이 지나가고 이제 세상이 밝아올 것이다. 라바나가 여기 오는 것이 오히려 우리에게는 다행스러운 일이다."
군사들이 모두 싸움터로 떠난 뒤에 라마는 혼자 서 있었다. 그는 더 이상 은둔자의 모습이 아니었다. 맨발에 초록색의 실크 띠로 머리를 매고 갑옷 위에 나무껍질로 만든 옷을 걸친 그는 절반은 전사였고 절반은 왕의 모습이었다.
그 때 갑자기 천계에서 인드라신의 전차가 라마에게 다가왔다. 천계의 전차는 전등과 같이 빛나는 무기에 톱니바퀴가 달린 마차로 열 마리의 은회색 말이 끌고 있으며 부챗살처럼 회전하는 은색바퀴가 달려 있었다. 전차는 뽀얀 먼지 속에서 요란한 말발굽 소리를 내며 라마의 발 앞에서 멈춰 섰다.
"저는 천계의 전차를 모는 '마탈리'입니다."
소개를 마친 마탈리는 라마 옆에 섰다.
"지상의 군주여! 이 마차는 천계에서 인드라신이 몰던 것입니다. 구름 위를 달리는 말은 은색의 신을 신고 하늘로 올라가는 비의 군마軍馬이며, 별에도 뛰어 내리고 하늘을 달리는 신비로운 경주자입니다. 우리는 어디에든 날아갈 수가 있습니다."
"환영한다네."
"태양의 왕이여! 우리는 승리를 드리겠습니다!"
마탈리는 라마를 응시했다.
"내가 어디에 있든 나는 죽음을 볼 수 있습니다. 라바나를 기다리는 죽음을…."
마탈리가 말했다.
"차가운 청동 갑옷을 입은 내가 이 어둠 속에 있다. 나는 인내를 잃었고 누구도 도망치지 못한다. 나는 길을 꿰고 있으며 이기기 위해 큰길로 나왔다. 이리 나와라! 세상은 나 없이도 돌아가고 라바나 없이도 돌아간다."
라마가 지시했다.
"이제 그를 향해 전진하자."
열 마리의 말들이 걷기 시작했다. 말들이 경쾌한 보조로 걷다가 점차 빨라졌다. 드디어 빛나는 은색의 말발굽 소리로 대지를 진동시키며 전속력으로 전차를 몰기 시작했다.
라바나의 전차도 라마의 전차를 잡기 위해 뛰어 올랐다. 갑자기 두 대의 전차가 충돌하고 뒤엉키기 시작했다. 라바나는 화난 얼굴로 마탈리에게 채찍을 내리쳤다. 그러나 재빨리 라바나의 등 뒤로 비켜섰다. 라바나는 다시 한 번에 열 대의 활을 들어 삼천 개나 되는 화살을 쏘았다.
화살은 나무껍질로 만든 옷을 찢으며 라마에게 꽂혔다. 그러나 그 속에 입은 라마의 황금 갑옷이 드러나며 한밤중에도 태양과 같은 밝은 빛을 냈다. 이 휘황찬란한 빛은 랑카의 첨탑을 비추고 성벽에 반사되어 라바나와 마탈리의 길을 혼란스럽게 만들 정도였다.

....

백만 개의 활과 날카로운 화살이 라마 앞에 떨어져 산더미처럼 쌓이고 있었다. 화살촉은 여우와 독수리 뼈, 상아, 강철로 만들어져 살점을 뚫을 수 있을 만큼 뾰족했다. 라마는 그 답례로 자신의 이름이 새겨진, 하얗고 파란 해오라기 털이 달린 화살을 쏘아댔다.
라마의 화살이 라바나의 목을 꿰뚫었다. 목이 잘리고 긴 귀고리와 헬멧을 쓴 머리가 땅에 굴러 떨어지면서 검은 피를 쏟아냈다. 뾰족한 화살촉이 달린 라마의 화살이 허리케인처럼 울부짖으며 날아갔다. 그러나 라바나의 머리는 다시 자라났다. 죽었던 수백 개의 머리도 다시 움직였다. 많은 재능과 교활함, 회피수단을 가진 악마의 왕은 자신의 전차 위로 도망쳤다.
라마와 라바나는 이제 화살을 가지고 싸우기 시작했다. 라마는 라바나가 쏘는 화살을 하나씩 부러뜨리며 아흔 아홉 개를 막아냈다. 이제 오직 하나만 남겨두고 있었다. 라바나는 적당한 거리에서 화살을 쏘았다. 화살은 길어지다가 짧아지고, 뾰족하게 바뀌는가 하면 두껍게 변하고, 빠르게 날아오는가 하면 천천히 자유자재로 바뀌면서 라마에게로 날아왔다.
그러나 라마의 갑옷은 너무 두꺼워 뚫을 수가 없었다. 그는 어떤 상처도 입지 않았으며 라바나가 쏜 화살은 녹아 내렸다.

화살을 모두 소비한 라바나는 쇠붙이에 돌과 황금으로 장식된 갈고리 철퇴를 집어 들었다. 그리고 빨간 꽃이 장식된 철제 방울을 목에 걸었다. 철로 만든 방울은 1년 동안 매일 피로 씻어내고 닦아서 상대방에 타격을 주기에 아주 적합한 무기였다.

라바나는 공격을 개시했다. 그는 네 손으로 철퇴를 휘두르기 시작했다. 그리고는 라마가 탄 전차에 뛰어 올랐다. 그러나 마탈리가 청동주먹으로 라바나의 철퇴를 부숴 버렸다.

라바나는 다른 철퇴를 집어 들고 원을 그리며 휘둘렀다. 철퇴는 그의 머리에 반사되어 반짝거렸고 휘익, 휘익, 휘익 소리를 내며 점점 더 빨라졌다. 마탈리는 라바나를 훼방 놓기 시작했고 라마는 인드라신의 무기고로 다가갔다.

그는 한 손에 투창을 잡고 다른 쪽 손바닥으로 힘차게 밀어 쳐서 라바나를 향해 던졌다. 투창은 부르르 떨면서, 그리고 바위가 굴러 떨어지듯, 절벽이 무너져 내리듯, 어두운 세계가 무너져 내리듯 굉음을 울리면서 라바나를 향해 날아갔다. 이윽고 라바나가 나자빠졌다.

악마의 왕은 다시 자신의 투창을 집어던졌다. 그것은 아주 멀리 날아갔다. 라마는 투창이 날아오는 길목에 서 있었다. 그 사이에 라바나는 방향을 틀어 정신을 차렸다. 라마는 다시 창을 들어 라바나의 깃발을 찢었다. 황금으로 만든 깃발이 나뒹굴었다. 이번에는 악마의 제국에 있던 열 개의 화살을 꺾어 버렸다.

원숭이의 공격을 받고 있는 라바나의 부관 프라하스타(앙코르 와트 제3회랑).

힌두문명의 보고, 라마야나와 마하바라타

라바나가 다시 전진해 들어오자 마탈리는 도저히 막을 수가 없었다. 마탈리는 부상을 입고 말고삐를 놓은 채 라마 곁으로 간신히 다가섰다. 라마는 비탄스러운 듯 입술을 깨물고 라바나가 탄 전차에서 투창을 빼앗고 무릎 위에 올려놓아 두 동강이를 냈다.

그리고는 외쳤다.

"라바나여, 어떻게 할 것이냐?"

라마는 네 동강난 투창을 라바나에게 던졌다. 요란한 소리를 내며 떨어진 투창은 지상으로 떨어진 후 없어졌다.

마탈리는 부상을 입고 무의식 상태에 빠졌다. 그의 갑옷은 찢겨지고 열 마리의 말 위에 쓰러졌다. 슬픔의 물결이 라마의 가슴으로 밀려들었다. 라마는 마탈리의 가슴받이 끈을 풀면서 말했다.

"너의 충성스러운 행동에도 정당한 보상을 받지 못하다니!"

라마의 손길이 마탈리의 몸에 닿자 다시 소생했다. 마탈리는 일어나서 라마를 쳐다보고 다시 자신의 말들을 보았다. 그리고 다시 전진해 오는 라바나의 전차를 보았다. 그러나 전차는 아주 느리게 달려오고 있었다.

라마는 형형색색으로 빛나는 활을 집어 들었다. 위대한 궁사, 모든 사람의 친구 라마가 불같은 눈으로 응시했다. 라마의 피부에서 거친 불꽃이 피어나고 파란 눈이 이글거렸다. 불꽃은 라마가 쏜 빠른 화살처럼 순식간에 일어났다. 그는 달려오는 라바나의 전차에서 바퀴를 빼내어 부숴 버렸다.

라바나는 마지막 남은 활과 칼을 가지고 땅에 서 있었다. 라마는 허리띠에 찼던 긴 대나무 상자를 열고 옛날 성자 아가스티야가 준, 풀잎으로 만든 화살을 꺼내 활시위에 꽂았다. 이 화살은 성벽과 돌로 만든 출입문을 관통할 수 있는 위력을 지녔다. 숨을 크게 들이마시고 내뿜은 라마는 드디어 활시위를 당겼다.

이 때 라바나는 천계의 왕 인드라신의 모습으로 변장했다. 그는 우아하고 품위 있는 모습이었고 주변에 펼쳐진 빛나는 광휘 때문에 쉽게 바라 볼 수조차 없었다. 라마는 라바나의 변신으로 눈이 부셨고 그같이 아름다운 신의 모습을 한 물체에 활을 쏘는 것을 주저했다.

전사 마틸라가 이 광경을 지켜보고 있다가 한 팔을 고통스럽게 내밀면서 소리쳤다.

"공격하십시오. 그는 우리의 군주가 아닙니다!"

운명의 시간이 되었다. 라바나의 완전한 죽음이 임박한 시간이 다가왔다. 라마는 생각했다.

"마탈리의 말을 믿어야 해! 오, 그를 죽여야 해!"

드디어 라마가 활시위를 놓았다. 활시위 소리가 우주에 울려 퍼졌다. 화살은 라바나의 칼을 뚫고 화살을 뚫고 가슴을 뚫고 심장을 뚫고 다시 그의 몸을 빠져 나가 지상에 박혔다.

라바나의 손에서 칼과 활이 힘없이 땅으로 떨어지고 어두운 그림자의 라바나가 쓰러졌다. 동이 틀 여명기에 라바나는 죽었다. 그는 타지 않고 하나의 불꽃이 되었다. 라바나는 더 이상 말할 수 없게 되었다. 자신의 주위에 어떤 일이 일어났는지 알 수도 없었다. 움직이지도 않았다. 몸은 점점 더 식어갔다. 숨을 쉬지도 않았다.

3. 유다 칸다, 라바나의 죽음과 라마의 왕위 대관식

다르마의 윤회

3일간 벌어진 랑카의 전투가 끝난 다음날 아침, 라마는 밝아오는 아침을 환하게 맞이했다. 믿을 수 있는 남자, 핸섬한 남자, 즐거운 표정, 이 모든 것은 아름다운 세상의 한 부분을 이루고 또 세상 그 자체였다.

하누만과 락샤사, 그리고 비비샤나와 그의 네 부관은 라마의 곁으로 다가섰다. 하누만은 죽은 라바나를 쳐다보았다. 상황은 끝난 것이다. 이제 사람들을 다시 만날 수 있게 되었다. 하누만은 라마의 지시를 받고 시타에게 승리의 소식을 전하러 떠났다.

라마는 비비샤나를 랑카의 새로운 왕으로 임명하기로 했다.

"비비샤나여 무릎을 꿇게."

라마가 악마의 왕자 비비샤나의 얼굴에 물을 부었다.

"랑카의 새로운 왕이여, 일어나게!"

비비샤나가 일어섰다.

"우리 군대는 되돌아갈 것입니다. 락샤사는 호위자이며 우리 또한 브라흐마신에 의해 창조되었습니다. 우리는 사원을 보호할 것이며 선한 사람을 해치지 않을 것입니다. 나는 랑카의 아름다운 도시를 숨기고 다른 사람의 눈에 띠지 않도록 할 것입니다."

"라바나는 어떻게 할 작정인가?"

비비샤나가 대답했다.

"나의 부관들이 라바나의 시체를 옮겨갈 것입니다. 랑카의 서쪽 출입문을 열어서 들어갈 수 있게 할 것입니다. 그리고 곧바로 화장할 예정입니다. 왕자께서는 곧 시타를 만나게 될 것입니다. 나는 이제부터 당신의 보호자가 되겠습니다."
비비샤나와 라마는 잠시 동안 아무 말도 없이 서 있었다. 멀리서 연기가 피어오르는 것이 보였다. 그것은 성벽너머에서 라바나를 화장시키는 연기였다.
락샤사들이 붉고 흰 백단향 나무로 장작더미를 만들고 그 위에 사슴 가죽을 깔은 다음에 라바나의 시체를 올려놓았다. 그리고는 왼쪽 어깨에서부터 가슴에 황금의 실로 장식했다. 새로운 칼과 활을 가져다 올려놓고 전륜화(轉輪花) 꽃다발을 장식한 후에 덮개를 씌웠다. 사제들이 라바나의 시체에 버터와 버터밀크를 뿌리고 장작에 불을 놓았다. 랑카에 남아 있던 락샤사들이 앞으로 나와 검은 용설란 줄기, 진주, 산호를 던지자 라바나의 시체는 원래 만들어졌던 다섯 가지 원소로 되돌아갔다.

....

하누만은 흰털이 물결을 이루고 옷자락이 휘날릴 정도로 마치 한 줄기 빛처럼 빠른 속도로 아쇼카 동굴로 날아갔다. 그는 황금의 나무아래 홀로 있는 시타를 발견했다. 그녀는 왕녀처럼 옷을 입고 있었다. 그녀는 새 옷을 입고 향기로운 야생화로 만든 왕관을 쓰고 끈으로 리본을 만들어 머리에 꽂고 있었다.
"모든 창조물 가운데 가장 아름다운 왕비님! 왕비님의 얼굴은 달처럼 빛나고, 대지의 어머니보다도 인내심 많고, 락슈미 여신보다도 아름답습니다.
우리는 승리했습니다. 라바나는 죽었고 이제 두려워 할 상대는 없게 되었습니다. 왕비께서는 곧 집으로 되돌아가서 라마왕자를 뵙게 될 것입니다."
하누만은 아름답고 암사슴의 눈과 같은 시타에게 반갑게 인사했다.
"조심하세요. 하누만! 나에게는 생명보다도 나의 원숭이들이 더 소중하답니다. 나는 당신들이 자랑스럽습니다!"
시타가 감사의 말을 전했다.
"당신의 우아함과 친절에 감사드립니다. 나는 당신에게 알맞은 선물을 준비하지 못했습니다. 그러나 바람의 아들, 하누만 당신은 항상 진리를 알고 기억할 것입니다. 당신은 항상 강하고 신뢰할 만하며 귀족적이고 현명합니다! 빼어난 힘은 당신을 우아하게 하고 권좌에 앉힐 것입니다. 나도 당신에게 끝없는 사랑을 보냅니다!"
"라마왕자가 기다릴 것입니다."
말을 마친 하누만은 하늘로 뛰어올라 라마에게로 날아갔다.
시간이 지나면서 원숭이와 곰의 군사들도 랑카의 외곽으로 모여들었다.

하누만은 동물의 왕 수그리바와 늙은 곰의 왕 잠바반과 포옹했다. 그리고 군중 속에 서 있는 라마를 발견했다.

하누만이 다가가서 말했다.

"그녀에게 가시죠. 시타왕비가 저기 보이는군요."

라마의 손길을 가슴에 묻었던 시타가 돌아온 것이다. 원숭이와 곰이 그녀의 뒤를 따랐다. 이 얼마나 오랜만인가. 시타가 라마 곁에 다가가자 그녀의 우아한 얼굴에는 사랑이 가득했다. 비비샤나가 그녀 옆에 서고 모든 동물과 락슈마나도 인사를 올렸다. 모든 사람이 그녀에게 무릎을 꿇고 움직이지 않았다.

시타는 라마의 영접을 받았다. 그러나 왠지 어색했다. 남편의 태도가 우울하고 차가운 것이었다. 자신과 라마 사이에 보이지 않는 간격을 느끼면서 서 있었다.

라마왕자가 갑자기 얘기를 꺼냈다.

"나의 의무는 끝났소. 이제 당신은 자유요. 나의 의무는 선조의 규율과 가치를 지키기 위한 것이었을 뿐, 내 자신이나 당신을 만족시키기 위한 것은 아니었소. 이상한 집에서 오랫동안 있던 여자와 다시 결혼생활로 되돌아갈 수는 없다고 생각하오. 원하는 곳이 있으면 어디든지 가시오. 더 이상 당신을 구속할 이유가 없소."

시타는 울음을 터트렸다.

"아, 나의 시련은 아직 끝나지 않았구나. 승리와 함께 우리의 고생도 끝나는 줄 알았는데…."

그녀는 락슈마나를 불러 지시했다.

"이 곳에 불을 피워 주세요."

락슈마나는 형의 얼굴을 쳐다보며 머뭇거렸다. 그러나 라마는 무표정했다. 나뭇단을 모아 불을 놓자 많은 사람들이 지켜보고 있었다. 불꽃은 나무처럼 높이 솟아올랐다.

이윽고 시타가 타고 있는 불 섶으로 뛰어들며 외쳤다.

"위대한 불의 신 아그니여, 나의 순결을 증명해 주시기 바랍니다."

이 때 불 한가운데서 불의 신 아그니가 시타를 구출하여 밖으로 나왔다. 검고 곱실거리는 머리, 붉은 옷을 입은 아그니신이 시타의 손을 잡고 라마에게로 가서 말했다.

"라마왕자여! 당신의 점잖음을 일컬어 달의 화신이라고 말합니다. 국왕은 사람들의 눈입니다. 시타를 데려 왔습니다. 그녀는 정숙합니다. 데리고 가십시오."

시타가 말했다.
"아주 유쾌하고 기쁜 일이 내 앞에서 일어나고 있군요. 나는 정숙하고 자유스러운 여인입니다. 나는 내 스스로 당신에게 의지하고 어떤 지시든 받고 있습니다."
시타는 라마의 손을 잡으면서 답례했다.
"나는 항상 당신 가까이 있습니다."
그녀는 얼굴을 손으로 가리고 눈을 감으며 말했다.
"오 나의 사랑, 나의 연인, 오!"
이 때까지 모든 사람들은 땅에 무릎을 꿇고 쳐다보거나 움직이지 않았다. 시타의 사랑은 넘쳐흘렀다.
"사랑해요. 오, 사랑은 여름, 마치 장미와도 같습니다. 모든 황금처럼 나에게는 당신만이 전부입니다."
그녀는 흐느껴 울었다.
비비샤나가 말했다.
"왕자님, 락슈마나가 당신을 위해서 언덕 위에 집을 마련했습니다."
"가자."
락슈마나가 지은 집에 도착하자 시타는 라마의 머리를 무릎에 눕히고 자신을 위해 전투를 벌이다 부상당한 다리를 보살폈다.

······································

다음 날 아침, 군인들의 숙소에 있던 라마왕자는 시타의 땋은 머리를 풀고 반드르르한 긴 머리를 빗질해 주었다. 향기로운 그녀의 피부는 부드러운 황금과도 같았다.
라마는 자신을 도왔던 모든 동물들을 번갈아 쳐다보았다. 그는 비비샤나에게 말했다.
"이제 곧 봄이 올 것이며 내 자신이 걸어온 14년간의 방랑이 곧 끝나게 됩니다. 내가 만약 늦게 귀국하면 동생 바라타가 불에 뛰어들어 타죽게 될지도 모릅니다. 랑카의 왕이여, 당신은 길고 먼 나의 집을 가는 방법을 알고 있지 않습니까?"
비비샤나가 말했다.
"잃어버린 전차 푸슈파카를 가지고 가십시오. 그러나 나의 손님으로 이 곳에서 며칠간은 머물러 있어야 합니다. 우리는 쉽게 집에 가실 수 있도록 전차를 미리 준비해 놓겠습니다."

비비샤나는 랑카로 들어가 꽃으로 장식된 커다란 전차 앞으로 걸어갔다. 조그만 도시와 같은 규모에 수천 개의 바퀴가 달린 전차는 황금의 벽도 넘을 수 있으며 대지를 달릴 수도 있는 성능을 가지고 있었다.

푸슈파카 전차는 언덕 위에 있었다. 전차는 비슈와카르만에 의해서 웅장하고 번쩍이는 금과 은으로 만들어졌고, 사파이어와 황금으로 내실을 꾸며 놓았으며 파랗고 빨간 꽃과 은으로 치장된 장막, 진주로 만든 망사가 달려 있었다.

푸슈파카 전차는 나무와 새, 별과 강의 색으로 칠해져 있었고 사프란 꽃으로 만든 햇볕가리개와 마치 여름별장에 장식된 것과 같은 연꽃, 격차창문, 제단과 식당, 의자와 침대, 먹고 마실 수 있는 그릇들을 구비하고 있었다.

비비샤나는 마치 커다란 언덕과도 같은 전차에 도착하여 말했다.

"이 곳으로 더 내려와라. 내가 더 장식해 줄 것은 없는가?"

하누만이 드디어 전차에 올라 푸슈파카의 계단을 동여매고 내려 왔다. 왕자 앙가다는 황금의 털끝을 바람에 흩날리며 바구니가 달린 로프를 내려 보내 라마와 시타를 태웠다.

락슈마나는 라마의 무기를 들고 올라왔다. 비비샤나와 그 대신들도 함께 동승했다. 시타와 두 명의 불사신, 다섯 명의 유순한 악마종족, 2,300만 명의 원숭이와 곰이 나르는 정원에 올라 시원한 아침 바람을 쐬며 기쁨에 젖어 있었다.

멋진 귀향

다음 날 아침, 일행은 아요드야를 향하여 출발했다. 전차 안에서 라마는 시타에게 말했다.

"당신에게 보여줄 것이 있어요. 저기가 바로 우리가 하누만을 만났던 '리샤무카 언덕'입니다. 멀리 떨어진 곳에 단다카 숲도 보이고 독수리왕 자타유를 화장시켰던 곳도 보입니다. 아가스티야가 은둔했던 곳도 보입니다. 치트라쿠타도 보이는군요. 그 곳 언덕에는 봄이군요!"

시타는 머리를 라마의 어깨에 기대며 말했다.

"기억하나요? 모든 새들이 노래하던 모습을?"

"저기에 야무나강이 흐르고 있군요. 여기서부터는 나무가 카펫처럼 무성하게 들어서 있고 강물이 실처럼 가느다랗게 흐르고 있어요. 이 얼마나 아름다운 광경인가요!"

라마가 말했다.

"야무나강과 강가가 만나는 곳에 '바라드와자'라는 은둔자가 있습니다. 나는 그를 아요드야로 초빙하여 동생 바라타에게 보여준 호의에 감사드릴까 생각합니다."

푸슈파카 전차가 야무나와 강가가 합류하는 지점에 착륙했다. 라마가 바라드와자를 만나서 물었다.

"우리의 손님이 되어 함께 가셨으면 합니다. 당신을 위해 축제를 열겠습니다."

바라드와자가 말했다.

"오 라마왕자여, 좋은 식사는 의무입니다만 결코 먹을 수 없습니다. 왕에게 축복이 있으시길! 나는 두 강이 합류하고 수시로 색깔을 바꾸는 이 곳에 남겠습니다. 하얀 강가, 검푸른 야무나강! 라마왕자여 축복이 있기를 바랍니다."

라마는 바라드와자에게 인사를 한 후, 하누만을 불렀다.

"동생 바라타에게 가서 우리가 귀환했다고 전해라. 나는 전차를 몰고 밤에 사냥하는 왕 구하가 있는 비밀의 숲 속으로 갈 것이다. 바라타의 감정과 태도를 잘 알아보고 그가 만약 앞으로도 코살라왕국의 통치를 원한다면 그렇게 하라고 전하라."

하누만이 코살라왕국으로 날아갔다. 코살라왕국을 임시로 통치하고 있던 바라타는 황금의 관을 쓰고 있었다. 하누만은 하늘에서 내려와 바라타에게 인사했다.

"라마왕자께서 저를 보내 당신에게 인사드리도록 했습니다. 나는 바람의 아들 하누만입니다. 폐하의 왕국은 편안하지요? 코살라왕국에는 다르마와 정의가 있나요? 라마왕자는 내일 이 곳에서 당신을 만나보고 싶어 합니다."

기쁨의 눈물이 바라타의 뺨을 타고 흘러 내렸다.

바라타는 용감하게 말했다.

"라마왕자님의 코살라왕국은 잘 있습니다. 도시와 전국에 불을 밝히겠습니다."

이 때 승려 바시슈타가 다가와서 말했다.

"약속했던 14년이 거의 끝나가고 있습니다. 나무에 꽃이 피기 시작했습니다."

코살라 백성들은 옷을 갈아입고 목욕을 하고 머리를 빗고 수염을 깎고 불을 밝혔다. 바라타왕은 신하들을 시켜 도시와 전국에 라마의 도착을 알리는 불을 밝히고 금과 은, 실크로 장식하여 도시가 빛나도록 했다.

다음 날 이른 아침, 코살라왕국은 14년간 쌓인 먼지와 재를 털어내기 시작했다. 색을 다시 칠하고 성문을 열어 라마왕자의 귀환을 기다리고 있었다.

전쟁은 없어졌다. 전쟁의 노래는 춤으로 바뀌었고 어느 때나 자유롭게 어느 곳에도 다닐 수 있게 되었다. 아요드야는 꽃과 정원으로 장식되고 인간이 만든 가장 아름다운 도시가 되었다. 아요드야는 생기 있고 용서하는 마음으로 넘쳤다.

실크로 만든 창기槍旗와 커다란 깃발이 펄럭이고 현악기 류트가 조용히 연주되는 가운데 형형색색의 깃발을 달고 태양을 받아 반짝이는 푸슈파카 전차가 평지에 내려앉았다.

사다리가 내려지고 라마가 밖으로 나오자 바라타왕이 코끼리를 이끌며 라마의 발밑에 엎드렸다. 모든 아요드야 사람이 지켜보는 가운데 바라타가 무릎을 꿇고 라마의 신발을 잡았다. 그리고 웃으면서 일어나 라마의 눈을 쳐다보았다. 손으로 머리를 빗어 올리면서 말했다.

"폐하! 나에게 보호를 맡기며 떠나신 이 왕국을 돌려 드리고자 합니다. 이렇게 뵈니 얼마나 반가운지 모르겠습니다."

바라타는 라마의 어깨에 손을 얹으면서 말했다.

"나의 왕이여, 이제 이 왕국을 돌려 드립니다!"

잠시 후 라마가 웃으면서 말했다.

"시내를 걸어보자. 나는 이 왕국 전부를 가지고 싶지는 않다."

라마의 대관식

밤은 빨리 지나갔다. 태양이 붉게 떠오르면서 라마를 비추었다. 바라타는 아요드야의 왕관을 '난디그라마' 마을에서 왕궁으로 옮겨오고 라마가 왕이 되는 것을 공포하려 하였다.

라마가 등장하자 소녀들은 창문과 지붕에서 향기로운 꽃을 뿌렸다. 라마는 일곱 개의 하얀 파라솔을 받쳐 든 락슈마나와 함께 정원으로 나왔다. 바라타와 원숭이 왕 수그리바는 야크 소의 꼬리털로 만든 부채를 들고 왕관 뒤에 서 있었다.

라마는 동쪽으로 향해 있는 옥좌에 앉고 시타는 그의 옆에 사슴가죽이 깔리고 황금으로 장식한 나지막한 의자에 앉았다. 동물과 악마들, 사람들은 잔디밭에 있었다.

정오가 되자 바시슈타는 라마 앞에 서서 그의 머리에 물을 붓고 그를 지상의 군주, 왕의 자리에 오르도록 선포했다. 라마가 이윽고 아요드야의 태양의 왕, 코살라의 군주가 되었고 그 옆에는 왕비가 된 시타가 서 있었다.

라마는 모든 사람들에게 말했다.

"나를 환영하기 위해 모인 여러분을 보니 매우 즐겁다."

백성들은 외치기 시작했다.
"라마왕! 영원한 지배!"
대관식이 끝났다. 선물도 빠짐없이 받았다.
태양이 지고 저녁이 되자 아요드야는 기도소리로 가득했다. 밤은 세상을 덮어버리고 라마를 시타의 방으로 안내했다. 이렇게 해서 라마왕의 1만 1천 년의 시간 가운데 하룻밤이 지나갔다.
라마는 진실을 발견하고 강물이 바다로 흘러가듯 진실을 통해서 온 세상의 질서를 회복했다. 라마왕은 추앙 받고 사랑 받았다. 라마왕은 모든 사람들을 돕는데 적극적이었고 새로운 달빛처럼 위엄이 있었다. 명성과 부가 그의 곁을 떠나지 않았다. 그가 국왕 자리에 오르면서 사람들은 더 오래 살고 아들과 손자, 그리고 온 가족이 둘러싸여 함께 살게 되었다.
평화와 라마가 세상을 지배하고 나쁜 일은 결코 일어나지 않았다. 사람들은 친절하고 두려움이 없었다. 모든 사람들은 그를 선의 화신으로 간주했다. 라마와 같은 왕은 어느 왕국에서든 예전에 결코 보지 못했으며, 이 세상의 다가오는 미래에서도 없을 것이다.

2장 『마하바라타』 초록

1. 쿠루족 지도자의 탄생

어느 날, 하스티나푸라왕국의 산타누왕이 호수에서 낚시를 하다가 어부의 딸인 사티야바티의 몸에서 나는 향수에 이끌려 그녀를 찾아 나섰다. 산타누왕은 그녀의 아름다움에 매료되어 결혼하고 싶은 마음에 사티야바티와의 사이에서 태어난 자식에게 왕위를 물려주겠노라고 약속했다. 큰 아들 비슈마가 이미 섭정공攝政公의 지위에 있었는데도 불구하고, 산타누왕이 죽은 뒤 왕국은 약속대로 사티야바티왕비의 아들 치트랑가다에게 돌아갔다. 그러나 질투심 많은 천계의 음악가 간다르바에 의해 살해되어 작은 아들 비치트라비야가 왕위에 올랐다. 그러나 그도 아들이 없이 7년 후에 죽었다.

왕국을 이어갈 적자가 없게 되자 남아 있는 방법은 사티야바티왕비 자신이 처녀시절에 천계의 현자賢者 파라사라와의 사이에서 난 비야사데바를 불러와서 두 며느리인 암발리카, 암비카와 합방하여 손자를 얻는 것뿐이라고 생각했다. 전통에 따라서 남편이 자녀를 출산하지 못하고 죽으면, 그 부인을

쿠루평야의 전투(앙코르 와트).

형제와 동침시켜 후사를 보는 것이 허용되어 왔다.
 드디어 사티야바티왕비는 처녀 시절에 현자와의 사이에서 태어난 아들 비야사데바를 불렀다. 그는 숲에서 고행 중이었다. 파라사라가 그녀에게 아들 비야사데바를 준 것은 다행스러운 일이었다.
 그녀는 비야사데바를 불러 며느리 암비카의 처소로 들도록 했다. 잠시 후, 며느리 암비카의 방문이 열리고 비야사데바가 나왔다.
 왕비가 걱정스럽게 물었다.
 "왕자여 아이를 낳을 수 있겠는가?"
 "암비카는 만 마리의 코끼리처럼 아주 강력한 아들을 출산할 것입니다. 백 명의 아들을 두게 될 것입니다. 그러나 가엾게도 어머니의 부정 때문에 맹인 아들을 낳을 것입니다."
 사티야바티는 아들의 말에 충격을 받았다.
 "어떻게 맹인이 쿠루족의 왕이 될 수 있단 말인가?"
 후계자 없는 왕국은 항상 위험한 것임을 잘 알고 있는 사티야바티는 아들 비야사데바를 이끌고 암발리카의 침대로 들어갔다. 암발리카는 동생인 암비카로부터 무엇이 일어날 것인지를 귀띔 받았음에도 불구하고 비야사데바가 방으로 들어오자 두려움으로 얼굴이 창백해졌다.
 비야사데바가 암발리카왕비에게 말했다.
 "당신이 나를 보고 얼굴이 창백해지면 당신의 아들 또한 창백해질 것이오. 따라서 아들 이름은 '창백한 아들'이란 의미로 '판두'라고 지을 것이오."
 얼마 후 암비카는 장님 아들을 낳았다. 비야사데바는 아들의 이름을 '드리타라슈트라'라고 지었다. 암발리카는 얼굴이 창백한 아들을 낳았지만 몸에 상서로운 표시를 갖고 있어 그 이름을 '판두'라고 지었다.
 또 다른 아이를 갖도록 해야겠다고 생각한 어머니 사티야바티는 아들에게 암비카의 침실로 다시 가도록 권했다. 암비카는 비야사데바를 보고는 소스라치게 놀랐다.
 암비카는 하녀에게 가서 침대를 정리하도록 하고 자신의 장신구와 옷을 준 다음에 침대에 가서 기다리도록 했다. 하녀는 이윽고 비야사데바가 침대에 들어오는 것을 보고 공손히 인사했다. 그녀는 비야사데바의 발을 씻겨주고 맛있는 음식을 가져 왔다.
 비야사데바는 아주 유쾌했다. 그녀와 함께 침대에 누운 후 속삭였다.
 "심정이 착한 하녀여, 너는 더 이상의 하녀가 아니다. 우리의 결합으로 태어난 아이는 훗날 이 세상에서 가장 지적인 사람이 될 것이다."

어머니 사티야바티는 이번에도 침대 밖에서 아들을 기다리고 있었다. 그는 어머니에게 자초지종을 말했다.

"왕비가 나를 속이고 하녀를 대신 방에 들여보냈습니다. 하녀는 나를 존경으로 맞이했습니다. 그녀는 상서로운 아이를 출산할 것입니다. 어머니 이제 저는 다시 금욕의 길을 가겠습니다."

하녀는 아이를 낳았다. 이름을 '비두라'로 지은 이 아기는 훗날 쿠루족의 대신, 자문 역을 수행하게 된다. 그는 다른 두 형제와 함께 성장하였고 세 명의 소년은 신과 같이 눈부시게 성장하였다.

신들이 왕국에 축복을 내리듯이 행복과 번영이 찾아왔다. 비슈마는 어린 왕자들이 성장할 때까지 섭정이 되어 나라를 다스렸다. 그러나 드리타라슈트라는 첫째 아들이었으나 장님이었고, 비두라는 하녀의 몸에서 태어났기 때문에 왕위에 오를 수 없었다.

판두는 모든 면에서 왕의 자질을 갖추었다. 그는 활쏘기에서 모든 인간을 능가했으며 베다가 요구하는 지도력과 외교적 자질을 갖추었다. 세 명의 형제들은 가장 좋은 교육을 받았고 비슈마의 보살핌 속에서 성장하였다.

어느 날 비슈마는 비두라에게 다가가서 말했다.

"오! 현명한 비두라여, 우리 가문에 대가 끊어지지 않도록 두 왕자의 결혼을 준비해야 한다네. 나는 우리 가문과 친한 세 명의 공주 이름을 들어서 알고 있는데, 어떻게 생각하는가?"

비두라도 왕국의 번영을 위해 적극적으로 찬성하였다. 비슈마는 야두족의 공주 '쿤티', 산의 왕 수발라의 딸 '간다리', 마드라의 딸 '마드리'를 며느릿감으로 꼽았다.

비슈마는 간다리 공주가 시바신의 은혜를 받아 백 명의 자손을 낳게 된다는 것을 소문으로 알고 있었다. 그래서 드리타라슈트라에게 좋은 배필이 될 것이라고 생각했다.

비슈마는 수발라왕에게 사신을 보내 딸 간다리의 결혼을 요청했다. 수발라왕은 비슈마의 청혼을 듣고는 주저했다. 어떻게 자신의 딸이 장님과 결혼할 수 있단 말인가?

그러나 수발라는 하나의 가능성을 저울질했다. 드리타라슈트라는 영광스런 쿠루 가문으로 수천 년 간이나 세계를 지배해 왔다. 쿠루의 명성과 지위를 고려한 끝에 수발라왕은 간다리의 결혼에 동의했다.

수발라왕은 왕자 샤쿠니에게 공주 간다리를 동행하여 하스티나푸라에 가도록 했다. 아름다운 누이동생 간다리를 데리고 간 샤쿠니는 하스티나푸라에 도착하여 드리타라슈트라에게 소개시켰다. 간다리는 장님인 남편을 따라 눈을 천으로 가려버렸다.

드리타라슈트라의 결혼식이 끝나자 비슈마는 다시 판두왕자의 결혼을 준비했다. 그는 공주 쿤티가 남편을 뽑기 위해 '스와얌바라'[7]라는 특별연회를 준비한다는 소문을 듣게 되었다. 쿤티공주는 아주 아름답고 여성스런 품격을 지녔다고 소문난 야두 종족의 딸이다. 비슈마는 판두에게 스와얌바라에 참석하여 쿤티와 결혼에 성공하도록 충고했다.

판두왕자는 검은 종마를 타고 쿤티의 아버지가 통치하고 있는 남쪽의 '쿤티보자'왕국으로 향했다. 그는 한 마리의 용맹스런 사자처럼 스와얌바라 대회가 열리는 곳으로 갔다. 수많은 왕들이 모여 있는 가운데 넓은 가슴, 성난 황소와 같은 눈을 가진 판두를 보고 제2의 인드라신이 아닌가 생각했다. 판두왕자는 떠오르는 태양처럼 휘황찬란하게 보였다.

쿤티공주는 하스티나푸라의 왕자를 보자 가슴이 콩닥거리기 시작했다. 그녀는 떨리는 감정으로 부끄러운 듯이 판두에게 다가서서 화환을 걸어주었다. 많은 왕과 왕자들은 쿤티의 손을 잡아보기를 원했으며, 그러기 위해서는 스와얌바라 대회에서 승리해야 하지만 판두왕자를 보는 순간 그와 경쟁하고 싶은 마음을 잃어버렸다. 왕자들은 하나둘 전차에 올라 자신들이 온 길로 되돌아갔다.

쿤티보자의 왕은 단상에서 밝은 얼굴을 하고 있었다. 자신의 딸에 어울리는 신랑감이 판두 이외에 또 있던가! 왕은 그 자리에서 결혼식을 거행하고 판두에게 많은 선물을 주었다. 며칠이 지난 후에 판두 부부는 형형색색의 수많은 깃발을 달고 대규모 수행원을 대동하며 하스티나푸라로 향했다.

비슈마는 아름답고 우아한 공주를 맞이한 판두를 보고 너무 기뻐했으며 또 다른 왕비가 필요하다는 생각을 하게 되었다. 간다리는 100명의 아들을 낳게 되는 인드라신의 은혜를 입었지만 쿤티는 신의 은혜를 받지 못했다. 강력한 군주에게는 많은 아들이 있어야 한다고 생각한 비슈마는 다시 마두라 왕국으로 가서 공주 마드리를 판두와 결혼할 것을 청했다. 마드리공주는 오빠인 샬리아왕의 보호를 받고 있었다. 비슈마는 대신과 승려들을 대동하고 함께 샬리아왕을 예방했다.

샬리아왕은 비슈마의 대신들이 미리 준비해 온 황금의 동전, 진주, 산호, 수백 필의 말과 코끼리, 전차를 선물 받고 기쁜 마음으로 여동생 마드리의

---

[7] 공주가 무예를 겨루는 대회장에 모인 왕족 가운데 자신의 남편감을 고르는 것. 원뜻은 '자기 선택'.

결혼을 받아들였다. 비슈마는 하스티나푸라로 돌아와 판두의 결혼식을 거행하였다. 판두는 두 명의 왕비에게 각각의 화려한 왕궁을 주고 시간 나는 대로 두 왕비와 함께 정원에서 유희를 즐겼다.

판두왕의 저주와 축복

산타누왕이 죽은 뒤에 왕위를 승계한 판두왕은 종마를 타고 숲 속으로 사냥을 나갔다. 그 때 커다란 사슴 두 마리가 짝짓기를 하는 장면을 보았다. 그들은 왕을 보자 뛰쳐 도망갔다. 그러나 판두왕은 연달아 다섯 대의 화살을 쏘았다.

황금 깃털로 장식된 화살이 수사슴을 맞히자 비명을 지르며 쓰러졌다. 그런데 놀랍게도 죽어 가는 사슴은 고통스런 목소리로 말했다.

"오, 이 얼마나 수치스런 일인가! 비록 타락한 자라도 이렇게 잔인하지는 않다. 그러나 왕인 당신, 그리고 바라타족의 후예들이 어찌 베다의 가르침에 어긋난 행동을 한단 말인가."

판두왕은 사슴의 꾸짖는 소리에 울부짖으며 대답했다.

"왕으로서 사냥하는 것은 나의 의무다. 나는 고행자를 위해 숲을 안전하게 관리한다. 동시에 나는 왕으로서 무기를 시험하기로 한다. 더욱이 위대한 고행자들도 숲 속에서 사슴을 잡아 제례에 바치기도 한다. 그런데 어째서 나를 비난하는가?"

사슴은 원래 고행자 '킨다마'였다. 사람의 모습으로 숲 속에서 만나게 되면 비난받을 것이기 때문에 부인과 함께 사슴으로 모습을 바꾼 것이었다.

"성교의 순간에는 어떤 창조물도 공격해서는 안 된다. 당신의 행위는 매우 잔인하였고, 당신을 지옥으로 떨어뜨릴 만큼 잘못된 행동이다. 한 사람의 왕으로서 비난받아 마땅한 짓이다."

킨다마는 왕을 향해 저주를 퍼부으며 그 자리에서 죽었다.

"당신이 욕망 때문에 부인 곁에 다가가게 되면 당신은 그 자리에서 죽게 될 것이다. 내가 기쁨에 차 있을 때 슬픔이 찾아 왔듯이 당신 또한 그 시간에 슬픔을 맛볼 것이다."

판두왕은 집으로 돌아와 일어났던 일을 두 부인에게 말해주었다. 그리고 부인들에게 죄를 씻기 위해 숲 속으로 은둔하겠다고 말했다. 그는 입고 있던 옷을 벗어버리고 두 명의 부인과 함께 숲 속으로 들어갔다. 판두왕이 간 곳은 수백 개의 뾰족한 봉우리가 있는 '삽타스로타'산이었다. 이 곳에서 그는 수많은 고행승과 더불어 자기통제와 신에 대한 헌신, 구원의 길을 걸었다.

그러나 시간이 지나면서 아들이 없는 그는 그 동안 소홀히 했던 조상에 대한 의무감에 휩싸였다. 그는 자식을 얻기 위해 쿤티에게 고행승과 함께 아들을 얻기를 원했으나 쿤티왕비가 한사코 반대했다. 그러던 어느 날 쿤티왕비는 어릴 때 고행승 '두르바사'로부터 받았던 은혜를 얘기했다.

판두왕은 쿤티의 말을 듣고 너무 기뻤다. 쿤티왕비가 명상에 들어가 고행승 두르바사가 들려준 만트라 구절을 암송했다. 얼마 지나지 않아서 전차를 이끌고 태양과 같이 찬란한 모습의 신이 나타났다. 그는 쿤티를 보고 말했다.

"지금 이 시간 당신을 위해 무엇을 할까요?"

쿤티는 경외감과 떨리는 목소리로 대답했다.

"나는 당신의 화신과 같은 아들을 원합니다."

다르마(야마신의 별명)가 영적인 형태로 그녀 앞에 나타난 후 사라졌다. 그 뒤로 쿤티는 임신하여 8개월이 지난 후에 아들을 출산했다. 그가 출생하자 하늘에서 소리가 들렸다.

"이 아이는 지상계는 물론 천계에서 가장 정직하고 진리에 충실한 자가 될 것이다. 유디스티라가 지상을 지배할 것이다."

판두왕은 위대한 왕조를 이어나갈 아들을 얻었다. 그러나 왕은 첫째 아들의 첫돌이 돌아오자 다시 쿤티에게 말해 가장 강력하고 정직한 아들을 얻자고 말했다. 이번에는 바람의 신 바유를 불러 간청했다.

잠시 후 바람의 신 바유가 나타나 폭풍과 같은 목소리로 말했다.

"오, 쿤티여! 나에게 무엇을 원하는가?"

그녀는 수줍은 듯이 대답했다.

"존경하는 신이여, 육체적으로 무한한 힘을 소유하고 모든 사람들의 용기를 누를 수 있는 아들을 주십시오."

바람의 신은 마법을 사용하여 쿤티에게 다가와 아이를 주었다. 드디어 하늘에서 바유신이 어린아이의 탄생을 보며 말했다.

"이 아이는 가장 강력한 힘과 권력을 가진 사람이 될 것이다."

판두왕과 쿤티왕비는 둘째 아들을 얻고 이름을 '비마'로 지었다. 이들은 아름다운 산 속에서 고행승과 더불어 아들과 지냈다. 그러나 판두왕은 두 아들이 있음에도 불구하고 왕국의 미래를 걱정했다.

"이 세상은 여전히 최고신의 의지에 구속받고 있어. 나는 어떻게 하면 신에게 헌신하는 최고의 아들을 얻을 수 있겠는가?"

판두왕은 모든 신의 왕, 인드라신을 생각했다. 측정할 수 없는 힘과 용맹을 가진 그에게서 뛰어난 아들을 얻어야겠다고 생각한 판두왕은 인드라신을 기쁘게 하기 위하여 일년간의 고행에 들어갔다.

판두왕과 쿤티왕비는 일년간을 명상에 잠기고 쿤티왕비는 만트라 구절을 암송하여 신을 소환했다. 인드라신이 명상에 잠긴 판두왕에게 말했다.
"나는 당신과 함께 하게 되어 즐겁다. 오 왕이여, 나는 당신에게 종교를 보호하고 사악한 자를 벌할 수 있는 아들을 주겠다. 그 아이야말로 가장 훌륭한 인간이다."
몸에서 나는 광채가 온 땅을 뒤덮고, 천 개의 눈을 가진 인드라신의 은혜에 의해서 쿤티가 임신하고, 때가 되자 검은 얼굴을 가진 아이 '아르쥬나'가 태어났다. 아이가 세상에 나오자 세 번째로 천계에서 목소리가 울려 퍼졌다.
"오, 쿤티왕비여!, 이 아이는 그 힘이 인드라신과 같고, 시바신과 같이 강할 것이다. 아기의 이름은 아르쥬나로 부를 것이며, 전 세계에 그 이름을 알릴 것이다. 그의 용맹에 필적할 자는 없으며 세계에 이름을 떨치게 될 것이다."
판두왕은 누구도 따라올 수 없는 용감한 세 아들을 얻고 기뻐했다. 이를 본 또 다른 부인 마드리가 다가와서 판두왕의 아들을 얻지 못한 슬픔을 토로했다. 그녀는 쿤티왕비에게 말하여 만트라 구절을 가르쳐주도록 판두에게 간청했다. 판두왕은 쿤티에게 가서 마드리의 슬픔을 전하고 큰 부인으로서 명예롭게 처신해 줄 것을 당부했다. 그는 더 많은 아들을 원한다는 자신의 속내도 전했다.
쿤티는 남편의 요청을 받아들여 마드리에게 말했다.
"오 우아한 여인이여, 나는 당신을 위해 만트라 구절을 낭송할 것입니다. 당신이 어느 신의 자식을 원하는지 생각해야 합니다."
마드리는 쌍둥이 신 '아슈비니'를 생각했다. 드디어 쌍둥이 신이 나타나 그녀와 결합하면서 임신하게 되었다. 그녀는 얼마 지나지 않아 쌍둥이 아들을 낳게 되었는데, 그들이 곧 '나쿨라'와 '사하데바'다.
쌍둥이 아들이 태어나자 신성한 목소리가 다시 들려왔다.
"이 빛나는 아들들은 그 아름다움과 힘이 천계의 아버지보다도 더 강할 것이다."
이렇게 해서 판두의 다섯 아들들은 신처럼 성장했다. 이들은 달의 신 소마처럼 핸섬하고 인드라신처럼 상냥했다. 판두와 두 명의 왕비는 비슈누신에게 감사드리며 아들과 더불어 히말라야에서 살아갔다.

하스티나푸라로 돌아온 판다바 형제

사슴의 저주를 받고 숲 속으로 들어간 동생을 대신하여 장님인 드리타라슈트라가 군주로 등극한 왕국에 어느 날 배고픔과 갈증에 젖은 현자 비야사데바가 찾아왔다. 간다리왕비는 그에게 성심껏 시중을 들었고, 비야사데바는 왕비에게 축복을 내렸다.
"너는 남편과 같은 강력한 100명의 아들을 얻게 될 것이다."
어느 덧 간다리는 임신을 하게 되었고, 2년 동안 그녀의 자궁에 아이가 자라게 되었다. 그러나 걱정도 늘었다. 쿤티가 숲 속에서 떠오르는 태양과 같이 휘황찬란한 아이를 출산했다는 소문을 듣고 조바심에 빠졌다. 과도하게 긴 임신기간에 화가 치민 그녀는 좌절감으로 자신의 자궁을 세차게 때렸다.
이 때 비야사데바가 그녀에게 말했다.
"어떤 일을 한 것인가요?"
쿤티의 출산소식을 듣고 시기심과 좌절감에 빠진 간다리는 눈물을 떨구면서 입을 열었다.
"나는 내 자궁을 때렸어요. 그러자 살덩이가 이처럼 부풀어 올랐어요. 당신의 은혜란 무엇인가요?"
비야사데바는 자신의 말이 전혀 허위가 아님을 설명했다. 비야사데바는 하녀에게 100개의 병에 버터기름을 넣어서 가져오도록 했다. 그가 혹같이 부풀어 오른 곳에 찬물을 뿌리자 101개의 조각으로 쪼개지기 시작했다. 비야사데바는 쪼개진 것을 가져다 버터기름이 든 병에 넣고 밀봉을 하여 은밀한 곳에 보관했다.
비야사데바는 2년이 지난 뒤에야 병마개를 열 수 있다고 말했다. 그리고는 자신이 머물고 있는 아쉬람(고행자가 머무는 오두막집)으로 들어갔다. 정확히 2년이 지나서 병을 하나씩 열기 시작했다.
첫 번째 병에서 두료다나가 태어났다. 이 때 독수리의 비명소리가 들리고 재칼이 울부짖으며 원인도 모를 화재가 일어나는 등 왕국의 앞날에 불길한 징조들이 나타났다.
그 다음 달이 지나면서 병마개를 모두 열었다. 그 속에서 아흔 아홉 명의 아들과 딸 하나가 나왔다. 아들들은 위대한 전사와 지배자의 징표를 갖고 있었고 왕과 왕비는 길조라 생각하며 흡족함을 표시했다.

....

한편 판두왕이 머무는 삽타스로타 산에 봄이 찾아왔다. 어느 날 저녁, 판두왕은 먹을 과일을 따기 위해서 둘째 부인 마드리와 숲 속으로 들어갔다. 이들은 걸어가면서 수많은 꽃과 관목을 보았다. 대지는 향기로운 냄새로 가득했고, 새들의 노랫소리로 충만했다. 이처럼 천계의 분위기에 취한 판두왕의 가슴에는 갑자기 사랑의 불꽃이 일기 시작했다.

아름다운 마드리왕비를 쳐다보자 큐피드의 화살을 맞은 듯했다. 빛나는 태양 아래 판두왕은 여신과도 같은 아내의 곡선미를 보게 되었다. 산들바람이 불어와 그녀의 실크 옷이 몸에 착 달라붙어 가냘픈 허리, 탄탄하고 둥근 가슴이 노출되었다. 이를 본 판두왕은 욕망을 주체할 수가 없었다.

그 옛날 킨다마의 저주를 잊지 않고 12년간 스스로 통제하고 부인들과 감히 포옹하는 것을 금했으며, 고행과 금욕의 길을 걸어왔던 그였다. 그러나 판두왕은 마드리에게 이끌려 그녀의 손을 잡고 말았다.

그녀는 비록 오랫동안 남편을 갈망해 왔으나 남편에 대한 저주를 의식하여 화장품도, 향수도 사용하지 않았다. 그런데 판두왕이 그녀를 힘껏 껴안게 되자 어찌할 도리가 없었다. 그녀의 마음속에는 즐거움과 두려움이 스쳐지나갔다. 그녀의 감정이 분출하면서 정신은 화석처럼 굳어져갔다.

저주는 무슨 저주!

그러나 판두왕은 감정을 중지하지 않으면 저주대로 파괴될 운명이었다. 마드리는 판두왕을 밀쳐 내려고 애썼다. 그러나 그럴수록 자극만 주었다. 검게 탄 힘센 팔은 마치 뱀처럼 그녀를 더욱더 힘차게 끌어안았.

욕망에 사로잡힌 판두왕은 마드리가 저주를 상기시켰음에도 불구하고 듣지 못했다. 판두의 입술이 마드리의 입술에 포개지고 억센 팔로 왕비를 포옹하며 비탈진 잔디밭에 누웠다. 판두왕은 왕비의 옷을 벗기고 몸을 밀착시켰다. 아름다운 왕비와 느끼는 즐거움 때문에 판두왕은 킨다마의 저주를 잊어버린 것이다.

이윽고 판두의 가슴에 무서운 통증이 엄습하고 얼굴이 충격에 휩싸였다. 그의 육체가 뻣뻣하게 굳어지고 활력을 상실하더니 그녀로부터 떨어져나갔다.

두려움이 곧 현실로 나타났다. 그녀는 울부짖었다. 쿤티왕비도 비명을 지르며 달려와서 눈물을 흘리며 마드리를 쳐다보았다.

"어떻게 이런 일이 일어났느냐? 나는 위대한 군주가 이러한 위험에 처하지 않도록 항상 경계해 왔다. 그런데 고행승의 저주를 알면서 어찌하여 군주를 유혹했느냐?"

쿤티는 그녀를 땅바닥에 내동댕이쳤다. 쿤티는 마드리의 머리를 흔들면서 말했다.

"마드리여, 내가 한 가지 부탁할 것이 있다. 군주와 함께 천계로 갈 수 있도록 나를 도와 달라. 그리고 남아 있는 아이를 잘 키워주기 바란다. 일어나서 나의 육체를 묶어라. 나는 불 속으로 뛰어들 것이다."

마드리가 머리를 가로 저었다. 마드리는 자신이 아이들을 양육할 수 없음을 알고 있었다. 쿤티라면 아이들을 차별하지 않고 잘 키울 것이다. 마드리는 남편을 따라 불 속으로 뛰어들 수 있도록 허락해 달라고 쿤티에게 요청했다.

이윽고 군주의 시체를 장작더미 위에 올려놓고 장남 유디스티라가 앞으로 걸어가 불을 붙였다. 불꽃이 피어오르고 마드리는 손바닥으로 얼굴을 가린 채 군주의 시체에 뛰어들었다. 두 사람은 곧 재로 변했다.

판두왕을 떠나보내고 슬픔에 찬 쿤티는 고행승과 상의하여 하스티나푸라로 되돌아가기로 했다. 수많은 고행승이 쿤티와 그 아들을 앞세우고 머지않아 하스티나푸라의 북문에 도착했다. 드리타라슈트라왕과 쿠루족의 지도자들이 북문으로 모여들었고, 천계의 신들도 소문을 듣고 달려 왔다.

고행승은 모든 사람들을 향해 선포하듯 단호하게 말했다.

"고귀한 군주께서는 금욕의 서약을 지키기 위해 샵타스로타산으로 들어갔으며, 신들의 도움으로 다섯 아들을 얻게 되었습니다. 그러나 아이들을 뒤로 하고 보다 높은 세계로 승천했습니다. 이제 그의 자식들을 이 왕국의 적법한 상속자로서 받아들여야만 합니다."

드리타라슈트라왕은 고행승의 말에 따라 장례식을 준비하고 12일 간을 국상기간으로 선포했다. 쿠루족의 지도자들은 판두의 죽음을 슬퍼했고, 판두의 다섯 아들은 12일간 맨 땅에 엎드려 애도했다.

2. 사악한 계획을 세운 두료다나

판다바의 5형제들은 하스티나푸라에서 생활을 시작했다. 이들은 카우라바 형제로 알려진 드리타라슈트라왕의 100명의 아들들과 함께 지냈다. 그러나 판다바 형제들은 힘과 지식, 용맹 등 모든 면에서 카우라바 형제들보다 뛰어났다.

카우라바의 장자 두료다나의 위치도 흔들렸다. 시간이 지나면서 두료다나는 이들 사촌들을 시기하며 항상 눈엣가시같이 생각하게 되었다.

어느 날 그는 실눈을 뜨면서 동생에게 속내를 털어놓았다.

"나는 내일 독이든 진수성찬을 차려 비마를 대접하려 한다. 그가 음식을 먹고 혼수상태에 빠지면 손발을 묶은 후에 강가에 던져버려라. 비마가 사라지면 판다바의 다른 형제들은 힘을 쓰지 못할 것이다. 그러면 내가 차지하게 될 왕위가 도전받지 않게 된다."

두샤샤나는 웃음으로 찬성했다. 그러잖아도 판다바 형제들이 들어온 후로

화살 침대에 누워 있는 비슈마. 그 옆의 다섯 명은 판다바 형제이며, 하단은 카우라바 100형제(앙코르 와트 제3회랑).

부터 자신의 위치가 자꾸 축소되는 것을 느꼈던 참이었다.

다음 날 아침, 두료다나는 모든 왕자들을 대리석으로 지은 7층 저택에 초대하였다. 왕자들은 중앙의 뜰을 거쳐 잔디의 선을 따라서 방석이 놓여 있는 정원으로 들어섰다.

하인들은 성찬을 준비 중이었다. 두료다나는 비마 옆에 앉은 다음에 시종에게 음식을 가져오도록 지시했다. 두료다나는 이 때 몰래 준비한 독약을 음식에 섞은 후 짐짓 친밀감을 표시하며 직접 비마에게 주었다. 쾌활한 비마는 어떤 의심도 하지 않고 독이 든 케이크, 파이, 음식을 거침없이 먹었다.

식사가 끝나고 왕자들은 강으로 운동경기를 하러 갔다. 비마는 예전과 다름없이 아주 열성적으로 경기에 참여하며 피곤한 줄을 몰랐다.

그러나 모두들 지쳐서 숙소로 돌아간 늦은 오후, 비마의 몸에 독이 서서히 퍼지면서 점차 깊은 잠에 빠져 들어 갔다. 다른 왕자들이 저택으로 돌아간 후 두료디니는 비마를 잃앨 수 있는 기회를 얻게 되었다. 그는 무의식에 빠진 비마의 팔과 발을 단단한 끈으로 묶고 강물에 밀어 넣었다.

강바닥으로 가라앉은 비마는 물살에 휩쓸려 멀리 떠밀려가게 되었다. 마침 천계에 살고 있는 용 '나가'가 황급히 뛰어들어 독을 가진 이빨로 비마를 물었다. 용의 독은 비마가 먹은 식물성 독을 중화시켜 의식을 서서히 되찾게 했다. 얼마가 지나서 송곳니를 드러내며 날름거리는 커다란 용들에 둘러싸인 채 누워있는 자신을 발견했다.

비마가 의식을 회복하자 용왕龍王 '바수키'는 황금으로 치장된 옥좌에서 일어나 인간의 모습을 하고 우아하게 왕궁을 나와 비마를 보러 갔다. 나가의 대장 '아르카'가 왕을 수행했다. 아르카는 아주 오래 전에 인간세계에서 살았었다.

그는 쿤티왕비의 증조부였고 비마가 곧 자신의 증손자라는 것을 알고 있었다. 아르카는 웃으면서 비마를 껴안았다. 용왕 바수키도 비마를 환영했다.

바수키왕은 비마를 왕궁으로 데려와서 라사(신의 음료) 단지를 가져오도록 했다. 나가는 천계의 약초에서 추출하여 증류시킨 라사 단지를 비마 앞에 가져다 놓고 마음껏 먹도록 했다. 비마는 여덟 단지나 마셨다. 라사를 마신 비마는 다시 졸음이 쏟아졌다. 라사가 몸에 퍼지고 있는 8일 동안 그는 깊은 수면에 취해 있었다.

9일째 되는 날 깨어난 비마는 알 수 없을 정도로 강해졌다는 느낌을 받았다. 나가는 라사음료가 코끼리 만 마리의 힘을 줄 것이라고 말했다. 바수키왕은 비마에게 옷을 입히고 신성한 연못 '만다키니'에서 목욕하도록 했다. 비마는 천계의 음료를 마시고 하얀 실크와 황금으로 장식된 옷을 입고 강가로 나갔다. 나가는 비마가 처음에 강으로 떨어진 지점까지 비마를 바래다주었다.

한편, 어머니 쿤티는 걱정에 휩싸이게 되었다. 유디스티라도 두려운 생각이 들었다. 아마 살해되었을지도 모른다는 걱정을 하며 8일 동안 쿤티와 그 형제들은 비마의 소식을 애타게 기다렸다.

9일째 되는 이른 아침, 바람과 같이 하얀 실크 옷자락을 휘날리며 자신들을 향해 달려오는 비마를 보았다. 그는 곧바로 어머니에게 달려가 발에다 인사했다. 그리고 형제들과 따스하게 포옹하며 그 동안 벌어진 일들을 빠짐없이 들려주었다. 나가왕국에서 신의 음료를 마신 일까지 말했다.

유디스티라는 자신들의 대한 사촌들의 적대감에 충격을 받았다. 그는 신중하게 생각했다. 사건이 확대되면 공개적인 상쟁相爭이 시작되고, 두료다나는 자신들을 제거하려 들 것이다. 유디스티라는 형제들에게 비밀을 유지하도록 당부했다. 그 날 이후 판다바 형제들은 카우라바 형제의 일거수일투족을 주시하게 되었다.

카우라바 형제의 증오심

쿠루족은 쿤티왕비가 태어난 마투라에서 놀라울만한 사건이 일어난 것을 소문으로 알게 되었다. 쿤티는 남동생 바수데바를 두었는데 사악한 왕 '캄사'

에 의해 감금되고 말았다.

캄사왕은 포악하여 바라문과 인근 제국의 왕을 괴롭혔다. 어느 날 캄사왕은 바수데바의 아들 8형제가 자신을 죽일 것이라는 신성한 예언을 듣고 바수데바와 그 부인 데바키를 잡아서 감옥에 가두었다. 그리고 그의 아들이 태어나자마자 여섯 명을 살해했다.

그러나 엄격한 감시에도 불구하고 일곱째와 여덟째 아들인 발라라마와 크리슈나는 필사의 탈출을 시도했다. 신들의 도움을 받은 크리슈나는 마투라에서 빠져 나와 '브란다반'에서 소를 키우는 목부 '난다'에 의해 양육되었다.

크리슈나는 청년이 되자 마투라로 가서 맨손으로 캄사왕을 죽였다. 그 사건 이후로 모든 사람들은 크리슈나의 신성한 존재를 새삼 깨닫게 되었다. 그와 반대편에 설 수 있는 왕은 아무도 없게 되었다. 젊은 크리슈나와 그의 형 발라라마는 캄사왕의 군대와 사악한 대신들을 제압하고 야두왕국의 뛰어난 장군이 되었다.

이들은 쿠루족과 우호관계를 유지하고 특히 고모인 쿤티왕비와 그의 아들 판다바 5형제에 특별한 관심을 두었다. 발라라마 또한 고행승으로부터 최고신의 화신이라고 평가받았다.

그는 철퇴를 잘 다루기로 유명했다. 왕자들의 무예스승인 드로나의 요청이 있자 그는 비마와 두료다나에게 철퇴 다루는 기술을 가르쳤다. 그러나 발라라마는 하스티나푸라에서 시간을 보내면서 카우라바 형제들이 사촌 판다바에게 느끼는 적대감을 확인하게 되었다.

크리슈나는 이 얘기를 듣고 쿤티왕비와 그 아들에 각별한 관심을 쏟았다. 그는 자신의 자문관 아쿠라를 하스티나푸라로 보내서 상황을 파악하고 어떤 도움을 주어야 할 것인지를 인식하게 되었다.

캄사왕을 죽이는 크리슈나(반테이 스레이 사원 벽면).

아쿠라가 하스티나푸라에 도착하여 쿤티왕비에게 상황을 상세하게 설명해 줄 것을 요청하자 그녀는 모든 것을 털어놓았다. 카우라바 형제들은 항상 음모를 꾸미고 있으며, 자신의 아들을 죽이려한다는 사실을 모두 말했다.

수 개월간 하스티나푸라에 머물던 아쿠라는 상황을 파악하자 마투라로 되돌아가기로 결심했다.

그는 떠나기에 앞서 도덕률에 따라서 왕국을 통치하라고 드리타라슈트라 왕에게 충고했다.

"오 지상의 군주여, 친아들을 편애하여 여러 가지 무지를 낳고 있습니다. 무지는 항상 슬픔을 가져옵니다. 그러므로 정의롭게 행동하시고 판두왕의 아들들을 공정하게 대해 주시기 바랍니다."

아쿠라가 떠난 후 왕은 그의 말을 곰곰이 생각해 보았다. 유디스티라가 정당한 왕국의 상속자라는 주장은 부인하지 못하는 사실이었다.

왕은 비슈마와 비두라 그리고 바라문과 상의했다. 드디어 유디스티라를 섭정으로 임명하기로 결정했다. 섭정에 대한 행사준비가 끝나고 의식이 거행되자 백성들은 즐거워했다.

그러나 두료다나는 속이 뒤틀렸다. 어떻게 친아들인 나를 제쳐두고 사촌인 유디스티라를 섭정에 앉힐 수 있단 말인가?

그는 카르나, 두샤샤나, 샤쿠니에게 가서 판다바 형제를 제거하는 방법을 논의하기 시작했다. 외삼촌 샤쿠니가 한 가지 간계를 제시했다.

"유일한 방법은 판다바 형제를 이 하스티나푸라에서 추방하고 아무도 간섭하지 않는 장소에서 죽이는 것이다. 그리고 불에 타죽은 것처럼 사고로 위장하면 된다."

멀리 떠난 판다바 형제들

유디스티라가 장차 왕이 될 자리인 섭정에 앉게 되자 두료다나가 비통한 표정으로 왕의 방으로 들어왔다. 왕은 한숨을 쉬면서 자신의 곁에 앉아 있는 아들을 보았다. 왕은 아들에게 무엇이 괴로운지 물어보았다.

"우리는 곧 판다바 형제에게 종속될 것입니다. 섭정이 된 그는 곧 왕이 될 것이고 그 다음에는 그의 아들이 상속받을 것입니다. 우리에게는 불행이 시작되고 명예도 상실할 것입니다. 저는 이 곤경을 어떻게 벗어나야 할 것인지 생각해 보았습니다."

두료다나는 판다바 형제를 사실상 추방하는 계획을 제시했다.

"바라나바타에서 개최되는 시바신을 기념하는 축제에 그들을 경축사절로 보내는 것입니다. 그 도시는 아름다운 곳이라서 판다바 형제들도 틀림없이 동의할 것입니다. 그러나 한번 떠나면 그들은 영원히 돌아오지 못하게 될 것입니다."

두료다나는 왕에게 승인해 줄 것을 간청했다. 왕의 가슴은 뜨겁게 타오르고 고통스러웠다. 그러나 아들의 계획에 동의하지 않을 수 없었다. 드디어 드리타라슈트라 왕이 판다바 형제를 불러 말했다.

"최근에 바라나바타에 관해 많은 얘기를 들었다. 내 생각에는 너희 왕자들이 그 도시를 방문하여 많은 즐거움을 맛보는 것이 좋을 것 같다. 사람들에게 자비를 베풀고 여가를 즐기도록 해라."

그러나 유디스티라는 영리했다. 어째서 왕은 우리에게 바라나바타에 가도록 한 것인가? 여기에는 책략이 숨어있다. 그러나 당분간은 왕이 시키는 대로 할 수밖에 없지 않은가. 지지자도 많지 않고 왕의 아들은 모든 방법을 동원하여 압박해 오고 있는 상황에서는 당분간 떠나는 것이 도움이 될지도 모른다고 판단했다.

판다바 형제들의 출발일이 결정되자 두료다나는 너무 기뻤다. 이제는 세워 놓은 계획대로 진행시키기만 하면 되기 때문이었다. 그는 심복 푸로차나를 불렀다.

"너는 가장 신뢰할 만한 심복이다. 이제 임무를 주겠다. 그리고 비밀리에 일을 진행시켜라."

"버터와 기름, 다량의 왁스를 섞어 그것을 벽에 칠한 다음에 조심스럽게 페인트를 덧칠하여 위장해 놓아라. 집에서 나는 냄새 때문에 의심할 사람은 아무도 없을 것이다."

두료다나는 푸로차나에게 지시를 내리고 즉시 바라나바타로 출발하도록 했다. 그는 훈련된 병사들을 뽑아 바라나바타로 들어간 다음, 판다바 형제가 머물 저택을 짓기 시작했다. 저택은 우아하고 많은 가구로 장식했으나 모두 불에 타기 쉬운 재료로 만들었다.

한편, 비두라는 왕궁에 있는 첩자를 통해서 두료다나의 계획을 사전에 인지하고 있다. 그는 다른 사람들이 알아채시 못하노록 유디스티라에게 수의를 전달하고 싶었다. 그는 왕자들 앞으로 가서 야만족이 사용하는 '물레차[8]'

---

[8] 왕, 우두머리를 뜻하는 셈어의 멜레쿠melekku가 인도에서는 야만족, 신분이 낮은 자로 의미가 바뀌었다. 기원전 16세기경 힛타이트에 멸망한 바빌로니아 왕족이 인도로 이주해 왔으나 아리아족에 의해 소멸되었는데, 물레차Mleccha는 귀인(아리아)에 대한 야만인의 의미로 사용된 것이다.

방언으로 비밀스럽게 말했다.
"금속이 부상을 입히는 것은 아니지만 사람의 몸을 벨 수 있는 날카로운 무기가 될 수 있습니다. 나무와 밀짚을 사용하는 사람들 중에서도 숲 속에 있는 지하 감방 곁에 결코 가서는 안 된다는 사실을 아는 자만이 생존할 수 있습니다. 항상 경계해야 합니다."
비두라는 몇 분 동안 수많은 언어를 사용하여 산문으로 말했다. 유디스티라는 비두라의 말에 고개를 끄덕이고 있었다. 다가올 위험을 경고한 그는 자신의 집으로 떠났다.
바라나바타의 시민들은 그 유명한 판다바 형제들이 방문한다는 소식을 듣고 수천 명이 도로에 나와 왕자들을 환영했다. 이들의 맏형 유디스티라는 천계를 이끌고 있는 인드라신 같았다. 시민들은 트럼펫과 고동을 불고 북을 치면서 왕자들을 도시로 인도했다.
환영인사가 끝나자 푸로차나가 다가와서 왕자들과 쿤티왕비를 안내하여 '축복의 집'으로 이름지은 휴식소로 인도했다.
그러나 숙소에 도착한 유디스티라는 비마에게 은밀하게 속삭였다.
"냄새가 나는 이 곳을 조사해 보아야겠다. 이 숙소는 라크칠을 하고 버터 기름을 바른 장식물이 많다. 의심할 여지없이 우리를 이 곳에서 태워 죽일 계획임이 틀림없다."
판다바 형제들은 대책을 논의하기 시작했다. 유디스티라는 만일을 대비하기 위하여 왕궁 밑으로 터널을 파자고 제안했다. 형제들은 마치 위험을 전혀 인식하지 못하는 척하면서, 끊임없이 경계하고 터널을 뚫을 준비를 해 나갔다.
이 때 어떤 사람이 왕궁으로 들어와 자신이 광부이며 비두라가 보내서 왔다고 소개했다. 그리고 새로운 달이 뜨는 저녁에 푸로차나가 왕궁 출입문에 불을 지를 것이라는 사실도 알려주었다.
광부는 즉시 터널 파는 작업에 착수했다. 왕궁의 중앙에서부터 굴을 파고 그 위에는 넓고 두꺼운 융단으로 덮어서 은폐하였다. 형제들은 낮에는 숲 속을 배회하는 척하며 지형을 익히고, 왕궁에 있는 동안에는 태연하여 행동하여 푸로차나가 의심하지 않도록 했다.
이렇게 일년이 지나 드디어 터널이 완성되었다. 푸로차나는 판다바 형제들이 자신을 의심하지 않는 것 같아서 만족스러웠다. 유디스티라의 희망은 두료다나의 계획이 성공한 것처럼 위장하여 먼저 불을 질러 푸로차나를 제거하고 탈출하는 것이었다.
다음 날 바라나바타에서 축제가 벌어졌다. 쿤티왕비는 바라문 승려와 가난한 자들에게 음식과 재물을 나눠주었다. 이 무렵 신의 섭리로 니샤다부족의 한 여인이 다섯 명의 아들과 함께 왕궁에 들어 왔다. 쿤티왕비는 이들에게 음식과 포도주를 제공했다. 그러나 이들은 곧 술에 취해 곯아떨어졌다. 하인들이 깨우려 했으나 잠에 취한 이들이 일어나지 못하자 내버려 두고 떠났다.

저녁이 되면서 밖에는 폭풍이 몰아치고 있었다. 판다바 형제들은 방에서 기다렸다가 푸로차나가 잠이 들자 불을 질렀다. 비마가 횃불을 들고 왕궁의 여러 곳에 불을 붙이는 사이에 다른 형제들과 쿤티왕비는 터널로 향했다. 비마도 곧바로 형제들 뒤를 따라 터널을 빠져 나왔다. 왕궁은 순식간에 불길에 휩싸였다.

아침이 되자 시민들이 불에 타다 남은 목재에 물을 뿌리고 폐허를 수색하기 시작하였다. 이윽고 불에 타죽은 푸로차나, 니샤다 여인과 그의 다섯 아들이 발견되면서 판다바 형제와 쿤티왕비가 불에 타죽은 것으로 결론을 냈다. 판다바 형제들이 숲 속으로 탈출했다는 사실은 꿈에도 생각하지 못했다.

드라우파디의 스와얌바라

판다바 형제들은 터널을 통해 바라나바타로부터 멀리 떨어진 곳으로 탈출하기 시작했다. 마음은 급하고 두렵고 지쳐서 탈출이 쉽지는 않지만 곧 어둠에 익숙해진 형제들은 지도에 표시된 방향으로 나아갔다.

수일간의 여정 끝에 밀림 속에서 나온 판다바 형제들은 고행승 다움냐와 함께 판찰라왕국의 수도 캄필리야로 들어서서 조그만 마을에 도착했다. 이들은 드라우파디공주의 신랑감을 선택하기 위해 마련된 스와얌바라 대회에서 드루파다왕이 긴 막대기 위에 표적을 올려놓고 막대기 바로 앞의 구멍 뚫린 회전판을 통과하여 표적을 맞추는 어려운 시험을 낼 것이라는 소문을 들었다.

드루파다왕은 행사를 준비하는데 인색하지 않았다. 거대한 경기장이 세워지고 육중한 사암砂巖으로 만든 울타리에 100개의 문을 세우고 각 문마다 황금과 보석으로 장식하였다. 경기장 안에는 계단식 단상이 설치되고 산호와 청금석으로 장식해 놓았다. 왕들이 머물 숙소도 지었다. 숙소는 카일라사산과 맞닿을 정도의 높은 빌딩이었다.

스와얌바라 대회 날이 되자 각국의 왕들이 경기장으로 모여들고 드루파다왕도 북쪽 문으로 들어와 황금의 의자에 앉았다. 판다바 형제들은 바라문 승려의 대열에 끼어 경기장 중간쯤에 신분을 감추고 앉았다.

드디어 의식이 시작되었다. 배우와 무희들의 공연이 시작되어 군중들에게 즐거움을 선사하고, 이어서 바라문 승려들이 제의를 시작했다. 행사는 15일간 지속되었다. 16일째 되는 날, 노란색 실크 옷에 황금빛 나는 장식을 걸친 드라우파디공주가 결혼식 화환이 담긴 황금 접시를 손에 들고 나타났다.
하늘에서 꽃들이 쏟아지고 고동소리와 북소리가 울리자 드라우파디의 오빠 '드리스타디움나'가 일어서서 초청자들을 소개하고 대회규칙을 발표했다.
"표적을 맞히는 사람이 공주를 얻게 되는 승자의 자리에 오르게 될 것입니다. 여기에 여러분이 사용하게 될 활과 화살이 있습니다. 그러나 오직 고귀한 가문과 위대한 무용을 가진 자만이 이 축제에 참석할 자격이 있습니다."
드리스타디움나가의 대회규칙이 공표된 후 스와얌바라 대회를 위한 신성한 불이 점화되고 수천 명의 바라문이 베다 경전을 낭송하기 시작했다.
왕은 대회에 참석한 왕자 중 공주의 신랑감이 될만한 인물들을 하나씩 훑어보았지만 그다지 눈에 띄는 인물을 찾지 못하고 있었다. 왕은 아르쥬나가 자신의 딸을 얻게 될 것이라는 고행승의 예언대로 아르쥬나만이 통과할 수 있는 테스트를 고안해 낸 것이었다. 그러나 고행승 야자의 예언을 어떻게 믿는단 말인가? 이런 생각에 젖은 드루파다왕은 시험에 나서는 모든 왕과 왕자들을 걱정스런 마음으로 주시했다.
왕관을 쓰고 황금 귀고리를 한 왕자들이 드디어 한 사람 씩 걸어 나와 책상 위에 놓인 무거운 활을 집어 들었다. 그러나 활을 들어올리는 데는 엄청난 힘이 필요했다. 대부분 활을 굽히기도 전에 땅에 떨어뜨리거나 몸에 멍이 들거나 왕관을 땅에 떨어뜨리기도 했다. 왕자들은 차례대로 모욕만 당하고 자리로 되돌아가서 숨을 헐떡이며 사랑의 열정을 한숨으로 흘려보낼 수밖에 없었다.
다른 왕자들의 나약함을 비웃고 있는 두료다나의 차례가 되었다. 그가 등장하자 장내에는 침묵이 흘렀다. 능숙한 솜씨로 활을 집어든 그는 황금의 화살을 활시위에 놓고 목표물에 조준한 후 시위를 놓았다. 그러나 화살은 간발의 차이로 빗나갔다. 화가 난 두료다나는 활을 내팽개치고 자리로 돌아왔다.
모든 왕자들이 시도해 보았으나 실패로 끝났다. 드라우파디는 아직까지 황금의 접시에 화환을 들고 있었다. 드리스타디움나는 마지막으로 응모자를 찾았다.
이윽고 아르쥬나가 일어서서 경기장 한 가운데로 나아갔다. 모든 왕들이 실패한 후에 마지막으로 나선 그를 보고 바라문 승려들은 환호하며 사슴이 죽으로 만든 손수건을 흔들었다.
아르쥬나가 경기장 한가운데로 걸어 나와 왕에게 인사를 한 후 경기장이 떠나갈 정도로 큰 소리로 말했다.
"바라문이 이 대회에 참여해도 괜찮겠습니까?"

드루파다왕은 이 바라문을 흥미롭게 바라보며 말했다.
"비슈누신이 신들을 보호하듯이 바라문이 왕을 보호한다. 출전을 허용한다."
아르쥬나는 활을 향해 두 손을 잡고 머리 숙여 인사했다. 그는 마음속으로 크리슈나에게 기도를 하였다. 오른손으로 활을 집어 들어 줄을 끼우고 활시위에 황금의 화살을 올려놓았다. 아르쥬나가 선 채로 활을 끝까지 잡아당기자 경기장은 침묵이 맴돌았다. 무릎을 꿇고 과녁을 조준했다. 활시위를 놓자 빠른 속도로 날아간 화살은 회전하는 판의 구멍을 통과하여 과녁 중앙에 꽂혔다.
화살이 한가운데 박히면서 과녁은 산산조각 나서 땅에 흩어졌다. 대회장이 술렁거리며 사람들이 묘기를 칭찬하고, 드럼과 고동연주가 시작되었으며 음유시인이 성공을 축하하는 시를 지었다.
드루파다왕은 기쁨에 눈이 번쩍 뜨이면서 중앙의 연단을 향해 걸어오는 신비스런 바라문을 눈으로 맞이했다. 그는 누구란 말인가? 실제로 아르쥬나가 아닐까?
반면 왕과 왕자들은 모욕감에 휩싸이면서 슬픔과 낙담한 표정으로 중얼거렸다. 드루파다왕은 다른 왕과 왕자들이 동요하는 모습을 보면서 드라우파디 공주에게 그 바라문을 받아들이도록 했다.
공주는 연단을 향해 걸어오는 아르쥬나를 바라보았다. 신과 같이 젊고 우아한 품행에 공주는 곧 매료되었다. 야자가 예언한 대로 그가 아르쥬나일 것이다. 설사 아르쥬나가 아니더라도 그와 결혼하는 것이 부끄러운 일은 아니라고 생각했다.
드라우파디는 쿤티의 아들에게 다가가서 목에 화환을 걸어 주었다. 공주가 바라문을 환영하자 대회에 참석한 왕들은 분노가 극에 달했다. 심각한 분위기를 느낀 유디스티라는 떠나는 것이 좋겠다고 생각했다. 그는 형제들과 함께 자리에서 일어나 출입문으로 향했다.
그러나 경기장 가운데 있던 두료다나가 외쳤다.
"드루파다가 감히 이런 방법으로 우리에게 모욕을 줄 수 있는가? 가난하고 자격도 없는 바라문에게 자신의 딸을 내주다니! 바라문은 스와얌바라 대회에 참여할 수 없으며 오직 왕가의 혈통을 가진 자만이 적법한 자격이 있다. 드루파다왕이 우리를 초청한 것은 모욕을 주기 위한 것에 지나지 않는다."
두료다나가 선동하자 참석한 왕들은 이미 무기를 들고 드루파다왕을 공격하기 위해 다가오고 있었다. 수적인 위세에 눌린 드루파다왕은 두려움으로 뒷걸음질 쳤다. 출입문 쪽에서 이 광경을 지켜보던 유디스티라 형제들은 드루파다왕의 위험을 직감하고 재빨리 연단으로 달려가 앞을 막아서게 되었다.
이 때 카르나가 왕이 있는 쪽으로 걸어오면서 외쳤다.
"왕족이 바라문을 공격할 수 없더라도 바라문이 전투준비에 들어갔다면 싸움은 허용된 것이나 다름없습니다."
카르나는 아르쥬나와 적당한 거리를 두고 자리를 잡은 다음에 화살을 날렸다. 드루파다왕의 병사들로부터 많은 화살을 건네받은 아르쥬나도 카르나에 공격을 가했다. 마드라의 샬리아왕 또한 비마를 상대로 싸움을 시작했다. 두 사람은 거대한 코끼리가 뒤엉켜 싸우는 것 같았다.
이 때 방관하고 있던 크리슈나가 앞으로 나서서 중재하기 시작했다. 그는 드루파다왕 앞으로 나아가 말했다.
"오 군주여, 공주는 공정하고 훌륭한 방법으로 승리한 바라문을 남편감으로 선택했습니다. 여기에 더 싸워야 할 명분은 없는 듯 합니다. 신성한 날에 필요없는 피를 부르는 것은 바람직하지 않으며 바라문을 살해해서도 안 됩니다."
크리슈나의 중재로 왕들은 하나둘씩 무기를 내려놓고 대회장을 빠져갔다.

왕국의 절반을 판다바에게 떼어 준 드라타라슈트라왕

스와얌바라 대회에 참석한 왕들은 각자의 왕국으로 되돌아가면서 자신들이 겪은 일에 놀랐다. 위대한 판다바 형제들이 살아있다니! 표적을 맞춰 공주를 얻은 자는 아르쥬나가 틀림없으며 샬리아왕과 대적하여 그를 이긴 것은 두려움을 모르는 비마가 분명하다.
두료다나는 귀국하면서 매우 두려운 마음으로 상황을 곰곰이 따져보았다. 사촌들이 불 속에서 어떻게 탈출했단 말인가? 이제 그들은 더욱 강해졌다. 드루파다왕의 사위가 되었고, 크리슈나가 도와주고 있다. 무적의 카르나도 그의 적수가 되지 못했다.
이런 생각에 뜨거운 눈물이 두료다나의 뺨을 타고 흘러내렸다. 두려움에 휩싸인 두료다나는 왕궁에 들어서자마자 판다바를 옹호해 왔던 비두라를 비난하며 아버지에게 말했다.
"오 가장 뛰어난 분이시여, 우리는 판다바 형제의 행복을 박탈해야 합니다. 그렇지 않으면 우리의 친척, 군대, 친구, 재산을 집어삼킬 것입니다."
카르나가 두료다나의 의견에 동조하면서 왕의 대답을 기다렸다. 드리타라슈트라왕은 원로들을 소집했다. 비슈마, 드로나, 크리파, 비두라가 차례대로 도착하여 왕의 주위에 앉자 왕이 의견을 구했다.
먼저 비두라가 의견을 제시했다.

"드리타라슈트라왕이여, 판다바 형제와 전쟁을 피하고 그들에게 왕국의 절반을 나눠줘야 합니다. 이 왕국을 국왕의 소유로 생각하고 있는 것처럼 그들 또한 자신들 것으로 생각하고 있습니다. 그들에게 왕국을 분할해 주십시오."

두 번째로 판다바와 카우라바 형제의 무예스승인 드로나가 말했다. "나의 의견도 같습니다. 판다바 형제들에게 왕국을 돌려주어야 합니다. 이것이 국왕의 의무입니다."

드리타라슈트라왕은 한참동안 말이 없었다. 판다바 형제보다 친자식 두료다나를 더 사랑하는 만큼 그러한 진실을 수용하기는 더 어려운 일이었다. 옥새를 내려놓은 왕이 입을 열었다.

"학식 있는 비슈마, 드로나, 그리고 비두라여! 나에게 유익한 말을 해 주었다. 판다바 또한 나의 아들이나 다름없으며 이 왕국을 가질 자격이 있다. 오 비두라여! 가서 판다바 형제와 그 어머니를 모셔와 주기 바란다네. 또 천계의 아름다움을 가진 드라우파디도 데려오게. 판다바 형제가 살아 있다니 축복이 아니겠는가."

왕이 결론을 내리자 두료다나와 그 형제들이 문을 박차고 나갔다. 비두라는 판다바 형제를 데려오기 위해 캄필리야로 떠났다.

....

다음 날 아침 일찍, 비두라는 판찰라왕국의 수도 캄필리야에 도착했다. 나이든 비두라는 조카인 판다바 형제들을 포옹하고 각별한 사랑을 표시했다. 크리슈나도 앞으로 나와 비두라에게 인사했다.

일행이 왕궁 거실에 앉자 비두라가 말을 꺼냈다.

"왕이시여, 우리의 왕께서는 폐하의 안부를 물었습니다. 판다바 형제들이 하스티나푸라로 돌아갈 수 있도록 허락해 주시기 바랍니다."

드루파다왕은 미소를 지으며 찬성했다. 크리슈나도 하스티나푸라로 돌아가는 의견에 동조했다. 유디스티라가 앞으로 나아가 드루파다왕의 결정에 따르겠다고 말했다.

형제들은 드루파다왕과 그외 두 왕자인 드리스타늄나와 시칸디에게 작별인사를 했다. 드라우파디도 시어머니 쿤티왕비와 함께 전차에 올랐다. 크리슈나 또한 하스티나푸라로 향한다는 기쁨으로 전차에 올라 판다바 형제의 뒤를 따랐다.

유디스티라 일행은 하스티나푸라의 사람들이 환호하는 소리를 들으며 왕궁에 도착했다. 드리타라슈트라왕과 비슈마, 원로들에게 존경의 표시로 발에 인사를 하고 왕국의 안녕과 백성들의 형편을 물었다. 일행은 왕궁 안으로 들어갔다. 판다바 형제가 자리를 잡고 그 뒤에 크리슈나가 서 있었다. 왕이 자신의 결정을 발표했다.

"판두왕의 아들이 이렇게 살아 있으니 신들이 쿠루족을 보호하고 있는 것이다. 우리들 사이에 더 이상의 분쟁이 있어서는 안 된다. 나는 판다바 형제에게 왕국의 절반을 나눠 줄 것이다. 유디스티라여, 칸다바프라스타로 가거라. 거기가 이제 너의 왕국이다. 거기에서 평화롭게 살아라."

칸다바프라스타는 넓은 땅이다. 그러나 반은 사막이고 반은 밀림지역이다. 도시도 없고, 사람이 살지도 않았다. 한 때 그 곳은 쿠루족의 수도였으나 성자를 모독하여 저주를 받아 황무지로 변한 곳이다.

....

얼마 후 천계의 예언자 '나라다'가 찾아왔다. 사슴가죽 옷을 입고 머리를 딴 고행승을 맞이하여 존경의 예를 갖춘 유디스티라는 그에게 보석이 장식된 황금의 의지를 선물하고 신의 음료를 주었다. 유디스티라왕은 고행승의 발을 씻어 주고, 어머니 쿤티왕비의 배려로 5형제의 공동 아내가 된 드라우파디를 소개했다.

나라다는 아름다운 왕비 드라우파디에게 축복을 내리고 잠시 나가도록 한 다음에 판다바왕에게 말했다.

"이 환상의 공주는 여러분 모두와 결혼했습니다. 그러므로 5형제와 그녀 사이에는 이견을 해소할 수 있는 어떤 원칙을 세워야 할 것입니다. 제가 옛날 '순다'와 '우파순다'라는 이름을 가진 두 명의 아수라에 관한 이야기를 할 테니 잘 들어 보십시오.

천계의 악마인 '다나바' 종족에 두 명의 아수라가 있었습니다. 이들은 마치 한 사람을 둘로 나눠 놓은 것처럼 함께 생활하고 함께 먹고 함께 이동했습니다. 행복과 슬픔도 함께 나누었습니다. 이들은 엄격한 수행을 통해서 아주 강력한 힘을 갖게 되었고, 마음대로 세상을 어지럽히게 되었습니다.

그러자 브라흐마신은 이들을 제지할 수 있는 수단을 강구하게 되었습니다. 이들은 브라흐마신의 은혜로 서로의 손을 통해서만 죽을 운명을 갖게 된 것입니다. 이를 위해 최고의 신은 '틸로따마'라는 이름의 아름다운 압사라를 창조하였습니다.

어느 날 브라흐마신의 명령으로 이 압사라는 두 명의 아수라 앞에 나타나 아름다운 용모를 선보였습니다. 우아하고 아름다우며 흠하나 없는 여인이 다가

오자 아수라 형제는 압사라를 차지하려는 욕망으로 서로 싸우게 되었습니다.

'이 여인은 나의 아내이며, 너의 형수가 될 것이다. 아니다. 내가 먼저 보았다. 그녀는 내 것이다.'

서로 싸움이 격해지자 서로 철퇴를 내리쳐서 둘 다 죽고 말았습니다. 두 명의 아수라처럼 서로 단결해 있다 하더라도 같은 여인을 차지하려는 욕망에 사로잡혀 서로 죽이고 말았습니다."

나라다가 결론을 내렸다.

"이제 왕께서는 형제들 사이에 일어나는 분쟁을 해결하기 위해 협약을 맺어야 할 것입니다."

판다바들은 현자가 보는 앞에서 서로 상의하여 각자가 똑같은 시간만큼 드라우파디와 함께 보내기로 하였다. 형제들은 이 규칙을 지키면서 평화롭게 살았다.

3. 주사위 도박

건축의 신 비슈와카르만에 의하여 판다바 형제가 새롭게 통치할 궁전건축이 끝나자 유디스티라는 세계에 황제임을 알리는 의식, '라자수야'를 거행하였다. 크리슈나가 친척들을 데리고 왔고, 드리타라슈트라왕, 비슈마, 카우라바 형제도 참석하여 성대하게 마쳤다.

라자수야에 참석한 후 귀국하는 두료다나는 질투심만 커졌다. 이를 본 숙

틸로따마를 두고 싸우는 아수라 형제(반테이 스레이).

부 샤쿠니는 주사위 게임을 제안했다. 주사위 게임에서 샤쿠니를 당할 자는 없었다. 결국 아버지는 두료다나의 간청으로 도박장을 짓도록 했다. 건물이 완성되면 판다바 형제를 초청할 계획이었다.

대관식을 끝낸 유디스티라왕이 형제들과 앉아서 바라문 승려의 경전 낭송을 경청하고 베다의 역사를 공부하고 있던 어느 날, 숙부 비두라가 왔다는 전갈을 받았다. 유디스티라왕은 어릴 때부터 자신을 보호해 준 비두라를 존경했으며 그의 발에 인사했다.

비두라가 어두운 얼굴로 말했다.

"군주는 도박장 신축기념으로 조카를 초청하기 위해 나를 보낸 것이라네. 그는 조카님이 참석하여 완공된 건물을 구경하고 아들들과 주사위 게임을 즐기기를 희망하고 있다네."

유디스티라는 형제들의 얼굴을 쳐다본 후 비두라에게 말했다.

"우리가 도박을 하게 되면 아마 싸우게 될 것입니다. 숙부님, 나는 도박을 원하지 않습니다. 그러나 나에게 도전한다면 거절할 수도 없습니다. 도전을 받아들이는 것이 크샤트리아의 계율입니다."

....

유디스티라는 참석하기로 결심했다. 판다바 일행은 바라문 승려들을 앞세우고 하스티나푸라에 도착하여 도박을 위해 새로 신축한 회의장으로 갔다. 북과 악기들이 연주되는 가운데 많은 왕들이 보석으로 장식된 의자에 앉아 있었고 드리타라슈트라왕은 상단에 자리 잡고 있었다. 두료다나와 샤쿠니는 유디스티라 형제들이 반대편에 자리 잡는 것을 보고 흐뭇한 표정을 짓고 있었다.

드디어 회의장이 조용해지자 샤쿠니가 입을 열었다.

"오 왕이여, 우리는 유디스티라왕을 기다리고 있었습니다. 우리는 주사위 게임을 했으면 합니다."

샤쿠니가 비록 주사위 노름에 재주가 많다고는 하나 자신의 재산과 비교가 되지 않기 때문에 적수가 되지 못한다고 생각한 유디스티라가 말했다.

"나와 내기를 할 자는 누구입니까?"

그러자 두료다나가 재빨리 끼어들었다.

"나를 대신하여 샤쿠니가 주사위 노름을 할 것입니다. 내가 황금과 보석을 대줄 것입니다."

유디스티라는 눈썹을 치켜 올렸다. 우려했던 일이 일어나고 있는 것이다. 확실히 친선게임이 아니었다. 그는 힘을 주어 말했다.

"다른 사람을 대신하여 게임을 한다는 얘기는 들어본 적도 없습니다. 두료다나왕자여, 이것이 과연 규칙에 맞는 일입니까?"

그러나 쿠루족의 지도자 누구도 유디스티라를 거들지 않았다. 드리타라슈트라왕이 이 노름의 공모자라는 사실을 알게 된 유디스티라가 왕을 쳐다보며 말했다.

"두료다나왕자여, 그것이 당신의 소원이라면 게임을 시작합시다."

유디스티라왕은 목에 걸친 진주 목걸이를 빼들었다.

"이것이 내기 물건입니다. 왕자께서는 어떤 물건을 걸겠습니까?"

두료다나가 말을 받았다.

"당신과 똑같은 물건을 걸겠습니다. 샤쿠니여, 주사위를 던지시오."

샤쿠니가 숫자를 말하고는 주사위를 던졌다. 주사위는 탁자 위를 굴러가다가 샤쿠니가 부른 숫자에 멈췄다.

"봐라, 우리가 이겼다."

샤쿠니가 소리쳤다.

유디스티라는 차례대로 여덟 마리의 말이 이끄는 전차, 궁정여인 10만 명, 궁정예술가를 걸고 주사위를 던졌으나 다시 숫자 맞추기에 실패했다.

"하, 이번에도 내가 이겼군요."

샤쿠니의 목소리가 들렸다. 도박장은 샤쿠니와 카우라바 형제들의 웃음소리로 가득했다. 비마는 분노했고, 아르쥬나도 활시위를 만지면서 사촌들을 향해 전투에 뛰어들 태세였다. 비두라도 더 이상 참지 못하고 갑자기 일어서서 드리타라슈트라왕을 향해 소리쳤다.

게임이 잠시 중단되고 모든 사람들이 비두라를 바라보았다.

"위험한 곳에 높이 올라갈수록 한 번 떨어지면 파멸되기 쉬운 법입니다. 도박에 미친 폐하의 아들은 강력한 판다바 형제와 적대감을 만들면서 자신을 기다리는 몰락을 보지 못하고 있습니다."

그러나 비두라의 충고에도 불구하고 왕이 미동도 하지 않자 두료다나는 커다란 소리로 주사위 게임을 재개하려고 샤쿠니에게 지시했다.

"오 왕이시여, 당신은 많은 것을 잃었습니다. 이번에는 어떤 내기를 할 것인지 말씀해 주십시오."

유디스티라는 모든 것을 잃어버릴 작정을 한 것처럼 보였다. 이번에 그는 수많은 암소, 말, 염소, 양을 걸었다. 이 모든 것을 잃은 다음에는 왕국을 걸었다. 그러나 그것마저도 잃었다. 이제 게임은 끝난 것처럼 보였다.

그러나 마음속으로 무엇이 더 남아 있는지를 생각한 유디스티라는 형제들을 바라보았다. 어쩔 수 없이 이번에는 나쿨라, 사하데바, 아르쥬나, 비마를 차례대로 걸졌다. 그러나 잠시 후 '내가 이겼다'는 샤쿠니의 함성이 다시 울렸다.

카우라바 형제들은 전투하는 것보다 훨씬 재미있고 게임에 이겨서 매우 흡족해 하고 있었다. 유디스티라는 샤쿠니를 쳐다보며 말했다.

"이제 나 혼자 남았다. 나의 사랑하는 형제들도 잃었습니다. 당신이 나를 이긴다면 나는 노예로서 의무를 다할 것입니다."

주사위를 다시 던졌으나 유디스티라가 지고 말았다. 엄청난 실수였다. 왕국도 날아가고 형제들도, 심지어 자신도 노예로 전락했다. 이제 남은 것이라곤 소중한 왕비뿐이었다. 유디스티라는 혼란스러웠다. 어떻게 왕비를 걸 수 있는가? 그러나 남은 것은 드라우파디왕비 뿐이었다. 그는 왕비를 걸기로 결심했다.

"이제 나는 마지막으로 백합과 같은 향기를 가지고 있고, 락슈미여신처럼 아름다우며 우리 모두에게 휴식을 제공해 주는 여인, 모두가 선망하는 여인, 왕비를 걸겠습니다."

유디스티라가 말을 마치자 판다바 형제들이 깜짝 놀랐다. 쿠루족의 지도자들이 비명을 지르고 대회장에 모인 사람들도 웅성거렸다. 그러나 마지막 승리도 샤쿠니에게 돌아갔다.

비두라는 눈물을 흘리며 말을 했다.

"드라우파디왕비는 유디스티라왕이 자신을 잃은 후에 도박에서 진 것이기 때문에 노예로 간주해서는 안 된다. 그는 이미 왕의 위치에 있지 않다."

두료다나는 코웃음을 쳤다.

"에잇, 더러운 비두라!"

그는 왕궁의 집사 '프라티카민'에게 명령했다.

"드라우파디왕비를 이 곳으로 끌고 오너라. 판다바를 두려워 할 필요가 전혀 없다."

회의를 소집한 드라우파디왕비

왕궁의 집사 프라티카민이 드라우파디의 방으로 쏜살같이 달려갔다. 그는 떨리는 목소리로 말했다.

"왕비님, 주사위 노름에 미쳐서 유디스티라왕이 왕비님을 걸고 내기를 했으나 두료다나에게 졌습니다. 이제 나와 함께 드리타라슈트라 왕의 회의장으로 가서 허드렛일을 할 준비를 해야 합니다."

왕비가 깜짝 놀라서 물었다.

"그게 사실이란 말이냐? 노름에서 자신의 부인을 내기하는 사람이 어디에 있단 말이냐? 왕이 미친 것이 분명하구나. 또 다른 내기는 없었느냐?"

"유디스티라왕은 형제와 자신을 포함한 모든 것을 잃은 후에 축복 받은 왕비님까지 걸었습니다."

프라티카민의 대답을 들은 왕비는 화가 났다.

"프라티카민이여, 되돌아가서 노름에서 진 사람에게 물어 보아라. 자신을 먼저 잃고 난 후에 나를 내기에 걸었는지, 나를 먼저 잃었는지 물어보아라. 사실을 알아야만 그 곳에 갈 것이다."

프라티카민이 혼자 대회장으로 들어오자 두료다나는 소리를 버럭 질렀다.

"한심한 인간아, 판찰라의 공주는 어디에 있느냐?"

"왕자님, 드라우파디왕비는 주사위 게임에서 유디스티라왕이 먼저 자신을 잃었는지, 왕비를 먼저 내기에 걸었는지를 물어 보라고 하였습니다."

두료다나가 엷게 미소 지으면서 말했다.

"드라우파디를 여기로 데려 오느라. 그리고 그 질문은 유디스티라에게 직접 물어보라고 전하거라. 우리 모두 그의 대답을 들을 것이다."

두료다나만이 승리의 순간을 즐기며 말했다.

"가서 왕비를 데려 오거라. 유디스티라의 명령이라고 전하거라."

이번에는 코를 씰룩거리며 불만에 찬 목소리로 동생 두샤샤나를 향해 지시했다. 호랑이 등에 업혀 가는 들개처럼 드라우파디왕비에게 달려간 두샤샤나는 왕비의 물결치는 긴 머리채를 낚아채서 왕궁의 현관으로 끌고 들어왔다.

그리고는 두료다나 앞으로 밀쳐 버렸다. 그녀의 옷이 벗겨지고 머리는 헝클어졌다. 쿠루족의 지도자들은 차마 왕비의 모습을 똑바로 볼 수가 없었다. 이때 드라우파디왕비가 불꽃처럼 일어서서 성난 목소리로 연설하기 시작했다.

"유디스티라는 이 대회장에 왕의 초대를 받고 참석했습니다. 그는 주사위 노름에 기술이 없는데도 노련하고 사악한 도박꾼과 내기를 했습니다. 그가 자발적으로 내기를 걸었겠습니까? 이 행동은 적절하지도 않고 모든 현자로부터 비난받을 것입니다. 바라타족의 지도자들은 나의 질문에 대답해 주기 바랍니다."

카우라바 형제들은 사촌들의 불행과 드라우파디의 비탄을 즐거워했다. 카르나 또한 과거 드라우파디의 스와얌바라 대회에서 망신당한 일을 잊지 않았다. 그래서 그는 드라우파디를 거칠게 비난했다.

"드라우파디는 정숙한 여자가 아니다. 그런 여자가 벌거벗은 몸으로 대회장에 나타난다 해도 이상할 것이 없다. 이제 그녀는 카우라바에 예속된 신세가 되었고, 우리의 명령에 복종해야 한다. 두샤샤나여, 어째서 그녀의 옷을 벗기지 않는가? 판다바 형제들의 왕실복장도 모조리 벗겨라. 그들은 더 이상 왕이 아니다."

도덕률을 따르는 판다바 형제들은 옷을 벗어 카우라바 형제에게 던져 버렸다. 두샤샤나는 울고 있는 드라우파디왕비의 옷을 강제로 벗기기 시작했다. 왕비는 자신을 방어하기 위해 손으로 사리를 단단하게 붙잡았으나 두샤샤나의 힘을 당할 수가 없었다.

그녀를 도와 줄 수 있는 사람은 크리슈나 뿐이었다. 최고의 인격을 갖춘 크리슈나만이 모든 것을 볼 수 있고 그녀에게 보호처를 제공할 수 있었다. 왕비는 크리슈나를 향해 외쳤다.

"오 고빈다(크리슈나의 별명)여, 나는 쿠루족의 대양으로 가라앉고 있습니다. 오 신이여, 세계의 영혼이여, 세계의 창조자여! 나를 고통에서 구해 주시기 바랍니다. 이 사악한 대회장에서."

드와르카에 앉아 있던 크리슈나는 드라우파디의 울부짖는 소리를 듣게 되었다. 그는 초월적인 힘을 가진 거인으로 변장하여 곧장 하스티나푸라로 달려왔다. 그리고는 신비로운 힘을 사용하여 대회장으로 들어간 다음에 누구의 눈에도 보이지 않게 드라우파디왕비의 몸에 한없이 옷을 덮어 주었다.

두샤샤나가 그녀의 사리를 풀어 헤치기 시작했지만 끝도 없이 풀어져 나왔다. 사리는 끝이 없는 것 같았다. 놀란 왕자들은 더 힘껏 잡아 다녔지만 드라우파디는 여전히 옷을 입은 채 그대로 있었다. 바닥에는 옷이 산더미처럼 쌓이게 되었다. 판다바왕비의 옷을 벗기려고 안간힘을 썼으나 카우라바 형제들은 숨을 헐떡이며 결국 바닥에 주저앉았다.

이 놀라운 일을 지켜본 왕들은 드라우파디에게 찬사를 보내고 두샤샤나를 비난하기 시작했다.

카르나가 다시 나서서 드라우파디를 거실로 끌고 가도록 두샤샤나에게 지시했다.

그녀는 저항하면서 눈물 섞인 목소리로 군중을 향해 마지막 연설을 토해 냈다.

"나를 이렇게 박해하는 이유가 무엇입니까? 나는 정숙한 판다바의 왕비이며 크리슈나의 친구인데 나를 이렇게 군중 앞으로 끌고 왔습니다. 이 나라의 왕은 종교를 믿는 자입니까? 오 카우라바여, 나의 질문에 대답하기 바랍니다. 유디스티라의 적법한 부인인 내가 하녀 취급을 받아도 됩니까? 내가 당신들을 왜 따라야 하는지 말씀해 주십시오."

그러나 아직까지도 대회에 참석한 왕자들은 침묵을 지키고 있었다. 이들은 두료다나의 권력을 두려워하고 있었다. 카우라바의 왕자들은 상황을 즐기고 있을 뿐이었다. 잠시 후 비두라가 다시 일어나서 말했다.

"왕이시여, 위험을 인식하십시오. 왕국에 종말이 다가오고 있습니다. 가르침을 간직하고 선언을 하겠습니다. 유디스티라는 자신을 먼저 잃었기 때문에 왕비를 잃을 수가 없는 것입니다. 그녀를 노예로 간주해서는 안 됩니다."

비두라는 커다란 재앙이 휩쓸기 전에 왕이 결단을 내려야 한다고 말했다. 마침내 드리타라슈트라왕은 일이 너무 크게 벌어진 것을 깨달았다.

왕은 심각한 위험에 직면해 있는 것을 뒤늦게 인식했다. 판다바의 노여움을 완화시키지 않으면 무적의 크리슈나와 동맹을 맺고 전쟁을 일으킬 수 있다고 생각했다. 왕은 드라우파디를 위로하려고 노력했다.

"오 판찰라의 왕녀여, 당신이 원하는 것을 말해주기 바라오. 정숙하고 도덕에 헌신하는 당신은 제일가는 나의 며느리라오."

이윽고 왕이 결론을 내렸다.

"유디스티라는 덕, 비마는 무예, 아르쥬나는 인내, 쌍둥이 형제는 연장자에 대한 존경심이 뛰어나다. 가서 모두 평화롭게 살거라. 사촌끼리 형제애로 지내길 바란다."

판다바 형제들은 왕에게 인사를 하고 드라우파디와 전차에 올라 인드라프라스타로 향했다. 도박장이 철거되고 초청된 왕들도 모두 떠났다.

판다바 형제의 망명

이제 사촌이 평화롭게 공존한다는 것은 불가능한 일이 되었다.

샤쿠니는 다시 묘책을 내 놓았다. 주사위 도박에서 패자는 13년간 숲 속으로 추방당하고 마지막 13년째는 신분을 숨기고 숲에서 나올 수는 있으나 신분이 노출되면 다시 12년을 숲에서 지내야 한다. 이 것만큼 확실한 승산은 없었다.

판다바의 추방, 이 묘책을 가지고 두료다나는 다시 아버지를 설득했다. 드리타라슈트라왕은 아들의 계획을 듣고도 말이 없었다. 다시 도박을 한다면 대신들은 뭐라고 할 것인가? 아니, 아들이 게임에서 이기면 명실상부한 지상의 군주가 되는 것 아닌가? 이런 고민 끝에 왕은 모든 것을 운명에 맡기고 판다바를 다시 소환하도록 명령했다.

판다바 형제들이 하스티나푸라를 벗어날 즈음, 왕실 집사 프라티카민이 전차에서 내려 유디스티라에게 인사했다.

"오 유디스티라왕이여, 숙부께서 명령을 내리셨습니다. 회의를 소집해 놓고 당신을 기다리고 있습니다. 마지막 주사위 게임을 위해 다시 가셔야 합니다."

유디스티라는 자신을 파괴하려는 의도를 알 수 있었다. 하지만 소환명령을 무시할 수도 없다고 생각한 그는 방향을 되돌려 하스티나푸라로 되돌아갔다. 이길 가능성이 없다는 사실을 알면서도 판다바 형제들은 회의장으로 들어가 샤쿠니와 마지막 게임을 벌이기 위해 자리에 앉았다.

샤쿠니가 말했다.

"오 유디스티라여, 나이든 왕이 당신에게 재산을 되돌려 주었습니다. 잘된 일입니다. 이제 커다란 내기를 해 봅시다. 만약 우리가 패하면 숲으로 망명을 하겠습니다. 우리는 사슴가죽 옷을 입고 12년간 지낼 것입니다. 13년째가 되는 해에는 도시 혹은 마을에서 지낼 것입니다. 당신이 우리를 발견하면 다시 12년을 숲에서 지내야 합니다. 당신이 지게 되면 당신과 형제들, 드라우파디도 같은 조건에 따라야 합니다."

샤쿠니는 조롱이라도 하듯이 입을 실룩거리며 도박의 조건을 설명하면서 상아로 만든 주사위를 굴리며 딱딱 소리를 냈다.

이윽고 커다란 도박이 시작되었다. 회의장에 모인 사람들은 숨을 죽이고 피할 수 없는 결과를 기다렸다. 주사위가 던져졌으나 '내가 이겼다!'는 샤쿠니의 탄성소리만 울려 퍼졌다. 쿠루족의 지도자들은 비명을 질렀다.

"아! 수치스럽다. 이 옛 가문은 운이 다했다!"

두료다나가 판다바에게 입힐 사슴가죽 옷을 가져오도록 명령하고, 적을 제거한 기쁨을 누리게 된 두샤샤나는 판다바 형제를 조롱했다.

"이제 두료다나는 절대군주가 될 것이다. 판다바들은 패배자이며 궁핍하게 살 것이다. 신들은 우리에게 은총을 주셨고, 우리는 적을 무찔렀다. 쿤티의 아들에게서 행복과 왕국을 박탈한다."

유디스티라 형제들이 문 쪽으로 걸어가 왕 앞에 섰다. 비마가 입을 열었다.

"왕이시여, 우리는 카우라바 형제 모두를 죽일 것입니다. 아르쥬나는 카르나를 살해하고, 사하데바는 샤쿠니를 살해할 것입니다. 나는 철퇴로 두료다나를 살해하고 머리를 짓밟을 것입니다. 나의 말은 신들조차 선한 행동으로 평가할 것입니다."

아르쥬나가 덧붙였다.

"위대한 인간의 서약은 결코 공허한 말이 아닙니다. 당신은 우리가 한 맹세를 14년 뒤에 보게 될 것입니다. 비마가 말했듯이 나는 사악하고, 거칠고, 질투심과 허영심 많은 카르나를 죽일 것입니다. 그리고 전쟁에서 반대편에 선 왕들을 죽일 것입니다. 14년 뒤에 두료다나가 왕국을 반환하지 않으면 이런 일이 일어날 것입니다."

잠시 후, 비두라는 형제들의 무사귀환을 기도하며 마지막 작별인사를 했다.

"쿤티의 아들이여, 떠나거라. 경건하게 행동하는 한, 너를 박해할 자는 없다. 잘 가거라. 고귀한 여인인, 너의 어머니는 나이가 많으니 나의 집에서 머물 수 있도록 하겠다."

숙부에게 감사하며 쿠루족의 지도자들에게 인사한 판다바 형제들은 홀로 남게 된 어머니 쿤티왕비의 비명소리를 뒤로하며 숲 속으로 향했다.

세상 밖으로 나온 판다바 형제와 왕들의 줄서기

추방된 판다바 형제들이 베다경전을 읽으면서 히말라야산에서 몬순기간을 보내고 역법을 계산해 본 결과, 망명기간이 13년째로 접어들었음을 확인했다.

형제들은 앞으로의 전략을 숙의했다. 망명조건에 따르면 앞으로 1년간은 신분을 노출시켜서는 안 된다. 두료다나도 이들을 발견하기 위해 스파이를 사방으로 보내고 있었다. 형제들은 신분을 어떻게 위장할 것인지를 논의했다.

많은 논의 끝에 형제들은 '마씨야왕국'에 잠시 몸을 위탁하기로 하였다. 이 왕국의 비라타왕은 자비롭고 강력하기 때문에 신분을 위장하여 왕의 하인으로 당분간 지내기로 하였다. 유디스티라는 '칸카'라는 이름으로 왕의 주사위 게임 파트너로, 비마는 '발라바'라는 이름으로 배불리 먹을 수 있는 요리사로, 아르쥬나는 압사라가 저주한 것처럼 '브라한날라'라는 이름의 내시로, 나쿨라는 '그란티카'라는 마부로, 사하데바는 '탄트리팔라'라는 목부로, 부인 드라우파디는 '말리니'라는 왕비의 하녀로 위장하여 비라타왕과 왕비에게 각각 몸을 의탁하기로 했다.

이렇게 신분을 위장하며 추방이 끝나는 마지막 해를 시작했다. 1년이 끝나갈 무렵, 마씨야왕국의 총사령관이자 왕비의 오빠인 '키카차'가 드라우파디의 미모에 반하는 바람에 문제가 생겼다.

유디스티라는 왕의 주사위 게임 상대자로서, 아르쥬나는 내시로서, 쌍둥이는 마부와 목부로서 역할을 잘하고 있었지만, 말리니(드라우파디)는 키카차로부터 심한 성희롱에 시달렸다. 결국 이를 견디지 못한 왕비는 발라바(비마)에게 이 사실을 털어놓고, 비마는 아무도 몰래 키카차를 유인하여 죽여 버렸다. 키카차는 비록 잔인한 데가 있었지만 뛰어난 무예로 백성들을 보호해 주었으나, 그가 죽어버림으로써 마씨야왕국은 보호자를 잃은 격이 되었다.

그의 사망 소식은 이 나라에서 저 나라로 삽시간에 퍼졌다. 두료다나도 이 소식을 전해 듣고 곰곰이 생각했다. 판다바 형제의 추방기간이 2주일이면 끝나는데 그전에 이들을 찾아내어 12년간 다시 추방하지 않으면 전쟁은 불가피하게 된다. 이런 상황에서 첩자의 보고에 의하면 키카차를 죽인 자들은 한 여자에 다섯 명의 바라문이 확실하다는 것이었다. 이들이 곧 드라우파디와 판다바 형제라는 생각이 들었다.

두료다나는 트리아르타왕국의 수샤르마왕을 찾아가 영토를 넓힐 수 있는 기회임을 설명하며 전쟁을 부추겼다. 두료다나는 이 기회를 통하여 판다바의 정체를 벗길 계획이었다.

드디어 두료다나와 수샤르마가 마씨야왕국의 거대한 가축 떼를 약탈해 가기 위한 싸움이 시작되었다. 그러나 잠시 머물고 있던 판다바 형제의 도움으로 마씨야왕국의 비라타왕은 재산을 약탈하려는 카우라바의 침입을 막아냈다. 비라타왕은 왕국을 지켜준 고마움으로 자신의 왕국을 판다바에게 바쳤으나 다시 돌려주었다. 왕은 그 보답으로 자신의 딸 우따라공주를 아르쥬나의 아들 아비마뉴와 결혼시키게 되었다.

이윽고 판다바의 신분도 노출되고, 13년의 망명기간도 끝나서 왕국을 돌려받을 시간이 되었다. 유디스티라는 왕국을 되찾기 위해서 비라타 왕에 우호적인 제후들을 초청하여 대책을 숙의했다. 왕들은 전령을 보내서 두료다나의 마음을 떠보는 것을 제안했다.

....

유디스티라는 비라타왕국에서 우호세력을 모으는 동안 드리타라슈트라왕에게 전령을 보내서 자신의 메시지를 전달했다.

쿠루족은 판다바왕국을 반환하시오. 최소한 다섯 개의 도시라도 반환하시오. 그렇지 않으면 전쟁이 있을 뿐이오.

그러나 두료다나는 이미 11사단을 보유하고 있었다. 드리타라슈트라왕은 항복하라는 것과 다름없는 메시지에 화가 난 아들 두료다나를 달래면서 측근인 산자야를 보내서 답신을 전달했다.

드리타라슈트라왕은 평화를 희망하며, 세계의 지배를 계속 유지하길 바란다. 그러나 왕국도, 재산도 반환할 수 없다.

드리타라슈트라왕의 답신은 애매모호했다. 이제 남은 것은 전쟁뿐이었다.

양측은 전쟁준비에 돌입하여 군사력 경쟁이 시작되었고, 크리슈나도 고향인 드와라카로 돌아갔다.

한편, 두료다나와 아르쥬나는 승리를 담보하기 위해서는 크리슈나의 도움이 절대적이라는 생각을 했다. 두료다나는 사방의 제후들에게 원조를 요청하는 외교사절을 보내는 한편, 크리슈나에게 도움을 청하기로 했다. 아르쥬나도 크리슈나를 만나기 위해 전차에 올랐다.

아르쥬나가 드와라카에 도착해 보니 이미 두료다나가 와 있었다. 그는 잠자고 있는 크리슈나가 일어나길 기다리며 머리맡에 서 있었다. 아르쥬나는 크리슈나의 발밑에서 일어나길 기다렸다.

이윽고 크리슈나가 깨어나서 두 사람을 맞이하며 무슨 일로 왔는지 물었다. 두 사람은 크리슈나에게 도움을 요청했다.

"나는 백만 명의 병사를 가지고 있다. 내 병사와 나 가운데 하나를 택하거라. 그러나 나는 직접 싸우지 않는다. 전투가 시작되면 나는 무기를 내려놓을 것이다. 먼저 연소자인 쿤티의 아들에게 선택권을 주겠다."

아르쥬나는 주저하지 않고 크리슈나를 택했다. 두료다나는 아르쥬나가 실수한 것이라 생각하며 크리슈나보다 무적의 100만 군대를 택했다. 그는 크리슈나의 허락을 받아 100만 대군과 지휘관 크리타바르마를 데리고 자리를 떠났다. 크리타바르마는 크리슈나에 헌신하는 야두왕국의 지휘관이었다.

크리슈나의 방에는 아르쥬나만 남았다. 크리슈나가 물었다.

"어째서 내가 싸우지 않는다는 데도 나를 택한 것인가?"

"당신이 지지하는 편에 승리가 돌아가는 것은 의심할 여지가 없습니다. 크리슈나께서 나의 전차를 몰아주었으면 합니다. 나의 목표를 달성할 수 있도록 허락하여 주십시오."

"너의 희망은 실현될 것이다. 내 기꺼이 너의 전차를 몰아주마."

···

여러 명의 왕들이 판다바를 돕기 위해 모여 들었다. 체디왕국의 드리스타케투, 마가다왕국의 자야체나가 각각 1개 사단을 이끌고 왔다. 핀디야왕과 비라타왕도 1개 사단을 구성했다. 두루파다왕의 두 아들도 각각 1개 사단을 이끌고 도착하여 수개월 만에 7개 사단병력을 갖게 되었다. 유디스티라는 처남 드리스타디윰나를 연합군 총사령관으로 임명하고 장군들과 함께 대책을 논의했다.

한편, 하스티나푸라에는 두료다나를 지원하기 위해 모인 11사단의 병사들로 자리가 모자랄 지경이었다. 두료다나는 사단을 책임지는 장군으로 11명을 임명했다. 드로나, 그의 아들 아슈바따마, 크리파, 샬리아, 쟈드라타, 수닥시나, 캄보자, 크리슈나의 부장인 크리타바르마, 부리슈라바, 숙부 샤쿠니, 발리카가 사령관이 되었다.

이들의 군대는 쿠루크셰트(쿠루 평야)라 서쪽에 캠프를 설치하였다. 갑옷을 입은 군사들의 움직임은 마치 태양에 반짝이는 물결처럼 보이고, 고동소리와 포효하는 진군소리로 가득했다.

전쟁이 개시되는 이른 아침, 판다바군과 카우라바군의 양 군대가 쿠루평야를 시커멓게 덮었다. 이윽고 양측의 총사령관 드리스타디윰나와 비슈마가 만나서 전쟁의 규칙을 정했다. 전투는 해가 떠서 질 때까지로 한다. 전사들은 같은 무기, 같은 수로 싸워야 하며, 항복하거나 도망치는 자는 공격하지 않는다. 무기와 자잘한 군수품을 운반하는 보조요원은 죽이지 않는다는 등의 협약을 맺었다.

4. 바가바드 기타

전쟁을 위한 작전이 개시되었다. 아르쥬나는 활을 집어 들고 적의 포진을 관찰하기 위해 양 군영의 가운데로 갔다. 아르쥬나의 전차사가 된 크리슈나가 웃으면서 말했다.

"저길 보게나, 모든 쿠루인들이 이 곳에 모였다네."

아르쥬나는 전쟁터를 바라보았다. 그렇게 오랫동안 기다렸던 전쟁, 그것도 사촌간의 전쟁이 눈앞에 펼쳐졌다. 다시 돌아올 수 없는 길이었다. 아르쥬나는 갑자기 두려운 마음으로 아버지, 형제, 아들, 손자, 스승, 추종자 등 낯익은 얼굴을 바라보았다.

그는 연민에 휩싸이게 되었다. 자신의 친척과 친구들을 죽이기 위해 어떻게 진군할 수 있단 말인가? 갑자기 마음이 약해진 아르쥬나는 떨리는 목소리로 크리슈나에게 말했다.

"나의 군주여, 내 앞에 호전성을 가진 친구와 친척들을 보면서 다리가 떨리고 입술이 바짝 말라가고 있습니다. 나는 이 전쟁을 수행하지 못할 것 같습니다. 친척을 죽이면서 어떻게 좋은 결과를 바라겠습니까? 소중한 사람들이 죽는다면 승리의 가치는 무엇입니까?"

아르쥬나는 활을 떨어뜨리고 몸을 떨었다. 이들을 죽이고 어떻게 도덕률을 가질 수 있는가.

아르쥬나는 크리슈나에게 애원했다.

"침략자를 살해한다면 죄악에 휩싸일 것입니다. 가장 적절한 의무는 그들을 용서하는 것이라 생각합니다. 그들이 탐욕으로 도덕을 상실했더라도 종교적 원칙을 잊을 수는 없습니다. 우리가 전통 있는 가문의 지도자를 살해한다면 종교생활에 필수적인 전통의 의례는 잊혀지고 말 것입니다. 오 크리슈나여, 나는 이처럼 비정상적인 세상에 책임을 느끼며 영원히 지옥에 있게 될 것입니다."

아르쥬나는 무기를 내려놓고 쓰러졌다. 가공할만한 전쟁에서 아르쥬나의 예외적인 소심함을 본 크리슈나는 단호한 목소리로 말했다.

"아르쥬나여, 이 중대한 시기에 어떻게 불손한 행동을 할 수 있는가. 삶의 가치를 이해하는 자에게는 전혀 어울리지 않는 행동이다. 너의 행동은 고귀한 천계로 가는 길이 아니라 타락과 불명예로 빠지는 길이다. 오! 쿤티의 아들이여, 그런 나약함을 보여서는 안 된다. 나약함을 극복하고 일어서거라."

아르쥬나는 놀란 듯이 크리슈나를 쳐다보았다. 자신의 의견을 반대하고 있는 것이 아닌가? 크리슈나는 언제나 부적절하거나 사악한 충고를 한 적이 없다. 그는 신의 화신이다. 아르쥬나는 당황했다. 어째서 크리슈나가 내 말을 무시한 것인가?

아르쥬나가 다시 말했다.

"나는 의무를 상실하고 나약함으로 자세를 상실했습니다. 이 상황에서 가장 바람직한 방향을 말씀해 주십시오. 이제 나는 당신의 제자이며, 당신을 따를 것입니다. 가르침을 주십시오."

크리슈나가 다시 웃었다. 절친한 친구 아르쥬나가 자신을 스승으로, 안내자로 받아들인 것에 즐거웠다. 크리슈나가 두 손을 모으고 말했다.

"네가 비록 경전에서 배운 지식을 얘기했지만, 아직까지 일고의 가치도 없는 슬픔에 차 있다. 현자는 삶과 죽음을 슬퍼하지 않는다. 너, 나, 여기 모인 크샤트리아 모두 항상 존재할 것이다. 우리는 영원한 영혼을 가지고 있으며 그것은 한 육체에서 다른 육체로 이동한다. 마찬가지로 죽음이 오면 우리는 또 다른 육체로 옮아간다. 자기 통제력이 뛰어난 자는 이런 변화에 당황하지 않는다."

아르쥬나는 다소 안도감을 느꼈다. 크리슈나는 좀더 직접적인 표현을 써가면서 말했다.

"영혼은 어느 시기에 탄생하고 죽는 것이 아니다. 육체가 살해되더라도 영혼은 살해되지 않으며, 미래에도 영원히 존재한다. 이것을 안다면 너 자신이 누구를 죽이는 원인이라고 생각하겠는가? 마치 헌 옷을 버리고 새 옷으로 갈아입듯이, 육체의 죽음은 영혼이 새로운 육체를 받아들이도록 해주는 것이다."

크리슈나는 전차의 방향을 바꾸며 연장자를 죽일 경우 죄악에 빠질 것을 우려하는 아르쥬나의 두려움에 관해서도 말했다.

"아르쥬나여, 너는 크샤트리아다. 종교적 원리에 따라 싸워야 하는 것이 제일가는 너의 의무다. 싸우지 않는다면 의무를 소홀히 하여 죄를 초래할 것이다. 이 기회를 기꺼이 맞이하거라. 행복과 불행, 손익과 승패를 생각하지 말고 의무감으로 싸워라. 너는 결코 죄악을 초래하는 것이 아니다."

5. 쿠루평야의 전쟁

크리슈나의 가르침을 받고 나니 가슴이 확 뚫리는 것 같았다. 싸움에 대한 죄의식과 두려움은 없어지고, 싸우지 않는 것이 죄악이란 생각이 들었다.

아르쥬나가 다시 전차에 올라 활을 치켜들었다. 판다바 진영에서는 그 모습을 지켜보면서 환호성을 질렀다.

그러나 이번에는 유디스티라가 갑옷을 벗고 전차에서 내려 카우라바 진영으로 걸어가기 시작했다. 무슨 생각으로 적진에 들어가는 것일까? 쿠루족의 세력에 눌려 비굴하게 항복하려는 것은 아닌가?

크리슈나가 전차를 몰며 아르쥬나에게 말했다.

"나는 네 큰 형의 의도를 알고 있다. 전쟁에 앞서 쿠루족의 지도자들에게 예의를 표하려는 것이다. 전쟁에 앞서 조상에게 예의를 표하는 자에게 승리가 돌아간다는 것이 지금까지의 역사다."

유디스티라가 비슈마에게 접근하자 카우라바 형제들은 유디스티라가 두려움에 차 있다고 생각했다.

"공포감에 떨면서 비슈마에게 자비를 구걸하러 오는 저 꼴을 보시오."

유디스티라는 카우라바의 조롱을 뒤로 하며 전차에서 내린 비슈마 앞에 섰다. 그리고는 90살 가까이 되었으나 아직까지 은색으로 도금한 커다란 활을 잡고 있는 비슈마의 발에 엎드려 인사를 드렸다.

"섭정공이신 할아버님과 싸우게 되었습니다. 전쟁을 시작하도록 허락해주십시오. 우리에게 축복이 있길 바라겠습니다."

비슈마가 웃으면서 말했다.

"오 지상의 군주여, 네가 이렇게 오지 않았더라면 네가 패배하도록 저주를 보냈을 것이다. 너를 보니 기쁘구나. 싸워라. 그리하여 승리를 얻거라. 쿤티의 아들이여, 나는 쿠루족의 재물에 갇혀 있다. 네가 올바른 길을 걷고 있는 것을 알면서도 어쩔 수 없이 너의 반대편에 서게 되었다. 원하는 것이 있으면 요청하거라."

"오 현자여, 쿠루족과 싸울 수 있도록 허락해 주십시오, 이것이 소원입니다."

유디스티라는 할아버지에게 인사를 드린 후, 호기심 어린 눈으로 바라보는 병사들 사이를 지나서 스승 드로나에게 갔다.

"위대한 영웅이시여, 존경하는 스승님과 싸우게 되었습니다."

드로나도 비슈마와 같은 대답이었다.

"오 왕이여, 나에게 오지 않았다면 저주를 퍼부었을 것이다. 너를 보니 즐겁다. 승리는 네게 돌아갈 것이다. 나는 너와 싸우지 않을 생각이다. 나는 쿠루족의 재물에 포로가 된 노예이지만 너의 승리를 위해 기도하겠다."

유디스티라는 눈물을 글썽였다. 이처럼 다정한 지도자들과 어떻게 싸운단 말인가? 유디스티라가 다시 물었다.

"오 위대한 팔의 힘을 가진 스승이여, 어떻게 싸워야 할 지 말씀해 주십시오."

"내가 싸우는 한, 너는 승리할 수 없다. 그러나 나와 맞서서 싸운 자도 이제껏 없었다. 그러므로 나는 무기를 버리고 싸우지 않을 것이다."

유디스티라는 그의 가르침에 인사하고 크리파의 전차로 다가갔다.

"오 스승이시여, 죄를 짓지 않고 싸울 수 있도록 허락하여 주십시오."

그 또한 유디스티라가 찾아오지 않았다면 저주를 보낼 생각이었다고 토로했다. 그는 카우라바에 대한 의무로 고민하고 있었다. 유디스티라를 위해 싸울 수 없는 입장을 변명하며, 요청이 있으면 들어주겠다고 말했다. 비슈마, 드로나, 크리파는 어린 시절부터 무예를 가르쳐 준 스승이며, 아버지나 다름없던 분들이었다.

유디스티라는 마지막으로 외삼촌 샬리아왕에게 다가섰다. 두 손을 모으고 외삼촌과 싸우는 것에 허락을 구했다. 샬리아왕도 슬픈 목소리로 말했다.

"쿠루족의 재물이 나를 노예로 만들었다. 이 상황에서 내가 무엇을 할 수 있겠는가? 굴욕만 남았다. 가거라. 그리고 싸위라. 너의 승리를 위해 기도하겠다."

유디스티라는 샬리아왕에게 인사를 드린 후 판다바군 진영으로 되돌아갔다. 전차에 올라 갑옷을 다시 입고 전투준비를 끝낸 유디스티라는 카우라바군을 향해 외쳤다.

"너희들 가운데 기회를 주겠다. 우리를 선택할 자는 이 쪽으로 와서 서거라."

일순간 침묵이 흘렀다. 얼마 후 카우라바군에서 유유추가 전차를 몰고 달려 나왔다. "

당신을 위해 싸울 것입니다. 나를 받아주시겠습니까?"

"어서 오게. 우리와 함께 바보스런 너의 형제에 맞서 싸우자. 오 유유추여, 너는 드리타라슈트라 가문의 실낱같은 희망이며, 제사를 지내게 될 운명이다. 왕자여, 너를 우리가 받아들이겠네."

....

전투의 순간이 다가오자 양측의 군영에서는 고무되기 시작했다. 고동소리, 북소리가 진동하는 가운데 전사들이 무기를 높이 들고 상대방을 향해 달려가기 시작했다. 땅이 울리고 구름이 흩어졌다.

판다바군의 선두를 이끄는 비마가 성난 황소처럼 함성을 지르며 달려 나가자 카우라바군이 두려워서 공포에 떨고 말과 코끼리는 오줌을 쌀 정도로 요동쳤다. 카우라바 형제들은 철퇴를 휘두르며 비마를 향해 맞서 싸우기 시작했다. 비마를 포위한 카우라바 형제는 수많은 화살을 날렸다. 그러나 화살은 빗나가고 오히려 비마의 역공을 받았다.

아르쥬나의 아들 아비마뉴와 드루파다왕의 아들, 그리고 나쿨라와 사하데바, 드리스타디윰나는 선봉에서 화살을 쏘며 카우라바군을 양쪽으로 갈라놓았다. 화살이 하늘을 뒤덮고 투창이 수천 명의 병사들에게 쏟아졌다. 양측이 충돌하면서 고동소리, 포효하는 전사들의 함성, 전차바퀴의 충돌소리, 코끼리 목에 달린 방울소리, 드럼소리에 모두들 오싹할 정도였다.

아르쥬나는 비슈마와 수많은 화살을 주고받았다. 비마는 두료다나, 사하데바는 샤쿠니, 드리스타다윰나는 드로나와 상대하여 전투에 돌입했고, 판다바군의 전차대원, 보병, 기병은 각각 카우라바군의 전차대원, 보병, 기병과 맞붙고, 제후들까지 가세하여 전면전으로 치달았다. 락샤사들도 한 무리를 이끌고 전투에 참여했다. 판다바 측에서는 비마의 아들 가토트카차가 나오고 카우라바 측에서는 비마에게 형제를 잃은 알람부샤가 맞서 싸웠다.

전투가 계속되면서 아버지는 아들을, 형제들은 형제를, 친구들은 친구를 알아보지 못하고, 삼촌이 조카를 죽이고 조카가 삼촌을 죽이는 전투가 벌어졌다. 죽은 전사들과 동물들이 산더미처럼 쌓여 있고 피로 물든 칼이 사방에서 번뜩였다.

파괴의 참상을 목격한 아비마뉴는 다섯 명의 영웅들에 둘러싸인 비슈마를 향해 돌진했다. 그는 화살을 쏘아 비슈마의 호위군을 분리시키고 비슈마의 활을 두 조각으로 부러뜨렸다. 군기軍旗도 세 조각으로 찢어버렸다. 그의 무예는 아버지 아르쥬나에 조금도 뒤지지 않았다. 비슈마를 보호하던 크리타바르마, 샬리아, 크리파가 협공으로 아비마뉴를 압박해 들어왔다.

혼자서 비슈마와 그 호위군을 상대하는 아비마뉴를 지원하기 위해 비라타 왕국의 부민자야왕자가 코끼리를 타고 달려 왔다. 그는 샬리아왕의 전차를 짓밟고 맹렬하게 공격했다. 그러나 샬리아왕은 전차에서 뛰어내리면서 창을 집어 들고 있는 힘을 다해 달려들었다. 창은 부민자야의 갑옷을 뚫고 가슴을 관통했다. 그는 코끼리에서 떨어져 숨을 거두었다.

형제가 죽는 것을 본 스웨타가 성난 코끼리처럼 샬리아왕에게 달려들었다. 그는 카우라바 형제 일곱 명을 죽이고 카우라바군 수백 명을 닥치는 대로 살해했다. 이번에는 비슈마에게 돌진하여 그가 탄 전차를 부수고, 활을 잘라 버리자 비슈마는 땅에서 싸우기 시작했다. 비슈마는 곧 다른 전차로 갈아타고 싸우기 시작했으나 그를 제어하지 못했다.

이처럼 싸움이 계속되는 가운데 천계에서 목소리가 들려왔다.

"비슈마여, 스웨타의 파멸이 가까워 오고 있다. 너의 모든 힘을 사용하여 승리를 얻거라."

비슈마는 스웨타를 바라보았다. 그는 비마, 아비마뉴, 사티야키 사이에 서 있었다. 신성한 목소리에 힘을 얻은 비슈마는 화살에 브라흐마신의 힘을 불어넣고 스웨타를 향해 힘껏 쏘았다. 화살은 번개처럼 섬광을 내며 그의 가슴을 꿰뚫었다. 마치 산봉우리가 무너져 내리듯 스웨타가 전차에서 굴러 떨어졌다. 판다바 측에서는 비명이 흘러나오고, 카우라바군 사이에서는 환호성이 울러 퍼졌다. 두료다나는 기쁨의 춤을 추며 연거푸 비슈마를 찬양했다.

태양이 서쪽 지평선으로 사라지자 양쪽은 군대를 철수했다. 카우라바군이 들떠 있는 것에 비해, 판다바 진영은 의기소침했다. 유디스티라는 막료회의를 소집했으나 마른 숲을 휩쓸고 간 불길처럼 진영이 유린당한 것에 모두들 우울해 했다. 유디스티라는 회의에서 내일의 전투대형을 까마귀 진陣으로 배치하기로 결정했다.

....

전투의 둘째 날부터 양측이 밀고 밀리는 싸움을 계속하면서 두료다나의 동생 난디카를 비롯하여 30여명의 카우라바 형제들이 죽었다. 판다바 측에서도 크리슈나가 비슈마의 화살에 부상을 입었고, 아르쥬나의 아들 이라반을 잃었다.

8일째 전투가 끝난 후, 유디스티라는 우울했다. 두료다나 또한 막사로 들어가 불평했다. 두료다나는 병사들도 죽어가고, 무기도 떨어지면서 전투가 자신의 의도대로 가고 있지 않다고 생각하고 있었다. 그는 비슈마가 판다바 형제를 죽이지 못할 것이라는 사실을 알고 있었다.

두료다나는 비슈마의 막사로 찾아갔다. 그는 눈물을 흘리면서 간청했다.

"군주께서는 판다바를 죽이지 않으려 하십니다. 그렇다면 카르나가 그 일을 맡도록 해주십시오. 그는 쿤티의 아들과 연합군을 죽이겠다고 맹세까지 했습니다."

두료다나의 비판에 비슈마는 심장을 파고드는 아픔을 맛보았다.

9일째 전투의 아침, 비슈마가 말했다.

"오늘은 최선을 다하겠다. 나는 아르쥬나를 집중적으로 공격하겠다."

비슈마는 전투에서 무기를 사용하지 않겠다던 크리슈나의 말을 회상하며 그의 약속을 시험해 보기로 하였다. 비슈마는 전군을 날개를 펼친 독수리 모양의 진으로 배치하고 자신은 가운데에 위치했다.

비슈마는 먼저 크리슈나를 생각했다. 어제는 운 좋게 판다바 형제의 목숨을 구했지만, 오늘은 그들을 살리기 위해 더 많은 노력을 기울여야 할 것이라고 생각했다.

그는 두료다나를 향해 손을 올려 신호를 보냈다. 신호를 받은 전차대원은 아르쥬나를 향해 돌진하기 시작했다. 드로나, 카우라바군이 비슈마의 주변으로 집결하고, 판다바군도 아르쥬나를 지원하기 위해 모여들었다. 비슈마가 약속한 대로 복수를 가하기 시작하자 판다바군은 견디지 못하고 도망치기에 바빴다.

이를 보고 있던 아르쥬나는 할아버지 쪽으로 전차를 몰아 비슈마와 맞닥뜨리게 되었다. 비슈마는 많은 화살을 날리기 시작했다. 크리슈나의 움직임을 미리 예상하고 수천 개의 화살을 쏘아대자 아르쥬나와 크리슈나는 그 안에 갇힌 꼴이 되었다. 동시에 사방으로 화살을 날려 판다바군의 병사, 말, 코끼리를 죽이고 지상을 떨게 만들었다. 그러나 아르쥬나는 온 힘을 다해서 할아버지를 직접 공격하는 것에 주저했다.

크리슈나는 아르쥬나의 전차를 몰며 생각하기 시작했다.

"내가 비슈마를 죽여야겠다. 아르쥬나는 존경하는 할아버지를 죽이지 못할 것이다. 내가 그의 부담을 덜어주는 것이 좋겠다."

크리슈나가 이런 생각에 젖어 있을 때 비슈마는 천계의 무기를 사용하여 아르쥬나를 포위하기 시작했다. 하늘도, 지상도, 태양도 볼 수 없게 만든 그의 무기에 유디스티라군의 후미가 떨어져나갔다. 아르쥬나의 전차도 포위되어 보이지 않았다.

크리슈나는 비슈마의 공격을 벗어나려고 안간힘을 썼다. 그 사이에 드리스타디움나가 도우려고 달려 왔다. 크리슈나는 그를 보면서 외쳤다.

"할아버지가 사슴을 찢어 죽이는 사자처럼 우리 군을 죽이고 있다. 보아라. 나는 그의 추종자와 드리타라슈트라왕의 아들이 보는 앞에서 그를 죽일 것이다. 내가 화나면 누구도 벗어나지 못한다."

크리슈나는 전차에서 내려 전차바퀴를 집어 머리 위로 높이 치켜들었다. 그리고는 비슈마를 향해 전속력으로 달렸다. 그 모습은 차라리 브라흐마신이 태어날 때의 연꽃처럼 아름다웠다. 크리슈나가 달려오는 것을 보자 비슈마는 다리를 떨고, 눈물을 쏟아냈다.

세상의 군주, 크리슈나가 무기를 사용하지 않겠다던 당초의 약속을 깨고 달려가는 것을 본 아르쥬나는 전차에 올라서 크리슈나의 뒤를 쫓기 시작했다. 그는 크리슈나를 껴안고 분노를 진정시키려고 노력했다.

"오 케샤바여, 당신은 판다바의 보호처입니다. 군주께서 약속을 깰 필요는 없습니다. 분노를 누그러뜨리기 바랍니다. 오 크리슈나여, 나는 당신에게 맹세한 대로 비슈마가 이끄는 쿠루족을 전멸시키겠습니다."

아르쥬나의 맹세를 들은 크리슈나는 분노를 진정시키고 전차바퀴를 내려놓았다. 비슈마가 놀라서 쳐다보는 가운데 아르쥬나가 크리슈나와 함께 전차에 올라 군영으로 돌아갔다. 태양이 서쪽으로 가라앉으면서 양측의 싸움도 끝났다.

비슈마의 죽음

전투가 시작되는 10일째 아침.

수천 개의 드럼과 심벌즈, 고동과 트럼펫 소리가 대지를 진동시켰다. 전사들은 갑옷을 챙겨 입고 피 묻은 칼을 집어 들며 전장으로 나가기 시작했다.

판다바군은 시칸디가 선봉을 서고 그 옆으로 비마와 아르쥬나가, 그 뒤로 아비마뉴가 자리를 잡았다. 카우라바군에서는 비슈마가 중심에 서고 두료디나가 보호하고 있었다.

이윽고 두 진영이 맞닥뜨리자 살육이 시작되었다. 비슈마는 자신의 마지막 날이라는 것을 알고 있는 듯 최선의 노력을 다했다. 그의 화살공격에 판다바군의 병사, 코끼리, 말이 수없이 쓰러졌다. 그는 가지고 있는 능력을 모두 보여주고 있었다.

판다바 5형제는 비슈마에게 접근했다. 그리고 아르쥬나와 비슈마 사이에 시칸디가 자리 잡았다. 시칸디는 으르렁거리며 세 개의 화살을 비슈마에게 날렸다. 하나는 비슈마의 갑옷에, 하나는 가슴에 정확히 박혔다. 비슈마는 시칸디의 성난 목소리를 들었으나 웃으면서 말했다.

"오 시칸디여, 나는 이 싸움에서 너를 공격하지 않았다. 너는 창조자가 예전에 여자로 만들었듯이 지금도 같은 여자일 뿐이다. 그래서 너는 나와 싸울 자격이 되지 않는다."

전생에 여자였던 시칸디는 비슈마의 말을 듣고 분노했다. 시칸디는 다섯 개의 화살을 뽑아들어 비슈마의 어깨 관절을 꿰뚫었다. 비슈마는 몸을 움츠리며 그의 주변에 있는 병사들을 공격했다.

시칸디는 오랫동안 그와 싸울 수 있기를 희망해 왔었다. 그는 수많은 화살을 날렸으나, 비슈마는 저항하지 않았다. 비슈마는 시칸디를 회피하고, 판다바군을 향해서만 공격을 가했다.

비슈마는 옆에서 보호하고 있는 두료다나를 보며 말했다.

"오 손자여, 나의 군사들이 아르쥬나에 의해 어떻게 쓰러져 가는지 지켜보거라. 목부가 막대기로 가축을 때리듯이 나의 군대를 쓰러뜨리고 있다. 오 위대한 영웅이여, 이제 나는 너에게 기댈 수밖에 없게 되었구나. 나는 나의 맹세를 지켰다. 이제 마지막 약속을 하겠다. 판다바군을 죽이겠다. 너의 음

화살 침대에 누워 있는 비슈마. 그는 전투가 끝난 뒤에 천계로 올라갔다(앙코르 와트).

식을 먹은 것에 대한 빚은 전쟁의 혼란 속에 던져 버리겠다."

말을 마친 비슈마는 수많은 화살을 판다바군에게 날렸다. 태양이 이슬을 앗아가듯 그는 수많은 영웅의 목숨을 가져갔다. 아르쥬나는 다시 시칸디에게 가서 용기를 북돋우었.

"오 영웅이여 두려워하지 말고 비슈마에게 가십시오. 나는 뾰족한 화살로 비슈마와 그의 전차부대를 격리시킬 것입니다."

시칸디는 다시 드리스타디윰나, 아비마뉴, 드루파다, 비라타, 아르쥬나, 유디스티라와 쌍둥이 형제를 동반하고 비슈마에게 도전했다. 그러나 쿠루의 군사들이 그들을 저지했다. 양측의 군사들이 활, 창, 투창, 철퇴를 휘두르며 양보할 수 없는 격전을 벌였다. 아르쥬나는 시칸디를 앞세우고 비슈마 앞으로 전진했다.

할아버지 곁으로 다가오는 것을 본 두샤샤나가 가로막고 나섰지만 아르쥬나가 공격로를 열면서 시칸디와 함께 어느 덧 비슈마 앞으로 다가섰다. 비슈마는 여전히 시칸디의 공격을 외면했다. 시칸디는 열개의 화살을 날려 비슈마를 쏘았다. 비슈마는 몸 전체에 부상을 입으면서도 아르쥬나만을 상대했다.

드디어 아르쥬나와 시칸디가 비슈마를 재차 공격하자 두샤샤나가 보호하기 위해 다시 나섰다. 아르쥬나는 더 이상 참지 못하고 번개와 같은 화살을 날려 그의 갑옷을 찢고 전차에서 떨어뜨렸다.

아르쥬나는 다시 비슈마를 응시했다. 두료다나를 비롯한 카우라바 형제들이 그를 보호하고 있었다. 아르쥬나는 비슈마의 전차에 화살을 퍼부었다. 판다바 형제들도 지원공격을 위해 달려 왔다. 비슈마는 다시 화살을 날려 아르쥬나의 공격을 차단하면서 비라타왕의 형제인 사타나카가 이끄는 전차부대를 전멸시켰다.

비슈마의 공격으로부터 자유로운 시칸디는 화살을 쏘아 그의 몸 깊숙한 곳을 명중시키고, 아르쥬나는 비슈마의 말과 전차대원을 죽였다. 그리고 깃발까지 찢어버렸다.

비슈마가 새로운 활을 들고 황금과 아이보리로 만든 화살을 날렸으나 아르쥬나가 중간에서 막았다. 이번에는 창을 들고 공격했다. 아르쥬나가 화살 여섯 대를 다시 쏘아 창을 부스러뜨리고 비슈마의 모든 무기를 없애버렸다. 드디어 비슈마는 크리슈나가 있는 한 이길 수 없다는 사실을 인정하고 무기를 내려놓았다. 그의 기술과 힘은 이제 쓸모없는 것이 되고 말았다.

이제 그는 죽음을 생각했다. 천계에 모인 고행승들은 비슈마에게 말했다.

"이제 싸움을 끝내는 것이 우리의 희망입니다. 전쟁에서 당신의 심장을 거두겠습니다. 지금이 그 시간입니다."

비슈마는 혼자서 천계의 목소리를 들었다.

갑자기 차갑고 서늘한 바람이 천계로부터 불고, 꽃가루가 흩날렸다. 비슈마가 서서 생각에 잠겨 있는 사이, 시칸디는 아홉 개의 화살을 날려 그의 몸을 맞혔다. 아르쥬나도 동시에 스물다섯 개의 화살을 쏘았다. 굉음소리를 내며 빠르게 날아간 화살은 비슈마에 적중했다. 그리고도 백 개의 화살을 더 쏘았다.

화살이 물결을 이루며 비슈마의 몸에 꽂혔다. 이제 그의 몸은 너무나 많은 화살이 꽂혀 손가락이 들어갈 틈조차 없었다. 그의 머리는 아르쥬나의 화살로 지탱된 채 동쪽을 가리키고 있었고, 몸 또한 지상에 닿지 않았다.

비슈마가 죽어 가는 것을 본 판다바군 진영은 환호했다. 비마도 전차에 뛰어내려 춤을 추었다. 아르쥬나만이 슬픔으로 가득했다. 그는 비슈마에게 다가가서 무릎을 꿇고 슬픔으로 가라앉은 목소리를 가다듬으면서 물었다.

"내가 할아버지를 위해 무엇을 해야 할지 가르쳐주십시오."

"이리 오너라. 생각해 보자."

비슈마가 눈을 뜨고 힘겹게 말했다.

"오 아르쥬나여, 내 머리가 어떻게 내려져 있는지 보거라. 나에게 알맞은 베개를 가져 오거라. 너 혼자 해야 한다."

아르쥬나는 화살을 뽑아들고 만트라의 힘을 불어넣어 쏘았다. 화살은 비슈마의 머리 아래로 박히면서 머리받침대가 되었다. 비슈마는 웃으면서 수많은 화살이 박힌 오른 손을 들어 아르쥬나를 축복해 주었다.

"오 판두의 아들이여, 너는 나의 의도를 잘 이해하고 있다. 이것은 전사들에게 꼭 맞는 베개구나. 이 침대는 실크침대보다도 훌륭하다. 나는 곧 조상이 있는 천국으로 간다. 왜 슬퍼하느냐?"

....

11일째의 아침. 판다바군과 카우라바군은 먼저 화살침대에 누워있는 섭정공 비슈마에게 가서 경의를 표했다. 두료다나는 비슈마의 부상으로 자리가 빈 총사령관에 드로나를 임명하고 성스러운 물을 머리에 붓고 임명식을 거행했다. 의식이 끝나자 드로나는 전차에 올라 군대를 이끌고 전쟁터로 출발했다.

이윽고 유디스티라의 생포를 위한 11일째의 전투가 개시되었다. 카우라바군은 카르나가 선봉이 되어 판다바군을 파괴의 길로 몰아갔다. 적군을 무자비하게 살육하는 카르나를 본 병사들은 매우 고무되었다.

"천계의 군대를 파괴할 수 있는 자가 카르나다. 비슈마는 쿤티의 아들을 너그럽게 대하며 싸웠지만, 그는 용서치 않을 것이다."

드로나는 선두에게 진군하도록 명령을 내렸다. 그가 수천 개의 화살을 날리자 일진광풍에 떨어지는 두루미처럼 판다바군이 쓰러져갔다. 천계의 무기로 아수라를 섬멸하는 인드라신처럼, 죽음의 막대기를 든 야마신처럼 그의 화살은 공포의 소리를 내며 판다바군을 파괴해갔다.

그는 유디스티라 쪽으로 다가오기 시작했다. 드로나는 수많은 화살을 쏘아 유디스티라를 보호하던 판찰라의 왕자 쿠마라, 싱하세나, 비야그라다따의 목을 꿰뚫었다. 이제 드로나는 유디스티라의 생포를 눈앞에 두었다.

이를 본 카우라바 측의 병사들이 외쳤다.

"유디스티라를 생포했다!"

판다바군도 비명을 질렀다. 멀리서 비명소리를 들은 아르쥬나는 형을 구하기 위해 드로나를 몰아쳤다.

아르쥬나는 장애가 되는 병사들을 하나씩 쓸어버리며 수많은 화살을 날렸다. 연달아 쏜 화살은 하나의 줄을 이루며 누구도 뚫을 수 없는 강력한 무기가 되었다. 드로나 조차 화살 망을 뚫고 유디스티라를 잡기가 어려웠다. 성난 아르쥬나에 의해 카우라바군이 궤멸 직전에 이르자 드로나는 군대를 퇴각시켰다. 그러나 이 날 전투에서 판다바군은 아르쥬나의 아들 아비마뉴를 잃었다.

....

15일째 전투에서 아르쥬나는 카우라바군의 총사령관 드로나를 죽이고 다음 날 카르나까지 죽였다.

드디어 전투의 마지막 날인 18일째 아침.

어제 전투에서 사망한 총사령관 카르나와 병사들을 화장한 다음에 생존한 카우라바 형제들이 전차에 올랐다. 너무나 많은 파괴와 죽음을 보면서 두료다나는 마지막 전투를 이끌어 나갈 총사령관에 샬리아왕을 선출했다. 샬리아왕은 전투에서 살아날 가능성을 포기하며 두료다나의 요청을 수락했다. 맞은 편, 유디스티라 진영에서도 대책이 논의되었다. 유디스티라가 물었다.

"샬리아왕이 총사령관으로 선출되었는데, 크리슈나께서는 어떻게 생각하십니까?"

"그는 최고의 투사입니다. 왕이여, 그를 과소평가해서는 안될 것입니다. 그는 비슈마, 드로나, 카르나에 뒤지지 않는 무예를 가지고 있습니다. 그러나 그를 죽일 수 있습니다."

유디스티라는 크리슈나의 충고를 듣고 전차에 올라 전쟁터로 향했다. 샬리아왕은 유디스티라를 맞아 맹렬한 전투를 시작했다. 수천 개의 화살을 날려 유디스티라를 뒤덮었다. 갑옷의 취약한 부분을 뚫으면서 수많은 전차대원을 죽이기 시작했다.

두료다나도 그를 지원하기 위해 가세하여 서로 죽이고 죽는 싸움이 지속되었다. 샬리아는 드디어 유디스티라의 말과 전차 기사를 죽이고, 판다바를 죽일 기세로 달려들었다. 화가 난 비마는 긴 화살로 샬리아왕의 말을 죽이고 다시 수백 개의 화살을 날려 샬리아의 갑옷을 찢었다. 전차에서 뛰어내린 샬리아는 칼을 들고 유디스티라에게 돌진해 왔다. 그러나 비마가 화살을 쏘아 칼을 부러뜨려 무기하나 없는 상태로 만들었다.

판다바들은 승리의 서광을 어렴풋이 느끼기 시작했고, 두료다나는 병사들이 죽어 가는 것에 두려움을 느끼기 시작했다. 카우라바들이 실질적으로 패배한 것을 본 크리슈나가 말했다.

"전쟁은 사실상 끝났다. 양측에서 수백만의 병사들이 죽었지만 우리의 군대가 우세하다. 그러나 두료다나를 죽여야만 승리를 확정지을 수 있다. 아르쥬나여, 두료다나를 죽이고 이 갈등을 종식시켜야 한다."

다시 전열을 정비한 판다바군은 이전의 맹세를 상기하며 전투를 재개했다. 비마는 두료다나를, 사하데바는 샤쿠니를 상대로 싸우기 시작했다. 샤쿠니는 도끼처럼 굽은 언월도偃月刀를 들고 달려들었다. 그러나 사하데바의 칼

마하바라타의 부조, 카우라바군의 진격(앙코르 와트).

에 산산조각 났다. 샤쿠니가 다시 철퇴를 집어 들었으나 사하데바가 언월도를 집어 들어 부스러뜨렸다. 다시 창을 들었으나 판다바가 저지했다.

사하데바는 다시 화살을 날려 샤쿠니의 팔을 베고 머리를 관통시켰다. 남아 있는 카우라바군은 판다바군에 둘러싸여 도망갈 곳조차 없게 되었다. 그들은 퇴로가 막히자 용감히 싸웠으나 모두 죽었다.

이제 두료다나와 크리파, 아슈바따마, 크리슈나의 100만 대군을 이끈 장군 크리타바르마만 남게 되었다. 두료다나는 숲 속으로 도망하여 호숫가에 몸을 숨겼다. 나머지 세 명의 장군들도 도망쳐서 두료다나에게 돌아갔다. 그러나 숲 속에 있던 사냥꾼들이 이들을 발견하고 유디스티라에게 알려주었다.

6. 비마와 두료다나의 결투

두료다나의 소재를 알게 된 유디스티라는 형제, 장군, 병사들을 이끌고 호숫가로 향했다. 두료다나의 세 장군들은 판다바군이 도착하기도 전에 숲 속으로 도망쳐 숨어버렸다.

유디스티라는 두료다나가 신비의 힘을 사용하여 호수 밑바닥에 숨어 있는 것을 알았다. 유디스티라는 두료다나를 불렀다.

"오 위대한 자여, 이 호수가 마음에 들어 밑바닥에 숨었느냐? 수백만 크샤트리아의 파괴를 가져온 주제에 어떻게 네 목숨만 보전하려느냐? 너의 명예는 어디 있느냐? 사악한 자여, 호수에서 나와 악한 행동의 결과를 맞이하거라. 영웅은 도망치지 않는다. 명예를 더럽히지 말라. 싸워서 세상을 지배하던가, 대지에 잠들던가 하나를 선택하자."

크리슈나, 병사들이 주위에 서서 두료다나의 대답을 기다렸다.

판다바의 다른 형제도 그를 비난하고 병사들도 무기를 흔들며 으르렁거렸다. 비난이 계속되자 두료다나는 더 이상 참지 못하고 호수에서 뛰쳐나왔다. 물결을 뒤흔들며 나타난 두료다나는 철퇴로 땅을 내리치며 유디스티라 형제들과 싸울 준비를 했다.

비마가 큰형 유디스티라 앞으로 나서서 그와 싸우길 간청했다. 비마가 두료다나 앞으로 나왔다.

"나는 뻔뻔하고 사악한 이 자와 싸울 것이다. 너는 나를 이기지 못한다. 오늘 나는 수년간 가슴에 담았던 응어리를 쏟아낼 것이다. 드라우파디를 어떻게 모욕하고, 유디스티라왕을 어떻게 기만했는지 기억하거라. 비슈마가 전투장에 누워 있고, 드로나가 죽고, 많은 영웅이 살해된 것도 너 때문이다. 너의 형제들을 따라 너도 곧 죽게 될 것이다. 죗값을 받을 준비나 하거라."

두 사람은 철퇴를 높이 들고 싸우기 시작했다. 천계에서는 신과 간다르바, 그리고 고행승이 서로의 약점을 찾아 공격하는 두 사람의 스피드와 기술에 감탄하면서 전투를 지켜보았다.

처음에는 상대방의 공격을 받아 비틀거리고 다시 반격하는 지루한 싸움이 계속되었다. 그러나 싸움이 계속될수록 두료다나가 우세를 보이기 시작했다. 두료다나는 철퇴로 비마의 머리를 공격하고, 춤을 추듯이 비마의 주위를 돌며 공격했다. 이번에는 두료다나의 공격을 받고 몇 걸음 후퇴한 비마가 가슴 높이만큼 철퇴를 휘두른 후 갑자기 놓아버렸다. 굉음을 내며 날아간 철퇴는 두료다나의 무릎을 정확히 맞췄다.

두료다나는 다리를 잡고 비벼서 고통을 털어 낸 다음, 갑자기 뛰어들어 비마의 머리를 내리쳤다. 그러나 비마는 머리에 피를 흘리면서 꿈적도 하지 않았다. 두료다나는 서 있는 비마를 보고 대경실색했다.

기회를 잡은 비마는 성큼 다가가 두료다나의 어깨를 잡아 힘껏 내리쳤다. 그는 통나무 구르듯이 쓰러졌다. 그러나 부상을 입은 것이 아니었다. 두료다나는 벌떡 일어나 비마의 가슴을 정면으로 가격했다. 비마의 갑옷이 벗겨지고 뒷걸음질치다 땅으로 넘어졌다. 그는 피범벅이 된 상태였다.

비마와 두료다나의 결투(반테이 스레이).

두 사람의 철퇴가 다시 부딪히며 섬광을 번뜩였다. 비마가 무기를 들고 공격했으나 두료다나는 이미 예상하고 옆걸음질로 피하면서 비마에게 타격을 가했다.

그러나 두료다나가 위로 뛰어 올랐다가 땅에 내딛는 순간, 비마는 어쩔 수 없이 비상수단으로써 그의 허리 아래를 공격했다. 거대한 나무를 쓰러뜨린 번개처럼 두 팔에 온 힘을 쏟아 허벅다리를 철퇴로 내리쳤다. 그는 고통으로 몸부림치며 땅에 쓰러졌다. 싸움은 끝난 것처럼 보였다. 비마는 씩씩거리며 쓰러진 두료다나 앞으로 걸어갔다.

왼쪽 발을 두료다나의 머리에 올려놓고 짓밟으며 거친 목소리로 외쳤다.

"너는 여기 누워서 드루파다왕의 딸에게 사죄하거라. 너의 군대는 전멸했다. 도박장으로 끌고 가는 것을 지켜봤던 모든 사람들이 다시 너의 패배를 목격했다. 우리에게 모욕과 수치를 안겨준 사람들은 모두 죽었다."

비마가 두료다나의 머리에 발을 올려놓았다. 그러나 유디스티라가 제지했다.

"이제 복수를 했고, 목표를 달성했다. 그를 놔주거라. 두료다나는 왕이며, 네 사촌이고 쿠루족의 군주다. 그는 형제를 잃고, 왕국과 군대를 잃고, 비참한 상황에 직면해 있다. 더 모욕을 줄 일이 있느냐?"

유디스티라는 형제를 포옹하며 전쟁이 끝났음을 말해줬다. 형제들은 다리가 부러진 두료다나를 놔두고 전쟁터를 떠났다.

한편, 판다바군을 보고 도망친 세 명의 장군은 쓰러진 왕을 찾아서 되돌아왔다. 바닥에 누워있는 두료다나가 머리를 들고 장군들에게 얘기했다.

"스승이여, 드로나의 아들 아슈바따마를 총사령관으로 임명할 것이오. 적대감은 적을 죽이는 것으로 끝날 것이오."

아슈바따마, 크리파, 크리타바르마는 전차에 올라 어둠을 타고 적진으로 들어갔다. 이들은 전투의 규칙을 어기고 승리감에 젖은 판다바군에 잠입하여 잠자고 있는 아르쥬나의 아들, 드루파다왕의 아들 다섯 명을 살해하여 죽어 가는 두료다나에게 바쳤다.

그러나 두료다나가 원하는 것은 판다바 형제의 목이었다

"아! 내가 원한 것은 판다바 아들의 목숨이 아니다. 아, 가공할만한 일을 저지르다니! 내 형제들도 죽었다. 그런데 아슈바따마가 사촌의 아들까지 죽여서 쿠루 가문의 대를 끊어놓다니."

그는 모든 것을 잃은 채 생을 마감했다.

7. 유디스티라의 슬픔과 은퇴

전쟁이 끝나고 드리타라슈트라왕은 슬픔에 휩싸였다. 18사단이 죽고 수백 명의 제후들도 죽었다. 이 때 비야사데바가 찾아와 드리타라슈트라왕에게 신들의 비밀을 털어놓았다.

"이제 신의 비밀을 말씀드려야겠습니다. 두료다나는 투쟁과 고통을 이끌고 파괴기를 지배하는 신의 화신입니다. 그의 어두운 힘이 살육을 초래했습니다. 오 왕이여, 그러나 슬퍼할 필요는 없습니다. 지상은 그들의 죽음에 부담을 갖고 있지 않으며, 정의로운 군주 유디스티라가 지배하게 될 것입니다. 부디 자중하시고 남아 있는 생을 고행에 정진하여 삶의 목표를 이루시기 바랍니다."

비야사데바가 신들의 비밀을 털어놓고 떠난 뒤에 드리타라슈트라왕은 죽은 병사들의 장례식을 거행하기 위하여 강가로 떠났다. 판다바 형제와 크리슈나도 왕을 만나기로 했다.

유디스티라가 강가에 도착하자 수많은 미망인이 울부짖고 있었다. 유디스티라가 위로했으나 그들은 오히려 저주를 퍼부었다.

"당신의 정의는 어디에 있나요? 형제, 스승, 아들, 친구를 잔인하게 살해했습니다. 당신의 아들과 연합군까지 죽었는데, 통치가 무슨 필요가 있습니까?"

유디스티라는 아무 말 없이 미망인 사이를 지나 드리타라슈트라왕에게 다가가서 발에다 인사했다. 장님의 왕은 아주 어렵게 유디스티라를 포옹하고 형제들을 축복해 주었다. 왕의 노여움이 가시는 것을 본 크리슈나는 모든 것이 왕의 우둔함에서 비롯된 일임을 상기시키며 분노를 절제하라는 충고를 했다. 왕은 부끄러웠다.

판다바와 크리슈나는 간다리왕비에게도 인사드렸다. 왕비는 크리슈나를 보며 저주를 퍼부었다.

"당신은 살육을 방지할 수도 있었는데, 어째서 무관심했단 말입니까. 나는 저주할 것입니다. 사촌끼리 서로 싸우게 만들었듯이 당신 또한 36년 후에 형제간 싸움에서 가족을 잃게 될 것입니다."

판다바 형제들은 간다리왕비의 저주를 들으면서 자리를 떠났.

36년의 시간이 흘러 더 이상 현세에 남아있을 필요가 없다고 생각한 유디스티라는 천계로 여행할 결심을 했다. 이미 크리슈나도 떠나고 없었다. 그는 손자를 왕으로, 크리파를 왕의 고문으로 앉히고 형제들과 드라우파디왕비를 데리고 속세를 떠나 천계로 올라가기 시작했다.

부 록

1. 캄부자왕국의 연대기
2. 용어 해설
3. 참고 문헌
4. 앙코르 유적지 지도

바욘 사원 안쪽 회랑에 부조된 궁정의 생활. 세 명의 왕비와 궁녀들의 모습이 생생하게 표현되어 있다.

1. 캄부자왕국의 연대기

왕 명	프레룹비문	스톡칵톰비문	기타비문	왕실자료
1. 자야바르만 2세	802~850	802~850		802~834
2. 자야바르만 3세	850~877	850~877	834,850	834~877
3. 인드라바르만 1세	877~889	877~889		877~889
4. 야소바르만 1세	889~910	889~900		889~912
5. 하르샤바르만 1세	910~925	900~	910,912	912~922
6. 이샤나바르만 2세	925~928	~928		925~928
7. 자야바르만 4세	921~942	921~942	928	928~942
8. 하르샤바르만 2세	942~944	942~944	941,942	942~944
9. 라젠드라바르만 2세	944~968	944~968		944~968
10. 자야바르만 5세	968~1001	968~1001	968	968~1001
11. 우다야디티야바르만1세	1001~1002	1001		1001~1002
12. 자야비라바르만		1001		1002~1011
13. 수리야바르만 1세		1001~1049		1002~1050
14. 우다야디티야바르만2세		1049~		1050~1066
15. 하르샤바르만 3세			1080~1113	1066~1080
16. 자야바르만 6세			1107~1113	1080~1107
17. 다라닌드라바르만 1세				1107~1113
18. 수리야바르만 2세				1113~1150
19. 다라닌드라바르만 2세				1150~1160
20. 야소바르만 2세				1160~1165
21. 트리부바나디티야바르만				1165~1177
22. 자야바르만 7세				1181~1219
23. 인드라바르만 2세				1219~1243
24. 자야바르만 8세				1243~1295
25. 인드라바르만 3세 (슈린드라바르만)				1295~1307/8
26. 인드라자야바르만				1308~1327
27. 자야바르만 파라메슈바라				1327~?
28. 파라마타케마라자 아유타야왕국의 점령기			〈라오스 문헌〉 세데스 이론	1330~1353 1351~1357

왕 명	프레룹비문	스독칵톰비문	기타비문	왕실자료
29. 홀이나(忽爾那) = 　수리야밤샤 라자디라자			〈명사·明史〉	1357~71?
30. 삼답감무자지달지= 　삼탁 캄부자디라자			〈명사·明史〉 〈크메르 비문〉	1379
31. 삼탁 차오폰헤아캄부자 = 　삼열실비사감보자 　아유타야왕국의 침략			〈명사·明史〉	1380~1387 1393~?
32. 삼열파비아 　삼탁 차오 폰헤아			〈명사·明史〉	1404~1405
33. 삼열소평아 = 　삼탁 차오 파야			〈크메르 연대기〉	1405~1409
34. 람팡 파라마라자			〈크메르 연대기〉	1409~1416
35. 소리 조봉			〈크메르 연대기〉	1416~1425
36. 바롬 라차			〈크메르 연대기〉	1425~1429
37. 다르마쇼카			〈크메르 연대기〉	1429~1431
폰헤아 야트			〈크메르 연대기〉	1431~?

※ 자야바르만 파라메슈바라왕의 1327년부터 1431년까지는 역사적 공백기로서 중국·라오스의 자료를 통해서 왕의 이름을 밝혀낸 것인데, 각 문헌마다 차이가 있어서 그 이후의 왕명까지 구체적으로 알 필요는 없을 것 같다. 다만 본문을 고려하여 〈명사〉에 등장하는 캄부자의 왕을 정리하였다.

※ 위의 왕명표는 국가사원에서 발견된 비문에 따른 것이나, 연대가 달라서 소개 책자마다 혼란을 초래한다. 때문에 비문에 기록된 왕의 재위연대를 비교하면서 왕실 자료를 기준으로 삼는 것도 한 방법이다.

〈보론〉 자야바르만 2세의 재위연대

앙코르 지역을 여행하면서 제일 먼저 혼란을 일으키는 것이 왕조의 역사이다. 프랑스 학자들의 주장을 그대로 답습한 영어권의 학자들은 자야바르만 2세의 재임기간을 802~850년으로 그대로 인용하였고, 최근에 나온 자료들은 802~834년으로 표기하여 초보자들에게 많은 혼란을 야기시킨다.

왜 이런 일이 빚어졌을까?

802년 국내의 통일을 성취한 자야바르만 2세를 비롯한 앙코르왕조의 역사는 프랑스 학자 조르쥬 세데스에 의하여 정립되었다. 그는 각종 비문해독과 자료를 바탕으로 자야바르만 2세는 캄부자를 건국한 위대한 왕으로 위치시키고 그의 통치연대를 802~850년으로 주장했다. 자연히 그의 아들 자야바르만 3세는 850~877년에 통치한 것으로 인식되었다.

이 연대는 세데스 이래 정설로 굳어졌으며, 그 이후에 좀처럼 이의를 달 수 없는 난공불락의 주장으로 받아들여졌다. 그러나 세데스의 연구 이후에 여러 개의 비문이 발견되면서 그의 앙코르 초기 시대의 통치연대를 변경해야 한다는 여러 학자들의 주장이 끊임없이 제기되었다. 여기에 제기된 학자들의 주장을 간략히 소개하면 다음과 같다.

(1) 자야바르만 2세의 사망연도 : 850년 설과 834년 설

골지오Golzio는 자야바르만 2세가 세데스의 주장처럼 캄부자를 외국의 지배로부터 벗어나 국가를 독립시킨 위대한 왕으로 평가하는 것은 과장된 것이며, 대단한 인물로 볼 수 없다는 견해를 갖고 있다.

골지오의 주장은 세데스와 그의 추종자들이 자야바르만의 통치시기를 늘리면서 결과적으로 자야바르만 3세와 인드라바르만의 통치연대를 후대로 늦추는 오류를 범했다고 주장했다.

"자야바르만 2세로 불린 위대한 왕은 48년간 통치한 후에 850년에 하리하랄라야에서 사망하였다."_ 세데스의 『앙코르의 이해』 중에서.

세데스가 의존했던 자료는 콤퐁 톰에서 발견된 K. 834 비문(여기서 비문의 번호 앞에 붙는 이니셜 K는 캄보디아의 약칭이다)인데, 여기에는 자야바르만 3세가 772 샤카력(850년)에 등위했다고 기록되어 있는 내용이다. 이 비문은 수리야바르만 1세 시대에 한 성직자 가문이 만든 것인데, 여기에는 위대한 조상 12명의 성직자 이름과 5명의 국왕 이름이 언급되었다.

세데스는 이 비문의 진실성을 확인하기 위해 다른 비문을 비교 검토한 결과 이 비문에서 언급한 12명의 조상 가운데 8명은 실존인물임을 밝혀냈으며, 다른 5명의 국왕은 그 취임연대가 부정확했으나 일단 850년의 연대를 자야바르만 3세의 취임시기로 삼았다.

그리고 세데스는 다른 비문 자료를 동원하였다. 11세기의 프라삿 칵 비문

(K. 521)을 토대로 세데스는 자야바르만 3세가 850년에 "16세의 나이로 왕위에 올랐다"고 해석하였다.

여기서 문제가 된 내용은 " " 부분의 해석이다. 즉, 비문의 내용인 "svay raja chnam tap pramvay"를 어떻게 해석하느냐에 따라서 자야바르만 2세와 자야바르만 3세의 등위연대에 16년의 차이가 발생한다.

첫째, 이 문구를 "16년 전부터 통치하였다"고 해석할 경우에는 850년을 기준으로 할 때, 834년에 왕위에 오른 것이 된다. 둘째, "16세 되는 해에 왕이 되었다"고 해석할 경우에는 850년에 16세의 나이로 왕이 되었음을 뜻한다. 따라서 해석 상의 차이로 16년의 역사적 공백이 발생하게 된다.

그런데 세데스는 이 문구를 해석하면서 K. 834 때문에 혼란을 일으켜 850년에 자야바르만 3세가 16세의 나이로 왕이 되었다고 판단했고, 1928년에 자야바르만 2세의 사망연도를 850년으로 주장했다.

그러나 그 이후에 학자들은 850년에서 16년을 제하여 자야바르만 3세의 재위를 834~877로 수정하는 것이 올바르다는 견해를 제기했다. 골지오는 끌로드 자크의 연구를 인용하면서 후자의 주장을 수용하였다.

즉, 자야바르만 3세는 "850년에 16년간 통치하였다"(Jacques, C., BEFEO, LIX : 205~220)고 해석하였고, 자야바르만 3세의 통치시기를 834~877년으로 제시하였으며 이 견해가 대체적으로 수용되는 흐름이다.

(2) 자야바르만 2세의 귀국연도 : 790년 설과 800년 설

자야바르만 2세의 통치연대를 802~834년으로 수정할 경우, 그의 통치기는 32년간이다. 그가 종주국 자바에 신하의 의무를 다짐하고 귀국할 당시에 국내에서는 지방정치세력이 할거하고 있었다. 스독 칵톰 비문에 의하면 왕은 "우선 인드라푸라를 정복하고 쿠룽(왕)이 되었다"고 기록되었다. 이 해가 프라 탓프라 스레이(K. 103)비문에 의하면 770년이다. 또한 K. 134(로복 스롯 비문)에 의하면 삼보르를 지배한 왕으로 '모호 자야바르만'이란 이름이 등장한다. 이 연도는 781년이다. 세데스는 이 인물을 자야바르만(biz)로 명명했다.

그러나 770년의 자야바르만이 자야바르만 2세라고 가정할 경우 20세 전후에 건국을 했다면 34년간의 통치기에는 84세가 되는데, 그가 생물학적으로 80세 이상 살았다고 가정할 수는 없기 때문에 세데스는 이 인물을 다른 사람으로 인식했고, 마찬가지로 781년에 언급된 자야바르만이라는 인물도 별도의 인물로 취급했다.

비문으로만 본다면 세데스의 주장에는 한 치의 빈틈도 없어 보인다.

그러나 바푸온 비문(K. 583)에는 자야바르만 2세를 언급한 연대가 "□12년 샤카력"이다. 이 □칸에 7을 추가하여 "712 샤카력"을 환산하면 790년이 된다(샤카력은 인도 쿠샨왕조의 카니시카 왕이 제정한 것으로 서기 원년에 78년을 더한다).

만약 이 가설을 따를 경우에는 790년에 자야바르만 2세가 앙코르 지방에 존재하여 이미 인드라푸라 → 삼부푸라 → 쿠티를 정복했고, 그 이후에 하리하랄라야 → 아마렌드라푸라 → 마헨드라파르바타까지 군사원정을 실시한 후, 다시 하리하랄라야(오늘날의 롤루 유적군)로 돌아와서 802년에 앙코르 왕국을 건국한 자야바르만으로 볼 수 있다.

물론 세데스는 이 가설을 반대하였다. 그럼에도 불구하고 이런 배경 때문에 자야바르만이 자바에서 귀국한 연대가 790년과 800년의 두 가지로 제시되고 있는 것이다.

2. 용어 해설

가루다Garuda 비슈누신이 타고 다니는 새. 몸과 다리는 사람, 머리는 독수리 형상을 하고 있다.

구루Guru 정신적 가르침을 주는 힌두교 스승. 고대 크메르에서 구루는 건축에 대한 전문지식을 겸비해야 했다. 힌두교 사제 가운데 최고의 사제는 푸로히타purohita로 불렀으며, 왕이 국가사원을 짓고 거기에 링가를 안치할 때 의식을 집전하는 사제는 호타르hotar라 한다.

고푸라Gopura 탑이 있는 출입문.

나가Naga 대양에 사는 뱀, 용. 나가라자Nagaraja는 뱀왕 혹은 용왕으로 사용된다. 나가는 극동지방으로 이동하면서 용이 되는데, 불교에서는 수미산 중턱에 살며 여의주를 손에 쥐고 있는 증장천왕이다.

나가라Nagara 도시, 왕도王都를 뜻하는 산스크리트어. 크메르어는 앙코르Angkor, 라오스어는 라콘Lakhon, 태국어는 나콘Nakhon 혹은 노코르Nokor로 부른다. 1431년 시암족이 앙코르를 침공한 이래 앙코르 와트를 나콘 루앙Nakhon Luang이라 불렀다. 원래의 뜻은 '용이 사는 곳'이다.

나라야나Narayana 비슈누신과 브라흐마신을 지칭하는 말. 브라흐마신은 비슈누신의 배꼽에서 태어났으나 시간과 공간을 창조한 창조신이므로 두 신의 관계가 명확히 구분되지 않는다. 따라서 나라야나는 비슈누신 어떤 경우에는 브라흐마신을 가리킨다.

난딘Nandin 시바신이 타고 다니는 성스러운 황소. 난디로도 부른다.

다르마Dharma 도덕, 진리, 법칙, 의무, 제도, 규범 등으로 번역되는데 원 뜻은 '세계질서를 떠받치는 것'을 의미한다. 달마達磨, 다라니陀羅尼도 다르마에서 파생되었다.

데바Deva 남성의 신. 여신은 데바타devata라 한다. '빛나다'는 뜻을 가진 div에서 파생되었으며, 그리스어 deos, 라틴어 deus와 같은 어원을 갖고 있다. 힌두교에서는 브라흐마, 비슈누, 시바신을 3위일체의 신trinity이라 한다. 이들 신이 등장하면서 인드라, 바루나, 야마, 쿠베라신은 인기가 하락하여 각각 동서남북을 지키는 수호신(로카팔라)으로 재편성되었다. 이러한 방위신의 개념은 불교에서 사천왕四天王으로 나타난다.

데비Devi 인드라신의 배우자 신.

드바라팔라dvarapala 사원 입구를 지키는 수호신.

라마야나Ramayana 인도의 시인 발미키Valmiki가 쓴 대 서사시로 전체 24,000

부록 447

송(1송은 16음절로 2행으로 되어 있다)으로 구성되어 있으며, 학자들에 의하면 기원전 4세기경부터 서기 200년 사이에 현재의 형태로 완성된 것으로 보고 있다. 아요드야 왕국의 라마왕자와 그를 돕는 원숭이왕국의 하누만 그리고 이에 대항하는 악마의 왕 라바나의 전쟁을 그린 서사시로 라마왕자를 통하여 제왕이 따라야 할 정의, 도덕률, 규범을 제시하고 있으며, 인도네시아, 태국, 캄보디아 등 고전기 동남아시아의 궁정문학과 드라마, 연극에 많은 영향을 주었다.

라바나Ravana 랑카에 거주하는 아수라의 왕. 머리는 열 개, 팔은 스무 개나 되며 신보다 뛰어난 능력을 갖고 있으나 인간에게는 죽는 운명을 갖고 있다. 그는 비슈누신의 화신 라마왕자에게 살해당한다.

라테라이트Laterite 철분과 알루미늄을 함유하여 붉은색을 가진 홍토석. 햇볕에 건조하면 시멘트 이상으로 단단해져 기둥이나 주춧돌로 사용한다.

라후Rahu 해와 달을 먹어치워 일식과 월식을 일으킨다고 여겨지는 악신. 우유바다젓기에서 신의 편에 서서 암리타를 먹다가 발각되어 신체를 절단당하여 하체는 없고 머리만 있는 모습으로 나온다.

락샤사Rakśasa 신과 인간에 적대적인 악마의 종족. 나찰羅刹로 번역된다. 여성형은 락샤시Rakśasi다.

리쉬Rish 현자, 고행승.

링가Linga 시바신의 창조력을 상징하는 남근석男根石. 흔히 여성 성기를 상징하는 요니Yoni 위에 안치한다.

마야Maya 환영, 환상, 마법을 뜻한다.

마카라Makara 코끼리 코에 악어의 턱을 가진 상상 속의 바다 동물.

마하바라타Mahabharata 인도의 비야사Vyasa라는 성인이 기원전 5세기 경에 지은 것으로 전해지는 대 서사시다. 인도 델리 북방의 쿠루평야에서 카우라바군과 판다바군 18사단이 18일간 벌이는 전쟁을 주제로 하여 전체 18편 10만송頌으로 구성되어 있다. 이 서사시 안에는 고대 인도의 종교, 신화, 도덕, 역사, 철학, 법률 등 수많은 자료가 들어있다. "마하바라타 안에는 세상의 모든 것이 들어 있으며, 이 안에 없는 것은 세상에 없는 것이다"라고 평가할 정도로 인도 힌두교의 종교철학, 사상이 깃든 경전이다.

마하야나Mahayana 중국, 한국, 일본에 전파된 대승불교. 이에 대응하는 부파가 소승불교Hinayana다. 대승불교는 엄격한 교리해석에 반대하고 중생을 구제하기 위해 극락과 같은 개념을 도입하였다.

만다라Mandala '에워싸다'는 mand에서 유래한 만다라는 동서남북으로 문이 있는 불탑stupa의 평면도에서 그 개념이 출발했다. 만다라는 원, 구球, 차륜 등 완전무결과 무수한 원심을 가진 원을 상징한다.

만트라Mantra '사고하다, 생각하다'는 뜻의 man과 '수단 · 도구'를 뜻하는 –stra가 결합한 합성어. 베다찬가, 주문, 마술로 불린다.

메루산Meru 대륙의 정 중앙에 있다고 하는 세계의 중심산. 힌두교에서 메루산은 8만4천 요자나(126만km)의 정상에 인드라신을 비롯하여 주요 신들이 거주하는 성산으로 만다라산과 카일라사산 등 네 개의 봉우리가 감싸고 있다. 소승불교에서는 수미산須彌山으로 번역된다.

메본Mebon '은총이 넘치는 어머니'의 뜻으로 동東 메본 사원은 라젠드라바르만 1세가 어머니를 비롯하여 조상을 위해 건설한 것이다.

바라이Baray 인공저수지, 환호環濠를 가리키는 산스크리트어.

바라문Brahmin 힌두교 승려. 인도의 사성계급 중 최고위의 승려계급.

바르만Varman '–에 의해 보호받는 자'를 뜻하는 말.

바수키Vasuki 우유바다 젓기에서 신과 아수라가 바다를 회전시키는데 로프로 이용된 성스러운 뱀. 세샤뱀Sesa으로도 불린다.

바즈라Vajra 인드라신의 무기인 번개. 금강저金剛杵로도 불린다.

박공pediment 현관의 기둥과 기둥 사이에 옆으로 얹은 상인방上引枋 위에 댄 삼각형의 벽면을 박공博栱 혹은 박풍博風이라 한다.

반테이Banteay 성채城砦를 뜻하는 크메르어. 반테이 스레이는 '여인의 성채', 반테이 크데이는 '승려들의 성채'란 뜻이다.

벵Beng 연못.

브라흐마신Brahma 우주의 창조자. 비슈누신, 시바신과 더불어 3위일체 신이라 한다.

비하라Vihara 산스크리트어로 '불상을 모신 사원'. 붓다와 그 제자를 모신 기원정사祇園精舍는 Jetavana-vihara다. 크메르어는 비헤아Vihear.

스라Srah 바라이보다 작은 인공연못.

스레이Srei 여인, 여성

스와얌바라Svayamvara 왕이 딸의 남편감을 선택하기 위해 개최하는 무술경연대회. 대회의 승자는 공주로부터 간택되는 영광을 얻는다. 원뜻은 자기선택self-choice이다.

아그니Agni 인간을 중재하며, 죄를 사하여 주는 역할을 하는 불의 신.

아나스틸로시스anastylosis 사원을 해체한 후 원래의 상태로 복원하는 방식. 네

덜란드 고고학자에 의해 자바섬의 유적복원에 처음 도입된 후 프랑스 학자들이 반테이 스레이 사원 복원에 광범위하게 도입되었다.

아낙산작Anak Sanjak 크메르 왕실의 검열관.

아난타Ananta 우주의 대양에 떠 있는 뱀. 브리흐마신이 비슈누신의 배꼽에서 나올 때 비슈누신을 떠받치는 역할을 한다. 흔히 세샤Sesha 뱀으로 알려져 있다.

아바타르Avatar 화신化身을 뜻하는 산스크리트어.

아발로키테슈바라Avalokiteśvara 관세음보살觀世音菩薩. 로케슈바라Lokeśvara도 같은 뜻이다.

아이라바타Airavata 인드라신이 타고 다니는 코끼리.

아수라Asura 신들에게 적대적인 악마의 종족. 원래의 뜻은 '호흡하다asu, 존재하다as, 정령이 깃들어 있다'는 의미로 사용되었다.

아슈람ashram 원래는 아슈라마. 은둔하여 수행을 하는 곳을 말한다.

아슈비니Aśvini 태양과 하늘의 쌍둥이신.

암리타amṛta 우유바다 젓기에서 추출된 영약. 소마주의 별명이며 일종의 환각물질로 알려져 있다.

압사라Apsara 대양apu을 휘저어 추출되었다rasa하여 압사라로 불러지게 된 신들의 무희. 흔히 신들을 즐겁게 해주는 역할을 한다.

약사Yaksa 부富의 신 쿠베라의 하인으로 그 재물을 수호하는 반신半神 혹은 정령精靈. 라마아냐에서는 악마의 무리로 표현된다.

요자나Yojana 거리의 단위. 1요자나는 약 5마일, 8km 정도.

유가Yuga 우주의 주기.

와트Wat 사원, 사寺를 뜻하는 태국어. 산스크리트어 와투Vatthu에서 파생되었다. 산스크리트어 프라사다Prasada에서 파생된 프라삿Prasat도 사원을 뜻한다.

전륜성왕chakravartin, Devaraja 무력을 사용하지 않고 정의와 법륜法輪으로 세계를 통치하는 이상적인 군주.

카마Kama 애욕의 신. 사랑의 화살을 쏘아 시바신의 고행을 방해하여 재로 만들어졌다. 불교에서는 애염명왕愛染明王이다.

칼라Kala 사원, 신전 입구를 지키는 괴물. 머리는 사자, 톡 튀어나온 눈이 특징적이다.

칼리Kali 시간, 죽음을 뜻하는 말.

코벌아치Corbel arch 양쪽 기둥으로부터 벽돌을 수직으로 쌓아 올려 지붕을 만드는 유사아치.

크리슈나Krishna 비슈누신의 여덟 번째 화신. 원 뜻은 비슈누신의 검은 머리카락에서 파생되어 '검은 것'을 의미한다.

크메르Khmer 캄보디아 민족, 언어를 지칭한다.

타타카tataka 성스러운 연못. 크메르어는 프라탁pratak이다.

톰Thom '거대한, 큰'을 뜻하는 크메르어.

챠크라Chakra 수레바퀴. 붓다의 법륜法輪.

챠크라바르틴chakravartin 우주의 군주. 왕 중의 왕. 법륜wheel of the Law을 굴리는 자를 뜻하는 산스크리트어. 인도의 고대황제나 크메르에서 자야바르만 2세 이후 왕들이 이 타이틀을 사용했다.

프놈Phnom 산山을 뜻하는 크메르어. 라오스어 푸Phou, Phu도 산을 의미한다. '프놈 펜'은 펜 부인의 언덕이란 의미다.

프라삿Prasat 남인도사원에서 테라스가 있는 피라미드형 사원을 지칭하며 산스크리트어 프라사다prasada에서 파생되었다.

프레아Preah '성스러운, 존경하는' 뜻의 형용사. Pra, Prah도 같은 뜻이다.

프레아 산 Preah San은 승려, 프레아 코Preah Ko는 성스러운 소, 프레아 칸Preah Khan은 성스러운 칼을 뜻한다.

프레이Prei 숲을 뜻한다.

하리하라신Harihara 우측의 반쪽은 시바신Hari이고 좌측은 비슈누신Hara이 합체合體된 신.

3. 참고 문헌

Boisslier, Jean. *Trends in Khmer Art*, translated by Natasha Eilenberg and Melvin Elliot, Southeast Asia Program 120 Uris Hall, Cornell University, New York, 1989.

Cœdès, George. *Angkor: An Introduction*, translated by Emily Floyd Gardiner, Oxford University Press, New York and Hong Kong, 1963.

_____. Sdok Kak Thom(K-235), *Bulletin de l'École Française d'Extrême Orient (B.E.F.E.O), XLIII*.

_____. *The Indianized State of Southeast Asia*, edited by Walter F. Vella, translated by Sue Brown Cowing, University of Hawaii Press, Honolulu, 1964.

_____. "Le Serment des fonctionnaires de Suryavarman I," *B.E.F.E.O XIII*, Hanoi, Vietnam, 1913.

_____. "Les Collections archéologiques du Musée National de Bangkok," *Ars Asiatica*, 12.

Eleanor Mannika. *Angkor Wat: Time, Space, and Kinship*, University of Hawaii Press, Honolulu, 1996.

Farrand, Gabriel. "L'empire sumatranais de Crivijaya." *Journal Asiatique 20*, Paris. 1922.

Finot, Louis. Le Études Indochinoises, *Bulletin Économique de l'Indochine*, Hanoi, 1908.

Giteau, Madeleine, *Histoire d'Angkor*, Kailash Editions, 1996.

Marchal, Henri. *Le Royaume de Champ*, Les Editions G. Van Œst. Paris, 1928.

Marchal, Henri. *Nouveau Guide d'Angkor*, Pnom Penh, 1961.

Marchal, Sappho. *Khmer Costumes and Ornaments of the Devatas of Angkor Wat*, Orchid Press, 2005.

Mahabharata: The Greatest Spiritual Epic of All Time, Krishna Dharma, Torchlight Publishing, Los Angeles, Delhi, 1999.

Mirsky, J. *The Great Chinese Travelers*, Chicago, 1964.

Parmentier, Henri. *L'Art en Indochine*, Office de Tourisme, Saigon, 1936.

Pelliot, Paul. *Memoires sur Coutumes du Cambodge, par Tcheou Ta-Kouan*, B.E.F.E.O, 1902.

Rèmusat, Abel. *Description du royaume de Camboge, par un voyageur Chiniois qui a visitè contrée à la fin du XIII e siècle*. Paris, 1819.

_____, Coral. Influence Javanaise dans l'art du Roluoh et influence de l'art du Roluoh

sur de Temple de Bantay Srei, *Journal Asiatique*, 223, Paris, 1933.
The Customs of Cambodia, translation into English from the French version by Paul Pelliot of Chou's Chinese original by J. Gilman d'Arcy Paul, Siam Society, Bangkok, 1993.
The Customs of Cambodia, edited and newly translated from the French by Michael Smithies, Siam Society, Bangkok, 2001.
The Mahabharata: An English Version Based on Selected Verse, Chakravarthi V. Narasimhan, Columbia University Press: New York and London, 1965.
The Ramayana and The Mahabharata: Condensed into English Verse, by Romesh C. Dutt, London J. M. Dent & Sons Ltd. 1955.
The Ramayana of Valmiki, Volume 1: Balakanda, intro. and trans. by Robert P. Goldman, Princeton University : Princeton, New Jersey, 1984.
Valmiki's Ramayana: King Rama's Way, William Buck, University of California Press, Berkeley, 1981.
Varma, Monika. *Lord Krishna: Love Incarnate*, Vikas Publishing House, New Delhi, 1978.

『宋史』, 袁閶琨 主編, 中國 遼海出版社, 2006.
『新唐書』, 歐陽修, 宋祁撰, 岳麓書社, 1997.
『嶺外代答校注』, 周去非 著, 楊武泉 校注, 中華書國, 1999.
『元史』, 宋濂 等修撰, 閻崇東 等校点, 岳麓書社, 1998.
『晋書』, 房玄齡 等撰, 岳麓書社, 1997.
『眞臘風土記』, 周達觀, 上海 商務印書館, 1930.
『眞臘風土記』, 和田久德 譯註, 平凡社, 1998.
『眞臘風土記校註』, 夏鼐, 中華書局, 2006.

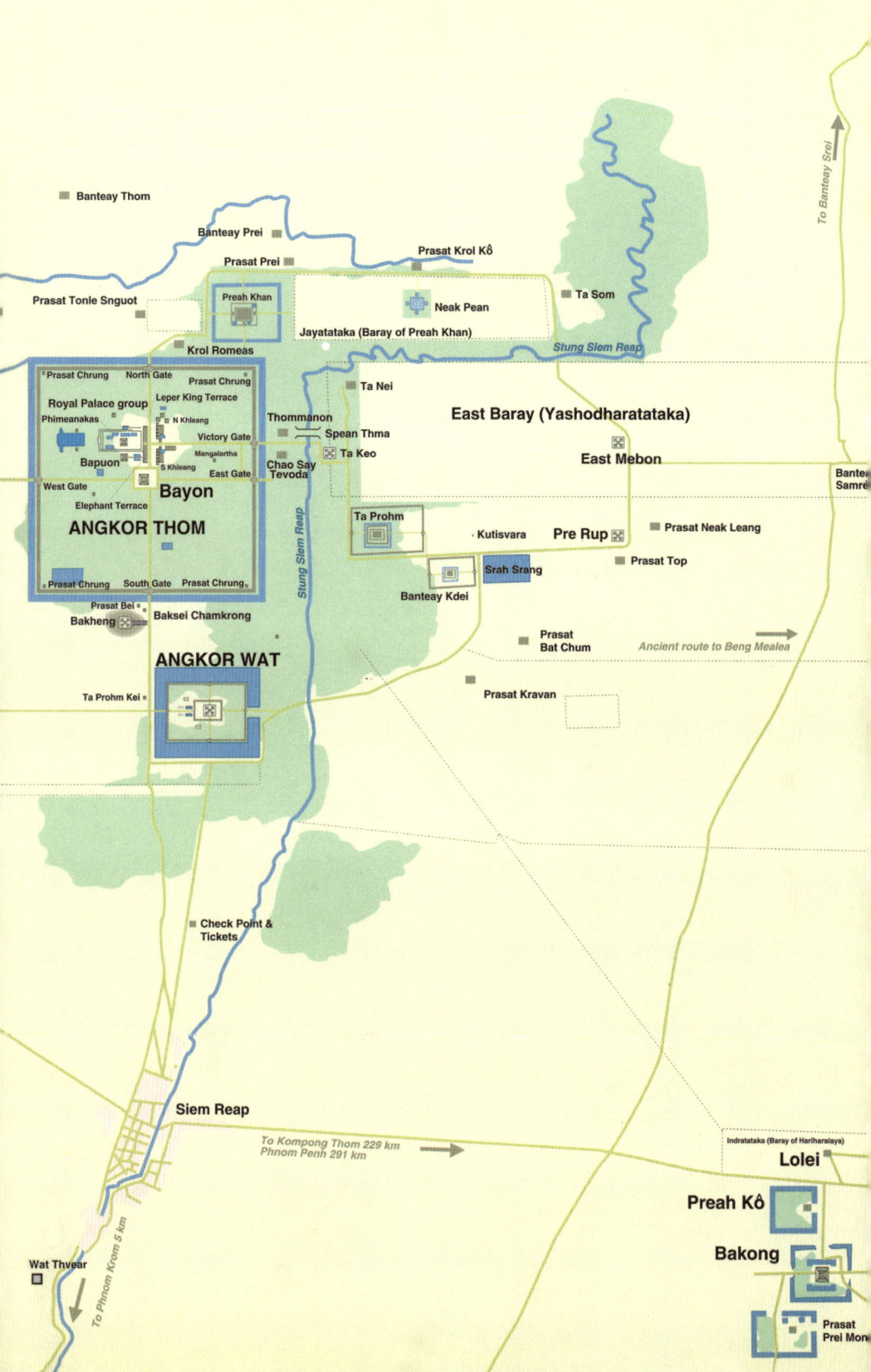

신화가 만든 문명 **앙코르 와트**

초판 1쇄 발행 • 2003년 1월 20일
　　 6쇄 발행 • 2005년 9월 10일
제2판 1쇄 발행 • 2006년 9월 5일
　　 2쇄 발행 • 2015년 7월 10일

지은이 • 서규석
펴낸이 • 이재호
펴낸곳 • 리북
등　록 • 1995년 12월 21일 제406-1995-000144호
주　소 • 경기도 파주시 광인사길 68, 2층(문발동)
전　화 • 031-955-6435
팩　스 • 031-955-6437
www.leebook.com

정　가 • 18,000원
ISBN 89-87315-73-8